Conserver la Couverture

GUERRE DE 1870-71

LES TROIS

BATAILLES DE DIJON

30 Octobre — 26 Novembre

21 Janvier

PAR

P.-A. DORMOY

Sous-lieutenant au bataillon des Francs-tireurs réunis
Professeur à l'École Colbert

PARIS

LIBRAIRIE MILITAIRE E. DUBOIS

18, RUE DES GRANDS-AUGUSTINS, 18

1894

50

EXEMPLAIRES

ONT ÉTÉ TIRÉS SUR PAPIER

VERGÉ

PRIX : 10 FRANCS

DU MÊME AUTEUR :

J.-G. Droysen. — *Précis de la science de l'histoire*, traduit de l'allemand. E. Leroux, éditeur, 28, rue Bonaparte, Paris. 2ᵉ édition, 1892.
Prix : 2 fr. 50.

Guerre de 1870-71. — *La double surprise de Chambœuf*, 1 vol. in-64. L. Sauvaistre, éditeur, 72, boul. Haussmann, Paris, 1887.
La série de Scènes de la vie de francs-tireurs, dont ce volume était le premier, n'a pas été continuée.
Épuisé.

Armée des Vosges. — *Souvenirs d'Avant-garde*, vol. in-64. L. Sauvaistre, éditeur, Paris, 1887 à 1890.

Sur papier ordinaire. . . . . 10 fr.
Sur papier vergé. . . . . . . 15 fr.
Relié en maroquin. . . . . . 40 fr.

Cet ouvrage, que l'auteur dédie à ses compagnons d'armes, est la monographie du bataillon des Francs-tireurs Réunis.

LES
TROIS BATAILLES
DE
DIJON

GUERRE DE 1870-71

LES

TROIS BATAILLES

DE DIJON

30 Octobre — 26 Novembre
21 Janvier

PAR P.-A. DORMOY

Sous-lieutenant au bataillon des Francs-tireurs Réunis
Professeur spécial de géographie
à l'École primaire supérieure municipale Colbert

« *Paulo majora canamus.* »

PARIS

LIBRAIRIE MILITAIRE E. DUBOIS

18, RUE DES GRANDS-AUGUSTINS, 18

1894

Je dédie ce livre, œuvre de plusieurs années de travail, aux hommes de cœur qui espéraient sauver la patrie en 1870 et qui travaillent aujourd'hui à refaire l'héritage national. Ceux-là du moins liront avec plaisir comment l'unique drapeau, pris pendant cette guerre, fut arraché à l'ennemi par des volontaires républicains. Avec l'auteur ils considéreront ce fait d'armes, non comme un épisode, mais comme une page de notre histoire, et ils trouveront bon qu'un vrai livre le raconte à notre jeunesse, aux vengeurs de demain.

PREMIÈRE

BATAILLE DE DIJON

30

OCTOBRE

1870

CHAPITRE I

LA SITUATION GÉNÉRALE

Dans l'histoire des guerres il n'y a de fatalité, et la part de la fatalité n'est grande, que pour les hommes lâches et superficiels. Plus l'homme de sens étudie les faits et les causes, mieux il voit ce fantôme d'une prétendue fatalité se fondre et s'évanouir à la clarté de l'histoire ; mieux aussi l'homme lui apparaît comme l'ouvrier de son propre destin. Nous nions donc que le succès de la troisième bataille de Dijon soit un heureux hasard. Quatre mois d'un sanglant apprentissage avaient fait de nous des hommes, deux batailles perdues nous avaient appris à vaincre, lorsque dans un effort nouveau nous réussîmes à mettre l'ennemi par terre et à lui prendre un drapeau.

L'histoire de ces trois batailles s'enchaîne donc dans un drame unique. N'en exposer qu'un ou deux actes ce serait tout gâter. La justice veut que chaque acte se déroule à son tour.

A la veille de la première bataille de Dijon, quelle était la situation de la France ? Nous étions au commencement d'Octobre 1870. Au soleil de cette fin de saison qui fut radieuse notre peuple présentait un spectacle qui est assez rare dans l'histoire et qui s'était déjà vu en 1792. En même temps que nous luttions contre une invasion victorieuse nous refaisions notre organisme politique et, malgré cette double charge qui aurait peut-être écrasé d'autres peuples, malgré cette invasion et cette révolution, la France se redressait dans un élan d'espoir. Elle se rappelait avec quel bonheur nos arrière-grand'pères, luttant contre les mêmes difficultés, avaient sauvé tout à la fois leur liberté civile et leur indépendance nationale.

Pourquoi cette république, proclamée le 4 Septembre 1870, n'aurait-elle pas remporté le même succès, récompense de la même audace?

Depuis la première république, proclamée en Septembre 1792, les conservateurs de notre pays avaient successivement essayé la monarchie de droit divin sous les Bourbons, la monarchie parlementaire sous les princes d'Orléans, la monarchie démocratique sous les Bonapartes. La dynastie légitimiste était tombée aux sanglantes journées de Juillet 1830. La famille d'Orléans avait été chassée aux escarmouches de Février 1848. La dynastie de Napoléon venait de crouler sans que personne eût brûlé pour elle une cartouche. Tout naturellement, à l'heure du grand danger, la République libératrice, ressuscitée comme par une loi de notre histoire, apparaissait comme notre dernière chance de salut.

L'attitude des conservateurs en Septembre 1870 fut sensiblement plus digne qu'en Septembre 1792. Aucun d'eux ne passa cyniquement aux Prussiens comme avaient fait les Émigrés. Cela seul dénotait déjà un progrès du patriotisme.

Des groupes entiers de conservateurs comme les zouaves de Charette ou ceux de Cathelineau combattirent avec nous et même combattirent en braves. Mais, pour une minorité de patriotes sachant vaincre leurs préjugés, quelle majorité d'adversaires mal disposés, blâmant tout, se battant à regret! Il fallait les entendre dans l'intimité. Lorsque des chefs mêlaient les opinions politiques aux plans de guerre, lorsqu'ils abusaient leurs armées par des paroles creuses, lorsqu'ils ne savaient ni pousser les petits succès ni atténuer les grandes défaites, il était inutile de leur demander s'ils étaient conservateurs : ils s'appelaient Bazaine, Trochu, Paladine, Bourbaki. Au contraire lorsqu'un chef croyait au succès, lorsque ses hommes y croyaient avec lui, lorsque tous ensemble se restaient fidèles dans les retraites, peu importait qu'ils s'appelassent Chanzy, Faidherbe ou Penhoat : on pouvait compter que sous la neige de leurs cheveux gris il couvait un peu de la flamme républicaine.

Qui ne se rappelle le revirement de soudaine et joyeuse espérance qui le 4 Septembre 1870 vibra à travers toutes les couches de la société ?

Seuls nos chefs improvisés, et quelques vieux politiciens surent exactement combien peu il restait d'espoir. Toute la jeunesse d'alors espéra contre toute espérance. Elle oublia qu'en 1792 les puissances coalisées étaient divisées les unes contre les autres, que leurs armées étaient recrutées de mercenaires, qu'elles n'avaient à leur service ni la vapeur ni l'électricité. Ni l'unité de l'armée allemande, ni la chaleur de son patriotisme, surchauffé par les premières victoires, ne purent seulement troubler notre confiance. Nos ancêtres, disions-nous, ont trouvé quatorze armées : nous en trouverons bien une. Ils ont vaincu l'Europe entière : nous battrons bien la Prusse seule. Fière de ces souvenirs, sûre du succès, la jeunesse donna donc sans compter ses illusions et son sang.

Or pour l'heure voici quelle était la situation vraie.

De notre armée régulière, l'avant-garde avait été brisée à Reichshoffen, le 6 Août. L'arrière-garde avait été prise à Sedan, le 2 Septembre, avec l'empereur. Le corps principal, cerné à Metz et trahi par Bazaine, allait capituler. Il ne nous restait plus, en comptant les troupes d'Afrique et les marins, que cinquante mille hommes de troupes régulières. Nos places principales de l'est étaient assiégées. ou prises. Vingt départements étaient envahis. Presque plus d'artillerie de campagne, ni de cavalerie, ni de génie. Rien que des débris. (1) Et comme si l'ennemi n'avait pas eu assez de chances pour lui, nous nous empressions d'en ajouter une que dans l'ivresse de ses victoires il n'osait même pas imaginer.

Imitant la tactique de Napoléon Ier, l'ennemi poussait droit à notre capitale. Nous, pensant qu'il ne pourrait ni prendre, ni même investir une ville aussi grosse, nous concentrions en elle nos meilleures ressources.

Avons-nous été maladroits !

A la réflexion nous comprenons aujourd'hui l'énormité de cette faute. Entasser à Paris des vivres, des armes, c'était bien. Mais y concentrer à l'abri de ses forts, c'est-à-dire au poste le mieux défendu, nos troupes les plus solides et laisser nos troupes les moins solides à la province, c'est-à-dire au plus fort du danger, c'était de la stupidité. Concentrer tout dans une seule place bientôt coupée de ses communications avec les autres armées, cela enlevait d'abord à notre résistance toute chance d'unité. Cela liait ensuite le sort du pays à celui de sa capitale. Cela fournissait à un ennemi clairvoyant la possibilité d'en finir d'un seul coup.

Comprenant bientôt la faute commise, le gouvernement de la Défense Nationale envoyait une première délégation

---

(1) DE FREYCINET, I, 7 : « On ne comptait à ce moment, dans toute la France, que dix pièces prêtes à entrer en ligne ». Voyez la note I, à la fin de ce volume.

à Tours dès le 16 septembre 1870, c'est-à-dire deux jours avant l'investissement. Le 7 octobre suivant, il y délégua encore Gambetta, son membre le plus actif, par le ballon Armand Barbès qui essuya au passage plusieurs salves de albles prussiennes. (1)

Le 9 Octobre, lorsque Gambetta arriva à Tours, il était déjà bien tard pour réparer l'erreur. Mais il était encore temps d'essayer quelque chose. Heureusement l'ouvrier était digne de l'œuvre. Gambetta n'était pas seulement un homme de parole; il était aussi un homme d'action et il le prouva.

Crémieux, Glais-Bizoin et Fourrichon, les trois délégués de la Défense Nationale qui avaient précédé Gambetta à Tours, méritaient le respect par leurs cheveux blancs; mais ils n'avaient guère les qualités requises dans une aussi tragique situation. Ils manquaient de prestige. Les évènements d'ailleurs leur donnaient tort. Neuf mille hommes de la première armée des Vosges, commandés par le général Dupré, venaient d'être battus à la Bourgonce le 6 Octobre; et du 10 au 11 Octobre les 25.000 hommes de la première armée de la Loire, commandés par Lamotterouge, allaient être battus à Orléans par les deux corps du Bavarois Von der Thann. Dans ces deux essais de résistance, tentés trop tôt et exécutés trop vite, Gambetta vit surtout la nécessité de mieux préparer et de conduire plus énergiquement la campagne d'automne, la première de la république.

Rendre son prestige à la délégation de Tours, atteler à un effort unique Paris et la province, refaire une armée de la Loire, improviser des armées au nord, à l'ouest et à l'est,

---

(1) STEENACKERS, XIII, 399.

créer de toutes pièces les services administratifs, trouver de l'argent à un taux acceptable, achever la levée de notre première réserve qui s'appelait alors la mobile, lever ce deuxième ban de réservistes qu'on appelait les mobilisés, leur donner des chefs, des armes, des vivres, mobiliser quatre armées de recrues, en envelopper l'ennemi qui enveloppe lui-même Paris, prendre l'offensive avec des recrues contre des armées régulières, racheter le manque de temps par un redoublement d'énergie, telle est la tâche étonnante que cet avocat de trente-deux ans exécuta en quelques mois.

Nous avons aimé Gambetta. Voyant que chez lui l'acte suivait la parole, sans le moindre reflet de jésuitisme, nous voulions comme lui la guerre à outrance et nous considérions comme des criminels de lèse-patrie ceux qui désespéraient.

Maintenant, dans la perspective des vingt-deux années écoulées, considérons aussi cette puissance du nord qui accourait sur nous, cachée derrière sa nombreuse cavalerie et dont nous ne démêlions pas encore la réelle énormité.

La qualifier comme nous le faisions alors de horde d'esclaves conjurés contre un peuple libre serait de la déclamation pure. Là aussi il se passait quelque chose de nouveau. C'était pour la première fois dans l'histoire moderne un peuple armé attaquant un autre peuple armé. Le prince de Bismarck, son clairvoyant et rusé diplomate, le véritable provocateur de cette guerre, lui avait persuadé grâce à de fâcheuses apparences qu'il était une fois de plus notre victime. Le maréchal de Moltke, son laborieux et ferme général, venait de briser l'armée de Napoléon pendant la campagne d'été. Bien au-dessus d'eux une majesté royale, indiscutable comme un dogme, dominait de très haut les questions de personnes et laissait agir sous elle ces deux maîtres ouvriers. Les Allemands suivaient avec un véritable fanatisme de pareils chefs déjà vainqueurs du Danemark et de l'Autriche.

Ils avaient sur nous la supériorité de la force morale. Ce que la lutte est devenue pour nous seulement à la campagne d'automne, elle l'a été pour eux avant la campagne d'été, une guerre nationale, une sorte de guerre sainte.

Ils avaient surtout la supériorité des forces matérielles. Contre les cinq cent mille recrues qu'armait à la hâte Gambetta, ces trois chefs, Guillaume, Moltke et Bismarck, menaient environ six cent mille hommes de troupes régulières. A nos officiers, qui étaient improvisés pour la plupart, ils opposaient des officiers instruits, tous hommes de guerre, amoureux de leur profession, aimés de leurs hommes. Derrière ces six cent mille réguliers, environ trois cent mille hommes de troupes auxiliaires assuraient la sécurité des communications avec l'Allemagne. Environ deux cent mille hommes de réserve, concentrés près de la frontière, bouchaient à mesure les pertes subies. A chacun de leurs corps d'armée répondait la proportion voulue de cavalerie et d'artillerie. Vainqueurs dans la campagne d'été, joyeux de nous surprendre en pleine réorganisation sociale, ils ne croyaient pas répéter une formule de catéchisme officiel, mais confesser une religion, en inscrivant sur la visière de leurs casques : « *Gott mit uns.* »

Profitant du gâchis administratif où se débattait péniblement Napoléon, ils avaient pris l'offensive en trois armées et refoulé notre aile droite à Reichshoffen, notre aile gauche à Forbach. Par les batailles de Metz, et grâce à l'inertie de Bazaine, ils avaient cerné notre armée principale. La capitulation de Sedan leur avait permis de renforcer le blocus de Metz et de commencer le blocus de Paris. La capitulation de Metz, connue par eux et exploitée d'avance, allait leur permettre de renforcer le blocus de Paris et de disperser les derniers rassemblements de troupes en province. Car pour eux ces armées de province, troupeaux de paysans déguisés en soldats, étaient parfaitement incapables de tenir la campagne. La chûte de l'empire c'était bien la chûte de la France. La paix était faite.

C'est à cette période d'illusion chez nous et d'illusion chez eux que se rapporte la première des trois batailles de Dijon.

CHAPITRE II

LA SITUATION DANS L'EST

Quelle était maintenant la situation dans l'Est ? C'était le même tableau dans un cadre plus petit. Du côté allemand : une masse compacte qui broie tout. Du côté français : émiettement, éparpillement, poussière.

Strasbourg avait capitulé le 28 Septembre et cette capitulation éveilla l'inquiétude de Belfort à Lyon, dans toute la vallée du Rhône. Maître du Rhin, Werder avait aussitôt franchi les Vosges par le Donon. Pendant qu'une de ses divisions de réserve bombardait Neuf-Brisach, Cambriels, commandant en chef des forces françaises dans l'est, envoya de Besançon une avant-garde pour disputer au moins le passage des Faucilles. Environ 9500 Français, hâtivement organisés sous les ordres du général Dupré, et 7000 Allemands, sous le commandement du général Degenfeld, se heurtèrent à la Bourgonce le 6 Octobre. Notre première armée des Vosges tint bon pendant quelques heures. Ses fantassins ripostèrent assez crânement à la fusillade ennemie. Mais, comme si le mot d'ordre était de se laisser assommer sur place, nos chefs de colonnes furent tournés sur tous les points et devant ces mouvements tournants beaucoup de nos recrues se débandèrent. Le brave Dupré resta parmi les morts. (1)

De Belfort à Lyon, à la nouvelle de cet insuccès, l'inquiétude devint de l'agitation. A Lyon et à Marseille la guerre

---

(1) J. Brisac. 37 à 46. — Löhlein. I, 18 à 24.

civile faillit ensanglanter les rues. Belfort, Besançon, Langres, Auxonne, où l'empire n'avait presque rien laissé, hâtèrent leurs préparatifs. Il n'était que temps.

A ce moment nous commençâmes à nous demander si le général Cambriels, notre général en chef, était bien l'homme de la situation ? Quoique blessé à Sedan il s'était échappé et sa conduite passée méritait évidemment le respect. Mais, quelque respect que nous ayons pour ses états de service, il faut pourtant bien dire, puisque c'est la vérité, que sa retraite désordonnée d'Epinal sur Besançon, et son séjour trop prolongé à l'abri des murs de cette place, diminuèrent fortement la confiance de ses soldats et augmentèrent d'autant le mépris de Werder. La poursuite allemande était pourtant des plus lentes. Werder ne s'engeait qu'avec précaution dans ce pays de hautes futaies, que les Francs-tireurs commençaient à infester aussi bien sur le versant alsacien que sur le versant lorrain et sur le versant franc-comtois.

La bravoure de nos Francs-tireurs ralentit seule cette marche en avant de l'ennemi. Grâce à eux on ne vit pas, comme en Prusse après la bataille d'Iéna, de grosses forteresses capituler devant des avant-gardes de cavalerie légère. Brisant les ponts, coupant les routes, reculant à portée de fusil, les compagnies franches retardèrent l'invasion, ici de quelques heures, là de quelques jours, donnant à tous le temps d'aviser. Ainsi à Remiremont, Cambriels affolé avait abandonné un stock considérable d'armes et de provisions. Francs-tireurs, citadins, paysans, malgré leur nombre insigifiant, réussirent à tout embarquer sur des voitures, à tout ramener sur Besançon. L'un de ces braves et intelligents capitaines m'assure qu'à son entrée à Besançon Cambriels l'accueillit avec un sourire jaune et oublia totalement de le féliciter.

Maître des Faucilles Werder descendit dans la vallée de la Saône. Sa mission n'était pas, comme nous le pensions tous, de marcher sur Lyon.

La tâche que lui confiait le prince Frédéric-Charles était cependant très compliquée. Épinal devait rester sa base d'opérations, le point d'attache de son télégraphe, le rendez-vous de ses réserves. De là Werder devait couvrir le flanc gauche de l'invasion allemande contre toute attaque venant de la vallée du Rhône. Prendre Neuf-Brisach, assiéger Belfort, observer Langres, Auxonne et Besançon, maintenir les communications avec Épinal, disperser tous les rassemblements de troupes, désarmer les populations, batailler partout avec les Francs-tireurs, et, en même temps, traverser la Franche-Comté, la Bourgogne et le Morvan, tel était l'ordre. (1) Werder aurait rejoint son supérieur à Bourges, au sud de la Loire. Pour cette tâche difficile le roi de Prusse avait su trouver un instrument et un homme.

L'instrument, c'était cette belle machine de guerre que l'état-major allemand appelait son 14e corps, mais qui fut une armée véritable dans toute l'acception du mot.

Ce corps ne comprenait pas moins de quatre divisions. (2) Avec les bataillons de *landwehrs*, son effectif approchait de soixante mille hommes. Sans compter les autres services attelés elle comptait cinq régiments de cavalerie. Sans compter les pièces de siège, elle traînait avec elle soixante-douze canons de campagne. Quand Werder eut distrait de cette armée les troupes qui assiégeaient Belfort, les détachements qui observaient les autres places, les patrouilles qui

---

(1) LÖHLEIN. II, 40-41.
(2) LÖHLEIN. 253 à 272.

le rattachaient à Épinal, il avait encore sous la main, ou à proximité, quatre brigades prêtes à combattre.

Ce corps allemand, ou plutôt cette armée, ne changea pas de chef trois fois en deux mois. Depuis les beaux soleils d'Août jusque par delà les neiges de Janvier, c'est-à-dirependant toute la campagne, un chef unique apprit à connaître ses hommes. Les hommes apprirent à connaître leur chef. Cette confiante intimité, renforcée par les succès, se maintint dans les revers. Elle permit à ce chef de tout exiger, à ces soldats de tout donner. Ajoutez que les Allemands n'eurent pas autant de chefs que de places ou de régions. Chez eux le même chef assiégeait, explorait, attaquait. Troupes d'étapes, troupes de siège, troupes de campagne, tout était dans une seule et unique main.

Pourquoi n'avons-nous pas mis, comme eux, la fixité dans le commandement ? Ce n'est pas par leur courage, ce n'est pas non plus par leur nombre, c'est surtout par leur organisation, que ces soixante mille Allemands ont paralysé chez eux les efforts désordonnés de quatre-vingt-mille Français.

Ce que cette armée avait de mieux, c'était encore son chef, ce soudard, moitié général, moitié bourreau, qui s'appelait Werder. La clairvoyance, l'entêtement, l'activité, l'empire sur soi, étaient les qualités maîtresses de ce petit homme. Il savait ce qu'il voulait. Il le voulait avec une rare opiniâtreté. Il l'exécutait sans tarder. Dur pour ses hommes, il fut féroce pour nos compatriotes. Il avait visité notre pays et il s'y était souvent amusé. De viveur gai, Werder devint sans effort le bourreau de ceux qui avaient été ses hôtes. Que des obus éclatent exprès dans un hôpital, qu'une femme fuyant avec un bébé soit clouée sur la route par la lance d'un de ses uhlans, que dix à douze vieux paysans, pris au hasard dans un village, soient fusillés en passant, « c'est la guerre, répond-il, sans la moindre gêne « aux femmes qui gémissent, et dites-le bien à vos fils, frères « et maris. »

Werder cherchait partout l'armée de Cambriels. Le 19 Octobre, par une correspondance saisie à Lure, (1) il apprit que Cambriels, sorti de Besançon, prenait position sur l'Ognon. Werder se retourna aussitôt contre lui avec trois brigades.

Celle de l'extrême gauche sous Keller et celle du centre sous Degenfeld devaient retenir Cambriels sur l'Ognon le plus longtemps possible pendant que la brigade de droite sous le prince Guillaume nous prendrait en flanc et à dos. Mais le corps de Cambriels n'était déjà plus le hâtif rassemblement de la Bourgonce. Chacune de ses quatre brigades comprenait un régiment de marche et un régiment de mobiles. Comme Carnot Cambriels avait amalgamé les nouvelles et les anciennes formations. De fortes positions garnies d'artillerie, et quelques escadrons, lui permirent d'attendre le choc. A la nuit, plusieurs milliers de ses hommes se débandèrent en jetant leurs fusils et sur les points menacés, à Voray, à Cussey, à Emagny, les brigades allemandes réussirent à franchir l'Ognon : mais à cela se réduisit le succès de la journée du 22 Octobre.

Werder avait cru « *pouvoir fonder de grandes espérances* « *sur les succès de ce jour*. (2) » Il avait fait 200 prisonniers, dont la plupart étaient des blessés. Le butin était maigre.

Le lendemain Cambriels, appuyé sur les hauteurs de

---

(1) LÖHLEIN. II, 41.
(2) LÖHLEIN. II, 45.

Châtillon et sur les forts de Besançon, attendait encore l'ennemi avec ses bataillons non débandés. Ayant déjà perdu quatre cents hommes la veille, uniquement pour conquérir un champ de bataille, Werder se garda bien de nous attaquer. Avec une remarquable connaissance des hommes, Werder se persuada que Cambriels ébranlé ne sortirait plus de Besançon. Il considéra son but comme atteint. Non seulement il ne voulut ni reculer, ni même rester en place. Mais, fondant sa tactique sur le mépris de de son ennemi, il reprit sa marche en avant du côté de Bourges, comme si cet ennemi n'avait plus existé.

Quoiqu'il eût Belfort à dos, Langres à sa droite, Besançon à sa gauche, Werder spéculant sur notre désunion, se trouvait donc à Gray le 26 Octobre avec ses quatre brigades.

La seule armée française dont Werder eût entendu parler, après celle de Cambriels, était celle de Garibaldi qui justement existait à peine. Il ignorait totalement que Cambriels, pour tenir la campagne, eût créé une « *Armée de la Côte-d'Or.* » Il le sut bientôt, grâce aux reconnaissances de sa brigade de cavalerie indépendante. Quelle que fût cette armée, quel que fût son chef, quel que fût son champ d'action, Werder marcha contre elle, sitôt qu'il en connut l'existence. C'est alors pour la première fois que le nom de la capitale de la Bourgogne commence à être prononcé. Transportons-nous maintenant dans cette capitale, au milieu de l'armée qui doit la défendre. Quel chef et quels hommes osèrent les premiers se mesurer avec le bombardeur de Strasbourg qui se vantait d'avoir deux fois battu Cambriels ?

Comme la capitale de la France la capitale de la Bourgogne s'était redressée dans un bel élan de patriotisme. Outre son contingent de soldats réguliers, la Côte-d'Or avait fourni à la patrie son ban de mobiles et déjà ces mobiles s'étaient distingués au siège de Paris. Longtemps avant les autres départements la Côte-d'Or avait levé son ban de mobilisés. A Dijon comme à Paris, le tambour a plus d'une fois convoqué la garde nationale si bien qu'à certaines heures il n'est resté littéralement dans les maisons que les vieillards, les femmes et les enfants. Cette belle médaille avait aussi son revers. A Paris la république et la guerre à outrance avaient été proclamées par une telle masse d'hommes que l'opposition politique n'osait guère se montrer. Mais à Dijon, et autour de Dijon, vous auriez reconnu un monarchiste d'un républicain, rien qu'à leur façon de marcher dans le rang.

Dire qu'en 1870 les conservateurs bourguignons conspiraient avec les Prussiens, et que tous les républicains de la région furent des héros, serait injuste et idiot.

Pourtant dans le région de l'est comme dans le reste du pays il y avait sur la question de paix ou de guerre deux opinions bien tranchées. Lorsqu'un chef croit à la nécessité d'une belle résistance, lorsqu'il tâche de convaincre ses hommes, lorsqu'il fait contre fortune bon cœur, que cet homme-là s'appelle Denfert à Belfort, Garibaldi à Dôle, ou Lavalle à Dijon, il n'y a pas besoin de lui demander s'il est républicain. Lorsqu'un chef, au contraire, gémit à haute voix sur les maux de la guerre, lorsqu'il critique amèrement les décrets « *des avocats de Tours*, » lorsqu'il prophétise les désastres, soyez sûr que la forme du gouvernement le préoccupe autant que la marche de l'ennemi et que sa plus grosse peur est celle du « *spectre rouge*, » des « *partageux*, » de la « *lunette et du panier de son.* »

Les bonapartistes surtout ne nous mâchaient pas l'expression de leur pensée. « L'empire a lutté seul contre

« la Prusse. Vous vous réjouissez de sa chute. Eh bien,
« maintenant, faites comme lui. Débrouillez-vous. »

Les ressources ne manquaient pourtant pas dans notre région de l'est. Dès le mois d'Octobre, en comptant les garnisons des quatre places, le rassemblement de Dôle, et l'Armée de la Côte-d'Or, nous avions au moins quatre-vingt-mille hommes sous les armes.

Dans la fièvre de la dernière heure nos quatre forteresses de Belfort, de Besançon, de Langres, et d'Auxonne, dont une seulement fut sérieusement attaquée, reçurent plus d'hommes, plus d'armes et plus de vivres qu'il n'en fallait. La seule des quatre qui ait été assiégée, Belfort, avait encore des ressources considérables le jour de l'évacuation. Mais comme faisait Trochu à Paris, ces quatre commandants, à peu près abandonnés à eux-mêmes, ne songeaient qu'à attirer à eux les officiers les plus jeunes, les soldats les plus aguerris et tous les canons disponibles. Tandis qu'ils abritaient derrière des murs, c'est-à-dire au poste le moins exposé, nos troupes les plus solides, on ne voyait plus en rase campagne que des francs-tireurs, des mobiles, des mobilisés, c'est-à-dire les troupes les moins capables de tenir tête à l'ennemi.

Seul un chef unique pouvait répartir intelligemment nos forces. Mais c'est là justement ce qui manquait le plus dans l'est : un plan d'action conçu, imposé, exécuté par un chef unique.

Le gouvernement de la défense nationale avait bien donné à Cambriels le titre de commandant en chef. A l'unité puissante de l'attaque ne fallait-il pas opposer une unité plus forte dans la résistance ? Malheureusement, au moral comme au physique, Cambriels n'était plus qu'une ruine. Depuis l'affaire de la Bourgonce, il ne croyait plus à l'utilité de la résistance et sa blessure, reçue à Sedan, lui interdisait par instants même le seul travail où il excellait, le travail de bureau. Aussi ne conçut-il aucun plan d'action. Il n'entreprit rien. Confiné à Besançon, il s'y perdit dans les paperasses, et laissa chacun agir à sa guise. Puis, comme la situation se compliquait d'heure en heure, il donna sa démission le 28 Octobre et partit pour Lyon à la veille de la première bataille de Dijon.

Le général Michel, qui remplaça Cambriels le 29 Octobre, ne resta que quelques jours en fonctions. Le général Crouzat, qui remplaça Michel, ne fit que passer. Le 9 Novembre il était appelé avec ses troupes à l'armée de la Loire. (1) Le 12 Novembre le commandement régional dans l'est était supprimé. (2)

Alors, jeunes volontaires de la défense nationale, nous vîmes les ordres pleuvoir sur nous de tous les points de l'horizon. Des dix-huit mille recrues qui s'agitaient à Dijon, certains détachements recevaient des ordres d'un Comité de défense locale, d'autres de Besançon, d'autres de Langres, d'autres d'Auxonne, d'autres de Lyon, d'autres de Tours. Il était intéressant alors d'observer les contenances. Ceux qui recevaient des ordres de tout le monde remuaient peu dans la crainte de se tromper. Ceux qui ne recevaient pas d'ordres gémissaient d'être oubliés et remuaient encore moins. Les plus curieux étaient ceux qui, ne voulant obéir à personne, hérissaient leur moustache au moindre mot et ne remuaient qu'à leur fantaisie. Ayons le courage de le dire pour que cela ne recommence jamais : c'était le gâchis dans toute son horreur.

---

(1) DE FREYCINET. V. 107.
(2) MONITEUR OFFICIEL. Samedi, 12 Novembre.

Toutefois, pendant qu'il retenait à Besançon les meilleures troupes de campagne, et les condamnait au rôle de simple garnison, Cambriels comprit bien qu'il fallait imaginer quelque chose pour tromper l'impatience publique et arrêter le féroce Werder.

Cambriels choisit dans la région les dix-huit mille hommes les moins organisés : des mobilisés, des mobiles, des francs-tireurs. Il les partagea en deux petites armées dites de la Côte d'Or, l'une de huit mille hommes, l'autre de dix mille hommes. A la tête de la première il plaça un officier de gendarmerie, le colonel Deflandre, homme respectable, mais sans aucune initiative. A la tête de la deuxième armée il plaça un colonel de la garde nationale, le docteur Lavalle, qui se distinguait alors par la chaleur de son patriotisme. Plein des souvenirs de la première république Lavalle imitait volontiers le costume, les allures et le langage d'un conventionnel. D'ailleurs les deux petites armées de la Côte d'Or ne furent pas *subordonnées* l'une à l'autre ; elles furent simplement *juxtaposées* ; et Cambriels ne leur confia ni un escadron, ni un canon.

On voit que Cambriels, lettré délicat et artiste à ses heures, ne détestait pas la plaisanterie. S'est-il seulement douté qu'en bafouant ainsi « *les avocats de Tours* », il bafouait aussi la France ?

La ville de Dijon voulait se défendre. Elle le voulait avec passion. Ayant déjà donné sa jeunesse à l'armée régulière et à la mobile, Dijon avait réclamé des troupes. Peu à peu étaient arrivés des mobiles de la Loire, de l'Isère, des Basses-Pyrénées, de l'Yonne, de la Haute-Garonne, de la Lozère, de la Drôme et du Tarn. C'est en ajoutant à ces forces les bataillons de mobilisés du pays, les compagnies de volontaires de la Côte d'Or, les compagnies de francs-tireurs, qu'on avait atteint le chiffre déjà cité de dix-huit mille hommes d'infanterie. A cor et à cris le comité de défense de Dijon réclama aussi de la cavalerie et de l'artillerie. Mais tous les escadrons et tous les canons envoyés de Tours s'engouffraient dans l'une des quatre places fortes et même un ordre signé de Gambetta ne pouvait plus les en arracher.

Lavalle n'en marcha pas moins au-devant des envahisseurs. De toutes les qualités alors nécessaires à un chef, Lavalle avait la principale. Il croyait la lutte nécessaire et la victoire possible.

« Chez ces garçons ignorants et peureux, disait-il sou-
« vent aux officiers de mobiles, il y a de l'étoffe plus que
« vous ne pensez. Que vous sert de grogner contre la
« république maintenant que la lutte est engagée? Au lieu
« de décourager ces pauvres conscrits remontez-leur donc
« le cœur. Soyez seulement des officiers et ils seront des
« soldats. » Quoique trop porté à discourir, Lavalle disait vrai à ces officiers presque tous nommés sous l'empire. Leur inertie, prompte à découvrir les dangers, encore plus prompte à les grossir, tel est l'obstacle sur lequel Lavalle usa le plus son autorité. C'est ainsi que le 26 Octobre au soir, à la veille du combat, le commandant Bombonnel disparut avec tout son bataillon. Ainsi encore le commandant Bertrand, chef du premier bataillon des mobilisés de la Côte-d'Or, manœuvrait à la même date sans même en informer son chef.

« Nous autres républicains, s'exclamait alors Lavalle,
« nous sommes trop bons et trop bêtes! Nous ne savons
« pas punir. En pareil cas nos arrière-grand'pères raccour-
« cissaient les coupables de toute la longueur de leur tête. »

Ce n'est pas à Dijon même qu'on pouvait défendre Dijon. Les trois batailles successives l'ont bien prouvé. Pendant que la Saône, alors large et profonde, longe le plateau de Langres, des rivières parallèles, descendant de ce plateau, et séparées par des dos de hauteur médiocre, tombent dans la Saône par sa rive droite. Telles sont en avant de Dijon la Tille et un peu plus loin la Vingeanne. Grossis par les pluies d'automne ces ruisseaux formaient à cette saison des lignes de défense très sérieuses. Quoique peu versé dans l'art de la guerre Lavalle comprit très bien que pour arrêter l'ennemi, pour fermer par exemple les deux ponts les plus importants de la Vingeanne, celui de Talmay et celui de Saint-Seine, il fallait en toute hâte les franchir, occuper la rive gauche et fortifier les principales routes des environs. Essertenne, Saint-Seine l'Eglise et Talmay sont les pointes d'un triangle isocèle qui a environ sept kilomètres de côté et dont la Vingeanne est la base. C'est dans ce triangle, à l'abri de grands bois, derrière des abattis d'arbres, ou dans des tranchées, que Lavalle disloqua ses forces. En quelques jours les travaux furent achevés et quand Werder sortit de Gray, nous étions prêts.

CHAPITRE III

LA DÉFENSE DE LA VINGEANNE

Lorsque chez des chefs d'armée les préoccupations politiques se mêlent aux préoccupations militaires, que font-ils du sang de nos enfants ? C'est ce que ce court chapitre va nous apprendre.

La position des Allemands à Gray entre la place de Langres et celle de Besançon, au milieu d'un pays hostile, était assez risquée. Volontiers à l'heure du dessert en songeant à leurs familles les officiers de Werder avouaient leur inquiétude. Si le général Cambriels avait réellement exercé les fonctions de commandant en chef, il avait là une belle occasion de servir son pays en se servant lui-même. Rien qu'en montrant ses vingt-cinq mille hommes et ses 42 canons en rase campagne il aurait contraint Werder à reculer. Mais, jugeant que son demi succès de Cussey l'avait un peu relevé de son demi désastre de la Bourgonce, Cambriels, soigneux de sa réputation, se contenta d'avoir vécu. Il se souciait bien de la Vingeanne! Que lui importait Dijon puisqu'il allait quitter le service!

Dans la journée du 26 Octobre Werder put donc tourner le dos impunément à Besançon et pousser des reconnaissances sur la route qui de Gray mène à Essertenne et d'Essertenne à Dijon.

Près de Mantoche une avant-garde comprenant la compagnie des *Francs-tireurs du Midi*, et forte d'environ soixante hommes, sous les ordres du capitaine Blondel, essaya d'arrêter une colonne d'environ cinq cents grenadiers

Badois. Blondel fut tué et sa petite compagnie se replia sur une belle barricade qui fermait la route au Saut-des-Autrichiens entre Mantoche et Essertenne. Au bruit de la fusillade deux compagnies des Volontaires de la Côte-d'Or accoururent d'Essertenne à la barricade. Comme la route monte beaucoup de Mantoche à Essertenne, les Allemands virent de loin cette course à la barricade. Comprenant qu'il fallait enlever l'obstacle par surprise ils se précipitèrent à la baïonnette sur les talons des francs-tireurs, si bien qu'amis et ennemis arrivèrent presque ensemble. Francs-tireurs et Volontaires ripostèrent d'abord avec énergie ; puis, tournés par les Badois, ils se replièrent sur Essertenne, (1) en donnant l'alarme. Malgré la pluie qui ruisselait sur les fusils, on vit ce jour-là tous les tournants de routes, tous les hauts de collines et toutes les lisières de bois s'éclairer ainsi de brusques détonations.

Sur toutes les routes aussi les Allemands raccourcirent leurs étapes de moitié. Ils ne firent plus un pas sans fouiller le terrain en tous sens. Enfonçant les portes et braquant leurs pistolets au nez des gens, ils demandaient partout d'une voix terrible : « Où sont les francs-tireurs ? »

Lorsque Werder sut que le quartier-général de l'armée de la Côte-d'Or était à Pontailler, il résolut de l'attaquer par les deux rives de la Saône. Le 27 Octobre au matin, malgré une boue affreuse, toute la brigade du prince de Bade, éclairée par huit escadrons, marcha contre la Vingeanne et du nord au midi, de Saint-Seine-l'Eglise à Talmay, la lutte s'engagea. Suivant l'immuable coutume de Werder, la brigade allemande s'avança en trois colonnes, forte chacune de deux bataillons, d'un escadron

---

(1) Clément-Janin. I, 25. — Von Trapp. Page 58.

et de deux canons. Le même jour Lavalle averti faisait sauter le pont de Pontailler sur la Saône. Précaution excellente ! Car si d'une part c'était dommage d'abimer un si beau pont, d'autre part celle des trois colonnes allemandes qui de Pesmes se présenta à la tête du pont, dut retourner sur ses pas jusqu'à Gray et elle ne rejoignit les deux autres colonnes qu'après la fin de la bataille.

Au sud, dans la direction de Talmay, le prince de Bade engagea son 1er régiment de grenadiers. La plus chaude affaire fut celle d'Essertenne. Toute la nuit ce bourg était resté libre entre les deux adversaires. Deux bataillons de mobiles de l'Isère, un bataillon de Volontaires de la Côte-d'Or, en tout trois mille hommes, y étaient déjà quand les Allemands sortirent de Mantoche. Le choc eut lieu à l'est du bourg, en haut de la colline boisée qui domine la route. Immobiles sur place, nos mobiles ripostèrent d'abord avec entrain. Mais bientôt les obus ennemis éclatent dans les branchages. La cavalerie allemande les tourne et nos compagnies se débandent les unes après les autres. D'obstacle en obstacle, nos mobiles furent ainsi canonnés, tournés, et rejetés jusqu'à Talmay. Trois fois dans la même matinée, le manque d'artillerie et de cavalerie produisit la même panique. Chaque fois aussi, une poignée de braves s'offrant en sacrifice, soutint à peu près seule le choc des assaillants.

A midi nos mobiles démoralisés repassaient la Vingeanne en laissant dans les bois la moitié de leur effectif. Craignant un retour offensif, les Badois n'osèrent s'avancer sur la route et donnèrent à ces débandés une chasse acharnée.

S'il faut en croire l'historien des grenadiers badois, cette course à travers les grands arbres leur procura les plus vives satisfactions d'amour-propre. Ils prirent près d'Essertenne, le campement de tout un bataillon. Plus loin, un de leurs grenadiers surprend une trentaine de mobiles. Sans réfléchir, il court sur eux à la baïonnette et trois d'entre eux se rendent à lui pendant que les vingt-sept autres se dispersent sous bois. Plus loin, encore dans les bois de Merzelles, quatre de nos mobiles tombent entre les mains d'une escouade allemande. Comme les camarades de ces mobiles abaissaient leurs fusils pour tirer, les quatre malheureux se gardèrent bien d'imiter le chevalier d'Assas en criant : « A nous la France ! » — « Rendez-vous ! rendez-vous ! » crièrent-ils à tue-tête, et leurs camarades se rendirent. (1)

Cela, toutefois, c'est le récit d'un historien allemand. Il a peut-être embelli l'aventure. Voici malheureusement un fait que les historiens allemands n'ont pas eu besoin d'embellir.

On se rappelle ce commandant Bertrand, chef du premier bataillon des mobilisés de la Côte-d'Or, qui dédaignait d'obéir à un médecin et qui menait la campagne à sa fantaisie. Il se trouvait à Talmay au moment du passage des mobiles débandés. « Voilà, s'écria-t-il, où nous mène l'inca-
« pacité des avocats sans causes et des médecins sans
« clientèle ! » Aussitôt il lève le camp. Il entraîne son bataillon sur la route de Jancigny. Bloqué à gauche par la Vingeanne, il longeait ainsi la route sur laquelle convergeaient toutes les forces du prince de Bade. Pendant que cet imbécile s'engageait dans une souricière, les Allemands, ignorant sa présence en ces lieux, occupaient derrière lui Talmay, et devant lui Jancigny. De loin les deux compagnies allemandes arrivées à Jancigny, virent non sans surprise marcher à elles cette colonne d'un millier d'hommes qui ne se gardait ni en tête, ni en queue, ni sur les flancs.

---

(1) Von Trapp. Page 60.

Vivement ils lui tendirent une embuscade.

Comme le bataillon français approchait de Jancigny, trente soldats allemands, postés en haut d'une colline, firent mine de battre en retraite. Instinctivement Bertrand se méfia d'une retraite si précipitée. Pour éviter Jancigny il obliqua à travers champs comme s'il voulait se glisser entre la route et la Vingeanne. Les trente grenadiers, qui avaient simulé une retraite, se retournent alors, et à deux cents mètres ils vous criblent de balles ces compagnies empêtrées dans la boue. Ventre à terre! hurla le commandant. Seules les deux premières compagnies obéirent. Pendant que les tireurs les plus braves ripostaient à l'ennemi, trois compapagnies allemandes successivement accourues formaient le cercle, enveloppaient nos tirailleurs et les rejetaient dans la Vingeanne.

Les malheureux ne s'échappèrent qu'en sautant dans l'eau sous le feu plongeant de l'ennemi. Ils la rougirent de leur sang et ne traversèrent la prairie qu'en laissant derrière eux une traînée de cadavres, de sacs et de fusils.

Les compagnies de queue qui suivaient à quelque distance furent saisies d'horreur à ce spectacle. Elles n'essayèrent même pas de sauver leur avant-garde. Elles se replièrent en toute hâte sur Talmay. En deux masses successives elles s'y butèrent sur une compagnie allemande du même régiment de grenadiers. Les autres compagnies allemandes fouillaient avec soin tous les environs. Cette compagnie allemande, de grand'garde à Talmay, avait avec elle très peu de cavalerie et pas de canons. Nos 450 Français avaient donc sur elle la supériorité du nombre. Mais fatigués, affamés, démoralisés, ils crurent avoir autour d'eux toute l'armée de Werder et la France vit ce jour là 450 de ses soldats et 13 de ses officiers capituler devant 260 Badois, presque sans coup férir. (1)

Contents de leur journée les Allemands ne laissèrent à Talmay qu'une compagnie et prirent leurs quartiers pour la nuit. A la nouvelle qu'une simple avant-garde occupait Talmay, Lavalle fit ce que tout chef intelligent aurait fait à sa place.

Il essaya de l'enlever. Le jour même il lança de Pontailler sur Talmay une force d'environ trois mille hommes. Leur apparition suffit pour mettre la compagnie allemande en retraite. Non seulement ces Allemands ne tirèrent pas un coup de fusil; mais ils abandonnèrent sur place plusieurs voitures de bagages et notamment les fusils des 450 prisonniers qu'ils venaient de faire. Grande fut la surprise de Lavalle à la vue de ces fusils qu'il connaissait bien. C'est la première nouvelle qu'il avait de son bataillon de mobilisés disparu depuis quatre jours ! Pendant que les Badois, très surpris de ce retour offensif, se repliaient pour la nuit jusqu'à Mantoche, notre colonne, satisfaite de ses prises, se retirait sur Pontailler, laissant ainsi Talmay vide entre les deux armées.

Que faisait pendant ce temps l'autre armée de la Côte-d'Or, forte d'environ 8,000 hommes, qui couvrait Dijon au nord-est ? Le prince de Bade avait envoyé contre elle son 2e régiment de grenadiers.

Malheureusement Cambriels avait donné pour chef à cette petite armée le colonel de gendarmerie Deflandre. Le brave colonel était un de ces fonctionnaires timides dont la première pensée avant d'agir est de se couvrir soigneusement contre toute espèce de responsabilité. Comprenant parfaite-

---

(1) CLÉMENT-JANIN. I, 29 à 31. — VON TRAPP. Page 64.

ment que Cambriels se moquait des républicains, il se garda bien d'agir autrement que son supérieur en grade. Il n'entreprit rien. Sa tactique toute négative fut d'attendre les évènements à Bèze qu'il occupait. C'est par hasard que le 27 Octobre un de ses bataillons de mobiles, le 4e de la Loire, poussant des reconnaissances au delà de Saint-Seine l'Eglise, se heurta contre deux avant-gardes de grenadiers badois. Le bataillon français s'était partagé en deux colonnes.

Les quatre premières compagnies sous les ordres du commandant Kaps rencontrèrent à Auvet l'extrême droite du prince de Bade et se replièrent après un court engagement. Les trois autres compagnies, placées sous les ordres du brave et énergique Franqueville, résistèrent plusieurs heures à Saint-Seine. Le capitaine Franqueville, grièvement blessé, tomba aux mains des Allemands. Ces deux engagements présentent avec les précédents des traits frappants de ressemblance. Immobiles à leurs rangs, nos recrues reçoivent assez crânement le premier choc de l'ennemi. L'ennemi les enveloppe et pendant qu'une élite se fait tuer héroïquement, la masse fuit, stupide et lâche, sans tirer, sans même tourner la tête. A la vue des fugitifs, qui revenaient sans sacs, ni fusils, en semant partout la panique, et en grossissant démesurément le danger, Deflandre prit enfin une résolution.

Il abandonna non seulement la ligne de la Vingeanne, mais aussi celle de la Tille et se replia sur Dijon. Ç'a été la première et la seule manœuvre de toute sa campagne. Il eut l'honnêteté d'avertir le docteur Lavalle.

Quelle part Cambriels prenait-il, de loin, aux déboires de son subordonné, le colonel Lavalle ? Deux dépêches vont nous le dire éloquemment. Lavalle avait télégraphié à Cambriels : « ...Donnez-moi des nouvelles fréquentes, et

« dites-moi s'il ne serait pas possible de recevoir demain
« matin deux batteries d'artillerie ? Je ne peux résister qu'à
« ce prix ? Que faut-il faire ? »

A minuit dix minutes, sachant que la bataille était imminente, mais déjà décidé à partir pour Lyon, Cambriels répondit par ces simples mots : « Il est matériellement
« impossible de vous envoyer pour demain les batteries
« que vous demandez. Si vous ne pouvez résister, repliez-
« vous sous le canon d'Auxonne avec la masse de vos
« troupes, en défendant le terrain pied à pied, avec des
« tirailleurs nombreux. Par ordre du ministre, j'envoie,
« dans vingt-quatre heures, une compagnie mobile dans
« les Vosges. Ce mouvement pourra faire dériver l'attaque
« que l'on projette contre vous... ». (1)

Demain matin ! Une compagnie seulement ! Et dans les Vosges encore ! Quelle moquerie affreuse ! On devine quel fut le découragement de Lavalle, à la nouvelle de ces débandades, succédant à cette fortifiante dépêche.

« Comment ! Le général Cambriels ne m'a envoyé aucun
« des quarante-deux canons qu'il n'utilise pas. Le colonel
« Deflandre découvre mon aile gauche sans avoir com-
« battu. Garibaldi, sur ma droite, ne donne pas signe de
« vie. Pendant que tous ces vétérans de la guerre s'immo-
« bilisent ou reculent, je lutte seul contre Werder. En
« retraite ! » Cette retraite de nuit sous la pluie dégénéra peu à peu en débandade. La poussière d'hommes se désagrégea comme un mortier mal joint. Pendant qu'une masse d'hommes désertaient d'autres se replièrent sur Auxonne et le reste sur Dijon. Ainsi finit d'exister la double Armée de la Côte-

---

(1) CLÉMENT-JANIN, 1, 27.

d'Or. Ainsi se termina ce premier essai de résistance, dont on condense parfois les menus incidents sous le nom de Bataille de Talmay. Nous y avions perdu environ cent morts, trois cents blessés et six cents prisonniers.

Le 28 Octobre au matin tous les ponts de la Vingeanne furent franchis par Werder. L'ennemi n'était plus qu'à une journée de Dijon. Rien ne lui barrait plus la route.

Il faut d'ailleurs tout dire. Outre l'absence d'artillerie et de cavalerie, outre l'inertie invincible de ses chefs de colonnes, Lavalle eut contre lui le temps le plus affreux qu'on puisse imaginer.

« Depuis trois heures de l'après-midi jusqu'à la nuit
« noire, dit l'historien des grenadiers allemands, sévit avec
« une violence rare un épouvantable ouragan. Le même
« jour il a fait rage au loin à travers l'Allemagne et causé
« partout de grands dommages surtout dans les forêts. La
« tempête soufflait si fort qu'il était difficile de mettre un
« pied devant l'autre et impossible de se faire comprendre
« autrement que par signes. » (1) Quoi qu'on en dise, cette pluie infernale mouilla bien plus nos compatriotes parce qu'ils étaient mal équipés. De plus nos pauvres conscrits, même quand ils manquaient de tout, n'osaient rien exiger, pas même des bottes de paille, tandis que les Allemands, pour être bien séchés et plantureusement nourris, n'avaient qu'à montrer leurs bidons de pétrole.

Pendant que Lavalle luttait seul contre les hommes et contre les éléments, les échappés de Jancigny rentrèrent à Dijon par groupes isolés. Le commandant Bertrand arriva de nuit, seul et en parfaite santé. A la nouvelle de ce désastre

---

(1) Von Trapp. Page 59.

dont les victimes étaient des enfants du pays il y eut à Dijon un déchaînement de colère.

Sait-on qui devint le bouc émissaire de toutes les calamités ? Ce ne fut pas le général Cambriels qui abritait si prudemment ses 42 canons de campagne derrière les murs de Besançon. Ce ne fut pas non plus le colonel Deflandre qui avait évité d'engager ses forces. Ce ne fut pas non plus le lieutenant-colonel Bombonnel qui par horreur des Jacobins avait disparu la veille de la bataille. Ce ne fut pas même le commandant Bertrand dont la suffisance venait de ruiner tout un bataillon. Ce fut l'homme qui seul avait rempli son devoir et qui le remplissait encore. Ce fut le docteur Lavalle, « ce médecin aux grandes bottes qui faisait
« la guerre au lieu de soigner ses malades, qui commandait
« les troupes au lieu d'ordonner des cataplasmes. »

Sur ce point les lâches qui avaient fui la bataille, et les conservateurs qui soupiraient après la paix, tombèrent aussitôt d'accord.

Il fallait entendre dans les cafés de Dijon, à l'heure de l'absinthe, comment ils mêlaient la calomnie à la farce. Lavalle n'étant pas là pour se défendre, c'est lui qu'ils accusaient hardiment d'avoir commandé la marche de Talmay sur Jancigny. « D'ailleurs, ajoutaient-ils d'un air désin-
« téressé, quand des avocats font les plans de campagne et
« les imposent aux généraux, il n'est pas étonnant que des
« médecins s'improvisent chefs d'armées, et vous déploient
« des bataillons avec une rivière dans le dos. » A ces deux mensonges on ajoutait une jolie légende : « Une nuit
« Lavalle avait pris pour des mitrailleuses allemandes deux
« charrues dont les socs renversés reluisaient au clair de
« lune et il avait criblé de balles ces pauvres machines. »

« Historique ! » ajoutaient-ils sans rire. Le fait est que

cette légende, après avoir gagné Dijon, traversa toute la France et trouva des oreilles crédules jusqu'à Tours.

Depuis Solférino et Malakof notre race avait-elle donc perdu brusquement ses qualités militaires? Non, certes. A Saint-Seine, à Auvet, à Talmay, à Essertenne, à Mantoche, partout où la poudre venait de parler, des braves s'étaient accrochés au sol et avaient donné le plus sublime exemple.

Pourquoi donc 4,000 au plus des 45,000 hommes placés sous les ordres de Cambriels venaient-ils de décharger leurs fusils à l'heure où le devoir était d'agir coûte que coûte? Pourquoi Cambriels exposait-il en rase campagne justement ses troupes les moins organisées sous les officiers les moins aguerris? Pour que de pareils mécomptes ne nous surprennent plus, il importe d'en démêler les causes plus politiques que militaires et de fixer les responsabilités. Nous supposions à tort que nos adversaires politiques oublieraient au feu leurs rancunes politiques. Des chefs qui n'étaient pas républicains servaient mal un gouvernement républicain. Tel est le fait brutal mais indéniable que l'échec de Talmay, trois jours avant la bataille de Dijon, éclaire déjà de sa triste lumière et que l'intérêt supérieur de la patrie nous défend d'oublier.

CHAPITRE IV

L'APPROCHE DE WERDER

Pendant que çà et là quelques patriotes, sourds à la débandade, mouraient sur la Vingeanne, un chef nouveau, destiné à remplacer Lavalle, arrivait de Marseille le 27 Octobre au matin : c'était le baron Fauconnet, lui aussi colonel de gendarmerie.

Rarement on vit dans une situation aussi dramatique apparaître un chef aussi respectable et aussi médiocre. Pour calmer ce peuple irrité, pour rallier sur les routes tous ces tronçons d'armée et pour les retourner contre l'ennemi vainqueur, il fallait un esprit très ouvert et un caractère très entreprenant. Tout au contraire de son rôle, Fauconnet avait le respect des traditions et la religion des formalités. Devant cette situation révolutionnaire qui troublait les croyances de toute sa vie il perdit la tête. Une seule idée, une idée fixe, surnagea dans le trouble de son esprit. C'est que « sans artillerie ni cavalerie la résistance était impos-
« sible, que Dijon n'était pas une position stratégique, qu'il
« fallait se replier en toute hâte, qu'on avait à peine le
« temps... »

Abandonner Dijon ? Il avait à peine lâché ce mot malheureux que des paroles dures lui rejaillirent en plein visage : « Ne seriez-vous, lui dit Lavalle, qu'un capitulard
« de plus ? »

Le Comité militaire de Dijon télégraphia à Tours. Tours télégraphia à Besançon l'ordre de résister. Besançon transmit l'ordre à Dijon. Fauconnet commit alors la faute d'accepter en apparence une tâche qu'il désapprouvait formellement. Toutes les dépêches échangées entre Cambriels et Fauconnet prouvent qu'au fond de l'âme ces deux chefs tenaient pour la retraite et ne différaient que sur la direction à lui donner. Cambriels recommandait Auxonne; Fauconnet préférait Beaune. Du reste Cambriels ne confia pas plus de canons à Fauconnet qu'il n'en avait confié à Lavalle. Le 29 Octobre il était à Lyon.

Pendant les quatre journées qu'il avait encore à vivre, du 27 Octobre au matin jusqu'au 30 Octobre au soir, Fauconnet ne sut ni reconnaître ni faire son devoir. Le devoir, tout le monde le lui criait aux oreilles.

Exigez donc de Cambriels les canons nécessaires. Enlevez-les de force, au besoin. Autour de ces canons il aurait réorganisé quelques bataillons. En avant de Dijon il aurait creusé des abris pour ses tirailleurs comme Lavalle en avait creusé en avant de Talmay. Fauconnet préféra perdre son temps en chemin de fer. Un instant on crut qu'il allait défendre la Tille. Il envoya à Arc-sur-Tille 1800 hommes de troupes régulières que lui prêtait le commandant de la place d'Auxonne. Mais pendant que ces 1800 hommes étaient en marche, trois colonels de mobiles qui occupaient déjà ce bourg l'abandonnèrent sans avoir été seulement attaqués et revinrent à Dijon malgré des ordres formels. Il savaient bien que leur indiscipline ne serait pas punie. Ne se conformaient-ils pas à la pensée secrète du chef?

Loin de punir cette désertion, Fauconnet en profita en effet pour rendre la retraite plus générale. Il rappela à Dijon même les troupes régulières et ne songea plus désormais qu'à évacuer la ville. Seulement les moyens qu'il employa pour préparer, justifier et exécuter cette reculade ne méritent guère l'admiration de la postérité.

Dans ses dépêches à Tours il se donnait comme partisan d'une défense énergique. A l'entendre c'est Dijon qui ne voulait pas se battre. C'est Lavalle qui lui créait des difficultés. Pendant que Fauconnet trompait ainsi Gambetta sur ses véritables intentions, il essaya de duper les Dijonnais sur le sens de ses actes. « Pourquoi, lui demandait-on, envoyez-« vous à Beaune, les bataillons de mobiles ? » « De pareils « soldats, répondait-il, seraient plus dangereux qu'utiles. Du « reste le conseil de guerre, convoqué pour ce soir 28 Octo-« bre, à neuf heures, prendra toutes les mesures que com-« porte la situation. » Les patriotes dijonnais qui voyaient partir les caisses de cartouches en même temps que les mobiles, se méfièrent de ce conseil de guerre. Le préfet et quelques notables demandèrent expressément à y assister. Leur méfiance n'était que trop fondée.

La vérité aujourd'hui connue et documentée c'est que les ordres d'évacuation, écrits depuis le matin, étaient expédiés quand le conseil se réunit. A *huit heures et demie* le chef de gare avait reçu l'ordre de tenir prêt le *dernier train d'évacuation*. Le conseil qui se réunissait à *neuf heures* n'était donc qu'une comédie. Sur leur insistance, Fauconnet admit à la séance le préfet et quatre autres personnes, mais seulement avec voix consultative. (1) D'ailleurs il ne toléra leur présence que pendant un quart-d'heure et, après les avoir bercés de paroles vagues, il les pria de sortir. (2) Quand les onze officiers de mobiles et de gendarmerie, convoqués à ce conseil, furent seuls, un tout jeune sous-lieutenant de

---

(1) Clément-Janin. I, 47.
(2) De Coynard, I, 22.

la ligne plaida la résistance. Une majorité de dix voix étrangla son importune proposition et, après trente minutes de délibération, on vota la retraite qui d'ailleurs était commencée depuis plusieurs heures.

Dans un rapport envoyé à Tours, et dont on devine l'auteur, cette retraite du 28 Octobre, était représentée comme une panique due à « l'ineptie présomptueuse » de Lavalle (1) et le jeudi 10 Novembre, dans sa partie officielle, au cours d'un article de 173 lignes, le *Moniteur* abusé, répétait cette calomnie à toute la France.

Ce même soir, à onze heures Fauconnet eut encore le triste courage de télégraphier à Cambriels, entre autres mensonges, que le conseil municipal n'avait fait aucun des des travaux de défense promis, que la ville se refusait à l'établissement de barricades, qu'il se repliait sur Beaune pour éviter un désastre inévitable, que d'ailleurs il referait des bataillons actifs avec les éléments vigoureux et qu'il pourrait « aller à Dôle. » Aller à Dôle, cela voulait dire s'abriter derrière les volontaires de Garibaldi. Le baron Fauconnet fit bien de n'écrire ces choses et de ne les exécuter que la nuit. S'il avait risqué cela de jour, nombre de Dijonnais, qui n'étaient nullement des énergumènes, et qui le tenaient pour traître, lui auraient déchargé leurs fusils dans la poitrine.

Les troupes encore présentes à Dijon et fortes d'environ dix mille hommes roulèrent donc ou marchèrent toute la nuit dans la direction de Beaune. Fauconnet le dernier monta à cheval vers trois heures du matin, le 29 Octobre, pendant qu'un express emportait Cambriels de Besançon à Lyon.

---

(1) MONITEUR, *Jeudi, 19 Novembre 1870.*

La retraite s'était faite avec ordre, silence et promptitude. Il faut avoir vécu pendant ces heures noires pour se figurer la colère des patriotes lorsque au lever du jour ils virent désertes ces rues qui la veille encore fourmillaient de tant d'uniformes. Les travaux de défense, à peine esquissés d'ailleurs, furent suspendus. On licencia les mobilisés. La garde nationale rendit ses armes. Les caisses publiques s'en allèrent avec le préfet. Le comité militaire se dispersa. Les poudres disponibles furent noyées dans le canal et pendant la matinée du 29 Octobre Dijon attendit l'ennemi dans un silence humiliant. Comme à Nancy, se disait-on, une patrouille de uhlans suffira pour forcer une ville de quarante-six mille âmes. Quelle honte !

Or, pendant que des officiers de mobiles, commandés par un colonel de gendarmerie, votaient l'évacuation de Dijon, et l'exécutaient en sourdine, Werder recevait de son chef l'ordre de suspendre sa marche à travers la Bourgogne et et de se replier dans la région de Vesoul. (1)

Mais l'occasion était vraiment trop belle. Un officier allemand s'était introduit à Dijon en habits civils. Il avait noté avec soin les symptômes de défaillance. Il était reparti au galop pour tout dire à son général. (2) « Dijon ! Pendant
« que les Français se morfondront dans les bois et sur les
« grandes routes, nos brigades trouveront là un gîte com-
« mode et nourrissant. De ce point stratégique, bien mieux
« que de Vesoul, nous rayonnerons soit sur la vallée de la
« Loire, soit sur celle de la Seine, soit sur celle de la
« Saône. Dijon, c'est tout à la fois l'abondance et la sécu-
« rité. » Fort de ces raisons, et malgré les ordres précis

---

(1) LÖHLEIN. III, 63.
(2) LÖHLEIN. III, 64. — CLÉMENT-JANIN. I, 49. — MIGNARD. II, 38.

de son chef. Werder lança sur cette riche proie deux de ses quatre brigades c'est-à-dire environ onze mille fantassins, douze cents cavaliers et trente-six canons.

En tête marchait la brigade du prince Guillaume de Bade qui devait attaquer Dijon surtout par le nord. A quelques heures en arrière, accourait à marche forcée la brigade Keller qui devait attaquer Dijon surtout par le sud. La division avait pour chef le général Beyer, ministre de la guerre du duché de Bade.

Dans l'après-midi du 29 Octobre la patrouille de uhlans que Dijon attendait apparut aux portes de la ville à l'angle nord-est du clos de Montmusard. Des Volontaires de la Côte-d'Or qui n'avaient pas rendu leurs armes l'accueillirent à coups de fusil et elle tourna bride. Ce n'était là en somme qu'une escarmouche insignifiante. On avait tiré vite. On avait simplement éraflé la fesse d'un cheval. Mais de même qu'une étincelle à peine visible peut allumer un colossal incendie, de même la nouvelle de cette petite affaire, tombant sur cette ville échauffée, y provoqua un revirement d'opinion extraordinaire.

Des nouvelles encourageantes circulent en ville. On raconte que Bombonnel, disparu la veille de la bataille de Talmay, abat maintenant les Prussiens par centaines. On affirme que Garibaldi arrive avec cinquante mille volontaires. Garibaldi arrive ? Aux armes, citoyens ! Le préfet d'Azincourt harangue la foule. Le conseil municipal exige la restitution des fusils. Le chemin de fer ramène de Beaune les caisses de cartouches. Des fragments de bataillons, des pelotons de compagnies, des hommes isolés, une cohue de trois mille hommes plutôt qu'une armée, revient à la hâte de Beaune à Dijon. Fauconnet l'accompagne sans qu'on voie bien clairement si c'est le colonel qui ramène ses hommes ou si ce sont les hommes qui ramènent leur colonel. Par dépêche Gambetta félicite le colonel de ce revirement.

Du reste la discipline n'existait plus. Sauf dans quelques compagnies bien commandées les soldats choisissaient leurs chefs. Le cœur se serra lorsque le matin du 30 Octobre on vit les pauvres lignards débarquer du train. Surmenés de marches inutiles, tombant de faim et de fatigue, ils échappaient à peu près complètement à l'autorité du colonel Fauconnet. Lorsque le colonel fut reconnu dans les rues de Dijon, des patriotes le poursuivirent de leurs huées, l'entourèrent, l'insultèrent, le menacèrent même du fusil. Pendant ce temps les caisses de cartouches, qui avaient été d'abord ouvertes avec calme, finissaient par êtres prises d'assaut, comme les fusils d'ailleurs et comme les provisions.

C'est sur ce chaos d'hommes méfiants et irrités, sur ce chef courageux mais indécis et sans prestige, que vinrent se heurter avec ordre, silence et précision les deux régiments de grenadiers badois, la brigade d'élite de Werder, celle même qui venait de forcer les ponts de la Vingeanne.

Comme devait faire Werder lui-même le 26 Novembre suivant, comme devait faire Garibaldi le 21 Janvier, comme le conseil municipal le demandait d'instinct, le baron Fauconnet se décida à défendre la ville hors de la ville même. Où fallait-il s'arrêter? Sur la Tille? Il était trop tard. Derrière la Norge? Elle coule trop près de la Tille. Mais le plateau de Langres projette entre la Norge et l'Ouche une ligne de collines qui court du nord-ouest au sud-est et couvre la ville à la distance de deux kilomètres à vol d'oiseau. La route menacée par les Allemands coupe perpendiculairement cette chaîne de collines à Saint-Apollinaire dont la hauteur domine d'environ quarante mètres le pavé de Dijon. C'est là qu'était le dernier espoir de la résistance.

Si, par sa duplicité, Fauconnet n'avait pas perdu la confiance publique, la ville entière se serait armée de pioches pour lui creuser des tranchées. Quelques heures suffisaient à tant de bras. Mais le baron Fauconnet l'a-t-il seulement désiré ?

Malgré l'inertie du chef, malgré l'insuffisance des travaux exécutés précédemment, la position de Saint-Apollinaire n'était pas à dédaigner. Des meules de foin, des fossés de route, des murs percés de meurtrières, quelques ébauches de tranchées permettaient d'attendre l'ennemi. Le noyau de six cents hommes posté là appartenait à la ligne. Le temps, très pluvieux ce matin-là, détrempait les terres sous le pied des Allemands. Les lourdes bottes de leurs fantassins, le sabot de leurs grands chevaux, les roues de leurs canons ne se dépêtraient de la boue qu'avec peine. Quel dommage que Fauconnet, inerte jusque dans sa manière de combattre, se soit contenté d'attendre l'ennemi sur place ! Cette tactique toute passive ne fut guère admirée. Nos officiers surtout se demandèrent « si on les menait à la bataille « uniquement pour en démontrer l'inutilité ? »

Dans des circonstances pareilles et avec des troupes moins solides l'attitude de Lavalle avait été bien plus virile : c'est que Lavalle considérait la résistance comme un devoir.

Le matin du 30 Octobre la première brigade de Beyer franchit donc la Tille et ne dédaigna pas de canonner nos compagnies d'avant-garde qui exploraient le terrain du côté d'Orgeux et de Couternon.

Sur la Norge même on ne tira que quelques coups de

fusil en se repliant. A Varois, d'où Fauconnet regardait venir les Allemands, on ne brûla pas une cartouche. A onze heures et demie le prince de Bade était devant Saint-Apollinaire. Aussitôt six de ses canons écrasent la position d'obus. Pendant la canonnade le prince déploie cinq compagnies de grenadiers avec un escadron sur chaque aile. Bientôt ces grenadiers, qui se sentent soutenus par des canons, et qui n'en voient aucun du côté français, remarquent que nos hommes tirent trop vite et trop haut. Pris de confiance ils se ruent avec un hurrah sur la hauteur qui est emportée au premier élan. De là on apercevait Dijon. Les grenadiers firent halte. « Il fallait bien, dit le major Trapp. « laisser à nos gens le temps de souffler. » (1)

Jusque-là nous n'avions fait que des pertes légères. On perdit bien plus d'hommes en descendant ces hauteurs qu'en les défendant. Pendant cette retraite une poignée de francs-tireurs lyonnais mérita l'admiration du major Trapp, l'historien des grenadiers badois : « Six à huit gaillards à
« l'allure martiale, tout habillés de noir, la tête ombragée
« de chapeaux à larges bords, et maniant d'excellents fusils
« à répétition, couvraient la retraite. Très heureusement
« pour nous ils montrèrent plus de courage que d'adresse
« au tir. A cinquante pas de distance à peine le sergent
« Streckfuss de Laudenbach étendit raide le dernier de ces
« malencontreux personnages. » (2)

Cette lutte avait duré une heure environ.

D'Arc-sur-Tille par Couternon l'aile gauche du prince, commandée par le major Betz, s'était portée sur Quétigny et Mirande : elle menaçait de prendre en flanc les défen-

---

(1) TRAPP. Page 79.
(2) TRAPP. Page 71.

seurs de Saint-Apollinaire. Mais les coups de canon du matin avaient provoqué en ville une émotion indicible. Des centaines de volontaires se portèrent d'instinct au-devant du major jusqu'au delà de Mirande et reçurent dignement sa colonne de cinq cents hommes. Mais la chute de la première position détermina la chute de la seconde. De Saint-Apollinaire à Mirande toute notre ligne de tirailleurs tourbillonna sur elle-même et se réfugia dans les faubourgs de Dijon et sur toute la chaîne de collines on vit se profiler la pointe des casques allemands.

Le prince de Bade, dont rien n'arrêtait depuis le matin la marche victorieuse, crut alors la partie gagnée. Il se trompait. La vraie bataille allait commencer.

CHAPITRE V

LA PREMIÈRE BATAILLE DE DIJON

Tenant Saint-Apollinaire les Allemands tenaient Dijon. De là-haut les dix-huit canons de leur brigade pouvaient tout écraser sans le moindre risque. Prendre la ville n'était plus qu'une question d'heures. Ils avouent avoir admiré leur proie avant de la saisir.

Le capitaine Löhlein, si peu enclin au lyrisme, n'a pu retenir ce cri d'admiration : « Un rayon de soleil illuminait « la fière et antique capitale de la Bourgogne qui gisait à « nos pieds. Au loin en arrière se dressaient les pyramides « plus noires de Talant et de Fontaine, pendant que du « côté du nord comme du côté du sud, sur les pentes « riches en vignobles de la Côte-d'Or, les villages se déta-« chaient en blanc comme des bas-reliefs sur la couleur « sombre de l'arrière-plan. Une activité fébrile régnait « dans la ville, dans les villas et dans les fermes qui la « précèdent. Les anciens murs, les jardins le long du « Suzon, la tranchée du chemin de fer étaient fortement « occupés et du sud un train approchait de la ville à toute « vapeur. » (1)

Dijon est une des étapes de la route très ancienne qui de l'Atlantique à la Méditerranée, du Hâvre à Marseille, traverse les villes les plus riches de notre pays. A cette époque Dijon commençait seulement à dénouer la ceinture de

---

(1) LÖHLEIN. III, 67.

murailles qui lui étranglait la taille comme à toutes les vieilles villes.

Vues du haut de Saint-Apollinaire ses maisons pressées les unes contre les autres formaient encore un bloc compact d'où ses flèches et ses tours redressent très haut leurs nombreuses et pittoresques cimes. Au fond de son amphithéâtre de pentes douces la ville paraissait comme couchée sur un tapis de vignobles. D'abord station romaine, puis séjour préféré des ducs de Bourgogne, elle avait grandi lentement dans le confluent de l'Ouche et du Suzon, sur ce riche sol d'alluvions que l'Ouche arrache aux flancs de la Côte-d'Or et le Suzon aux gorges du plateau de Langres. Elle comptait alors quarante-six mille habitants. Ses murs du moyen âge, dont il lui restait de beaux débris, n'avaient pas été bâtis contre les canons de notre temps. Le Suzon non plus, dont les eaux claires étaient aspirées par un aqueduc avant d'entrer en ville et dont le lit presque à sec était coupé de ponts nombreux, ne pouvait pas compter comme une défense sérieuse.

Mais si la ville, dominée de toutes parts et pelotonnée dans son vieux mur, était perdue en cas de bombardement, elle pouvait sans crainte riposter à la fusillade. Partout de vieilles pierres, des arbres centenaires, des murs de vergers, accidentaient le terrain. Puis tout autour de la ville de grosses fabriques, des fermes isolées, des parcs clos de murs, formaient comme une enceinte d'ouvrages avancés faciles à défendre. Telle était par exemple la ferme de la Boudrenée, ou encore le parc de Montmusard. C'est ce que les Allemands dans leurs récits appellent la lisière de Dijon. Justement le général Beyer commit la faute de ne pas écraser la ville d'obus et d'engager vigoureusement ses grenadiers. Il n'attendit même pas la brigade du général Keller dont le mauvais temps avait ralenti la marche. Il espéra enlever Dijon comme un simple village.

L'attaque commença vers une heure.

Étendre largement ses deux ailes vers le nord comme vers le sud, allumer des incendies à la main sur tous les points attaqués, tirer sur les ambulances autant que sur les barricades, terroriser la ville en l'étreignant dans un cercle de feu, telle fut la tactique suivie par le prince de Bade.

Pendant que les 42 canons de campagne de Cambriels se reposaient à Besançon, les dix-huit canons de la brigade du prince de Bade s'étaient tranquillement installés les uns au nord, les autres au sud de Saint-Apollinaire. Lorsque les grenadiers eurent enlevé Montmusard, les canons s'approchèrent jusqu'à la Boudrenée et jusqu'à la fontaine des Suisses. Puis les dix-huit canons du général Keller, arrivèrent au galop vers trois heures. Trente-six canons tirèrent ainsi sur la ville à bout portant. Heureusement pour nous le train de Werder était encore à Epinal. Ne pouvant renouveler sa provisien d'obus Beyer ménageait sa poudre. Ensuite les grenadiers, ayant pris trop d'élan, disparurent bientôt derrière les accidents de terrain. Dans le nuage de fumée blanche qui enveloppait la ville, les canonniers, ne distinguant plus ni amis ni ennemis, ne tirèrent plus que sur quelques points isolés.

L'ambulance des Capucins par exemple attira leur attention. Elle était pour ainsi dire sous leurs pieds à courte distance.

Sur son toit « flottent plusieurs drapeaux blancs à croix
« rouge et cependant ils semblent être le point de mire des
« batteries de la Boudrenée. En moins d'une demi-heure
« plus de quarante projectiles tombent sur le vieux bâtiment;

« des obus éclatent jusque dans les chambres des malades. »

On crut qu'il y avait erreur. « Le docteur Marchant et
« M. Viallanes, professeur, vont alors, au milieu des balles
« et des obus, placer un immense drapeau d'ambulance à
« l'une des lucarnes de l'est, en face des batteries. Le bom-
« bardement continue de plus belle. Le soir, la toiture des
« Capucins était percée de 75 trous d'obus, sans compter
« ceux des murs et les projectiles tombés dans les cours. » (1)

Aux vingt-cinq gendarmes qui servaient de cavalerie à
Fauconnet, Beyer pouvait opposer quatre escadrons, soit six
cents sabres, auxquels s'ajoutèrent vers deux heures les six
cents sabres de la brigade Keller. Mais devant ces murs cré-
nelés, à travers ces pieux de vignes, que pouvait faire cette
nombreuse cavalerie ? Elle aussi fut condamnée à un rôle
secondaire.

Tout le poids de la lutte retomba donc sur l'infanterie.
Les Allemands ne s'en aperçurent bien que vers trois heures
quand ils eurent emporté les ouvrages extérieurs de la ville
et qu'ils se butèrent sur l'entrée des faubourgs. Ici la lutte
changea totalement de caractère. Des barricades se dressèrent dans toutes les rues. Des meurtrières s'ouvrirent dans
tous les murs. En vain Beyer alluma de nouvelles maisons.
Aux compagnies du premier régiment qui était seul engagé
depuis le matin il ajouta inutilement les compagnies du deuxième régiment c'est à dire toutes ses réserves. Il fallait
maintenant enlever la ville maison après maison, pierre
après pierre. Quoique les officiers allemands ne manquassent
ni de courage ni d'énergie ils sentirent peu à peu leurs compagnies se fondre et quand la nuit vint, c'est à dire entre
quatre et cinq heures, l'élan était brisé.

---

(1) CLÉMENT-JANIN. I, 69 à 70.

Vers quatre heures leur demi cercle touchait au nord l'usine Bargy, au sud le Parc; mais ils n'avaient encore forcé que l'entrée des faubourgs Saint-Nicolas, Saint-Michel et Saint-Pierre. Mordue dans sa chair vive la ville se débattait avec fureur et fumait bien plus de fusillade que d'incendie.

Le général Beyer était déjà découragé lorsque entre quatre et cinq heures il vit déboucher soit de Saint-Apollinaire soit de Quetigny les deux régiments de Keller. Pour le coup ces hommes mouillés de sueur, rompus de fatigue et affamés, n'étaient guère ce qu'on appelle des troupes fraîches.
« Cette journée, écrit leur historien, avait exigé le maximum
« des forces humaines. Sans avoir cuit, par la pluie et par
« le vent, les hommes avaient été dix-huit heures sur pied ;
« par exemple pendant la marche sur Couternon une cin-
« quantaine d'hommes restèrent épuisés sur le bord de la
« route... » Prendre Dijon avec des renforts pareils, n'était plus possible.

Le général Beyer les engagea à peine sur ses ailes soit à gauche pour couper le chemin de fer de Lyon, soit à droite pour dégager à Mont-Chapet des grenadiers qu'il croyait fortement compromis. Une vive inquiétude se lisait sur la figure du général. Il croyait avoir devant lui toute une armée. Cette lutte, dont il avait sous les yeux le poignant spectacle, c'était bien ce que Werder lui avait expressément dit d'éviter : c'était la guerre de rues. Les cartouchières et les caissons allaient être vides. Les pertes se multpliaient surtout en officiers. Que la ville fasse une sortie à la faveur de la nuit, trois mille grenadiers peuvent rester pris dans les positions conquises. Mieux vaut la retraite de jour en bon ordre qu'une panique de nuit. Beyer recula.

(1) WAENKER, VII, 104.

Pendant que ses canons rouvraient le feu pour couvrir la retraite, les compagnies de grenadiers remontèrent les unes après les autres sans laisser derrière elles ni un blessé ni un prisonnier. La brigade Guillaume coucha à Saint-Apollinaire et la brigade Keller à Quetigny.

Pendant que le général allemand, obéissant honnêtement à sa consigne, ne versait qu'à bon escient le sang de ses grenadiers, nous en sommes réduits à nous demander à quelle heure du jour le baron Fauconnet, après avoir d'abord esquivé la bataille, se décida à la commander sérieusement, comme c'était l'ordre, et comme il l'avait promis.

Nous savons déjà ce qu'il avait fait hors de Dijon sur les deux routes envahies. Il n'avait défendu que très mollement et avec des forces insuffisantes la position capitale de Saint-Apollinaire. Il avait à peu près oublié la route de Mirande qui fut défendue sans lui avec une rare ténacité par des volontaires de toutes provenances. Mais une fois rentré à Dijon, quand il vit que malgré lui la lutte se rallumait plus ardente, il semble bien qu'il ait essayé d'en reprendre la direction et de mettre un peu d'ordre dans le chaos de la résistance. Ainsi vers une heure il est avéré qu'il dirigea une sortie pour reprendre Montmusard. Vers deux heures il est certain qu'il envoya des tirailleurs sur la route de Langres pour arrêter le mouvement enveloppant de l'aile droite de l'ennemi. Avec un courage bien français que personne ne songe à lui contester il était encore debout sur son cheval entre deux et trois heures de l'après-midi en avant de la porte Saint-Nicolas pendant que derrière lui les faubourgs se hérissaient de barricades.

Cette guerre de rues, s'ajoutant à ce bombardement, c'était pour lui le plus grand des malheurs. Pour le prévenir il avait tout essayé, l'autorité, la persuasion, le mensonge. Et quel était le hideux résultat? Devant lui : l'invasion. Derrière lui : l'émeute et le pillage. Troublé par ces arrière-pensées il se reprocha à haute voix les incendies qui s'allumaient sur tout le périmètre de la ville et ce déballage d'ustensiles brisés qui barraient les rues. Convaincu que de la riante cité confiée à sa garde il ne resterait bientôt plus que des murs noircis et des coffres-forts défoncés, il brava la mort en homme qui se condamne à la recevoir. Déjà un cheval avait été tué sous lui dans la matinée. Entre deux et trois heures un projectile allemand, une balle selon les uns, (1) un éclat d'obus selon les autres, (2) lui donna cette mort qu'il attendait. Quelques soldats firent un brancard de leurs fusils et portèrent le blessé à l'ambulance des Capucins où il expira vers dix heures du soir.

Sous cette toiture dont les tuiles s'effondraient dans les salles, entre ces murs soudainement troués, au milieu de ces blessés qu'achevaient les projectiles, cette agonie de huit heures fit remonter aux lèvres du mourant la conviction des heures précédentes.

Lorsqu'il se vit perdu il appela son médecin le docteur Laguesse et son confesseur l'abbé Drouhin. Croyant faire acte de patriote et dédaignant cette fois les détours, le moribond leur déclara la résistance inutile et pria le docteur Laguesse d'écrire pour lui en ce sens au conseil municipal. L'abbé Drouhin, après lui avoir donné l'absolution, se chargea de porter à la mairie la dernière lettre du colonel. Le commandant Regad, son chef d'état-major, se présenta à la mairie avant l'abbé; il déclara qu'étant maintenant le chef il emmenait à Beaune les troupes régulières. Mais

---

(1) CLÉMENT-JANIN. I, 62.
(2) JEANNEL. Page 69.

Regad répéta inutilement autour de lui l'ordre de cesser le feu. En vain des clairons pleurèrent la reddition par les rues. Quand le drapeau parlementaire apparut en haut de la tour des ducs, des patriotes indignés l'abattirent à coups de fusil. Regad n'eut que le temps de se déguiser en civil et de quitter la place.

Le cœur saigne devant de pareils tableaux. Mais vraiment, après vingt-deux années, il est temps que l'historien dise toute la vérité.

Pendant que du commencement à la fin de cette lutte la brigade des grenadiers allemands recevait des renforts de cavalerie, d'artillerie et d'infanterie qui doublaient son effectif, Regad entraînait sur la route de Beaune environ un millier de soldats français. Non seulement il diminuait le nombre des combattants; il démoralisait encore par cette honteuse couardise une masse de soldats indécis qui flânèrent dans les rues de Dijon au lieu de courir aux remparts. Désormais alla au feu qui voulut. Des groupes partaient. D'autres revenaient. Nulle cohésion. Nul plan d'action. Le courage individuel tint lieu de chef, de tactique, de cavalerie, d'artillerie, de tout.

Pendant que certains chefs perdaient leur temps à raisonner, à calculer et à fuir, il est consolant de penser que le sens des grands devoirs n'était pas perdu. Il s'était réfugié chez les humbles.

L'agonie de Fauconnet n'empêcha pas plus la bataille de continuer que sa diplomatie ne l'avait empêchée de commencer. Environ deux mille lignards, chasseurs, mobiles, mobilisés, francs-tireurs, refusèrent de tourner le dos aux Prussiens. Environ deux mille habitants se joignirent à eux. On vit alors comment les Dijonnais s'opposaient « à l'éta-
« blissement de barricades. » Chaque clos, chaque maison

devint une place d'armes. On se tira à bout portant. On croisa la baïonnette. On vit aux barricades même des femmes et des enfants. Les hommes qui bravèrent la mort se battirent en gens qui savent ce qu'ils veulent. Beaucoup de blessés ne s'en allèrent qu'au troisième sang. « Calamy, « déjà blessé deux fois, ne lâche son fusil que lorsqu'une « balle lui a cassé le bras. » (1) Le tanneur Siméon fut atteint huit fois. Sur le corps du mobilisé Genel on compta neuf blessures.

A ne considérer que l'uniforme des morts on croirait que nous avions en ligne seize bataillons différents. Les Allemands dans leurs récits parlent rondement de huit à quinze mille hommes.

Le 28 Octobre ce chiffre pouvait être vrai. Si Fauconnet avait voulu sincèrement se battre, ce chiffre aurait été encore vrai le 30 Octobre. Mais aucune des troupes évacuées par Fauconnet le soir du 28 ne revint complète le matin du 30. Les groupes les plus compacts furent les 700 hommes du 90e, les 600 hommes du 71me, les 150 chasseurs du 6me bataillon, les 600 mobiles de la Lozère, les 80 francs-tireurs de Lyon. Les autres troupes n'envoyèrent au feu que des pelotons ou des hommes isolés. Seule une élite de quatre mille hommes tint donc jusqu'au bout. Tels ces braves gens s'étaient confondus dans le danger, tels les fossoyeurs les retrouvèrent confondus dans la mort à la place même où ils s'étaient accrochés. Rarement on vit une image plus sainte de la patrie que dans ce sanglant pêle-mêle de cadavres. Que ne s'est-il trouvé à leur tête un chef digne d'eux, un soldat de race au lieu d'un homme de bureau !

---

(1) Clément-Janin. I, 71.

Raconter en détail comment de quatre à cinq heures ces quatre mille désespérés firent reculer une division allemande, n'est pas chose aisée. La bataille s'était émiettée en duels isolés.

A défaut de récit citons au moins quelques anecdotes. Clément-Janin nous donnera la note héroïque et gaie. « Une balle s'aplatit sur le fusil de M. A. Laurens, le « peintre, ricoche et s'incruste dans ses vêtements, sur le « côté gauche de la poitrine. Voyez donc, capitaine Blavier, « s'écrie-t-il, la belle décoration que m'envoient les Prus- « siens ! » (1).

A Gaudelette nous emprunterons ce trait touchant d'un déménageur. Partant pour se battre il avait affirmé à sa femme qu'il allait à son travail. Au moment d'être frappé, il disait à ses camarades : « Si je suis tué, je veux qu'on me « ramène dans ma grande voiture. » Quoique elle ne fût pas à lui, elle était grande quand même, et contenait beaucoup de voyageurs, la voiture qui ramena le brave Duthu au cimetière. (2)

Jeannel nous dira la note tragique. Charles Cave, professeur au lycée de Dijon, était parvenu, à force de travail, aux grades les plus honorables de l'université. Comme beaucoup d'autres il jugeait la lutte inutile. Il laissait en ville une jeune enfant. Et pourtant le lendemain matin on le relevait dans les vignes de Mirande, percé de cinq blessures, mourant au milieu d'ennemis morts. Son cadavre fut déposé dans la classe où il enseignait la veille. Et si jamais ses élèves en ont rapporté un souvenir, c'est bien celui de

---

(1) CLÉMENT-JANIN. I, 57.
(2) GAUDELETTE. IV, 25.

cette leçon muette, la dernière du maître, la plus belle de toutes, évidemment. (1).

Du côté allemand on avait perdu environ six cents hommes. Du côté français on comptait 160 tués, 341 blessés, 101 disparus. Près de la moitié des victimes étaient des enfants du pays.

Entre quatre et cinq heures de l'après midi, une première députation du conseil municipal essaya en vain de franchir les lignes de combattants pour offrir une capitulation. Il était encore trop tôt. Il fallut attendre la nuit noire. Quand on ne respira plus dans les rues que l'âcre odeur des incendies, quand sur les fenêtres sans lumières on vit danser le reflet des flammes, quand le gémissement des blessés qu'on rapportait troubla seul le silence des rues, les courages se calmèrent. On se savait sous la gueule des canons allemands. Ni Cambriels, ni Garibaldi ne donnaient signe de vie. Le conseil municipal jugea que Dijon avait payé sa dette de sang. On supplia les soldats de s'en aller et vers sept heures du soir, une deuxième députation partit pour Saint-Apollinaire. Comme elle tardait à revenir une troisième députation partit vers trois heures pour Quétigny.

Quoiqu'il fût trois heures du matin le général Beyer accueillit les délégués avec courtoisie et ne voulut se présenter à eux qu'en grand uniforme.

Cette journée avait dérouté toutes ses prévisions. Avant l'attaque Beyer croyait la ville évacuée et cette ville ouverte venait d'abattre six cents de ses meilleurs soldats. Il était frappé de respect. Non seulement il n'insulta pas nos parlementaires comme venaient de faire au passage plusieurs de

---

(1) JEANNEL. Page 25.

ses soldats ; mais la ville obtint des conditions comme on n'en fait qu'aux forteresses longtemps bombardées. Par convention écrite Dijon versait une caution de 500.000 francs. Le chiffre des hommes qu'elle aurait à nourrir ne devait pas dépasser 20.000. Les personnes et les biens seraient respectés. Enfin une amnistie plénière couvrait tous les belligérants même ceux qui avaient combattu en habit civil.

Lévêque un des négociateurs raconte que le général « exprimait son étonnement de la vigueur avec laquelle « avait été conduite la défense de Dijon. Il ne voulait pas « croire qu'aucun chef militaire n'avait dirigé le combat, et « il prétendit à plusieurs reprises que Garibaldi avait lui-« même commandé pendant la lutte. » (1)

La convention, (2) signée le 31 Octobre à dix heures du matin à Saint-Apollinaire, était aussitôt imprimée et vers trois heures de l'après-midi, par une pluie battante, les deux brigades badoises entrèrent à Dijon.

Les officiers allemands qui ont raconté cette lutte s'étaient renseignés sur place ; ils insinuent que la populace seule a demandé la bataille. Cela n'honore guère les familles qui ont logé ces historiens et qui les ont renseignés.

La liste des victimes a été dressée avec un soin pieux. Calamy, Cave, Genel, Duthu, Siméon, sont évidemment des noms de roturiers. Cette liste comprend de petits patrons et des employés, des professeurs et des illettrés, des septuagénaires et des lycéens, des ouvriers et des vignerons, mais aucun nom de familles illustres, anciennes ou nobles.

---

(1) MIGNARD. II, 41 à 42.
(2) CLÉMENT-JANIN. I, 80.

Cela est fâcheux, évidemment, pour les familles qui ont oublié de s'inscrire sur ce livre d'or. Mais ce jour-là où donc étaient les vrais chevaliers, sinon parmi ces hommes obscurs qui se faisaient trouer la poitrine? Dans sa circulaire du 23 Octobre le gouvernement de la défense nationale avait ordonné de se lever partout contre l'envahisseur. Ne vivait-on pas une de ces heures sublimes où les gens de bien écoutent battre leur cœur et non disputailler leur raison? Si seulement toutes les villes de France s'étaient levées comme Dijon, pas un Allemand n'aurait repassé le Rhin et l'Alsace serait encore française.

CHAPITRE VI

L'OCCUPATION ALLEMANDE

L'occupation allemande commença le 31 Octobre 1870. Interrompue une première fois du samedi 12 au lundi 14 Novembre 1870, interrompue une deuxième fois du mardi 27 Décembre 1870 au 1er Février 1871, elle se prolongea jusqu'au 28 Octobre 1871 c'est-à-dire pendant près de onze mois. Dijon put donc à loisir étudier cette race et la juger à sa vraie valeur.

Quoiqu'il plût à verse le jour où la division badoise envahit la ville, leur entrée fit d'abord sensation. « Vers « trois heures de l'après-midi, par une pluie battante, dans « la ville en deuil, les magasins et les volets fermés, les « rues désertes, commençaient à défiler les divisions badoi- « ses venant de Saint-Apollinaire. Ceux qui regardaient en « pleurant derrière les persiennes virent alors avec quelle « armée ils avaient eu affaire. C'étaient de beaux bataillons « bien rangés, marchant en tapant du talon, bien couverts « de leurs vastes capotes ; beaux et longs fusils, casques de « cuir à paratonnerre de laiton bien astiqués, soldats courts, « vigoureux et en bon point. Cavalerie, fourgons, artil- « lerie, ambulances, tout était confortable et solide : che- « vaux et hommes gras, forts, disciplinés, d'un aspect « redoutable, mais étrange... » (1)

Ni Beyer qui avait pris la ville, ni Werder qui le rejoignit

---

(1) JEANNEL. 71 à 72.

peu après la bataille, ne s'endormirent sur leurs lauriers. Werder s'attacha à accroître par tous les moyens le prestige de sa victoire.

D'abord son artillerie fut braquée sur les hauteurs de façon à menacer la ville tout aussi bien que la campagne environnante. Sa cavalerie explora de jour et surtout de nuit les grandes routes malgré les embuscades de francs-tireurs. Il organisa aussi des reconnaissances de fantassins en voitures.. Ses fantassins, toujours en mouvement, ne restaient à Dijon que juste le temps de manger et de dormir. Pour le cas où la retraite serait inévitable plusieurs routes étaient tenues libres, munies de poteaux indicateurs, jalonnées de sentinelles.

Pendant que Werder tenait son monde en perpétuelle alerte, il terrorisait les habitants avec un art profond. Il savait que la terreur, savamment dosée, décuple le bénéfice des succès.

Les passants brutalisés, les paysans passés par les armes, les villages mis en feu, demandaient leur crime à ce Prussien quand ils étaient surpris par ses coups. Naïves bonnes gens ! Avoir une bonne raison, avoir seulement un prétexte, était bien le dernier de ses soucis. Le point capital était que tous les jours la vue du sang français fraîchement versé brisât d'avance toute velléité de révolte. Sachant que tous les jours du haut des vieux remparts les Dijonnais exploraient l'horizon de leurs longues vues, Werder avait soin que tous les jours aussi la lueur du feu, déjà employée le 30 Octobre comme moyen d'action, rougît un point quelconque de l'horizon. « Dans la ville même des milliers « de blousards n'étaient tenus en respect que par les canons « et les fusils, prêts à partir, qui enfilaient toutes les rues « importantes. De plus on avait intimé au maire en termes

« exprès que l'explosion d'une émeute aurait pour consé-
« quence immédiate l'anéantissement de la ville... » (1)

Les blousards ont beaucoup préoccupé Werder. De leur part il prenait tout au tragique. Même pour une plaisanterie, ordre était donné de sévir.

Ainsi des Badois s'exerçaient sur la place d'Arcy à l'escrime à la baïonnette qu'ils ne paraissaient connaître ni eux ni leurs chefs et ce spectacle imprévu avait attiré quelques centaines de désœuvrés. Leurs hommes trop lourds s'étalaient sur le sol ou s'administraient des atouts; et chaque fois, un éclat de rire partait du public. Ce rire n'avait rien de méchant. Les blousards sans travail auraient ri tout aussi haut devant des conscrits français. Mais cela touchait au prestige ! Les Allemands se retournent, cernent une centaines d'hommes, de femmes et d'enfants, les bousculent de la crosse et pour la nuit qui fut froide les enferment sans feu, sans couvertures et sans vivres dans la tour de Bar.

Un fait surtout s'est gravé dans la mémoire des Dijonnais.

Le 29 novembre vingt-sept habitants notables sont priés instamment de se trouver à la mairie au local du Comité de défense « pour une communication urgente. » (2) Très intrigués ils s'y rendent. Là « ce petit homme irascible et « rouge qui a nom Werder » (3) leur apprend que la marine française a capturé quarante capitaines de la marine marchande de l'Allemagne et qu'en échange de ces

---

(1) LÖHLEIN. III, 99.
(2) CLÉMENT-JANIN. II, 83.
(3) JEANNEL. Page 86.

quarante pêcheurs de morue, presque tous originaires de Brême, quarante notables français iront à Brême comme otages. Dijon, malgré la convention qui stipule le respect des personnes, dut fournir vingt otages. Partis le 2 Décembre, ils ne revinrent qu'après avoir vécu à leurs frais pendant leurs trois mois de captivité.

Ceux là aussi étudièrent leurs geôliers. Ils complétèrent à Brême parmi la population civile l'enquête qui se faisait à Dijon sur l'armée allemande.

Dijon dont les rues sont si gaies, prit alors l'aspect d'un cimetière. Passé l'heure du dîner, il fut défendu de sortir. Les journaux suspendirent leur publication. La boîte aux lettres fut scellée. Les becs de gaz s'éteignirent faute de charbon. Bien des boutiques se fermèrent soit par crainte du pillage, soit par manque de provisions. Un chômage forcé vida les usines et les ateliers. Pendant que les familles riches s'évadaient les familles de travailleurs connurent la faim et dans les rues désertes, on n'entendit plus, au lieu du joyeux travail, que le bruit des tambours plats, le grincement de leurs fifres et le pas lourd de leurs interminables patrouilles.

Mais si la ville muette et immobile semblait morte, elle n'en ouvrait les yeux qu'avec plus d'attention; elle amassait pour des jours meilleurs des trésors de renseignements dont l'ennemi n'a soupçonné ni la valeur, ni la précision.

D'abord le maire, les adjoints, les conseillers de la ville, forts de la convention signée, tinrent tête à ces traîneurs de grands sabres. Dubois, Denfert, Brulet, Bordet, Lévêque, voilà encore des noms bien roturiers. Eh bien, il se trouva que ces administrateurs improvisés, tenus si loin des affaires publiques par le gouvernement impérial, furent à la hauteur de leur terrible tâche. Trouver cinq cent mille francs de caution dans cette ville envahie, payer quinze francs par jour aux officiers allemands, loger les brigades badoises, préserver de la misère les ouvriers sans ouvrage, lutter contre les épidémies, régler le change des monnaies, amortir les querelles, restreindre les exigences de l'ennemi, n'était pas chose aisée. C'est pourtant la dignité ferme de ces hommes de rien qui seule défendit la convention contre le tout puissant et peu scrupuleux Werder.

Le spectacle de leur masse avait d'abord frappé les yeux. Quand on les sentit de près, l'odorat fut frappé autrement que la vue.

« Jamais, déclare un de leurs otages, je n'avais senti une
« odeur aussi spéciale et profondément écœurante, révol-
« tante, que celle du soldat allemand. Plus tard, j'ai eu le
« temps d'analyser cette émanation caractéristique et uni-
« verselle de la blonde Allemagne : d'abord, vêtus de
« flanelle, ils ne changent point de linge pendant des mois;
« ensuite ils sont coiffés, bottés, culottés de cuir sans cesse
« mouillé et séché, qui atteint un degré de corruption
« effroyable au point de vue de l'odorat; enfin, ne man-
« geant ni pain ni légumes ils se gorgent de viande mal
« cuite, qui leur inocule une odeur aussi nauséabonde que
« celle des fauves et des vautours. Les officiers mêmes, à
« force de vinaigres et de parfums, luttent en vain contre
« ce fumet sauvage et dégoûtant. Ils sentent la bête. » (1)

Dijon observa surtout ce corps d'officiers que l'Allemagne donne comme son élite. Étaient-ils bien la race chevaleresque, chaste, hardie dont parlent leurs livres ?

Chevaleresques ? Des officiers de la noblesse la plus haute

---

(1) JEANNEL. Page 73.

caressaient les enfants d'un air attendri et ne rougissaient pas de voler les bijoux de leur mère. Chastes ? Les simples soldats ne s'égaraient pas seuls dans les ruelles mal famées. Werder lui-même, le prince de Hohenlohe, le prince de Bade, roulaient sous la table dans de sales orgies. Hardis ? Oui, quelques-uns, assurément. Mais la majorité de ces traîneurs de sabre qui pendant le jour paraissaient si terribles au milieu des baïonnettes trahissaient le soir des peurs enfantines. Que le lecteur me pardonne ce vil détail. En cas de besoins pressants il ne fallait pas qu'il y eût à parcourir des corridors sombres. Ils aimaient mieux s'accroupir derrière un meuble de leur chambre et passer la nuit à côté de cet odorant factionnaire.

Comptant sur nos divisions politiques, les officiers allemands essayèrent de flatter les préjugés de l'aristocratie dijonnaise.

Ils se rappelaient qu'en 1815 Blucher et Wellington avaient été fêtés à Paris dans certains salons du faubourg Saint-Germain. Mais à Dijon, au mois de Novembre 1870, ils s'aperçurent que sous des allures légères, notre noblesse cachait un patriotisme aussi tenace que celui de la noblesse allemande. Même quand ils les offraient avec politesse, leurs cigares n'étaient pas acceptés. Même quand leurs beaux cavaliers (il y en avait de superbes) organisaient des bals, les femmes honnêtes refusaient de danser. Même quand leur musique jouait des airs français (elle les jouait excellemment) elle n'attirait pas le beau monde à la place d'Arcy. Oui, même en république, on portait dignement le deuil de la patrie.

Non moins curieux à observer furent les rapports entre simples soldats et gens du peuple. Là, on s'aborda avec une plus mâle franchise.

Dans les campagnes, le soldat allemand se dégourdissait volontiers la main. On arrivait nombreux. La force était sans contrepoids. La vie d'un manant compte si peu. Ainsi l'adjoint Simon de Saint-Apollinaire est saisi sur la route comme il reconduisait deux jeunes filles à leur logis. Des soldats badois l'assomment à coups de plat de sabre et l'attachent sanglant à la roue d'un canon. Puis, malgré sa fièvre, ils l'enferment cinq heures dans un tet à porcs. Relâché quelques heures après le pauvre Simon cherche à quitter le village ; ils le reprennent, le battent encore de leurs sabres et le laissent sur place à demi mort. Son corps n'était qu'une plaie. Il mourut après sept jours d'atroces souffrances.

En ville, ce fut une autre affaire. Insultés, giflés, fouettés par leurs supérieurs, les soldats allemands essayèrent ces procédés sur les blousards et leur touchèrent inconsidérément la peau. Cette tentation leur passa vite. Les voies de fait provoquèrent des rixes sanglantes où l'Allemand armé ne domptait pas toujours l'ouvrier sans défense. Des expériences répétées leur prouvèrent que gifles, ruades, volées de triques et coups de plat de sabre n'avaient pas cours à Dijon. Ils gardèrent pour eux cette monnaie allemande et des deux côtés une politesse narquoise corrigea les airs fendants du début.

Ce n'est pas seulement leur prestige présent qui s'évanouit au contact de la vie quotidienne. Leur prestige passé pâlit aussi singulièrement à la réflexion. Car pendant ces onze mois on fit beaucoup d'histoire.

Curieusement, Dijon, qui n'est pas une ville de Béotiens, rechercha pourquoi nos ennemis avaient été plus forts que nous trois fois en mille ans ? Pendant que l'empire de Charlemagne s'en allait en pièces, ils nous avaient arraché un morceau de notre terre. A la chûte du grand Napoléon, ils nous avaient pris un nouveau lot. A la chute du second empire, ils nous en arrachaient un troisième. Après des siècles de luttes en 843, après quelques années en 1815, après quelques mois en 1871, ils avaient cette même chance trois fois répétée de nous surprendre et non de nous vaincre, d'être plus heureux et non pas meilleurs. C'est l'occasion qui avait servi le larron. Cette réflexion rendit courage. En s'en allant le 28 Octobre 1871, ils pouvaient se vanter de nous avoir rendu la conscience claire de nos destinées. La peur s'était changée en mépris.

Si donc nous en croyons les ouvriers et les bourgeois de Dijon nous pouvons au prochain contact regarder cet ennemi bien en face comme fit par exemple notre ancêtre Davoust, à cette inoubliable journée du 14 octobre 1806 qui s'appelle Auerstaedt en langue allemande.

CHAPITRE VII

GARIBALDI ET GAMBETTA

Par les combats sur l'Ognon l'armée de Cambriels avait été rejetée sur Besançon. Après les combats sur la Vingeanne l'armée de la Côte-d'Or s'était dispersée d'elle-même. La première bataille de Dijon venait de refouler sur Beaune les forces de Fauconnet. Restait l'armée de Garibaldi.

Quelques unes seulement de ses compagnies franches avaient combattu à la journée du 30 Octobre. Ainsi, aux premiers rangs, aux points les plus menacés, jusqu'à la nuit noire, on admira l'acharnement des francs-tireurs de Lyon. La seule des brigades de Garibaldi qui eût alors un commencement d'organisation, celle de Bosak, s'était avancée jusqu'à Grimolois. Pourquoi cette brigade est-elle arrivée trop tard ? Pourquoi Garibaldi qui était annoncé, attendu, désiré, n'a-t-il pas jeté tout son corps dans la mêlée, comme le croyait Beyer ? Par trahison, disent nos adversaires politiques dans leurs récits. Mais nos adversaires ne croient pas eux-mêmes à cette explication farouche. La raison vraie n'a jamais été dite franchement. Il y a là un coin d'obscurité sur lequel il n'est plus trop tôt de jeter un peu de lumière.

Garibaldi était né en 1807 à Nice, ville alors française, jadis fondée par des Grecs, et ce seul fait nous empêchait de considérer Garibaldi comme un étranger. La vérité c'est que cet homme, comme c'était son droit, n'a jamais connu, ni aimé, ni servi qu'un pays : l'Italie.

De 16 à 26 ans il avait caboté avec son père sur toutes les côtes de la Méditerranée. La lutte des Grecs contre les Turcs, les lueurs d'incendies qu'il aperçut plus d'une fois à l'horizon, le décidèrent à endosser la casaque de matelot dans la marine sarde. A peine y était-il incorporé qu'il participait à une conspiration républicaine. Condamné à mort il se réfugiait à Marseille où il vécut de ses leçons. Il avait 28 ans. Dès lors commence pour lui cette vie errante qui l'a conduit dans les cinq parties du monde, qui lui apprit cinq langues et qu'on peut diviser en deux périodes.

La première est celle des aventures héroïques. Elle va de sa 28me à sa 41me année. Elle s'est écoulée tout entière dans l'Amérique méridionale. C'est alors qu'il fut, si l'on veut, un condottiere.

Ces années de jeunesse foisonnent de curieuses aventures de guerre et d'amour. Tantôt cavalier dans la pampa, tantôt marin sur l'Atlantique, il défend la république naissante de Montevideo d'abord contre l'empire du Brésil, ensuite contre le parti des prêtres. Chef d'une légion étrangère il soutient sur terre comme sur mer des combats petits mais meurtriers. Après avoir survécu à plus d'un naufrage, à des blessures graves, à la torture même, il eut le bonheur d'assister au triomphe de Montevideo. A la paix, quoiqu'il pût prétendre à tout, il refusa toute espèce de récompense. Il se remit à gagner sa vie comme le dernier de ses volontaires. Il imitait Bolivar et Washington.

Au physique Garibaldi était alors d'une beauté frappante : une barbe fauve lui encadrait la figure et de superbes boucles de cheveux blonds lui pendaient sur les épaules.

A pied un léger balancement dans la démarche trahissait l'homme de mer qu'il a toujours été. Mais à cheval, avec sa beauté mâle, sa mise pittoresque et sa voix musicale, il séduisait les foules. Une chemise rouge plaquait sur sa poitrine bombée. Par dessus ses épaules il rejetait un manteau qui lui servait de couverture pendant la nuit. Son grand nègre Anghiar, qui s'est fait tuer pour lui, le précédait partout, armé d'une lance à flamme rouge. Le soir venu Anghiar improvisait avec sa lance et deux fusils un abri sommaire sous lequel Garibaldi aimait à dormir à côté de son cheval avec sa selle pour oreiller. Garibaldi atteignit ainsi l'année 1848, la 41me de sa vie.

Garibaldi à 41 ans n'était pas plus riche qu'à 28. Avec la belle insouciance du marin il a toujours laissé l'or couler entre ses doigts. Mais de l'aventurier s'était dégagé le héros et son nom était déjà connu comme celui d'un soldat hardi et désintéressé de l'idée républicaine.

Tout à coup la révolution de Février 1848, partie de Paris, ébranle les vieilles monarchies de l'Europe. Pour sa part l'Italie se révolte contre l'Autriche. A cette nouvelle Garibaldi traverse l'Atlantique.

Alors commence la seconde période de sa vie. L'Italie le reprit, l'enlaça, ne le lâcha plus. De soldat de mer il devint soldat de terre. Réveiller l'Italie d'un sommeil de treize siècles, la refaire une des Alpes à l'Adriatique, fut la mission à laquelle il dévoua sa vie, celle de ses enfants et de ses amis. Ni les prisons ni de nouvelles blessures ne le détournèrent de ce but. Six campagnes successives contre les Autrichiens, contre les Bourboniens de Naples, contre la garnison française de Rome, prouvèrent l'énergie de sa conviction. Quand l'Italie fut faite Garibaldi content de son œuvre s'était retiré sur le rocher de Caprera, moitié asile, moitié prison, qu'il avait payé de son argent et où le surveillait attentivement la police du roi d'Italie. Garibaldi avait 63 ans quand éclata la guerre entre la France et la Prusse.

A 63 ans Garibaldi n'était pas plus riche qu'à 41 ans. Il n'avait rien gardé des trésors du roi de Naples qui lui avaient passé par les mains. Il a longtemps refusé la pension de cent mille *lire* que lui offrait l'Italie reconnaissante.

N'ayant plus rien d'entier que la tête et le cœur, Garibaldi tâchait de distraire ses rhumatismes en embellissant de plantations sa petite île. Vieillard il aimait toujours cette mer qui avait charmé son enfance sur les plages de Nice ou de Gênes. Car on a tort de juger Garibaldi comme soldat de terre : c'est se condamner à ne le jamais comprendre. Toute sa vie Garibaldi est resté en vertus et en vices un pur marin. A tous les tournants de sa vie la mer a rouvert devant lui son horizon sans bornes. Après la campagne de 1870-71 c'est elle encore qui a consolé les souffrances de son déclin. C'est elle enfin qui, le 2 juin 1882, lorsqu'il eut rendu le dernier soupir à l'âge de 75 ans, lui improvisa des funérailles dont ni la musique du Vatican ni les canons du Quirinal ni le délire de l'Italie en larmes n'ont égalé la sauvage beauté. Comme si elle voulait ne rendre jamais cet enfant de ses rivages, la Méditerrannée, noyant Caprera d'écume, retint au large en danger de mort les milliers d'amis accourus pour le dernier adieu. Pendant plusieurs jours la tempête hurla seule autour du cercueil, et, mille fois mieux que sous des salves d'artillerie, le granit de l'île trembla sous le choc des vagues magnifiquement démontées.

En 1870 ce loup de mer, pauvre et à demi paralytique, que son roi aimait comme un enfant et enchaînait comme un bandit, était le héros le plus original et le plus populaire de ce siècle. Rien ne pouvait plus ajouter à sa gloire.

S'il se laissa enlever à Caprera par son ami Bordone le 6

Octobre 1870, ce n'était pas plus par sympathie pour la France que par haine contre l'Allemagne. Il voyait au contraire avec le plus vif plaisir que le chassepot, après avoir « fait merveille » contre ses volontaires à Mentana en 1867, était battu sitôt ensuite par le fusil à aiguille en 1870. C'était pour lui une manière de revanche. Mais la république était proclamée à Paris. La république! Ce mot magique réveillait en lui les souvenirs de la révolution dont son enfance avait été nourrie. Ce qui était pour nous une guerre de défense nationale lui semblait être la lutte de la liberté contre la tyrannie et la préface d'une révolution universelle où devaient crouler toutes les dynasties même celle de Savoie. C'est uniquement sur cette idée, et avec son désintéressement habituel, que le vieux républicain, après avoir été soldat contre nous à Rome, puis soldat avec nous en Lombardie, redevint soldat pour nous en Bourgogne.

Gambetta et Garibaldi! Ces deux noms sonnèrent à nos oreilles comme deux clairons.

Ils étaient arrivés à Tours presque en même temps le 9 Octobre 1870. L'un avait forcé en ballon les lignes allemandes. L'autre s'était glissé en canot à travers les croisières italiennes. Déjà très populaires tous les deux ils durent à leurs évasions hardies un redoublement de popularité et ce genre d'autorité morale qui décuple les forces matérielles d'un peuple. Chez le jeune orateur comme chez le vieux marin il y avait une intelligence ouverte, animée par un cœur chaud, servie par une volonté tenace. Il semblait impossible de trouver deux hommes que leur foi républicaine et leur vie passée eussent mieux préparé à s'entendre.

Le même espoir nous vint à tous. L'un sera l'organisateur de la victoire. L'autre, son épée.

Pourtant lorsque Crémieux, l'un des ministres de la défense nationale, apprit que Garibaldi approchait de Marseille, il s'écria en levant les bras au ciel : « Ah ! mon Dieu il arrive. Il ne nous manquait que cela ! » Ce fut aussi l'avis de Gambetta.

Par son ami Dufraisse, (1) préfet de Nice, Gambetta savait que dès le mois d'Octobre des menées séparatistes agitaient Nice, patrie de Garibaldi. C'est un fait que si les amis de Garibaldi acclamaient devant nous la république universelle, ils n'en étaient pas moins les patriotes les plus intransigeants quand il s'agissait de l'Italie. C'est justement le patriote que Gambetta redoutait en Garibaldi. Que l'Italie reprît Rome après Sedan comme elle avait repris Venise après Sadowa, Gambetta l'admettait encore. Mais qu'à la fin d'une campagne heureuse ou malheureuse Garibaldi pût réclamer Nice comme prix des services rendus, cela, Gambetta ne l'admit pas. Il décida que Garibaldi, ne rendrait pas de trop grands services et le seul moyen qui pût l'en empêcher, c'est celui qu'il employa. Ce fut, tout en enveloppant Garibaldi de caresses, tout en lui confiant même des soldats, de ne jamais lui confier une armée véritable.

Devant le bruit que fait aujourd'hui la Triple-Alliance il faut bien reconnaître que Gambetta eut raison de se méfier et qu'en toute cette affaire le jeune dictateur n'a manqué ni de clairvoyance, ni de fermeté. Un courant de sympathie presque irrésistible lui apportait Garibaldi de Marseille : Gambetta sut louvoyer.

La Défense nationale avait enrôlé plus d'un général étranger. Mais, lorsque, de Caprera, le général Garibaldi offrit ses services, Gambetta ne répondit même pas pour refuser.

---

(1) M. Dufraisse. Enquête parlementaire. Dépositions III, 22.

Lorsque, malgré le gouvernement, Bordone eut amené Garibaldi de Caprera à Tours, Gambetta essaya de ne lui donner qu'un commandement dérisoire à Chambéry. Lorsque Garibaldi, blessé de cette offre, menaça de repartir immédiatement pour Caprera, Gambetta ne lui accorda qu'une brigade de mobiles. A cette unique brigade il se garda bien d'ajouter le commandement en chef de la région de l'est qui changeait si souvent et si malheureusement de titulaires. Il n'ajouta que le « commandement en chef des corps francs », titre illusoire, vaine comédie, dont Dijon a payé les premiers frais à la bataille du 30 Octobre.

Pendant toute la campagne, la situation resta telle. Au lieu de la collaboration rêvée, il y eut lutte sourde. Garibaldi arrachait les concessions. Gambetta ne cédait que pied à pied.

A cette époque, c'est-à-dire au moment de la bataille de Dijon, le côté pénible de cette situation c'est que notre armée des Vosges, destinée à remplacer celle de Cambriels, n'existait même pas. Quoiqu'elle fût à Dôle depuis quinze jours, elle n'avait encore ni intendance, ni train, ni cavalerie, ni artillerie. Le colonel Bordone, chef d'état-major, était obligé de dépenser sa petite fortune pour subvenir aux besoins les plus pressants. Beaucoup de nos soldats portaient encore des effets civils. Dans le quartier de cavalerie à Dôle on faisait l'exercice avec des bâtons et le temps qu'il aurait fallu employer à l'action Garibaldi écœuré le perdait déjà à télégraphier, à écrire et à parlementer.

Avant tout Garibaldi avait inspecté toute cette région de l'est. Le 17 Octobre il avait même eu une entrevue des plus courtoises avec Gambetta à Besançon. Il admirait en frémissant l'insolente marche de Werder. Il ne demandait qu'à l'en punir et qu'à sauver Dijon.

Mais Garibaldi, n'étant ni préposé ni subordonné à

personne dans cette région si riche en ressources militaires, restait en l'air, sans force vraie, souvent sans informations. Il ignorait que le 27 Octobre Cambriels laisserait Lavalle seul sur la Vingeanne. Il ignorait que Dijon serait évacué le soir du 28 Octobre. Lorsque dans la journée du 30 Octobre il entendit le canon Garibaldi partit sans hésiter avec quelques-unes de ses meilleures compagnies. Il avait fait passer un train par Auxonne. Là une locomotive, partie en reconnaissance du côté de Dijon, lui apprit que des dragons allemands venaient de couper la voie ferrée (1) et que la ville de Dijon s'apprêtait à capituler. (2)

Réunies dans une main unique les forces de Cambriels, de Lavalle et de Garibaldi, auraient certainement refoulé Werder. Faute d'unité nous lui avons livré le 22 à Cussey, le 27 à Talmay, le 30 à Dijon, trois combats séparés qui ont été trois défaites.

A ces jours de noble fièvre, où déjà tant de braves cœurs avaient cessé de battre, succéda soudain une semaine de noir abattement. Une proclamation de Gambetta nous apprenait la trahison de Bazaine, la capitulation de Metz, la perte de notre dernière armée régulière. Les partisans de la paix crurent que les Badois de Werder, renforcés par les Prussiens de Frédéric-Charles, balaieraient en un clin d'œil le pauvre rassemblement de Dôle et n'avaient plus qu'à descendre l'arme au bras dans la riche vallée du Rhône. Il était lâche de penser cela et criminel de le répéter. C'était méconnaître la vitalité de notre race. Nous chantions avec bien plus de raison :

> « S'ils tombent nos jeunes héros,
> « La terre en produit de nouveaux
> « Contre vous tout prêts à se battre. »

---

(1) SCHMIDT. III, 33.
(2) BORDONE. VIII, 98.

CHAPITRE VIII

LES FRANCS-TIREURS

Pendant la dernière quinzaine d'Octobre Garibaldi couvert par la forêt de Chaux faisait face au nord dans la direction de Gray. L'Ognon nous séparait des Allemands. Un mince rideau de compagnies franches permettait à notre rassemblement de prendre quelque consistance. Le soir du 30 Octobre Garibaldi fit une brusque volte-face. Par une marche rapide les francs-tireurs se reportèrent du nord à l'ouest. Ils firent désormais face à Dijon, de Pontailler à Seurre, le long de la Saône, et lorsque les patrouilles de Werder se présentèrent à la tête des ponts, elles y donnèrent partout sur des embuscades.

Qu'étaient donc ces compagnies franches que Garibaldi n'exerçait même pas à tirer, qu'aussitôt arrivées il envoyait au feu et dont il faisait un bouclier à son armée naissante ?

Assurément il y avait en eux du meilleur et du pire. Ils n'étaient pourtant pas ces bandits solitaires que Zola a peints dans sa *Débâcle*. Ils étaient tout simplement les volontaires de 1870. En 1870 comme en 1792 l'armée régulière venait de disparaître. L'armée nouvelle n'existait pas encore. Notre anxiété fut horrible devant cette crevasse béante où pouvait sombrer tout espoir. Pour rattacher le présent au passé Carnot avait eu des mois devant lui et Gambetta avait à peine des semaines. Gagner du temps était alors le point capital. Tirant donc du sol de la patrie la même ressource contre le même danger Gambetta jeta sur toutes les routes ces poignées d'hommes résolus, les Bernard, les Perrin, les Sageret, les Michard, les Loste, qui ne comptaient pas l'ennemi et ne craignaient pas de le harceler. Puis à mesure que les armées nouvelles apparurent, les francs-tireurs, déjà groupés en compagnies, se fondirent en bataillons réguliers, ne conservant de leurs privilèges que celui de tirailler toujours à l'extrême avant-garde.

Arriver vite, combattre seuls, souffler à l'ennemi ne fût-ce qu'un fragment de ses victoires, cela eut pour ces volontaires des conséquences terribles qu'il n'est pas mauvais de rappeler.

On sait ce que leurs blessés pouvaient attendre de l'humanité allemande. Sur ce point, pas d'illusion possible. Au seul mot de franc-tireur le Prussien voit rouge. Dans sa tête carrée il ne comprend pas que l'empereur Napoléon ait rendu son épée et que, du jour au lendemain, ces misérables osent recommencer la lutte. Pour lui, ce n'est pas du courage c'est de la révolte. Nourri de préjugés monarchiques, il hait en nous la démocratie autant que le patriotisme. Nous ne sommes pas pour lui des soldats mais des insurgés. Son devoir n'est pas seulement de nous combattre, mais aussi de nous exécuter, et d'exécuter avec nous tous ceux qui nous aident. De là les atrocités sans nom dont il a ensanglanté nos routes et dont nous lui gardons l'inexpiable souvenir.

Gagner du temps ! Arriver vite ! Cela nous empêcha d'abord d'apprendre le tir. Beaucoup d'entre nous qui n'avaient jamais tenu d'armes à feu, déchargèrent leur premier coup en abordant l'ennemi.

Mais si notre inexpérience des armes causait çà et là de

douloureux accidents, si la plupart d'entre nous apprenaient leur métier en l'exerçant, nous avions aussi avec nous des chasseurs de première force. Témoin ce colonel qui à la bataille de Cussey marcha seul au devant de trois cavaliers allemands, s'en approcha à trente mètres, visa si juste et tira si vite que tous les trois roulèrent foudroyés sur la route. Il est vrai de dire que cet homme si vif, cet œil si sûr, cette tête balafrée de quatorze morsures, c'était Bombonnel le tueur de panthères. Je voudrais bien connaître aussi le nom de ce chasseur de chamois, au cou de taureau, à la poigne herculéenne, qu'on hissa sur un toit de l'usine Bargy, pendant la troisième bataille de Dijon. Si j'en crois le témoignage unanime des camarades qui lui passaient les fusils tout chargés, il besogna à lui seul autant que toute sa compagnie et trente fois sur cent coups, on vit un Poméranien s'abattre sous sa balle. Il regardait, épaulait, tirait en un éclair.

Gagner du temps! Arriver vite! Cela nuisit aussi à la régularité de notre équipement et nous comprenons comme nous les leur pardonnons, les grimaces des vieux grognards qui nous regardaient passer.

On s'était jeté sur le premier drap disponible, et l'on avait taillé dans toutes les nuances, sur tous les patrons possibles. Le Chasseur des Alpes emprisonnait ses mollets dans de hautes guêtres de montagnard. Autour de la ceinture de son pantalon de zouave en drap mauve les Tirailleurs d'Oran roulaient une flanelle longue de douze pieds. Sur leur tête et leurs épaules les Ours de Nantes jetaient la dépouille d'un plantigrade. Les Eclaireurs de Lyon passaient leur chef par le centre d'une couverture qui servait de parapluie, de capote et de tente. Comme coiffure on avait choisi le chapeau à plumes, le turban, la casquette, le fez, et même le képi. Dans l'armement le vieux Minié coudoyait le jeune Chassepot, le Spencer anglais à sept cartouches, le Winchester à dix-huit coups.

L'urgence du départ nous empêcha aussi de donner à la discipline l'importance qu'elle doit avoir dans une armée régulière et dans des circonstances normales.

Cela fait dresser les cheveux sur la tête. Mais j'avoue que nos files n'étaient pas d'une rectitude géométrique, que les fusils de guerre étaient souvent portés sous le bras comme des fusils de chasse, que nos clairons embrouillaient quelquefois les sonneries, que nos hommes étaient trop nos camarades, et pas assez nos soldats. Nous ayant élus ils ripostaient à nos observations avec une mâle franchise. Nos galons ne signifiaient quelque chose qu'en face de l'ennemi. A la vue des casques pointus, et alors seulement, nous pouvions compter sur nos volontaires. Alors l'appel des camarades en danger était toujours entendu. Si plus d'une fois la panique nous a révélé des lâches, d'autre part, comme ils s'étaient expressément engagés pour la bataille, le danger même le plus inattendu nous révéla aussi chez la masse une héroïque et invincible fidélité.

Talonnés par le temps nous avons aussi violé, soit pour notre armement, soit pour notre nourriture, de très respectables règlements. Nous étions attirés, disent nos adversaires politiques, « par la soif du pillage, par l'appât d'une « forte solde, par les pires instincts de la bête humaine. »

Pieux menteurs! Onctueux Jésuites! Couvrant les retraites ou engageant les batailles, les francs-tireurs, ordinairement sacrifiés au salut de leur armée, enfants perdus de la défense nationale, touchaient par jour *vingt sous* de solde. Derrière leurs médecins ne roulait aucune ambulance. Aucun équipage de train ne leur apportait des munitions. Aucun génie ne leur frayait la route. Aucune intendance ne leur distribuait des vivres. Présageant partout les rouges représailles, terreur des maisons où ils attiraient le pétrole, est-il étonnant qu'ils aient enfoncé des portes et que, pour ne pas mourir de faim en exposant leur vie, ils aient quelquefois assassiné des volailles ou pris à la baïonnette le pain gardé pour les Prussiens.

L'imminence du danger qui supprimait entre nous les différences sociales et nous confondait tous dans la seule égalité vraie, celle de la mort, nous interdit de scruter trop curieusement les papiers de ceux qui demandaient à mourir avec nous.

Notre société était donc mêlée, mais mêlée au bon sens de ce mot comme dans les compagnies de zouaves. Nous n'avions pas seulement attiré les têtes chaudes des grandes villes. Séduits par notre genre de vie, des fils de familles riches vinrent dépenser leur argent au milieu de nous. Les facultés nous envoyèrent un fort ban d'étudiants. Les professions libérales, le journalisme surtout, nous préféraient aux autres corps. Plus d'une femme a coupé ses cheveux pour partager nos dangers. Telle fut cette Antoinette Lix, la receveuse des postes de Lamarche, qui avait déjà fait la guerre en Pologne sous le costume de hussard et qui la faisait maintenant en France sous le costume de lieutenant de francs-tireurs. (1) La croix d'honneur lui a été attachée sur la poitrine.

Mais laissons ces vétilles. Oui ou non les volontaires de 1870 ont-ils rempli leur dangereuse mission? Ont-ils re-

---

(1) L. BLAIRET. VIII, 40 à 44.— GÉNÉRAL AMBERT. La Loire et l'Est. III, 171 a 173.

tardé l'ennemi? Ont-ils gagné du temps? A cette question les Prussiens feront plus d'une fois dans ce livre la plus claire des réponses.

Ici nous préférerons, comme plus précieux, le témoignage d'un de nos adversaires politiques. Le général D'Aurelles fut un des plus haineux. Il raconte cependant, avec une visible fierté, comment trois escadrons, une compagnie et deux canons bavarois rencontrèrent à Binas sur la route d'Orléans trente-huit francs-tireurs de Saint-Denis. Là, il fallait gagner un jour. Bien commandés les francs-tireurs ne tirèrent qu'à courte distance. Lorsqu'ils eurent brûlé toutes leurs cartouches, comme ils n'avaient pas de baïonnettes, ils se servirent de leurs crosses comme de massues à la mode allemande « assommant tous ceux qui s'aventu-
« raient trop près. Ils durent succomber sous le nombre et
« lorsque le reste de leur compagnie accourut à leur se-
« cours, un seul de ces braves n'était pas blessé. Le soir
« de ce combat, sur trente-huit hommes, quatorze étaient
« morts! Quant aux Allemands ils comptaient cent trente-
« sept tués, dont un colonel, et un grand nombre de
« blessés. » (1)

---

(1) D'Aurelles, II, 54.— État-Major allemand, III, 399.

CHAPITRE IX

LE COMBAT DE BRAZEY

La Saône nous séparait donc des Allemands.

Quoique la rivière coulât à pleins bords nous la traversâmes dès les premiers jours de Novembre et, pour en mieux garder les passages, nous rôdions jusqu'aux environs de Dijon.

De son côté le général Beyer, se méfiant à bon droit de nos intentions, sondait le terrain par des reconnaissances journalières. Il élargissait du même coup son rayon d'approvisionnement que de notre côté nous cherchions à limiter le plus possible. C'est ainsi que le 5 Novembre, avant le jour, trois de ses colonnes partirent l'une pour Nuits, la seconde pour Saint-Jean-de-Losne, la troisième dans la direction d'Auxonne. Chacune de ces colonnes volantes comprenait deux compagnies d'infanterie, un demi-escadron de cavalerie, et un tiers de batterie, soit environ six cents hommes de toutes armes. Seule la première de ces trois colonnes fit en paix son étape. Nous épargnâmes aux deux autres une bonne partie du chemin qu'elles avaient à faire.

Au point où le canal de Bourgogne débouche dans la Saône, Saint-Jean-de-Losne possède un des plus beaux ports de navigation fluviale qui existent. Des trembles puissamment nourris par cette terre d'alluvions bordent ses quais de leurs troncs énormes et projettent sur elle l'ombre de leurs gigantesques panaches. La petite ville avait des souvenirs glorieux qu'elle se plaît à raconter. C'est elle qui en 1636, du temps où elle avait des murs, avait arrêté pendant cinq semaines toute l'armée de Gallas et repoussé deux sanglants assauts. (1) Son hôtel de ville conserve encore quelques boulets ronds du siège et quelques hallebardes de lansquenets. Il fallait soutenir ce vieux renom de patriotisme. Aussi vers midi, quand les modernes lansquenets, signalés longtemps d'avance avec d'effrayantes exagérations, furent à portée, la ville était prête à seconder dans sa résistance le capitaine Loste, chef de l'avant-garde française.

Vingt-huit de nos francs-tireurs postés en avant de la ville, gardaient le pont de la Virane qui passe *sous* le canal de Bourgogne.

Il était une heure environ lorsque en face d'eux les Allemands s'engagèrent dans la double rangée de maisons, longue d'au moins quatre kilomètres, qui constitue le bourg de Brazey. Personne n'ayant signalé notre présence aux grenadiers badois trente de leurs dragons s'approchèrent au trot du pont de la Virane. Il fallait les attendre à cinq pas. Au lieu de décharges incertaines à deux cents mètres ils auraient essuyé dix salves à bout portant. Mais, au bruit des sabots des chevaux qui faisaient trembler le sol, à la lueur de ces hauts et larges sabres qui fondaient sur eux, quelques novices pressèrent trop tôt la détente de leurs fusils, et l'infanterie allemande, avertie du danger, se déploya aussitôt dans les vergers du bourg pendant que les deux canons battaient les parapets du pont de l'écluse.

S'ils engagèrent la lutte en conscrits nos vingt-huit

---

(1) C. MÉRAUD. Le siège de Saint-Jean-de-Losne. Dijon. 1886.

grand'gardes la soutinrent en soldats. Sur un des peupliers du canal on put compter après le combat trente-neuf marques de projectiles. Trois francs-tireurs furent successivement touchés à ce poste dangereux.

La maison du garde, les portes de l'écluse, le plancher du pont, furent bientôt troués comme des écumoires. La pierre des murs saute en éclats dangereux pour la vue. D'énormes branches nous pleuvent sur la tête. Mais chaque franc-tireur a comme bouclier un arbre de cent pieds de haut. Ce jour-là les fils géants de la terre, au lieu de favoriser nos ennemis comme en tant d'autres combats, combattent avec leurs compatriotes. Frappés en plein cœur, ils restent debout, secoués tout au plus d'un léger frisson. Comme eux nous tremblons mais nous tenons. Cette lutte inégale d'une section contre un demi bataillon dura près d'une heure.

Pendant cette fusillade, ponctuée de coups de canons, le capitaine Loste ramassait ses cinq compagnies de volontaires et environ cinquante patriotes de Saint-Jean-de-Losne.

Ses 330 hommes n'arrivèrent pas une minute trop tôt. Déjà la cavalerie ennemie passait le pont de Montot à notre droite et menaçait de nous prendre par derrière. Quelle retraite aurions-nous faite sur cette plaine parfaitement horizontale ! Plus d'un front suait déjà d'angoisse. De ses trois cent trente hommes Loste fit trois parts. Il posta à gauche vers le pont du port les gardes nationaux qui voulaient se battre. A droite à travers la plaine il lança au pas accéléré quatre-vingts francs-tireurs algériens sur la cavalerie allemande qui voulait nous envelopper. Lui-même se rangea au centre au poste le plus dangereux au pont de la Virane pendant que derrière lui la petite ville, écoutait avec anxiété le tonnerre de la canonnade.

Devant les trois points à la fois les Allemands s'arrêtèrent. Ni à gauche ni à droite ils ne risquèrent le contact.

Au centre c'est-à-dire au pont de la Virane notre ligne de tirailleurs s'allongea d'arbre en arbre dans la direction du pont de Montot pendant que la ligne des tirailleurs allemands en faisait autant vis à vis de nous dans les vergers de Brazey.

Debout sur le talus un de nos jeunes sous-lieutenants, méprisant les balles, lorgnait les pièces allemandes et criait à tue-tête : « Toutes les balles aux canonniers ! » Un Algérien, un ancien zouave, se dressa aussi sur le talus du canal. Quoique notre cher zouave eût trop fêté la dive bouteille ce matin-là, il chargea très correctement sa carabine Minié et s'acharna sur la même pièce. Il affirmait avoir fait cela au Mamelon-Vert. Quatre fois sa balle toucha soit la pièce, soit un cheval, soit un servant, et la pièce qu'il visait, après avoir changé de position, disparut derrière la file des maisons. Mais pendant que nous tenions tête à l'artillerie, l'infanterie allemande franchit le canal par le pont de Montot et de tremble en tremble elle s'avança contre notre flanc droit.

L'officier allemand Quilling (1) voulut aussi faire le brave et marcha debout sur le haut du talus : « Toi, lui
« dit en titubant le zouave, tu auras de la chance si tu
« fais cent pas de plus. »

A ce moment la fusillade engagée depuis trois heures redoublait d'intensité. Nous tremblions pour notre ivrogne

---

(1) BECKER. Page 255.

toujours debout sous la pluie de projectiles. Nous lui criâmes qu'il n'aurait bientôt plus soif s'il restait là. Il se retourna avec un air de majesté offensée, toisa ses insulteurs avec dédain et pour toute réponse épaula. Il avait dit vrai, ce mauvais sujet ! Sous sa décharge nous vîmes l'officier allemand tourner sur lui-même et rouler en bas du talus. Ses hommes le relevèrent et se replièrent à la débandade de l'autre côté du canal. A ce point le bourg touche au canal. Avant même d'en recevoir l'ordre une soixantaine de francs-tireurs se ruèrent sur la trace des fuyards.

A la nuit le feu cessa.

Comme nous touchions les premières maisons de Brazey par le pont de Montot, les Allemands évacuèrent par l'autre extrémité ce bourg où ils espéraient se remettre de leur longue étape. Quoique harassés de fatigue ils marchèrent encore deux heures en remontant du côté de Dijon avec leurs dix-neuf morts et blessés. Ils ne s'arrêtèrent qu'à Bretenières. Quel dommage que nous nous soyons exagéré leur nombre ! Nous crûmes avoir devant nous au moins un régiment et ils durent à ce prestige du nombre de n'être pas poursuivis à outrance.

Du reste l'historien de ces grenadiers badois, le lieutenant Becker, fait à nos trois cent cinquante fusils le même honneur que nous faisions à ses six cents hommes. Sur le pont de la Virane qui était absolument libre, son émotion plus encore que sa lorgnette lui a révélé l'existence d'une barricade. Nos quatre-vingts Algériens, courant sur leur cavalerie dans la direction de Montot étaient « des masses « ennemies plus puissantes. » De vieux pantalons rouges que quelques uns de nos francs-tireurs achevaient d'user lui firent supposer la présence d'un « bataillon de ligne. » Il affirme la « supériorité numérique de l'ennemi. » Le général Beyer le crut aussi ; car de Dijon il envoya le lendemain à cette colonne des renforts qui triplèrent son effectif.

A notre grande surprise, après tant de bruit, après tant de projectiles, nos pertes se réduisirent à douze tués et blessés.

Le même jour, mais à huit heures du soir, deux cent dix francs-tireurs de l'Egalité de Marseille attaquaient à Genlis la troisième colonne. Ils s'étaient embusqués derrière les rives de la Tille. Lorsque la colonne allemande eut pris ses quartiers ils se jetèrent en silence sur le poste de la gare. De la gare la panique se communiqua à ceux du bourg. « Ne tirez plus mes amis, criait un tout jeune capitaine ! « En avant, en avant ! A la baïonnette ! » (1) Une heure durant la lune éclaira cette fusillade et ces charges où nos Marseillais laissèrent morts cinq de leurs braves avant de se replier. Toute la nuit, les Allemands veillèrent et le lendemain Beyer leur envoya aussi des renforts qui quadruplèrent leur effectif. (2)

Mais tout le bruit de ces deux combats se perdit dans le bruit de la canonnade de Brazey. A un moment où les miettes elles-mêmes méritaient d'être ramassées, Gambetta la fit connaître à toute la France (3) et nous fîmes sonner haut notre petit succès.

Faut-il s'en étonner? Jusque-là Werder avait compté autant de succès que de marches en avant. Ce jour là il venait de trouver la limite qu'il n'a guère dépassée. Pour la

---

(1) GAUDELETTE. VII, 48.
(2) BECKER. Page 255.
(3) D'HEILLI. Dépêche XXV.

première fois il reculait. Et dans quelles conditions? Artillerie, cavalerie, ambulance, sa colonne avait un outillage complet. Nous, mal organisés, presque tous novices au feu, obligés de nous relever à chaque recharge, n'ayant ni chevaux ni canons, nous venions d'apprendre qu'avec du cœur nos vieilles carabines, après avoir vu Sébastopol et Solférino, compensaient encore la double inégalité du nombre et de l'organisation.

Pour des volontaires qui apprenaient leur métier, c'était une précieuse découverte et l'on verra sous peu quel en fut l'effet moral.

DEUXIÈME

BATAILLE DE DIJON

26

NOVEMBRE

1870

CHAPITRE X

RAYON D'ESPOIR

Du huit au onze Novembre notre armée forte alors d'environ dix mille hommes déplaça le centre de ses opérations. Par ordre supérieur notre quartier-général se transporta de Dôle à Autun où il devait séjourner pendant cinquante-huit jours.

L'espèce de demi-cercle que décrivit alors notre marche par le sud de Dijon nous transporta sur un terrain tout nouveau. Cette fois nous quittions la plaine pour la montagne, l'alluvion pour le granit. Au lieu des peupliers mirant leurs flexibles cimes dans l'eau presque immobile de la Saône, voici le chêne noueux, trapu, raide, qui regarde sauter à travers des blocs erratiques les cascades limpides de l'Arroux. Le champ riche en blé est remplacé par le clos de rustiques perches. Le bœuf fait le travail du cheval. Le chaume remplace la tuile. La teinte noire des sapins assombrit le paysage, les murs des maisons, le visage même de l'habitant. Où est le Bourguignon à l'humeur gaie, au seuil hospitalier? Ici les portes ne s'ouvrent qu'avec précautions. Les regards luisent de reflets vagues. Les langues ne se délient pas.

C'est le Morvan ou Noir-Mont. Terre isolée, pareil à une Bretagne continentale, le Morvan n'était guère traversé par les courants d'idée ou de marchandises qui sillonnent les plaines voisines.

D'abord nos yeux furent ravis de ces horizons plus larges.

Nous admirâmes surtout Autun qui se profile si vigoureusement sur la pente sombre et escarpée du Mont-Jeu. Nos touristes, ceux surtout qui comprennent le langage du passé et qui vont chercher si loin des choses intéressantes, savent-ils au moins quel musée de vieilles pierres se dissimule là à quelques heures de Paris, dans ce recoin de montagnes solitaires ? Avec quelle éloquence ses menhirs du temps gaulois, son mur romain aux tours trapues, son enceinte féodale beaucoup plus petite, les dentelures de pierre de sa cathédrale, ses gracieux logis de la renaissance, ses vastes séminaires et ses nombreux couvents, rappelaient à notre esprit les siècles de notre histoire ! Le cours des évènements y a juxtaposé ses alluvions sans les mêler comme pour la joie des antiquaires. Horticulteurs et agents voyers ne remuent pas une pelletée de terre sans découvrir des ruines. Et si au lieu de piocher le sol on fouille l'âme de l'habitant, du premier coup la pointe de votre instrument rebondit sur le rocher des vieilles croyances que recouvre à peine une mince couche d'idées modernes.

Assurément depuis trente années le chemin de fer, le journal à un sou, l'école surtout, ont fait leur œuvre et entamé ces têtes de granit. Mais alors, quel contraste !

D'un côté la population la plus attachée à ses traditions politiques et à ses croyances religieuses ; de l'autre, la plus raisonneuse et la plus républicaine des armées. C'était loger sous le même toit Dieu et le diable. Au lieu d'atténuer ce contraste, notre loquace jeunesse attaquait le passé sans mâcher les mots. Sans le vouloir nous versions souvent l'huile sur le feu. Toutefois si les rapports entre Morvandiaux et francs-tireurs furent d'abord froids, la glace s'est brisée et fondue dans la plupart des cas. Les frottements pénibles restèrent l'exception. Rare fut le cas de ce colonel

Lobbia qui a écharpé à Pranthoy un bataillon prussien. Comme Lobbia présentait son billet de logement à une très riche et très noble dame, celle-ci, pour bien marquer ses sentiments religieux et politiques, fit enlever de la chambre du colonel même les tapis et les rideaux et ne lui livra que quatre murs nus. Pour avoir du foin l'ordonnance fut obligé d'enfoncer la porte de l'écurie.

« Dites-moi, mon ami, demanda cette femme spirituelle, « est-ce pour votre maître cette botte de foin ? » — « Non « madame, riposta galamment le troupier, c'est pour vous. »

A Autun notre tâche s'agrandit comme notre nombre. Là nous n'avions plus ni Besançon à notre droite, ni Auxonne à notre gauche, ni la Saône pour nous couvrir. La première armée des Vosges quitta Besançon, abrita son défilé derrière nous et alla se perdre dans la grande armée de la Loire. Comme le commandement en chef, successivement exercé par Cambriels, Michel et Crouzat, était supprimé depuis le 12 Novembre, Garibaldi resta donc, comme le dit très bien Freycinet, « seul gardien de nos intérêts dans « l'est. » (1) Désormais nous protégions la fonderie du Creuzot ; nous fermions les défilés du Morvan ; nous couvrions le flanc droit de l'armée de la Loire. Alors, comme à Dôle, mais beaucoup plus loin dans les terres, les francs-tireurs reprirent leurs postes d'enfants perdus.

Noblesse oblige. Nos avant-postes, formant un vaste demi-cercle, atteignirent Château-Chinon, Saulieu, Sombernon. Trois étapes au moins les séparaient du quartier général. Le capitaine Ordinaire poussa même une pointe jusqu'à la forêt d'Othe, à vingt-cinq kilomètres de Troyes.

---

(1) DE FREYCINET. V, 108.

Pendant qu'au nord-ouest les uns surveillaient le défilé des divisions de Frédéric-Charles, pendant que les autres au nord-est refoulaient les patrouilles de Werder, une nouvelle des plus intéressantes nous apprit soudain pourquoi le gouvernement de la Défense nationale nous perchait ainsi sur les cimes du Morvan. Si étonnante que fût la nouvelle en cette lugubre fin de saison, une victoire, une vraie victoire, venait d'être gagnée à Coulmiers le 9 Novembre. Battus par l'armée de la Loire les Bavarois de Von der Tann avaient évacué Orléans. Ainsi, sur la Loire comme sur la Saône, l'invasion subissait un temps d'arrêt. Résultat énorme! Coulmiers était l'indice d'une situation toute nouvelle.

Il est vrai que Paris, pareil à un îlot dans une plaine submergée, ne communiquait plus avec nous que par air et continuait d'être assiégé par plus de deux cent-cinquante mille Allemands. Mais pendant que notre capitale arrêtait autour d'elle la plus nombreuse des armées ennemies, Amiens dans le nord, Rouen à l'ouest, Orléans au sud, Autun à l'est, devenaient non seulement des points d'arrêt, mais aussi des bases d'opérations. Nous sortions enfin du gâchis. Par ballons, par pigeons, par courriers, Gambetta avait organisé un plan d'attaque et, non contente d'arrêter partout l'invasion, la république mobilisait quatre cent mille hommes en cinq armées. Elle prenait l'offensive et la campagne d'automne débutait par un succès.

Prendre l'offensive, aller de l'avant, attaquer dans ses lignes l'assiégeant de Paris, comme Gambetta comprenait bien le cri du pays! Nous savions bien qu'un huitième à peine de ces recrues étaient des troupes anciennes, qu'un centième à peine des officiers étaient des gens de guerre. Mais puisque Paris allait faire une sortie, puisque son énorme population pouvait manquer de pain, nous étions condamnés, même avec des soldats pires, à marcher aux Prussiens. Alors, du haut du Morvan, étudiants et journalistes, réchauffés par un indicible espoir, nous vîmes de tous les points de l'horizon, converger sur Paris les cinq armées de la Défense nationale. Le général Farre avec 25,000 hommes allait descendre du nord par la vallée de l'Oise. Le général Briand avec les 20,000 hommes de l'armée de l'Ouest remonterait par la vallée de la Seine. Le général Trochu sortirait de Paris avec 100,000 hommes pendant que D'Aurelles, le vainqueur de Coulmiers, pousserait au devant de Paris l'énorme masse des 230,000 hommes et des 420 canons de l'armée de la Loire.

« La victoire en chantant nous ouvre la barrière
« Et du nord au midi la trompette guerrière
« A sonné l'heure du combat ! »

Dans cette grande pièce quel devait être notre rôle. Un rôle tout à fait secondaire. Harceler les communications de l'ennemi. La guerre de partisans et rien de plus. Nous savons déjà pourquoi Gambetta nous demandait si peu de chose. A cette raison d'état s'ajoutait à cette heure même une grosse blessure d'amour-propre.

Gambetta, dont la dictature était toute de persuasion, essaya d'imposer à Garibaldi un chef d'état-major que celui-ci ne voulait pas. C'était Frapolli, grand-maître de la franc-maçonnerie italienne, homme d'ailleurs sans couleur politique. A ce vieillard en cheveux blancs qui était un personnage respectable, mais qui n'avait jamais fait la guerre, Garibaldi préféra Bordone. Il connaissait bien son Bordone : sang trop vif, paroles blessantes, caractère atroce. Mais Bordone avait souffert toute sa vie pour ses opinions républicaines. Bordone était hardi, actif, jeune encore. Il avait une poigne de fer. Il parlait aussi bien l'italien que le français. Et puis, Bordone l'avait ramené de Caprera. C'était un ami et chez Garibaldi, quand le cœur avait parlé, tout était dit.

Deux fois Frapolli, muni d'un ordre de Gambetta, essaya d'occuper son poste. A la deuxième tentative Garibaldi ne prit même pas la peine de l'éconduire poliment. (1)

Les Italiens de l'armée des Vosges n'aimaient pas le cassant Bordone. La famille de Garibaldi lui était particulièrement hostile. Elle intrigua avec Frapolli. Naturellement Bordone défendit sa place. Des lettres que la poste remit par erreur à Bordone et que Bordone montra à Garibaldi fournirent la preuve des intrigues. Garibaldi appela aussitôt les deux principaux coupables, l'ancien moine Pantaleone et son fils aîné Menotti. « Pantaleone, demanda-t-il brus-« quement, reconnaissez-vous cette écriture ? » Sur sa réponse affirmative Pantaleone fut immédiatement expulsé de l'armée des Vosges. Puis, montrant Bordone à son fils, Garibaldi ajouta d'une voix terrible : « Menotti, demandez « pardon à cet homme. » Menotti fit des excuses et depuis ce jour on sut à l'armée des Vosges qu'il fallait obéir ou partir.

Les conséquences se devinent. A Dôle notre armée s'organisait déjà. A Autun, elle s'organise encore.

Du 8 au 21 Novembre elle atteignit peu à peu l'effetif de seize mille hommes. Lambeau par lambeau, pendant cette deuxième organisation, elle aggloméra huit à neuf mille mobiles, deux mille cinq cents francs-tireurs, seize cents chemises rouges, mais pas un bataillon de troupes régulières. Des charrettes à échelles remplaçaient les fourgons

---

(1) BORDONE. XII, 137.

d'ambulances. Pour génie, des ouvriers mineurs. Pour cavalerie, quarante-sept chasseurs à cheval. Pour artillerie, douze canons de montagne qui portent à deux mille mètres et dont plusieurs sont provisoirement attelés avec des ficelles. Pour armes, seize fusils différents. Pour vêtements, des vareuses d'été et pas de capotes. Telle est l'imposante armée qui doit chasser Werder de Dijon, reconquérir les Vosges, couper les communications de l'ennemi avec l'Allemagne..!

Attaquer en face avec ce fragile instrument la redoutable machine de Werder eût été une folie. Aux batailles rangées Garibaldi préféra sagement les feintes, les surprises, les coups de main, comme le voulait Gambetta.

Pour l'instant le simple bon sens prescrivait de détourner l'attention des Allemands, de les attirer loin de Dijon, et alors seulement de charger la garnison affaiblie. C'est la tactique qui avait réussi à Palerme lors de l'expédition des Mille. Puisque nous visions Dijon au nord-est le bon sens nous prescrivait encore de diriger notre feinte vers le nord-ouest. De ce côté passait par Saint-Dizier, Joinville, Chaumont, Château-Villain, Châtillon, Nuits, Tonnerre, la ligne de postes qui de la Lorraine à l'Orléanais gardait le télégraphe et la voie ferrée de l'armée de Frédéric-Charles. De cette ligne d'étapes dépendaient leurs informations, leurs munitions et leurs renforts. Vingt bataillons, six escadrons, douze canons, avec un nombreux état-major d'officiers, s'occupaient exclusivement de ce service. C'était une artère vitale. La couper, c'était troubler, sinon tuer tout l'organisme.

Un de nos plus braves officiers, sorti du rang, le capitaine Riu offrit de nous guider. C'était un échappé de Metz. Sa blessure mal fermée ne l'empêchait pas d'être très actif. Il avait des relations dans le pays. Nous ne pouvions pas espérer de guide plus sûr et plus discret. Il n'eut pas de peine à nous prouver qu'avec son nœud de cinq routes et son embranchement de voies ferrées Châtillon-sur-Seine, juste au centre de la ligne allemande, en était aussi le point le plus vulnérable. Châtillon fut choisi comme objectif.

CHAPITRE XI

FRANCS-TIREURS ET HUSSARDS

Sous le nom de Côte-d'Or on confond souvent le département et la montagne de ce nom.

De là cette erreur très répandue que la Seine prend sa source dans le massif de la Côte-d'Or. La Seine sort de cette région élevée mais plate où de vastes champs d'avoine alternent avec des forêts plus vastes encore et qu'on nomme si exactement le plateau de Langres. Comme plusieurs de ses affluents la Seine s'est creusé là une pittoresque rainure. Châtillon, qui en est la première ville de cinq mille âmes, se cache dans de grands arbres, sur une petite plaine, au pied d'un cirque de rochers, du fond duquel débouche la célèbre, la limpide, l'abondante Douix qui du rang de ruisseau élève la Seine au rang de rivière.

La source a décidé l'emplacement du château dont les ruines la surplombent et de la ville dont les maisons l'entourent.

Pareille à la Loue, pareille à l'Orbe, la Douix jaillit du fond d'une voûte naturelle. C'est évidemment un cadeau des forêts voisines qui rendent ainsi les pluies du ciel après les avoir distillées entre leurs feuilles et filtrées dans leurs calcaires. Châtillon donne justement son nom à l'une de ces grandes forêts d'où le cerf a disparu, où le sanglier est aussi rare que le loup, et qui rattachent les chênes du Morvan aux sapins des Vosges. Sa ligne noire ferme au sud-est l'horizon de la ville et les sentinelles allemandes ne la regardaient pas sans une vague terreur. Ils ne se doutaient guère que nous les prendrions précisément du côté opposé.

La garnison allemande de Châtillon comptait environ cent convalescents de toutes armes, cent dix hussards de deux escadrons, et cinq cents de ces landwehrs qui équivalaient à nos territoriaux d'aujourd'hui.

Ces convalescents et ces landwehrs manquaient totalement de prestige. Ils avaient du ventre et mangeaient à éclater. Ils craignaient les rhumes et dormaient volontiers la grasse matinée. Après avoir eu peur pendant deux jours la population leur jouait alors des tours impies. Ici un tambour était crevé pendant la nuit. Là un fifre était obstrué avec une substance innommable. Ailleurs une paire de chaussettes sales était cuite dans le ragoût. Seuls les cent dix hussards bleus ou noirs paraissaient terribles avec leurs larges mains et leurs sabres immenses. D'ailleurs ni les uns ni les autres ne se gardaient sérieusement.

Sur le pas des portes ils fumaient leurs pipes aussi paisiblement que s'ils avaient été dans un petit bourg de la Saxe.

De temps en temps ils apprenaient bien que dans les vallons du Morvan des uhlans avaient vidé les étriers, que des postes étaient surpris, des convois enlevés. C'était un brigand, ce Garibaldi. C'étaient des assassins, ces francs-tireurs à ceintures rouges. Capout, capout! criaient-ils en faisant le geste de leur couper la gorge. Mais les quatre fortes brigades de Werder, ses vingt escadrons, ses soixante-douze canons, endormaient leur confiance. Derrière ce mur de fer il n'y avait rien à craindre. Garibaldi ne pouvait que s'y casser la tête. Garibaldi, exactement informé de ces choses, passait en revue sa quatrième brigade forte alors de 620 hommes.

C'était le 14 novembre. (1)

Il appela le capitaine Ricciotti, chef de cette brigade embryonnaire : « D'Autun à Châtillon, lui dit-il, il y a plus de
« cent kilomètres. Presque tous les jours depuis la trahison
« de Bazaine il passe là des troupes fraîches. Il faut se glisser
« entre les uhlans de Werder et les hussards de Frédéric-
« Charles. Mais tes 620 francs-tireurs ont de l'entrain. Ils
« parlent la langue du pays. Ils paient d'audace. Toi-même,
« Ricciotti tu as des jambes de vingt-huit ans. En allant
« vite vous avez, entre deux galops de cavalerie allemande,
« le temps d'entrer et de sortir. En route ! » — « Andate ! »
ajouta-t-il en nous tendant sa pauvre main déformée par les rhumatismes.

Dans l'oreille du capitaine Michard il avait dit à demi-voix en montrant Ricciotti : « J'aime beaucoup cet enfant
« là. C'est un grand sacrifice que je fais à la république.
« Je vous le confie plutôt comme camarade que comme
« chef. »

Quatre jours après dans l'après-midi du 18 Novembre toute cette jeunesse était à Coulmiers-le-Sec avant-dernier village avant Châtillon. La route faite restait jalonnée de petits détachements.

Pour la nuit on coupa de postes tous les chemins environnants. On arrêta sans cérémonie quiconque passait. A deux heures du matin, coup de clairon. Chacun comprit pourquoi les sacs étaient abandonnés en un tas et pourquoi malgré la pluie la colonne enfilait la route presque géométriquement droite qui de Coulmiers-le-Sec descend sur Châtillon. Pendant plus d'une heure les sapins succédèrent

---

(1) THIÉBAULT I, 15.

aux sapins. Une salubre odeur de forêts nous remplit les narines. Pas un chien n'aboya lorsque nous traversâmes à pas de loup Ampilly, le dernier village avant Châtillon. Bientôt un bêlement de moutons trahit à notre droite la présence d'une grande bergerie. Le bourdon d'un clocher, qui semblait tinter au-dessous de nous, sonna cinq ou six heures.

Alerta ! cria Ricciotti.

C'est au pied de ce talus que dort la garnison allemande de Châtillon. Avant de descendre Ricciotti arrête les 409 hommes qui lui restent. « C'est un coup de main, dit-il, « non une bataille qui va s'engager. A tout prix on empoi- « gnera les sentinelles. On tirera le moins possible. Aussitôt « le coup fait chacun se retrouvera devant cette grange, « ici, où une petite réserve nous attend. Le cri de ralliement « est : Garibaldi. La colonne la plus forte attaquera la « rive gauche sous mes ordres. La plus faible, commandée « par Michard, fouillera la rive droite. » Je laisse à penser si les cœurs battaient pendant ce discours. Plus d'un volontaire vida sa gourde pour se donner de l'audace. Mais, à travers le brouillard qui se lève, sous le vent du matin qui fraîchit, aux premières lueurs de l'aurore, on distingue déjà le contour des choses. « Allons, francs-tireurs, en avant ! »

Nous étions encore 391.

Notre aile droite ne comptait que les 130 chasseurs des Alpes ; mais cette compagnie d'élite avait à sa tête le capitaine Michard, l'un des héros de notre armée. Michard n'était pas du tout militaire de profession, mais très soldat de cœur. Figurez-vous une forte tête, un front bombé, des yeux bleus, une barbe blonde et deux moustaches puissantes de même couleur. Posez cette tête sur des épaules athlétiques. Ajoutez une poigne et des jarrets d'acier et vous aurez le portrait de ce pur Gaulois. Exigeant beaucoup de lui-même et beaucoup de ses hommes il en était tout à la fois très estimé et très craint. Au feu il avait ce don rare de rester froid. Tant que les blessures ne l'en ont pas empêché Michard est toujours resté avec ses hommes sur la paille, sous la pluie, dans la neige. Aussi ses chasseurs, tout en riant de sa peau de bique savoyarde, ne riaient jamais de ses ordres.

A Châtillon c'est bien lui qui affronta et qui rendit le premier coup. Il entra par la route de Montbard qui traverse successivement les trois bras de la Seine.

Pour surprendre l'unique sentinelle qui se dissimulait en arrière du pont dans une rampe, Michard franchit à gué deux des bras de la Seine. Quand sa tête énergique apparut au-dessus d'un mur de potager, l'Allemand de faction resta médusé dix secondes. Puis, lâchant son coup à bout portant, il s'enfuit en poussant des cris terribles. A tort on lui tira plusieurs balles qui le manquèrent. C'était un guide tout trouvé. Malgré l'eau qui avait alourdi ses habits, Michard le poursuivit à la baïonnette et arriva sur ses talons à l'Hôtel de la Côte-d'Or où logeaient la plupart des officiers Allemands.

Avertis d'un coup de cor les chasseurs suivaient de près leur chef.

L'étroit escalier de bois de l'hôtel craqua sous leurs pas. Les portes furent enfoncées. Les meubles, culbutés. Les officiers, pris au saut du lit, ne brillèrent guère par leur courage. Ils étaient encore alourdis par la beuverie de la veille. La plupart se rendirent piteusement, en caleçons, tout blancs de peur. Quatre seulement qui s'étaient réfugiés dans la chambre du médecin eurent un soupçon de vaillance. Comme Michard enfonçait la porte une décharge de revolver lui brûla la barbe. De la main gauche Michard écarta le revolver qui, continuant à partir, blessa l'un des Prussiens. L'officier lui-même fut renversé sur le parquet et le groupe entier capitula.

Ce fut un cri de joie lorsque Michard reparut sur le perron avec sa barbe grillée. Il ramenait onze captifs dont sept officiers. Les soldats privés de leurs chefs ne surent où donner de la tête. Ceux qui vinrent chercher des ordres à l'hôtel y furent pris comme dans une souricière. On admira surtout l'ahurissement d'un grand hussard qui apportait à son officier des bottes cirées : sa pipe lui tomba de la bouche. Des fenêtres de l'hôtel une escouade balaya de son tir tous les passages qu'elle voyait et pendant que cette escouade arrêtait le gibier chacune des autres se mit en quête.

La chasse vivement menée fut assez fructueuse tant en hommes qu'en chevaux. Cette partie de la ville était ce qu'on pourrait appeler le quartier riche : elle logeait la cavalerie.

Ici les habitants nous aidaient ; là, ils déroutaient nos recherches.

« Venez donc, crie une dame à un chasseur. Il y a un « Prussien là-haut. » Ce chasseur qui n'avait pas tout à fait seize ans, monte et que ramène-t-il ? Un tambour-major haut de six pieds qui pouvait certainement l'assommer d'un revers de main.

Ailleurs un petit homme décoré se plante sur le pas de sa porte : « Il n'y a pas de Prussiens chez moi, dit-il crâ-« nement. Je vous en donne ma parole d'honneur. » Le signe de l'honneur brillait en effet sur sa poitrine. Un franc-tireur méfiant voulut quand même visiter l'écurie et faillit bien être tué par des hussards que lui dissimulait l'obscurité du lieu. Michard voulait fusiller l'homme à la parole d'honneur. Il le fit garder à vue par un de ses soldats. Mais à peine le capitaine eut-il tourné les talons que la fille de la maison se jeta aux pieds du chasseur. Elle pleura tant et fut si touchante que le sensible geôlier lâcha le coupable. (1)

De ce côté la Seine aida beaucoup nos chasseurs à grossir le chiffre des prisonniers. Ainsi près du moulin Degoix quatre fuyards arrêtés par le chenal s'étaient réfugiés dans une petite soupente à fourrage.

Persuadés que les francs-tireurs massacraient leurs prisonniers dans d'horribles tortures ces malheureux refusaient de se rendre. Déjà un franc-tireur exhibait sa boîte d'allumettes, déclarant qu'il fallait les griller. « Minute, cria le « meunier ; je vais arranger ça. » Monté sur une échelle, il parlementa, les rassura, les attira près du bord. Comme l'un d'entre eux lui rendait son fusil, le meunier tira le bras en même temps que l'arme et le grand diable d'homme dégringola en entraînant une brassée de foin. Les trois autres descendirent l'échelle en pleurant, se jetèrent à genoux et pour nous apitoyer, firent signe qu'ils étaient pères de quatre, six, huit enfants.

Le dernier qui périt fut le major Alvensleben, chef de toute cette cavalerie.

Il logeait chez un riche propriétaire dont le grand parc a deux sorties, l'une sur l'intérieur de la ville, l'autre sur la campagne. Une heure durant le bel officier écouta ses sol-

---

(1) Le RÉPUBLICAIN DE LA SAVOIE. Novembre 1886.

dats lutter et mourir. Il allait, venait, se tordait la moustache. Enfin il se décida pour la porte qui donne sur la campagne et partit au galop avec une escouade de hussards. Michard et son escouade se glissaient justement le long du même mur. Lorsque de la porte ouverte, ils virent fondre sur eux ce hussard au casque argenté, nos francs-tireurs lui crièrent de se rendre. Ne recevant pas de réponse, ils lui cassèrent la tête d'une balle entre les deux yeux. Le major portait au doigt une bague qui lui avait été donnée par la reine de Prusse.

Cette bague, prise d'abord par des paysans, fut rendue à la famille par les soins du maire. Nous fîmes aussi un triage dans le butin. Tout ce qui se rapportait à la guerre fut retenu. Mais les lettres, les portraits, même les bijoux, furent empaquetés et renvoyés au prince Frédéric-Charles. Plus tard une ambulance lui fut restituée de même par le plus court chemin c'est-à-dire à travers le territoire français. Nous espérions que les Allemands nous témoigneraient la même courtoisie. Mais on verra plus loin comment ils dépouillèrent de son épée à poignée d'or le cadavre d'un de nos généraux tués. Lorsque l'ambulance de la brigade Ricciotti tomba entre leurs mains quelques semaines plus tard, ils l'obligèrent à faire par la Suisse un détour si long que les francs-tireurs en furent privés pour tout le reste de la campagne.

Entré le premier dans Châtillon Michard en sortit aussi le dernier. Lorsqu'il rejoignit Ricciotti au rendez-vous fixé, le butin des chasseurs des Alpes doubla presque celui de la brigade.

Là, pendant que les moutons poussaient leurs cris lamentables, pendant que la colonne se réorganisait, Ricciotti tout joyeux raconta à Michard comment ses 261 baïonnettes avaient fouillé ce qu'on pourrait appeler le quartier pauvre, la ville ouvrière.

On était entré par la route de Tonnerre. Là aussi on avait manqué les sentinelles qui s'étaient sauvées à travers les taillis du parc Marmont. La colonne avait donc descendu très vite et à la file indienne les deux trottoirs de la rue de Chaumont. Le doigt sur la détente chaque file surveillait les fenêtres du côté opposé. Çà et là un habitant matinal, ouvrant sa porte ou sa devanture, restait pétrifié de surprise devant ce défilé d'hommes silencieux et résolus. Les Allemands dormaient toujours. Quand la tête de la colonne fut à peu près au cœur de la ville, à la hauteur de l'hôtel de ville, Ricciotti debout sur son cheval étendit le bras. Alors du haut en bas de Chaumont l'on n'entendit plus que portes enfoncées, détonations, cris désespérés.

Sur cette rive gauche de la Seine comme sur la rive droite l'affaire ne dégénéra point en bataille. Elle resta bien une battue. De toute la campagne nous ne devions plus revoir une pareille débâcle d'Allemands. A peine eurent-ils le temps de s'armer. En pantalons ou en chemises, la plupart sautèrent par les fenêtres, grimpèrent sur les toits, se fourrèrent sous les lits, sous des cuves vides, derrière les tonneaux. On en trouva jusque sous le ventre des vaches. De ce côté les habitants prirent feu pour les francs-tireurs. On se rappelle notamment une jeune femme qui, en jupon blanc, à demi vêtue, rouge d'enthousiasme, nous conduisait de porte en porte, nous ouvrait les cachettes de ses bras nus et rivalisait de bravoure avec les plus braves. Les Allemands très disséminés ne logeaient que deux par deux dans ces pauvres maisons.

Règle générale, il s'agenouillaient, pleuraient, demandaient grâce. Mais à cette règle générale il y eut de tragiques exceptions. Ainsi dans la maison qui fait face à l'église Saint-Jean un officier sut mourir en soldat.

Au bruit des premières détonations il avait d'abord saisi doucement le bras de son hôtesse en la suppliant d'apaiser les francs-tireurs. Mais à la vue du premier franc-tireur qui entre sa fierté se ravise. Du haut de l'escalier il tire à bout portant sur son adversaire et le manque. Ce qui se passa alors entre ce pistolet et cette baïonnette, on le devine. Les rideaux arrachés, les murs éclaboussés, les trous de balles au plancher, disent assez ce que fut ce duel à mort. Pendant que l'officier mourait en silence, son ordonnance, blotti sous un lit dans la chambre à côté, se cachait la figure dans les mains, poussait des cris affreux et aima mieux périr là que de se rendre. Alors, en présence d'une vierge en marbre blanc, au-dessous du bénitier d'ivoire de cette paisible chambre, le sang de ces deux hommes suivit la pente du plancher, filtra entre les rainures, creva le plafond, souilla tout.

A la poste aux chevaux on prit tout un lot de hussards.

En manches de chemises, ils revenaient de l'abreuvoir et n'eurent qu'à emboîter le pas, menant eux-mêmes leurs bêtes par la bride. Un de ces hussards, qui était à cheval, piqua des deux dans la direction de la gare. Un franc-tireur dauphinois essaya de lui barrer la route. A l'éclair rouge du pistolet riposta d'abord l'éclair rouge du fusil. Non moins rapide brilla ensuite l'éclair des deux armes blanches. Quand la fumée s'évanouit ce fut très bien le Dauphinois qui resta sur le carreau, la tête fendue jusqu'aux oreilles.

Les francs-tireurs dauphinois donnèrent l'assaut à l'hôtel de ville où s'était réfugié le colonel Lettgau avec une cinquantaine d'hommes débandés. Lettgau commandait en chef d'étape de Châtillon.

Le plus brave des Dauphinois, celui qui marchait en tête, s'enroula une couverture autour du bras, s'en masqua la tête comme d'un bouclier et s'élança sur le perron jusqu'à la porte du poste allemand. Une salve de balles l'atteignit en pleine poitrine. Pendant que ses camarades effrayés se repliaient, lui, blessé à mort, redescendit l'escalier à reculons, faisant toujours face à l'ennemi. Il vint s'abattre sur le dos au pied de la maison d'en face. Après notre départ les Allemands défendirent de relever le cadavre de ce brave et plusieurs fois dans la journée ils lui écrasèrent la figure à coups de talons.

Il était bien près de dix heures.

Fallait-il renouveler l'assaut ? Ricciotti s'y refusa. « Ç'au-
« rait été justement changer la battue en bataille et mé-
« connaître les ordres du général. D'ailleurs après avoir
« pris l'hôtel de ville il faudrait grimper aussi là-haut,
« prendre les ruines du château dont l'ancienne cour sert
« de cimetière et d'où les balles commençaient à pleuvoir
« sur la ville. Les hussards échappés peuvent amener des
« renforts avant la fin de la lutte. La garde du butin
« paralyse déjà la majeure partie des forces. Je n'ai pas
« vingt hommes disponibles sous la main. Remontons vers
« la grange aux moutons. Clairon, sonnez la retraite ! »

Par erreur celui-ci sonna la diane.

Mais personne ne trouva l'erreur malheureuse. Ce coup de clairon, succédant à ce coup de main, coupa l'air comme le vrai chant du coq gaulois. C'était bien le réveil des vieux héros, le salut à la jeune victoire. Si, en s'éloignant de la bergerie, Ricciotti et Michard laissaient derrière eux sept morts et dix-neuf blessés, les Allemands aussi avaient vingt-deux morts et soixante-quatre blessés. Ce convoi de butin, comprenant cinq voitures de bagages, quatre-vingt-deux chevaux, et cent soixante-sept prisonniers prouvait que les Allemands pouvaient être attaqués, battus et pris comme de simples mortels. Alors la brigade commença de Châtillon à Autun une marche triomphale à laquelle ne manquèrent ni les vins d'honneur, ni les musiques d'orphéons, ni les harangues officielles, ni les jeunes filles en blanc, ni les bouquets de fleurs, ni surtout l'abominable pluie.

Pendant que Montbard nous faisait fête, Châtillon restait sans défense entre les mains du colonel Lettgau. De la négligence la plus coupable ce reître passa brusquement à des précautions ridicules qui ne le sauvèrent pas du mépris de ses compatriotes. Quelques semaines après il était dégradé. (1)

Quoiqu'il eût reçu dans l'après-midi des renforts venus de Château-Villain, ni lui, ni ce qui lui restait d'hommes, n'osèrent coucher dans les maisons pendant la nuit du 19 au 20 Novembre. Les fenêtres durent être illuminées. Des feux furent allumés pour le bivac. Ils burent à outrance pour s'étourdir. Le lendemain matin vers six heures, comme la confiance leur revenait avec le jour, voici que, subitement des coups de feu éclatent encore devant la maudite grange aux moutons. Par un phénomène d'hallucination qui n'est pas rare en temps de guerre le factionnaire troublé par le vin nous voyait reparaître sur la route de Montbard et tirait sur nous. Le poste entier tira après lui de confiance. De son propre aveu Lettgau lança

---

(1) A. MAITRE. Page 25.

« vigoureusement » une compagnie contre les fantôme. On vit s'enfuir dans les sapins avec leurs blessés (1) des francs-tireurs qui étaient déjà bien loin. Cette fois Lettgau perdit courage.

Une première attaque venait de lui coûter ses bagages, presque toute sa cavalerie, les trois quarts de ses officiers et la moitié de ses fantassins. Croyant une deuxième attaque imminente, il se replia sur Château-Villain « tout d'une traite. » Le mot est de lui. (1)

En partant Lettgau avait menacé la ville d'un pillage général. (2) Le 22 Novembre en effet le colonel reparut avec le gros de la division Kraatz qui venait de Metz et alors seulement il osa se venger.

Sans doute il était lâche de se venger sur des vieillards, sur des femmes et sur des enfants. Mais nous savons déjà que pour les Allemands ce sont les lois de la guerre. (3) Peu importe l'âge du sang pourvu que sa couleur rouge apparaisse et terrorise. Quoiqu'une pluie froide mêlée de neige leur cinglât le visage, ces Allemands n'entrèrent pas dans les maisons qu'ils couvaient de regards mauvais. Comme les habitants fuyaient, toutes les routes furent fermées de patrouilles. Les Prussiens attendirent la nuit noire. Et alors, étant six mille soldats avec du canon contre quatre mille habitants désarmés, ils se jetèrent sur la ville comme des fauves sur un quartier de viande et la mirent à sac pendant vingt heures. Cinq maisons furent brûlées. Dix-neuf habitants furent tués ou blessés pendant le pillage. En plusieurs battues ils saisirent cent trente personnes qui

---

(1) KÖLNISCHE ZEITUNG. Mitwoch, 7 Dezember 1870.
(2) WESTFÄLISCHE ZEITUNG. Nov. 1870.
(3) CAVANIOL. IX, 171 à 173

étaient pour la plupart des hommes en cheveux blancs et qu'ils menacèrent de mort si les francs-tireurs revenaient.

Cinq semaines après, leur férocité n'était pas encore apaisée. S'apercevant que quelqu'un offrait du vin à un prisonnier de passage, ce ne fut pas une brute ivre, ce fut bien un Allemand haut gradé, le major de Roehl, qui sabra du même coup le verre et la main. (1)

Parmi les maisons dévastées celle qui éveilla le plus de pitié, ce fut encore celle de la famille Maupin. Sa tragique destinée résume bien l'histoire du pays. Ils étaient restés trois vieux dans ce pauvre logis. Le fils de la maison, bon et brave soldat, était parmi les défenseurs de Verdun. Lorsqu'il revint du siège, rapportant des cicatrices et la croix, voici ce qu'il retrouva dans ses foyers. D'un coup de baïonnette ils avaient labouré le bras de sa mère âgée de 60 ans. D'un coup de crosse sur la tête ils avaient abattu la tante encore plus âgée que la mère. Ils avaient cassé le bras à son père en deux endroits et malgré cette double fracture ils l'emmenèrent comme otage. Comme le pauvre homme très gros retombait à chaque pas, ils l'abimèrent de coups de crosse, le jetèrent brutalement sur une brouette, le secouèrent en riant, renversèrent plusieurs fois la brouette, le ramassèrent exprès par son bras cassé, et finalement l'abandonnèrent en pleine campagne. La mort ne devait le délivrer de ses souffrances que onze mois plus tard.

Le maire de Châtillon, prisonnier avec Maupin, et témoin de ces atrocités, dit fort bien : « C'était lâche, cruel et « hideux à voir. Certainement les invasions barbares du « cinquième siècle n'ont pas offert de plus ignoble spec- « tacle. » (2)

---

(1) A. MAÎTRE. Page 31.
(2) A. MAITRE. Page 13.

Au souvenir de ces meurtres certains Français argumentent, crient, déclament. Eh, sans doute, dans cette nuit du 22 Novembre notre ennemi séculaire a confondu le moyen âge avec les temps modernes et oublié que le millésime du siècle interdit même à la guerre l'assassinat des faibles. Mais gémir de ces crimes serait aussi lâche que de les oublier. Restons aussi froids pour les juger qu'ils restaient froids pour les commettre. Et surtout concluons comme cet Allemand qui fut tout à la fois bon poète et bon soldat : « Le Dieu qui a fait pousser le fer ne voulait « pas de valets : voilà pourquoi, dans la poigne de l'homme « de cœur, il a mis le sabre, l'épée et la pique... « (1)

---

(1) E. ARNDT.

CHAPITRE XII

CHAMBŒUF

Nous espérions bien que la soudaineté et la vigueur de ce coup de main troubleraient les Allemands. Mais vraiment l'effet produit sur leurs soldats, sur leurs officiers et sur nous, dépassa toute attente.

Le soldat allemand ne joue pas volontiers de la baïonnette. Dans leur ligne comme dans leur réserve cette centaine de duels gaillardement engagés d'un coup de clairon à la même heure dans toutes les rues de Châtillon assombrit encore les imaginations déjà sombres par elles-mêmes. Hussards sciés entre deux planches, pieds rôtis à petit feu, yeux crevés d'un coup de pouce, oreilles et nez coupés, bref, les atrocités les plus invraisemblables, celles qui datent des temps mérovingiens, se mêlèrent dans leurs récits aux détails vrais de la lutte. On eût dit que d'avance ils se raidissaient contre une nouvelle panique et qu'à défaut du courage natif ils voulaient se donner la fureur des bêtes acculées. Bouleverser ainsi leurs courages à la veille d'une attaque fut de la part de Garibaldi un véritable coup de maître.

Chez leurs officiers l'inquiétude fut tout aussi vive et le résultat encore plus favorable à notre armée.

Un historien français, hostile aux francs-tireurs et à l'idée républicaine, ne rougit pas d'appeler cette affaire de Châtillon une « témérité barbare et inutile. » (1) A sa honte le démenti lui viendra des officiers prussiens eux-mêmes qui ont collaboré à cette histoire. Le plus haut gradé de tous, celui qui s'appelait Moltke, fit à nos six cents volontaires l'honneur de les croire six mille. Persuadé que « plusieurs milliers d'hommes » (2) cernaient Châtillon et que toute notre armée allait les suivre, il fit converger sur eux trois brigades : une de Chaumont, (3) une de Nancy, (4) une de Dijon. (5) Werder, qui avait enfin concentré son corps à Dijon et s'apprêtait à continuer sa marche vers le sud, dut changer ses plans et subit « une fois de plus « l'inévitable nécessité de diviser les forces du quatorzième « corps. » (6) C'est justement ce que nous voulions.

Pendant que les Allemands divisaient ainsi leurs forces, l'armée des Vosges concentrait les siennes et partait pour Dijon le soir du 20 Novembre.

Elle marchait d'un pas allègre, je puis le dire. Châtillon était notre Coulmiers. « Ils ont peur de nous, disait-on « dans les compagnies franches ; la peur qu'ils ont eue « ils l'auront encore. » De fait il n'y eut plus de compagnie franche, si petite et si novice fût-elle, qui ne rêvât convois enlevés, postes surpris, cavaliers en folle déroute. Même quand nous savions ces Allemands très nombreux nous osâmes désormais les regarder en face. Et comme rien ne vaut le succès pour réussir encore, plus de deux mille francs-tireurs nouveaux, qui sans cela nous auraient dédai-

---

(1) MIGNARD. V, 78.
(2) THIEME. II, 137.
(3) ETAT-MAJOR ALLEMAND. V, 1345.
(4) ETAT-MAJOR ALLEMAND. V, 1347.
(5) LÖHLEIN. III, 94.
(6) TRAPP. Page 107.

gnés, vinrent pendant la campagne suivante s'associer à notre fortune et doubler notre effectif.

Du 21 au 24 Novembre l'armée des Vosges, partagée en deux colonnes, franchit les trois étapes qui séparent la capitale du Morvan de la capitale de la Bourgogne.

Le temps pressait. Aux forces que nous connaissions à Werder, s'ajoutait à ce moment la division Schmeling qui arrivait d'Alsace. (1) Werder avait sous la main soit à Dijon, soit à proximité, 36 bataillons d'infanterie, 25 escadrons de cavalerie et 102 canons. (2) Il avait choisi le 25 Novembre pour marcher sur Beaune. Or, c'est le même jour que notre général se proposait de lui arracher Dijon à la baïonnette. Jeter cinq mille jeunes gens sur une pareille masse d'ennemis a été, de l'aveu unanime, le coup le plus hardiment insolent de toute cette guerre. Mais cela ne pouvait être une bataille régulière. Ce devait être une surprise comme à Châtillon, et ce qu'il faut le plus en admirer ce n'est pas que Garibaldi y ait été vaincu, mais simplement qu'il nous en ait ramenés vivants.

Pour masquer sa marche Garibaldi, qui n'avait presque pas de cavalerie, éparpilla autour de lui ses compagnies franches. Du 18 au 25 Novembre le Dijonnais fourmilla de bandes armées.

Pas une lisière de bois où n'ait éclaté la fusillade. Pas une bifurcation de routes où ne se soient abattus quelques cavaliers. Pas une de nos compagnies qui n'ait eu l'occasion de s'aguerrir. Pas un village non plus que n'ait illuminé l'incendie. Ce fut la semaine rouge. Mais les Badois, affolés

---

(1) BECKER. Page 264.
(2) LÖHLEIN. Page 261.

et affamés avaient beau piller, brûler, fusiller ; à travers cette poussière d'hommes qui brouillaient leur horizon, ils constataient seulement que le cercle de baïonnettes se rétrécissait autour d'eux et ils ignoraient parfaitement de quel point de l'horizon devait partir le coup final. Raconter toutes ces escarmouches serait fastidieux. Citons au moins celles qui, par leur mélange de succès et de revers, peignent le mieux notre entrée en campagne.

Le 20 Novembre Bosak, engagé le premier dans la vallée d'Ouche, envoyait des francs-tireurs pour éclairer sa droite à travers le massif de la Côte-d'Or et se relier à l'avant-garde de Cremer dont le nom venait de percer jusqu'à nous.

Entre Garibaldi et Cremer il y avait bien dans ce massif le colonel Bourras avec un superbe bataillon de francs-tireurs qu'il appelait le Corps franc des Vosges. Bourras avait de la cavalerie et du canon. Mais sur Dieu, sur Napoléon, sur les Prussiens, Bourras professait des opinions diamétralement opposées à celles de Garibaldi. Sachant que Garibaldi était suspect à Tours, Bourras en profitait pour se soustraire à l'autorité du général. Quand nous le rencontrions sur les grandes routes il évitait avec soin notre société. Lorsque nous cherchions à lui parler il faisait répondre qu'il était parti. Nous fier à lui pour la sécurité de notre marche eût été une grosse imprudence.

L'avant-garde de Bosak passa donc à travers les compagnies de Bourras et le 20 Novembre elle arrivait au petit hameau de Chambœuf. Elle comprenait une compagnie lyonnaise déjà aguerrie par trois affaires et une compagnie vauclusienne qui n'avait pas encore vu le feu.

Son chef était le vainqueur de Brazey, le capitaine Loste, beau garçon à l'œil noir qui n'avait jamais été soldat mais qui était d'une bravoure à toute épreuve. A Chambœuf le maire nous raconta quelque chose d'édifiant. Pendant que le colonel Bourras bravait l'autorité de son général, les Prussiens faisaient autour de lui de continuelles réquisitions. Ainsi tous les jours par la combe de la Vaux une patrouille de sept à huit genadiers avait l'impudence de remonter depuis Gevrey jusqu'en pleine montagne et de montrer ses paratonnerres à la porte du village. A cette nouvelle notre œil s'allume et dans la nuit du 20 au 21 nous tendons une embuscade au passage le plus étranglé de la combe près de la Roche-qui-pleure.

Le lendemain matin 22 Novembre, vers six heures, la patrouille allemande, attirée par la retraite de nos sentinelles, tombait lourdement dans le piège et se rendait sans coup férir.

Il est vrai qu'un habitant de Chambœuf, ancien soldat de Crimée, nous avait guidés au bon endroit. Le chef allemand qui occupait Gevrey savait bien que ce pauvre hameau peuplé de vignerons et de laboureurs n'était responsable ni de notre entrée ni de notre sortie. Mais, ne pouvant se venger sur nous, il décida que Chambœuf « à cause de ses « relations avec les francs-tireurs » serait exécuté militairement le lendemain matin. (1) Un bel incendie de trente maisons, allumé ainsi en haut de la montagne, ferait trembler tout le pays à dix lieues à la ronde pendant que ses lansquenets rempliraient leurs sacs de butin. Dans la nuit du 21 au 22 il organisa donc une colonne de 330 hommes recrutée dans quatre compagnies différentes. (1)

Munis de pétrole et partagés en trois détachements, ils

---

(1) TRAPP. Page 98.

prirent trois chemins différents. Évitant la Combe de la Vaux ils tournèrent par Fixin et Curley. Le détachement venu de Curley devait nous attirer hors du village par une attaque feinte. Pendant ce temps le détachement venu par Fixin serait tombé sur notre dos et aurait tout détruit. Grâce à la négligence de Loste, ce plan fut bien près de réussir. Le matin du 22 Novembre, à sept heures, les grenadiers allemands venus par Fixin couronnaient le plateau de Susamont dont l'escarpement presque à pic domine à bout portant les toits de Chambœuf du côté du nord. Par dessus les toits ils voyaient au loin accourir de Curley leur aile gauche.

D'abord tout réussit aux Allemands.

Sortant de Chambœuf un peu trop tard notre grand'garde avait subitement aperçu devant elle à travers le brouillard les capotes sombres des grenadiers. Accueillie par une salve à courte distance notre grand'garde s'était débandée. Une débandade plus honteuse encore qu'ils provoquèrent dans le village ne laissa autour de Loste qu'une soixantaine de fidèles compagnons.

Pendant que les Allemands activaient cette déroute à coups de fusil, deux de leurs pétroleurs se glissèrent dans le village du haut de Susamont à travers des maisons abandonnées. Notre guide de la veille, dénoncé probablement par ses voisins, faillit bien griller avec la paille de sa grange. Sa maison et celle d'un voisin furent allumées. Seulement quand l'un des incendiaires essaya de se retirer avec son bidon vide à travers les vergers, un franc-tireur le suivit du bout de son canon de fusil et, comme il enjambait un mur d'enclos, il lui logea une balle sous l'oreille droite. C'est à la lueur de ces deux incendies que s'engagea la petite bataille. Les instructions reçues n'obligeaient nullement notre chef à s'enterrer sous les ruines de ce hameau. Mais, avec la générosité qui était l'un des traits de son caractère, Loste se dévoua pour sauver ces pauvres gens de l'extermination.

Vingt mètres seulement de distance presque perpendiculaire séparaient les deux troupes. Tirant, eux d'en haut, nous d'en bas, les combattants s'entendaient parler et s'envoyaient autant d'injures que de balles.

Heureusement Loste ne perdit pas la tête.

Grimper au clocher du village, rallier ses fidèles, faire face des deux côtés, occuper surtout les maisons au pied de Susamont, fut l'affaire de quelques minutes. Chaque volontaire s'embusqua comme il put, ne comptant plus que sur sa carabine. Bientôt le village fut enveloppé d'un dôme de fumée blanche et fit feu par tous ses sabords. Heureusement les Allemands, escomptant trop vite leur succès, commirent exactement la même imprudence que nous : ils brûlèrent inconsidérément leur poudre. Vers dix heures les deux troupes, n'ayant plus que quelques coups à tirer, ralentissaient visiblement leur feu. Très sérieusement les Allemands songeaient à la retraite pendant que de notre côté, nous considérant comme perdus, nous préparions une charge à la baïonnette.

Nous allions sortir de Chambœuf lorsque le bruit d'une autre fusillade, éclatant dans le lointain, et sifflant au-dessus de nos têtes, augmenta encore notre terreur.

Vaine alerte ! C'est le salut qui nous venait de nos débandés du matin. Une section de la compagnie vauclusienne, qui le matin s'était retirée avec ordre au Haut-de-Boutières, venait de se retourner contre les Allemands. Son lieutenant Chamousse l'avait invectivée en patois du midi. « Coquin « de sort, est-ce qu'on lâche comme ça des camarades en

« perdition ! Voyez donc au moins si ces Prussiens sont
« cent mille ? Ont-ils seulement de la cavalerie et du
« canon ? » Bref, la section fit volte-face et envoya quinze
décharges dans le flanc des troupes badoises. Puis, voyant
que les grenadiers se repliaient sous bois, Chamousse partagea sa section en deux escouades et, enflant encore la
voix, se rua avec ces forces imposantes contre chacune des
deux ailes de l'ennemi. Un quart d'heure plus tard, Lyonnais et Vauclusiens se jetaient dans les bras les uns des
autres.

L'historien du régiment allemand, le major Trapp, nous
explique pourquoi ses compatriotes disparurent si promptement. C'est ici, entre autres exemples, qu'il fait bon lire
dans leur texte les relations allemandes. Ils crurent que les
deux escouades de Chamousse étaient l'avant-garde d'un
bataillon de renfort. De même que dans la plaine de Saint-Jean-de-Losne le lieutenant Becker avait aperçu des « masses
ennemies plus puissantes » le major Trapp évalue nos
fuyards de Chambœuf, revenus à la charge, « à 450 ou 500
têtes au moins. » (1) Évidemment le brouillard lui avait
troublé la vue. Quoiqu'il en soit Chambœuf était sauvé.
Ces trois cent-trente grenadiers qui avaient savouré d'avance
une bonne vengeance et une bonne aubaine, redescendirent
la combe de la Vaux au pas accéléré et sous une averse torentielle. Ils avouent avoir laissé vingt-cinq hommes sur le
carreau. (2)

Trapp termine sa relation par ces mots simples et grands :
« Il n'y eut pas lieu de poursuivre. » (3)

---

(1) TRAPP. Page 100.
(2) LÖHLEIN. III, 291.
(3) TRAPP. Page 100.

A côté du brave Loste, il est impossible de ne pas citer le commandant Ordinaire, qui à la tête de deux compagnies comtoises, s'était aventuré jusque dans la forêt d'Othe aux environs de Troyes.

Quoi qu'il n'eût ni cavalerie ni canons, Ordinaire avait franchi presque la moitié de la distance qui sépare Autun de Paris. Le matin du 25 Novembre à Auxon il répéta en petit le coup de Châtillon. L'étape allemande comprenait une compagnie d'infanterie; Ordinaire ne disposait que de 170 francs-tireurs. Là aussi au point du jour sur un coup de clairon on attaqua à la baïonnette. Un paysan qui allait être exécuté échappa ainsi au supplice. Tandis qu'à Châtillon, par une fortune assez rare, aucun de nos officiers n'avait été atteint, deux de nos officiers furent blessés à Auxon. Le chef de l'étape allemande se sauva honteusement par la fenêtre en oubliant son pantalon. Les Allemands laissèrent entre nos mains neuf prisonniers, leurs papiers, et trois voitures de bagages. A cause de l'énorme distance Ordinaire ne rejoignit l'armée qu'après la deuxième bataille de Dijon. (1)

A chacune de ces innombrables escarmouches l'ennemi perdait peu de monde, assurément. Mais par leur répétition douloureuse, incessante, enragée, ces piqûres le démoralisaient autant qu'une bataille perdue et nous allions bientôt nous en apercevoir.

---

(1) BORDONE. 4° édition. IX, 133. — ETAT-MAJOR ALLEMAND. II, 1346.— POZZI. Annuaire du canton d'Ervy. Année 1872. Pages 119 à 125.

CHAPITRE XIII

LE BIVAC D'ANCEY

Le 23 Novembre, comme une avant-garde de francs-tireurs approchait de Lantenay douze dragons bleus apparurent le long du chemin de fer qui du tunnel de Blaisy-Bas descend sur Dijon.

Aux premières décharges cette patrouille de cavalerie se dispersa dans toutes les directions. L'un des chevaux parut même prendre le mors aux dents, et au lieu de se replier dans la direction de Dijon, il enfila le chemin de Lantenay. Des gens du pays qui braconnaient dans les vignes pâlirent de peur quand ils virent ce dragon courir sur eux à fond de train. Ils étaient disposés à se rendre et à livrer leurs fusils de chasse. Mais, ô surprise, c'est le dragon allemand qui jette son mousqueton loin de lui, descend de cheval et s'avance vers les braconniers en levant très haut ses mains ouvertes. Très poliment il prie ces messieurs de le faire prisonnier. Il déclare qu'il ne se soucie pas de « crever pour ce coquin de Bismarck. » J'adoucis sensiblement la verdure de ses expressions.

Ce gaillard-là connaissait aussi bien les gros mots de notre langue que les petits sentiers du pays où il avait travaillé pendant des années. Il y avait plusieurs centaines de ces guides-là dans la cavalerie du général Werder.

Le 24 Novembre au soir les deux colonnes de l'armée des Vosges se retrouvèrent à Pont-de-Pany sur l'Ouche à une demie étape de Dijon.

Pont-de-Pany, au débouché de la combe de Sombernon, c'est comme une porte ouverte dans la paroi gauche du couloir étroit et escarpé au fond duquel serpente l'Ouche. Au fond du couloir ou sur ses deux flancs ce ne sont que routes, écluses, viaducs, tunnels, magnifiques travaux d'art. Les deux routes, le canal, l'Ouche, et la voie ferrée, tantôt se suivent parallèlement, tantôt se croisent, tantôt se superposent. Nous n'eûmes garde de nous fourvoyer dans cette gorge que dominait et que pouvait balayer l'artillerie allemande. C'est d'Ancey à Lantenay le long du chemin de fer que le gros de l'armée reçut pour la première fois l'ordre de bivaquer c'est-à-dire de dormir à la belle étoile avec la terre comme lit.

Précédé la veille par une forte avant-garde de volontaires, Garibaldi à la nuit noire occupa le château de Lantenay, à gauche de la vallée, à mi côte, à portée des grands bois du plateau de Pasques.

Symptôme grave! Nous mettons baïonnette au canon. Nous restons près des faisceaux. D'une minute à l'autre le clairon peut sonner. Ces dispositions prises nous essayons de dormir.

Ah oui! La terre n'est un bon lit que pour le sommeil éternel. De notre humide matelas montent d'insupportables frissons. Bientôt le brouillard a percé nos minces vêtements d'été. Tant pis! En dépit des rageurs qui piétinent les premiers feux, nos hommes allument dix, puis cent, puis mille feux nouveaux où les échalas du canton viennent par brassées se consumer au milieu des cercles. Le bivac présenta alors un coup d'œil féérique.

Les flammes secouées par le vent coloraient en rouge les figures, creusaient les yeux, allongeaient les moustaches et quand une tête se relevait on voyait son ombre se profiler au loin sur les parois de roches qui çà et là surplombent la vallée.

Mais le côté le plus curieux du spectacle ce n'était pas le paysage, c'était bien l'armée. Pour la première fois on se voyait réunis sur le même point. Le sommeil ne venant pas, plusieurs officiers, las de claquer des dents sur leurs fagots de sarments, eurent l'idée originale de passer une revue de minuit. Quelle variété de types!

La ronde improvisée traversa d'abord les bataillons de mobiles, le gros de notre armée, dix mille hommes sur quinze. Ils étaient rangés, doux, obéissants comme des moutons. De loin on les aurait volontiers pris pour des soldats. Ils étaient aussi des soldats, et ils marchaient crânement, quand par hasard un bon officier daignait s'occuper de ses hommes. Malheureusement la plupart des officiers, nommés sans titres, faisaient la guerre à contre-cœur comme des gens qu'on dérange de leurs affaires. Dans la plupart des cas c'est l'adjudant ou le sergent-major, c'est-à-dire un ancien soldat qui instruit, équipe, approvisionne et commande la compagnie. Pourquoi donc, après un mois d'essai très concluant, ces officiers boudeurs ne sont-ils pas soumis à la réélection? Pourquoi ces obscurs sous-officiers ne portent-ils pas les galons puisque de fait ils sont déjà les véritables chefs?

« Chez les francs-tireurs, leur disions-nous, on culbute en
« un tour de main l'officier incapable et nous nous en
« trouvons très bien. » Mais il était bien temps de soulever ces délicates questions!

La deuxième armée des Vosges, telle que les évènements l'avaient faite, c'était avant tout les 1,600 chemises rouges et les 2,500 francs-tireurs qui partout précédaient sa marche et payaient de leur sang sa tranquillité.

Les 1,600 chemises rouges dont le nombre devait dépasser deux mille en janvier étaient répartis par moitiés entre la légion Tanara et la légion Ravelli. Chacune d'elles était divisée en trois bataillons. Pour mieux tenir leurs hommes les capitaines n'admettaient guère plus de cinquante hommes dans chaque compagnie. Garibaldi ne les disséminait jamais. Ils étaient le fil de son épée. A l'heure du danger il fallait sauter dans le feu. En attendant, la discipline était sévère. Leurs officiers les menaient à la prussienne. Dans leurs accès de vivacité, ils ne les privaient ni de coups de plat de sabre ni de coups de pied dans le bas des reins.

En tête des chemises rouges marchait la compagnie hors cadre des Carabiniers génois sous les ordres du fougueux Razetto.

Ceux-là étaient de vigoureux et superbes marins, recrutés sur la côte ligurienne, fils des camarades de Garibaldi, dont Garibaldi faisait sa garde d'honneur. Même costume d'ailleurs dans toutes les compagnies italiennes. Des guêtres de toile blanche, un pantalon vert clair, une chemise rouge, une casquette vert foncé, avec un cor de chasse sur la visière, constituaient l'uniforme célèbre d'où ils tiraient leur nom. Une simple musette de toile leur tenait lieu de sac. Pour arme ils maniaient le court Spencer à baïonnette triangulaire. Leur musique jouait à la perfection. Officiers et soldats étaient en général de petite taille.

De Gênes à Malte toutes les grandes villes d'Italie avaient envoyé là leur contingent. De presque toutes les garnisons voisines des Alpes des groupes de déserteurs nous avaient rejoints à travers les neiges de la chaîne. Plus d'un sergent avait entraîné son escouade. Plusieurs étaient déjà jugés pour ce fait et se savaient condamnés à un nombre plus ou moins grand d'années de travaux forcés. (1) On retrouvait dans ces légions tous les types de la péninsule. Le Piémontais, d'origine bien gauloise, était reconnaissable à son œil bleu et à sa grande moustache en croc. Le chevrier des Apennins arrivé en peau de mouton, en guêtres de laine, et en chapeau pointu, avait le profil conquérant du Romain. Quant au Sicilien, avec son nez arqué et sa peau brune, il descendait évidemment des Sarrasins plus que des Romains.

Beaucoup de ces volontaires avaient déjà combattu sous Garibaldi une ou plusieurs fois. Un mot de lui, un appel dans les journaux avait suffi et ils étaient revenus à leurs frais, abandonnant leurs études, leurs affaires, leurs familles, leurs journaux.

Des types curieux de ces légions italiennes, le plus curieux était encore Jessie White Mario, grande amazone qui portait sur sa manche les galons de capitaine. Anglaise de naissance, veuve d'un député italien, elle avait pour Garibaldi un véritable culte. Elle l'approchait peu pour qu'on ne se méprît pas sur la nature de ses sentiments. C'était la troisième fois qu'elle faisait campagne, soignant les blessés avec un rare courage, et donnant sans compter son temps ou sa fortune. Les chemises rouges respectaient sa robe noire et aussi la cravache dont elle ne craignait pas de cingler les importuns, les ivrognes ou les retardataires. Tout en pansant les blessures nul ne savait comme elle recueillir des renseignements militaires et les expédier au quartier général. Elle l'a prouvé par ses nombreuses dépêches au

---

(1) DE LA RIVE. III, 84. Voir la note II à la fin du volume.

crayon, par ses lettres anglaises au *Daily News* et surtout par son volume de souvenirs en langue italienne. (1)

Beauucoup plus libres d'allures et beaucoup plus variées d'aspect nous apparurent les 47 compagnies franches dont l'effectif moyen ne dépassait guère 60 à 70 hommes.

Que de langues diverses il aurait fallu savoir pour les interroger toutes ce soir-là ! Je me demande si Annibal, Duguesclin ou Wallenstein ont jamais conduit des bandes aussi polyglottes. Quoique j'aie reconnu toutes les langues du nord de l'Europe, cependant, c'étaient les langues du midi, celles de la Méditerranée et de l'Atlantique, le turc, le grec, le provençal, l'italien, l'arabe, l'espagnol, le portugais qui mêlaient autour des feux leurs accents plus ou moins nasillards. Dans presque tous les grands ports de ces deux mers, il s'était trouvé des Français qui, occupant des positions lucratives, avaient écouté la voix du sang plus que celle de l'intérêt. Ils avaient laissé en souffrance leurs fermes ou leurs usines et ils revenaient à la patrie, payant eux-mêmes leur traversée et entraînant quelques indigènes. (2)

Du chiffre de 4000 qu'il atteignait à peu près ce soir-là, l'effectif des volontaires devait atteindre 7000 en Janvier. Avec les 200 artilleurs et les 47 chasseurs à cheval ces 4000 volontaires étaits alors le noyau résistant de l'armée, les seules troupes que Garibaldi jetait résolument sur l'ennemi.

L'humeur de ces volontaires, à la veille d'une bataille dont ils allaient faire les frais, était encore plus originale que leur allure. Certaines gens ne voient de la guerre que son côté triste. Comme si les sacrifices de vie, exigés par les

---

(1) J. W. MARIO. I Garibaldini in Francia.
(2) BLAIRET. V, 29 à 30.

jours de paix, ne faisaient pas couler autant de sang ou ne remplissaient pas les cimetières d'autant de cadavres intéressants que la mort rapide des jours de bataille! De cette guerre sans quartier où d'une minute à l'autre nous pouvions avoir la figure écrasée à coups de talons ou la peau tatouée de cent cinquante coups de sabre nous cherchions à dessein le côté vivant et gai. On riait, on causait, on écrivait volontiers dans nos rangs. Précisément parce qu'une mort affreuse nous guettait à tous les tournants de route nous nous dépêchions de vivre ces heures de jeunesse dont chacune pouvait être la dernière.

Demain, sachant que nous serons encore à l'avant-garde, que nous n'aurons à espérer ni pitié en avant ni secours en arrière, nous nous battrons en conséquence. Que l'ennemi se tienne bien, lui aussi, quand nous l'aborderons.

Un dernier trait nous frappa beaucoup, officiers de cette ronde, nous qui étions presque tous des échappés de Metz ou de Sedan. Dans les autres armées nos soldats, aigris par de réelles trahisons, soupçonnaient les bons chefs de trahir aussi soit par calcul soit par inertie.

Ici, bien loin d'appeler leur général un traître, les simples soldats, surtout dans les légions italiennes, ont pour lui une vénération qui frise l'idolatrie. Après tout n'est-ce pas de cette confiance réciproque que nous avions le plus besoin à cette heure sérieuse? Regrettons seulement que par crainte de perdre Nice et par désir d'éliminer Bordone, Gambetta n'ait ni pu ni voulu utiliser cette force énorme qui lui venait de Caprera! Ce n'est pas une bande de quelques milliers de volontaires, c'est une armée de cent mille hommes que le vieux fascinateur aurait animée de son élan et qui sait si, au lieu de brillants coups de main, nous n'aurions pas à raconter ici des victoires décisives?

CHAPITRE XIV

L'ATTAQUE DE VELARS

Donc pendant toute cette nuit du 24 au 25 Novembre nous nous échauffions la tête avec le récit de nos chasses, et nous nous promettons que celle de demain, si c'est demain, continuera dignement la série. C'était en effet pour le lendemain. (1)

Le plan était d'attaquer Dijon par la vallée d'Ouche à l'aurore du 25 Novembre et à l'arme blanche. Garibaldi croyait à la furie française. Les jours d'abordage il comptait sur la baïonnette comme un marin sur sa hache. Le général Bosak qui avait servi comme colonel dans la garde russe, et qui était tout à la fois notre meilleur chef de brigade et notre plus brave soldat, devait marcher en tête et suivre la route qui longe le pied de l'escarpement à droite de l'Ouche. Menotti, avec ses deux légions italiennes, devait suivre la route qui longe l'escarpement de gauche. Le rendez-vous était la place d'Arcy à Dijon. Un honneur terrible était réservé aux francs-tireurs. Non seulement ils précédaient les deux colonnes au fond de la vallée; mais ils devaient escalader les deux escarpements et couvrir la marche en avant en harcelant l'ennemi. Derechef nos cœurs battirent à se rompre lorsque, le 25 Novembre vers trois heures du matin, nous vîmes dans ce tout petit village de Lantenay grouiller cette fourmilière de plusieurs milliers d'hommes

---

(1) BORDONE. XII, 139. — MARIO. VII, 54.

qui se formaient en colonnes dans l'obscurité et disparaissaient en silence.

Mais, arrêtés sans savoir où en pleins champs, et battant rageusement de la semelle, nous attendîmes inutilement notre tour. Les heures se passèrent. Le jour terne et mal gracieux se leva péniblement. Excepté une vague rumeur de fusillade au fond de la vallée, aucun bruit n'était arrivé à nos oreilles.

Hélas! un convoi de francs-tireurs blessés, qui de Velars remontait lentement à Pont-de-Pany, nous apprit bientôt que la marche de Bosak avait été éventée. Tout dépendait d'une surprise. Or, pendant que les francs-tireurs grailois, espagnols et égyptiens le précédaient dans la vallée, Bosak s'était bien avancé avec ses mobiles jusqu'à la gare de Velars qui est à deux kilomètres en avant du bourg dans la direction de Dijon. Un coup de feu, parti par accident, avait réveillé les Allemands. Ils avaient vite occupé les meurtrières du parc de Neuvon dont le mur barre la vallée. Leurs canons postés à Corcelles avaient canonné la gare. Les mobiles de Bosak s'étaient arrêtés à l'entrée des tunnels et n'avaient pas voulu marcher. Ses francs-tireurs, restés seuls devant Neuvon, et tournés par le flanc gauche du haut des roches, s'étaient retirés non sans pertes sous le feu plongeant de l'ennemi et Bosak voyant la surprise manquée, avait ramené son monde sur Velars.

Il était alors midi. Nous rentrâmes à Lantenay où nos chefs, réunis dans une salle du château délibéraient. Déjà la piquette du pays nous avait réchauffé le cœur lorsque vers une heure une nouvelle canonnade nous fit dresser l'oreille.

Deux pièces allemandes, reste de la batterie de Corcelles,

avaient réussi, en partant de Plombières, à escalader l'escarpement dans le flanc duquel est taillée la gare de Velars et de là ne tiraient plus ni sur la gare ni sur la vallée mais bien sur les bois dans la direction de Lantenay où ils commençaient à soupçonner un rassemblement de troupes. Mauvais signe, cette canonnade qui se rapproche ! Bosak plie donc, lui notre brave des braves. Pour comble d'inquiétude nous distinguons depuis Lantenay, près des quatre canons de Corcelles, une colonne allemande qui descend sur Velars. Ce matin les Allemands tournaient nos camarades par le flanc gauche. Maintenant ils les tournent par le flanc droit. Vite au secours de Bosak !

De Lantenay à Velars les kilomètres furent enlevés au pas gymnastique.

Les secours n'arrivèrent pas une minute trop tôt. Bosak s'évertuait. Pour donner du cœur à ses mobiles il payait de sa personne comme un simple hussard. Ainsi un lieutenant allemand avait osé s'avancer seul de Neuvon sur Velars : Bosak courut seul à lui et l'abattit sur la route. Malgré les efforts de Bosak trois cents francs-tireurs luttaient à peu près seuls contre les Allemands. Bosak d'ailleurs n'avait ni cavalerie ni artillerie. Menotti lui amenait seize cents volontaires, les huit cents chemises rouges de la légion Ravelli et huit cents francs-tireurs de ses quinze meilleures compagnies.

Sans respirer, à droite comme à gauche, et sur là haut des deux escarpements, les volontaires prirent l'offensive.

En haut de l'escarpement de gauche des francs-tireurs marseillais, rampant d'arbre en arbre, s'approchèrent jusqu'à cent pas des deux pièces montées de Plombières et les deux pièces redescendirent au galop dans la vallée. Du pied de ce même escarpement les chemises rouges de la légion

Ravelli se glissèrent aussi par les tunnels où les mobiles de Bosak avaient refusé d'entrer. Ils atteignirent ainsi la gare de Velars que les quatre canons de Corcelles assaillirent aussitôt de leurs obus. Oh ! ces quatre canons de Corcelles ! Nous les apercevions aussi bien que nous les entendions sur le flanc dénudé du Mont-Affrique. Depuis trois jours ils massacraient nos arbres. Leur grosse voix commençait à nous donner sur les nerfs lorsque Loste, qui venait d'être promu au grade de commandant, reçut de Bosak l'ordre d'enlever ces canons ou tout au moins de les faire taire.

Exactement comme au temps de la première révolution le vainqueur de Brazey et de Chambœuf adjugea les pièces à ses francs-tireurs. Ceux-ci, tout fiers d'être comparés aux arrière-grand'pères, montrèrent par leur acclamation d'abord, par leur entrain ensuite, combien il est utile de connaître l'histoire.

De Velars à Corcelles, du fond de la vallée jusqu'au pied du dernier escarpement du Mont-Affrique grimpe un chemin étroit, sinueux, boisé du haut en bas. C'est par ce couloir dangereux que descendait la colonne allemande de Corcelles. Loste s'y jeta crânement avec trois cents de ses volontaires. Bientôt le bruit de fusillade qui se répercutait dans les combes et la fumée blanche qui s'évaporait au dessus des futaies prouvèrent que les Allemands reculaient à leur tour. Mais Loste avait rêvé mieux. Les soixante marcheurs les plus vigoureux reçurent l'ordre de tourner autour de ce bois au pas accéléré et d'arriver à tout prix dans le dos des Badois avant la fin de l'engagement. Ils auraient été pris comme dans une souricière et le plan faillit réussir.

Par monts et par vaux, tantôt se hissant du poignet, tantôt glissant sur le derrière dans des trous impossibles, les soixante tirailleurs d'avant-garde ne marchèrent pas :

ils volèrent. Les fronts pleuraient comme des sources. Les têtes fumaient. Tant pis pour qui tombe épuisé. En avant, en avant ! Dix-sept hommes, dix-sept seulement sur soixante, sont enfin au pied de ces créneaux rocheux du Mont-Affrique où campa jadis une légion de Numides et où se dissimulent aujourd'hui quelques batteries de canons énormes. Nous débouchâmes dans le flanc même de la batterie allemande. Aux premiers sifflements de balles celle-ci disparut dans la direction de Dijon dont le gracieux panorama nous apparut un instant. Puis nous eûmes le plaisir de tirer quelques salves sur l'arrière-garde de la colonne badoise qui, se sentant tournée, rétrograda aussitôt sur Corcelles.

Quel dommage que nous n'ayons pas été trois ou quatre cents ! A la nuit noire, avec l'aide d'un bûcheron, nos dix-sept audacieux, quoique traqués par les Badois, rentrèrent à Lantenay exténués mais intacts.

Un de nos camarades restait là-haut baigné dans une mare de boue sanglante. Détaché par nous en éclaireur avec un camarade dans la direction de Corcelles il n'était plus qu'à cent pas du village lorsque la balle d'nn factionnaire allemand lui cassa la jambe. Le camarade qui l'accompagnait ne put le mettre en sûreté. Pour comble de malheur la colonne badoise, se repliant sur Corcelles, aperçut le malheureux qui rampait sur le sol. Chacun lui lança un coup au passage. Ils firent cela froidement, comme on accomplit un devoir, jusqu'à immobilité complète. Du talon, de la crosse, du sabre, ils lui cassèrent si bien les os qu'après le passage de ces bourreaux le corps piétiné, pilé et entrouvert était à peine reconnaissable.

En somme, ce soir du 25 Novembre, après mille petites péripéties, nous ne tenions pas Dijon, notre objectif. Dix-sept d'entre nous en avaient seulement aperçu les toits du haut de Corcelles.

Mais d'autre part, luttant sans cavalerie ni artillerie, Bosak avait sauvé Velars qu'il occupa toute la nuit. Les reconnaissances allemandes n'avaient rien reconnu du tout. Leur historien officiel le dit en termes exprès : « A la date du « 25 Novembre le général Werder ne pouvait pas encore « pénétrer la véritable signification des mouvements enne- « mis. » (1) Jusqu'à une heure avancée de la nuit une petite fenêtre du château de Lantenay put donc projeter sa lumière dans la nuit. La main sur une carte Garibaldi s'entretenait avec un envoyé de Cremer et discutait avec lui un nouveau plan d'action. (2)

---

(1) LÖHLEIN. III, 96. — FEILL. Page 156.
(2) THIÉBAULT. III, 33

CHAPITRE XV

LA CHARGE DE PRENOIS

Le 26 Novembre au matin ce ne fut plus au fond de la vallée d'Ouche à l'est de Dijon que la lutte s'engagea : ce fut au nord-ouest en haut du plateau de Pasques, avant-garde du plateau de Langres.

Ici le paysage change de caractère. Adieu les riches terres d'alluvions d'où monte le jus du raisin et le marc authentique ! Plus de hautes futaies, ni de dentelles de rochers ! Les ondulations du sol sont nues, pierreuses, très-larges, juste assez hautes pour cacher les villages. Les pointes de clochers émergent seules comme des mâts de navires englou-tis. La charrue vient de gratter ce sol de pierres plates. La pluie en a mouillé la maigre pelure. Mais cela tient ferme sous le pied. Les canons eux-mêmes n'enfoncent pas. A peu de distance, les forêts bornent de tous côtés l'étroit horizon. On dirait un champ clos choisi exprès pour deux petites armées.

Ah ! si nos mobiles tenaient au feu, nous pousserions bien une vigoureuse botte au flanc de Werder ! Mais faute de troupes solides Garibaldi s'embusque.

L'endroit où le chemin principal de Lantenay à Pasques atteint le rebord du plateau forme une espèce d'entonnoir qui correspondait à peu près au centre de notre ligne. A gauche sous la lisière d'un bois de sapin se dissimulent nos douze petits canons de montagne, toute notre artillerie. Les huit cents chemises rouges de Tanara sont du même côté en avant des canons derrière un pli de terrain. A droite sur le plateau de la Combe aux Echos, derrière les stères de bois, se dissimulent huit cents francs-tireurs choisis dans diverses brigades. Au centre Garibaldi se tient avec toute sa cavalerie qui compte 47 sabres. Le doigt sur la détente nous attendons l'ennemi dont la venue nous a été signalée. Jusque vers onze heures de fines ondées chassées par le vent du sud-ouest défilent seules devant nos fusils chargés.

Werder ce jour-là nous attendait par la route de Langres. On y avait vu des chemises rouges. Garibaldi devait être là. C'est aussi de ce côté que nous cherchait la brigade Keller, (1) avec dix-huit canons et six cents dragons.

Ce n'était plus en effet la couleur bleue des blouses, c'est la couleur rouge des chemises qui préoccupait alors Werder. Les quelques rares chemises qui troublaient ainsi la stratégie de ce chef habile appartenaient à ces mêmes francs-tireurs algériens dont quelques pantalons de même couleur avaient déjà dérouté le lieutenant Becker au combat de Brazey. Pendant que Werder lançait sur une fausse piste la plus forte de ses colonnes volantes, le général Degenfeld, avec trois bataillons, deux escadrons et douze canons, sortait de Dijon par la route de Paris, traversait Darois et s'arrêtait à Prenois au centre du plateau. Degenfeld avait ordre de reconnaître le terrain et de fourrager le pays jusqu'à épuisement. (2) Refoulés à Dijon dans des lignes trop étroites les Allemands n'avaient plus ni viande pour leurs hommes ni avoine pour leurs chevaux. Depuis quelques jours nous coupions tous les convois.

---

(1). LOHLEIN III, 96, : « Pour le commandement en chef il était extrêmement difficile de distinguer toujours exactement d'après les uniformes à quelles troupes il fallait rattacher l'ennemi rencontré. On annonçait souvent qu'il portait des chemises rouges et cela suffisait alors pour croire qu'on avait devant soi des troupes garibaldiennes. »

(2) FEIL. Page 156 — BORDONE. XII, 142.

Entre dix et onze heures Degenfeld commence donc le pillage de Prenois. Les miches de pain, les sacs d'avoine, le lard fumé passent sur les fourgons allemands. Mise en goût par ces bonnes choses qui ne coûtent pas cher une compagnie badoise marche aussi sur Pasques. Lorsqu'elle fut bien en vue nos canons lui partirent en pleine figure par-dessus les toits de Pasques. Sa surprise fut si grande qu'elle se replia sur Prenois en pleine débandade. Que n'avons-nous eu deux escadrons comme Degenfeld ? Tous ces fantassins auraient été ramenés en un galop !

Au bruit de ces petits canons que presque personne ne savait là, au spectacle de cette reculade qui nous en rappelait d'autres, nous poussons une joyeuse clameur : c'est le moment psychologique.

Garibaldi en vieux routier saisit l'occasion aux cheveux et lance sur Prenois les deux ailes embusquées qu'il commande en personne. Section après section nos petits canons roulent avec nous en aboyant contre les grosses pièces allemandes. Derrière nous à distance respectueuse les mobiles occupent le terrain conquis, pendant qu'à l'extrême avant-garde charge notre formidable cavalerie. Garibaldi, malgré une chûte de cheval, rajeunissait à vue d'œil. Il plaisantait à haute voix. Il criait à son chef d'état-major : « N'est-ce pas, Bordone, que c'est beau de voir marcher « notre jeune armée républicaine ? » Le fait est que pour des volontaires et pour notre première bataille en corps ce n'était pas mal.

Il passait dans l'air un souffle d'héroïsme. Et il ne nous manqua que d'être vingt-cinq mille au lieu de seize cents.

Naturellement les premiers qui atteignirent Prenois furent nos quarante-sept chasseurs. Entraînés par l'intrépide Canzio ils voulaient sabrer la batterie allemande. Quelle furie ! Lorsque les quarante-sept dolmans bleus, engouffrés d'abord dans une descente, reparurent sur la crête, à vingt pas du village, un large demi cercle de détonations les enveloppa de fumée et d'éclairs. Nous les crûmes tous perdus. Onze seulement furent démontés. La batterie allemande ne fut pas sabrée. Mais dès ce moment nous vîmes des Badois débandés sortir de l'autre bout du village.

Il était à peu près midi.

Les chemises rouges de la légion Tanara s'avançaient sur les mamelons nus en trois sections parallèles distantes de 100 mètres les unes des autres. Postées en arrière de Prenois près d'un moulin en ruines les six pièces lourdes de la batterie allemande essayèrent inutilement de les arrêter. Quelques légionnaires prosternés essayèrent bien de montrer au ciel le contraire de leur nez et de baiser pieusement la terre en invoquant la Madone. Mais de vigoureux coups de bottes raccourcirent leur oraison intempestive. Malgré les hommes qui tombent, malgré les éclats d'obus qui leur enfoncent les côtes, la légion se rue sans tirer, sans ralentir, au son de sa belle musique, dans le flanc droit de Degenfeld.

Pendant que Degenfeld semblait leur réserver tous ses obus il réservait toutes ses balles aux huit cents francs-tireurs lancés contre son aile gauche.

Électrisés par l'exemple des chasseurs notre aile gauche marcha comme notre aile droite. Entre chapeaux à plumes et casquettes rouges il y eut même une sorte de concours de vitesse. On s'appelait de loin. Par monts et par vaux, coupant les haies, sautant les fossés, escaladant les clos, nous ne nous occupons pas des lâches qui restent blottis derrière les obstacles. Les six cents tireurs les plus décidés atteignent enfin le haut du village pendant que les Italiens l'atteignent par le bas. Mais ni en haut ni en bas du village les Allemands n'attendirent le contact des baïonnettes. De toutes les maisons ils se sauvaient en hurlant et en tâchant de rattraper leurs douze canons qui fuyaient sur Darois au triple galop.

Degenfeld se croyait attaqué par six bataillons. (1) Aussi ne fîmes-nous qu'un nombre insignifiant de prisonniers.

En escaladant le mur d'un verger un Italien sauta par mégarde sur le dos d'un gros Allemand qui, après avoir tiré sur nous jusqu'à bout portant, imaginait, le gros malin, de faire le mort derrière sa meurtrière. De toute la force de ses deux bras l'Italien essaya de le clouer au sol d'un coup de baïonnette. Subitement ressuscité l'Allemand para de la main ce premier coup qui se perdit dans le sol. Il en para encore une dizaine en se débattant des pieds et des mains. Enfin un cri horrible, comme la mort seule en arrache, et qui s'entendit à un quart de lieue, finit tout.

Pendant que les Allemands reformaient leur rangs à Darois nous reformions les nôtres à Prenois. Trois kilomètres de plateau nu séparent ces deux villages entre lesquels nous répétâmes la même charge à l'arme blanche sous les mêmes obus.

Seulement pour cette après-midi les 620 francs-tireurs de Ricciotti qui arrivaient de Châtillon prirent à l'aile droite la place des francs-tireurs de Bosak et de Menotti. Ils se glissèrent le long des bois à l'est de Prenois. Entraînée par son jeune chef, qui de capitaine venait lui aussi de passer commandant, la brigade courut à travers champs droit à la grande

---

(1) LÖHLEIN. III, 97. — ETAT-MAJOR ALLEMAND. IV, 630. — BECKER. Page 266.

route de Darois à Dijon, menaçant ainsi la seule ligne de retraite de Degenfeld. Comme le matin ses douze canons nous tuèrent encore quelques hommes; mais il esquiva vivement notre manœuvre enveloppante et nous gagna de vitesse. Grâce à la fermeté plus grande du sol de la route, plus de la moitié des Allemands avaient déjà passé lorsque nos volontaires commencèrent à les distinguer à travers la double rangée d'arbres de la chaussée. Ils disparurent au pas gymnastique, bientôt masqués par les bois, par la pluie, par la nuit qui tombait prématurément.

Tout échauffés par le recul de ces trois bataillons ennemis nous avions oublié la vallée d'Ouche.

Là aussi la lutte avait été heureuse. Attaqué ce jour-là par les grenadiers du prince Guillaume le général Bosak faisait bonne garde. Espagnols, Grailois, Egyptiens se multiplièrent. Comme les jours précédents des canons allemands tirèrent du haut de Corcelles sur la gare, sur la vallée, sur les forêts. Un de leurs obus, se trompant d'adresse, tua même plusieurs Allemands. Comme la veille nos francs-tireurs barrèrent le passage. Tout en tiraillant les deux adversaires évitèrent de s'engager à fond. Ils s'observèrent plutôt qu'ils ne s'abordèrent. Avec des transes diverses ils suivaient des yeux les lueurs de la bataille que nous livrions au-dessus d'eux sur le plateau de Pasques et dont le grondement se rapprochait évidemment de Dijon.

CHAPITRE XVI

L'ATTAQUE DE NUIT

Ce soir-là nous considérions tous notre tâche comme finie. Nous n'avions donc pas commandé notre souper à l'Hôtel de la Cloche comme le disent niaisement quelques historiens allemands.

Cela se passa plus simplement. Malgré la fatigue, la pluie et la nuit, un groupe compact d'officiers causait sur la grande route en attendant des ordres. Garibaldi arrive. « Voilà, « nous dit-il, une de leurs brigades en retraite. Qui sait si « un second coup frappé ce soir ne communiquerait pas la « panique à tout leur corps? » — « Au fait, pensions-« nous en nous-mêmes, Darois est si petit! Nous sommes « si près de Dijon!... » Garibaldi voyait bien que nous étions affamés. « Eh bien, continua-t-il sans attendre notre « réponse, à Dijon! à l'hôtel de la Cloche. » A la hâte il improvise une colonne d'attaque. Naturellement elle se compose de volontaires.

A l'avant-garde Garibaldi met environ trois cents chemises rouges. Derrière eux environ douze cents francs-tireurs. Ces quinze cents hommes partent en files indiennes des deux côtés de la route. Assez loin derrière nous les mobiles des Basses-Alpes et des Basses-Pyrénées marchent sur six de front et remplissent la largeur de la route. Une réserve de trois cents chemises rouges suit les mobiles. Quant à Garibaldi il se tient debout sur une voiture. Il chante comme au temps de sa jeunesse et nous défilons devant lui sans mot dire. Sa chanson d'ailleurs, quoique produite à bonne intention, nous intéresse médiocrement. Notre œil inquiet fouille le brouillard que rougissent faiblement les lumières de Dijon.

Il est environ six heures.

Une pluie fine ruisselle sur nos fusils, nous emplit les yeux, nous coule le long du dos. Et quelle boue! Mais il paraît que ce temps, atroce pour une promenade, est exquis pour une surprise.

Les ordres, donnés en marchant, et répétés d'une voix sourde, portent l'émotion à son comble. Baïonnette au canon. Cartouches hors des fusils. Défense absolue de tirer. Trouez la peau à quiconque tire : c'est un Prussien. Comme si les Prussiens étaient à quelque pas chacun retient son pied ou sa voix. On éteint sans pitié toutes les cigarettes. Une heure durant on n'entend que le pas des officiers marchant seuls au milieu de la chaussée ou le cliquetis à peine perceptible des fourreaux contre les anneaux des ceinturons. Quant à la colonne d'attaque, elle glisse en silence sur les deux trottoirs de gazon, pareille à une paire d'énormes serpents. Le mot d'ordre est : République.

Tout à coup, vers sept heures, à l'avant-garde, une détonation éclate, aussitôt suivie de cris confus : la colonne s'arrête en frissonnant.

Debout sur un talus, à la croisée du chemin de Plombières, un factionnaire allemand a répondu France à notre qui-vive. Puis, très inquiet, il a tiré le coup d'alarme. Michard, qui tient à asséner le premier coup comme à Châtillon, a étendu raide mort ce maudit factionnaire. Il a ajouté d'une voix vibrante : « A moi la Savoie! » Une patrouille allemande accourait en effet. Elle est décousue à la baïonnette. Une autre patrouille semble sortir de l'allée d'arbres qui précède la ferme de Changey : ces hommes sont chargés par la compagnie génoise qui les cloue soit au sol soit aux arbres et les pourchasse jusqu'à la porte de la ferme. La ferme n'est pas occupée. On s'élance à la baïonnette sur la trace des fuyards et la colonne prend le pas gymnastique.

Sans le savoir nous côtoyons maintenant le même bataillon de fusiliers que nos baïonnettes n'ont pu atteindre ce matin dans les vergers de Prenois.

Ce bataillon bivaquait à notre droite au sud de la grande route dans une ancienne carrière sur le chemin qui de Plombières monte à Changey.

Une de ses patrouilles venait de rallier le bivac avec la mention « Nichts neues. » (1) Rien de neuf! A l'appel des égorgés et des fuyards chacun de ces Allemands saute sur un fusil. Officiers et soldats se confondent dans une même bande. Pêle-mêle ils coupent à travers champs pour rattraper la grande route de Dijon dans le moins de temps possible. Leur bande et la nôtre, lancées ainsi dans le même sens et emportées par leur élan, se confondent bientôt sur la grande route en un même torrent d'hommes. Alors mêlée rapide et sans quartier. La peur décuplait les forces. Les baïonnettes surtout ouvraient des blessures affreuses.

Là tombèrent presque en même temps le major Widmann, chef du bataillon badois, et le commandant Michard, chef des deux compagnies savoyardes.

Brave Michard ! Au contact de la première patrouille, une balle lui avait déjà labouré le crâne et il s'était évanoui.

---

(1) FEILL. Page 161.

Puis il s'était remis en marche avec sa figure saignante. (1) Et voilà qu'au contact du bataillon il reçoit encore cinq projectiles dans le corps. Cette fois il cessa de marcher et ce fut pour la colonne un malheur irréparable. Elle tâtonna. Une trentaine de Savoyards, de Lyonnais, de Génois, jonchaient la route autour de lui et nos ennemis eux-mêmes ont admiré le lendemain, quand la mort eut fermé leurs yeux, la mâle et héroïque noblesse de quelques-unes de ces jeunes figures. (2)

Mais la cohue allemande fuit. Ne perdons pas une minute. En avant! cria une voix française. *Avanti! avanti!* crie le hardi Razetto, capitaine des Génois.

Décoiffé d'un coup de sabre, la chemise déchirée par les balles, les doigts gras du sang qui descendait de sa baïonnette, la figure barbouillée de rouge et de noir, horrible et magnifique, Razetto, illuminé de temps à autre par une détonation, marchait en tête. Entraînés par cette fière moustache, guidés aussi par les hurlements des fuyards, nous ne doutons plus du succès. Par des sonneries, par des coups de sifflets, par des chants, par des clameurs, nous activons la déroute de nos ennemis dont beaucoup courent au milieu de nous. L'un de ces Badois, reconnu à son casque, fut cloué dans le fossé. Un autre, pareillement reconnu à son casque, s'échappa malgré plusieurs coups de baïonnettes. Un sergent, plus habile, jeta son casque sur la route. Tout en courant il criait, tantôt en français, tantôt en italien, et réussit à s'échapper dans l'obscurité.

Après avoir dépassé Changey, nous courûmes ainsi un quart-d'heure environ jusque vers le kilomètre 3,600. Là, l'obscurité devint impénétrable.

---

(1) SASSONE. Page 142.
(2) HARTMANN. XII, 158.

Les lumières de Dijon, vaguement entrevues tout d'abord, étaient maintenant masquées par la montagne de Talant. Notre marche se ralentit.

A notre droite se dressait ce plateau de Chaumont qui devait nous coûter encore tant de sang à la bataille de Janvier, lorsqu'il nous semble entendre sur notre gauche un bruit métallique.

Un de nous qui se méfie, se dresse sur le talus et crie : « Qui vive, là-bas ? »

Pour toute réponse un magnifique feu de files resplendit dans l'obscurité. Un bataillon allemand, commandé par le major Unger, venait de sortir de Dijon et de s'engager dans un chemin de vignes qui de Talant mène à Daix. Au bruit du combat l'Allemand Unger ne se contenta pas, comme faisait à cette heure même le Français Bourras, d'écouter. Malgré la pluie, la boue et la nuit, Unger s'élança à travers les vignes et courut au danger. Comme nous approchions ses neuf cents hommes étaient alignés perpendiculairement à la route de Paris vers le kilomètre 3700. Immobiles, serrés coude à coude, sur quatre rangs de profondeur, ils attendaient en silence l'ordre de leur chef et ne firent feu qu'à cent pas. Le tonnerre de leur salve dura à peine cinq secondes. Nous eûmes juste le temps d'apercevoir leurs yeux qui nous cherchaient dans l'obscurité.

Les mitrailleuses ! hurla un de nos hommes. On sait si le cri de cet imbécile a fait fortune. Beaucoup de nos camarades sont encore persuadés qu'il y avait là une batterie de mitrailleuses.

Les Allemands, entendant le bruit du côté de Changey, avaient tiré sur Changey, droit devant eux. Leurs balles avaient donc longé la route au lieu de la prendre en écharpe.

En somme l'ouragan de balles avait fait plus de bruit que de mal. Emportés par leur fuite les Badois débandés n'en continuèrent par moins de fuir. Emportés par la poursuite notre tête de colonne n'en continua pas moins de les charger. Un petit clairon italien, un soldat de Razetto, aussi agile que brave, courait à notre tête et leur soufflait dans le dos une charge endiablée. Quatre fois coup sur coup, deux fois devant nous, une fois à côté, et une fois derrière nous, le fracas de la salve allemande déchira l'air.

Enfin nous stoppons sur la route non loin du pied de Talant. Razetto était encore vivant. Nous étions là peut-être deux cents volontaires de toutes les compagnies possibles, très méfiants, nous surveillant de l'œil, prêts à tuer le premier qui tirerait.

Sous cette pluie aucune allumette ne daigne prendre. Nous écoutons. Une détonation isolée résonne encore devant nous, mais comme étouffée dans le vent. C'est notre brave petit clairon italien qui vient de mourir. Embusqué derrière une vieille croix de fer au pied de Talant au bord de la route un factionnaire allemand lui a lâché son coup à bout portant. De ce même côté la rumeur des fuyards badois s'est perdue dans le vent. Derrière nous du côté de Changey des blessés gémissent. Le roulement d'un tambour allemand s'éloigne dans la direction de Daix. Puis, silence de mort.

Le massacre des premières patrouilles, la mêlée subite à l'arme blanche, les quatre salves de « mitraillleuses » n'avaient guère duré plus de trente minutes. Il devait être bien près de huit heures.

Que faire ? Notre cervelle, abrutie par quinze heures de jeûne et de marches, fit alors un incroyable effort pour s'expliquer ce calme de cimetière succédant au fracas de tout à l'heure. Effort vain. Imbécillité complète. Le noir de l'horizon obscurcit la pensée comme le regard. A tout hasard nous retournons du côté de Changey. Nous sommes guidés par le râle des blessés qui nous prennent pour des Prussiens. A notre approche les uns retiennent leurs plaintes. Les autres, se ramassant eux-mêmes, détalent avec une surprenante agilité. Mais ce qui nous étonne le plus c'est que les deux armées aient si prestigieusement disparu pendant que leurs avant-gardes se traversaient de part en part.

Où sont les quinze cents francs-tireurs de la colonne d'assaut? Où sont les mobiles des Basses-Alpes ? Où sont les mobiles des Basses-Pyrénées ?

CHAPITRE XVII

DOUBLE PANIQUE

Rien de plus simple en vérité.

Ces éclairs rayant la nuit, ces hommes s'empoignant comme des tigres et se roulant dans la boue, ce tonnerre nous éclatant à brûle-pourpoint, cette fumée nous emplissant les narines, ces vies perdues en un hurlement de détresse, puis tout à coup ce silence des choses où l'oreille entend tomber des gouttes d'eau, nous avaient saisis parce que nous étions jeunes. En réalité pareil contraste s'est vu dans toutes les guerres et dans toutes les armées. Les relations en français, en italien, en allemand, en anglais, les récits des camarades, et nos propres souvenirs, ancrés dans nos mémoires à une profondeur inoubliable, nous permettent de projeter sur ce noir instant toute la lumière possible.

Voyons d'abord du côté allemand.

Pour les Badois cette soirée du 26 Novembre est restée légendaire.

Les combats de cette semaine ne leur ont guère coûté plus de trois ou quatre cents hommes. Mais ce soir-là on s'était battu à l'arme blanche. Les blessures de baïonnettes, affreuses comme dimensions, furent presque toutes mortelles. Et puis ce fait unique de quinze cents volontaires, osant se jeter sur leur corps d'armée sans tirer un coup de fusil, changea le mépris qu'ils nous portaient en terreur. Il est curieux de retrouver l'aveu de cette peur, très expressif et très sincère, dans les journaux du pays de Bade. Ces documents méritent d'autant plus de confiance qu'ils n'étaient pas destinés au public, mais aux parents et amis.

Ainsi, à la date du 18 Novembre, quelques jours avant le contact des baïonnettes, un grenadier badois écrivait au *Journal de Manheim* :

« Dans notre bataillon, ça va toujours bien et, dans les
« journaux allemands qu'on nous envoie, nous sommes
« vexés de lire la nouvelle, venue de Tours, que nous sol-
« dats badois, tous indistinctement, nous ayons été si
« vigoureusement malmenés par le sieur Garibaldi. Qu'il
« ose seulement nous attendre : c'est alors que les chemises
« rouges ne coûteront pas cher... » (1)

Ainsi parlaient volontiers les officiers allemands. Après le 26 Novembre, après le contact des baïonnettes, on va voir si la note change.

Voici par exemple ce que, dans une lettre à sa famille, raconte un officier de cavalerie.

« Ces Garibaldiens, rassemblés de toutes les races comme
« par un coup de dés, sont des gaillards qui en ont déjà vu
« de dures. Ils se sont bien battus. Ils ont chargé avec un
« colossal mépris de la mort... » (2)

Un autre correspondant avoue sans détour la débandade de ses compatriotes.

« Les fusiliers reculent à pas précipités. Garibaldi est à

---

(1) MANHEIMER JOURNAL. 18-30 Nov. 1870.
(2) KARLSRUHER ZEITUNG. Mittwoch, 7 Dezember.

« nos trousses ! Tel est le cri qui retentit de plusieurs centaines de gosiers..... » (1)

Ces centaines de gosiers ne crièrent pas seulement sur la grande route ; tout Dijon entendit les clameurs dans ses rues.

Werder avait posté en dehors de la grille d'octroi en travers de la route un rideau de dragons qui fermait l'entrée de la ville et remettait l'ordre dans ce désordre à coups de plats de sabre. Mais malgré la poigne des dragons et les poteaux indicateurs, les débandés pénétrèrent en ville. Werder n'eut que le temps d'ordonner la retraite. Elle avait commencé lorsqu'il en prit la direction. Tout Dijon peut attester que les officiers partirent aussi vite que les simples soldats. Sur ce point il n'est pas mauvais qu'un témoignage allemand précède les témoignages français. Voici, textuellement traduit, ce que raconte l'un des médecins des ambulances allemandes.

« .... Je me trouvais justement au café jouant une partie
« de billard. Dans la salle, pas un soldat. Le patron était
« abasourdi de nous voir si calmes ; dehors, un bruit du
« diable, des voitures, des chevaux, des hommes de troupes
« courant en tous sens. Un Français nous avertit que les
« Allemands évacuent : nous lui rions au nez ; tout-à-coup
« nos ordonnances se précipitent essoufflés dans la salle :
« Tout part à l'instant, même l'ambulance ! » Voler à
« l'hôtel, tout empaqueter pêle-mêle, est l'affaire d'une
« minute ; mon ordonnance traine la malle, moi la valise ;
« justement l'ambulance partait ; les rues étaient déjà
« désertes... » (2)

---

(1) KARLSRUHER ZEITUNG. Sonntag, 4 Dezember. Voyez la note 9 à la fin du volume.
(2) WALTZ. Page 75.

A cet aveu sincère il n'est pas de famille à Dijon qui ne puisse ajouter quelques détails plus ou moins piquants.

Ainsi un officier payeur abandonna sa caisse dans un hôtel de Dijon. Un autre officier laissa sur sa table sa montre, ses papiers, et ses photographies. Un autre officier, ayant lâché son sabre dans un escalier sombre, partit sans l'avoir retrouvé. Un autre officier s'en allait sans son pantalon comme le chef de l'étape d'Auxon. Des cavaliers fuyaient avec leur selle sur la tête pendant que les chevaux restaient à l'écurie. Sur plusieurs points des masses confuses flottaient d'une rue à l'autre. Dans beaucoup de maisons des soldats s'habillèrent en effets civils ou bien se cachèrent sous les lits, dans les cabinets d'aisance, derrière les tonneaux des caves.

Dans la précipitation du départ Werder lui-même faillit périr d'une mort ridicule.

Lancé trop vite hors de la préfecture son carrosse heurta une borne dans l'obscurité et glissa sur le flanc pendant dix mètres. Werder fut trop heureux d'en sortir intact par la portière et de gagner Varois à cheval. Comme chacun sait, Varois est à plusieurs kilomètres de Dijon dans la direction de Belfort. A la même heure Garibaldi s'en allait aussi dans la direction d'Autun; mais sa petite voiture était traînée à bras faute de cheval; des volontaires se relayaient pour la convoyer. Des deux généraux ce n'est donc pas le nôtre qui se retirait le plus vite.

Quand un corps d'armée part dans un tel désordre, à l'heure de son dîner et à l'approche de l'ennemi, il n'y a qu'un mot dans toutes les langues pour qualifier cette sortie précipitée : c'est une panique.

Voyons maintenant du côté français.

Si nous voulons être de bonne foi nous avouerons que ce fut la même histoire en sens contraire.

Comme nous l'avons dit la consigne était de ne pas tirer. Pendant qu'à l'avant-garde nous enlevions la route au pas de course, des Allemands débandés dans les vignes, continuaient, soit seuls, soit par petits groupes, non seulement de tirailler sur le flanc droit de notre colonne, mais encore de se tirer les uns sur les autres. (1) Comme nous allions vite ces décharges isolées plongèrent surtout dans la masse épaisse des mobiles des Basses-Alpes et des Basses-Pyrénées qui nous suivaient d'assez loin. Ceux-ci « affolés de ter- « reur, font feu de tous côtés malgré la recommandation « du général. On voyait la flamme débouchant des fusils « et éclatant dans la nuit en l'air à droite à gauche dans « toutes les directions sur amis et ennemis. » (2)

Le commandant Ordinaire, auteur de ce récit, ajoute : « Nous avons essuyé leur décharge comme celle des Prus- « siens. »

Après ce bel exploit la plupart des mobiles se couchent à plat ventre et refusent d'avancer. Garibaldi leur envoie successivement plusieurs de ses officiers d'état-major, mais en vain. Ni les injures ni les coups ne relèvent ces corps inertes. Ou si quelques-uns se relèvent c'est pour fuir. Le colonel Bordone en surprend une douzaine qui font semblant d'emporter un officier blessé sur une couverture. Le désordre déjà grand devint irrémédiable lorsque, tournant la tête à l'avant-garde, nous vîmes derrière nous cet entrecroisement d'éclairs et que, par dessus le marché, nous reçûmes en plein nez la fumée des quatre salves du bataillon Unger.

---

(1) FEILL. VI, 152.
(2) JOURNAL DE MACON. 30 Décembre 1870.

La même idée nous vint à tous : « La consigne étant de
« ne pas tirer, ceux qui tirent derrière nous sont évidem-
« ment des Prussiens. Nous voilà pris entre deux feux ! »

Comme les mobiles de l'arrière-garde les volontaires de
la colonne d'assaut furent démoralisés. Seuls les enragés
de l'avant-garde, ceux que la voix de Razetto pouvait
atteindre, continuèrent la charge toujours tout droit. Ils se
sauvaient en avant. Mais le centre de la colonne d'assaut
s'émietta dans les vignes à droite de la route. Quant à la
queue de la colonne elle fit baïonnette en arrière comme
pour se frayer une sanglante trouée. Quand la masse des
mobiles sentit fondre sur elle ces deux ou trois cents baïonnettes, elle se releva, tourbillonna sur elle-même et revint
sur Darois en jetant sacs et fusils.

Au bruit de la déroute Garibaldi descendit de voiture.
Mais ni sa voix, ni celle de Menotti leur chef, ni celle
d'aucun officier ne fut écoutée.

Menotti qui était vigoureux boxa, rua, frappa dans le tas
du plat de son sabre : il fut culbuté. Tous ceux qui
essayèrent de barrer la route furent comme lui roulés dans
la boue. Nombre de ces idiots s'enferrèrent les uns les
autres ; si bien que cette bousculade leur tua plus d'hommes
qu'il n'en fallait pour achever la victoire. Car nous
touchions au but. Notre avant-garde était à la vieille croix
de fer au pied de Talant. La route était libre jusqu'à
l'octroi de Dijon. Pendant que dans la ville le corps
allemand tout entier s'agitait dans un désordre indescrip-
tible, nous y serions certainement entrés sur les talons des
fusiliers.

Lorsque la trombe eut passé Garibaldi remonta dans sa
voiture non loin de Changey. Environ un millier de

volontaires, dont une centaine d'officiers, étaient encore autour de lui.

A la stupéfaction générale Garibaldi ordonna de renouveler l'attaque. « Peu importe le nombre, disait-il, pourvu « qu'on arrive ! » Mais pour cette fois sa voix n'éveilla aucun écho. On lui désobéit respectueusement. Malgré ses reproches des Italiens retournent la voiture dont le conducteur et le cheval avaient disparu dans la bagarre. Malgré les coups de canne que le général distribue libéralement à droite et à gauche la voiture est entraînée du côté de Lantenay. Garibaldi protestait. « Vous voulez donc, criait-il, que « je reçoive une balle dans le dos ! » Au reste cette retraite fut aussi lente qu'une promenade et interrompue de plusieurs repos.

De Changey à Lantenay on alluma bien une centaine de feux. Des hauteurs de Talant et de Fontaine les Allemands prirent ces lueurs pacifiques pour des signaux de guerre et ce qui aurait dû nous exposer à leurs coups augmenta encore leur émotion. (1)

Les hommes les plus fatigués dormirent avec Ricciotti à la ferme de Changey c'est-à-dire sur le champ de bataille. D'autres ne s'arrêtèrent qu'à Darois vers neuf heures. D'autres persévérèrent jusqu'à Prenois où brûlait un incendie. Les marcheurs les plus déterminés atteignirent enfin Lantenay vers une heure du matin. Dans quel état ! Depuis trois jours on dormait mal. On mangeait à peine. Aux quinze heures de marches et de combats venaient de s'ajouter quatre heures de retraite de nuit. Et à Lantenay, tous les logis étaient pleins, tout le pain dévoré, toutes les bou-

---

(1) TRAPP. Page 104. — LÖHLEIN. III, 99.

teilles vides. Beaucoup s'assirent sans dîner autour d'un de ces feux de bivac dont la pluie et le vent nous rabattaient la fumée dans la figure.

Mais si lente qu'ait été la retraite des volontaires, cette retraite n'en avait pas moins commencé du côté français comme du côté allemand par une panique. C'est ainsi que la ville de Dijon resta vide pendant plusieurs heures entre les deux armées qui fuyaient en se tournant le dos.

Pourquoi les Dijonnais restèrent-ils simples spectateurs de cette double panique ? Il semble que si la guerre de rues s'était ajoutée à la guerre des champs, l'ennemi pris entre deux feux aurait été sûrement écrasé.

Des émissaires avaient bien circulé entre notre armée et la ville. Le capitaine Bourcet, déguisé en ouvrier mécanicien, faillit même être fusillé comme il machinait un soulèvement de la population. (1)

Mais Werder était sur ses gardes.

On sait les précautions qu'il avait prises : « En ces jours
« là, dit son historien officiel, la ville de Dijon offrait un
« coup d'œil intéressant. On devinait que la population
« s'attendait à une affaire décisive. Malgré la rigueur des
« ordres, de vigoureux blousards se rassemblaient par cen-
« taines. Les anciens remparts étaient garnis de gens qui
« fouillaient l'horizon de leurs longues-vues et les nom-
« breuses beautés de Dijon qui jusqu'alors baissaient si
« modestement les yeux nous regardaient en face avec un
« air de triomphe. » (2)

Ah ! si l'armée des Vosges avait été une véritable armée,

---

(1) MARAIS. Page 53.
(2) LÖHLEIN. III, 94.

les « vigoureux blousards » auraient volontiers retroussé leurs manches et dépavé les rues une fois de plus. Dix, vingt, cinquante maisons auraient peut-être brûlé et la flamme de ces incendies aurait éclairé une magnifique victoire. Mais les finances de la ville étaient gravement engagées par le cautionnement. Des centaines d'innocents auraient été massacrés en cas de défaite. Puis des postes allemands étaient restés à Corcelles, à Talant, à Fontaine. Puis, à la bataille du 30 Octobre, cette armée des Vosges n'était pas arrivée au secours de la ville. Qui pouvait garantir qu'elle arriverait le soir du 26 Novembre ?

CHAPITRE XVIII

LE PLATEAU DE PASQUES

Le lendemain matin 27 Novembre c'est Werder qui le premier rallia ses troupes et réoccupa Dijon.

Il faut reconnaitre que du côté allemand les officiers étaient mieux obéis que du côté français. Leurs simples soldats n'osaient se débander dans un pays infesté de francs-tireurs. Tandis que nos fuyards étaient partout accueillis, cachés, défendus comme des enfants malheureux, la peur de tomber tout vifs entre nos mains bien plus que la peur de la schlague retenait les Badois sous la main de leurs officiers. Ceux-ci avaient la poigne terrible. Pour un mot ils cassaient une tête. On vit un de leurs bataillons rester dix-neuf heures immobile sous la pluie. (1) C'est à cette discipline farouche qu'ils durent leur salut cette nuit-là et leur revanche du lendemain.

Honteux de sa reculade nocturne, et sentant ses hommes dans sa main, Werder reprit l'offensive immédiatement et sur toute la ligne.

Jusqu'au 26 Novembre Werder avait ignoré l'emplacement de notre quartier-général malgré ses nombreux espions, malgré sa cavalerie plus nombreuse encore. Il attendait Garibaldi par la route de Langres et l'attaque était venue par la route de Paris. Une poignée de volontaires

---

(1) CLÉMENT-JANIN. II, 77.

audacieux avaient dérouté sa tactique. Mais le matin du 27 Novembre, plus de doute. Ses éclaireurs lui affirment que le quartier-général des Français est à Pasques : c'est sur Pasques que convergent toutes ses forces. Trois de ses quatre brigades sortent alors de Dijon. Comme à la veille de Cussey, Werder rayonne d'espoir.

Seule la brigade Degenfeld, sans doute mal remise de son émotion de la veille, reste à Dijon dont elle garde les hauteurs.

Pendant que les combattants de la veille sont en réserve la brigade du prince de Bade remonte de Plombières contre Pasques à travers les bois de la Combe-aux-Échos. La brigade de Goltz nous suit à la trace par Darois et Prenois. Enfin la brigade de Keller, rappelée de la route de Langres où elle nous cherchait, se rabat sur notre gauche par Messigny et le Val-Suzon. Les trois généraux réunis sous Werder amènent ainsi trente-quatre canons, douze escadrons et quinze bataillons. (1) Grâce à ce mouvement concentrique qu'il commande en personne, Werder « tient à la fin cet « ennemi tant de fois cherché ; il faudra bien maintenant « régler tous les vieux comptes. » (2)

De son côté Garibaldi pensait que « nous nous trouvions « encore assez nombreux pour faire quelque chose. » (3)

A son extrême gauche, dans une ancienne carrière, au nord-est de Pasques, il avait embusqué dès la veille un millier de francs-tireurs marseillais sous les ordres du brave Delpech. A son extrême droite dans les bois de la Combe-

---

(1) TRAPP. Page 105. — LÖHLEIN. Page 101.
(2) TRAPP. Page 104.
(3) GARIBALDI. Memorie. Page 464.

aux-Échos, il embusqua les huit cents chemises rouges de la légion Ravelli et des francs-tireurs. Entre ces deux ailes il déploya au centre gauche des mobiles de l'Aveyron, au centre droit des mobiles des Alpes-Maritimes. C'était une ligne d'environ quatre mille hommes sans artillerie ni cavalerie. Pendant qu'ils prenaient position nos deux batteries de montagne se replièrent sur Ancey avec les bagages et les ambulances.

Il était onze heures du matin.

N'ayant pas de canons devant elle, et s'en apercevant fort bien, l'artillerie allemande engagea bravement l'affaire et aussitôt, de tous les points de l'horizon, les obus entrecroisent leurs paraboles au-dessus de nos têtes.

Triste jour que ce dimanche 27 Novembre ! Il pleut à verse. On ne distingue ni les hommes ni les choses. Mais en revanche on entend bien les canons.

Arrivé le premier par la route de Prenois le général de Goltz canonne avec violence la carrière pleine de Marseillais. Après lui le général Keller débouche du Val-Suzon contre le nord de Pasques. Enfin le prince Guillaume de Bade remplit la Combe-aux-Échos de ses grenadiers et attaque Pasques par le sud-est. Quinze mille Allemands couvraient ainsi le plateau et sur toute son étendue ce plateau tremblait, secoué de détonations, lorsque Garibaldi sortit du grand château de Lantenay avec une poignée d'officiers et remonta encore une fois sur son champ de bataille de la veille. Mais les marques d'inquiétude qu'il lit sur toutes les figures lui prouvent qu'il a seul envie de se promener sous ce déluge de projectiles.

Dans ses Mémoires autobiographiques le général Garibaldi dit avec raison qu' « on n'engagea pas un combat en

« règle. » (1) Les deux adversaires se tâtèrent longtemps. Les Allemands surtout n'avançaient qu'à pas comptés.

Le centre de notre ligne, formée de mobiles et déployé jusqu'à Prenois, fléchit aux premiers coups de feu. Le manque total d'artillerie les avait démoralisés d'avance. Seules les deux ailes firent bonne contenance. Des deux côtés on suivit la même tactique que la veille. Immobiles sous les obus on fusillait les Allemands à quarante pas et on chargeait à la baïonnette sur leurs avant-gardes débandées. C'est ainsi qu'à notre aile gauche en avant de la carrière de Pasques tomba mortellement blessé le commandant Chapeau. C'est ainsi encore qu'à la Combe-aux-Échos, en chargeant dans le flanc des grenadiers du prince Guillaume, des chemises rouges de Ravelli, des francs-tireurs et des mobiles niçois, faillirent enlever deux canons allemands. La mitraille seule avait brisé leur élan. (2)

Comme la canonnade allemande augmentait de violence, Menotti, Ricciotti, Canzio, Bordone assiègent la voiture du général et obtiennent par leurs instances que Garibaldi mette en retraite son aile droite.

Avouons ici toute la vérité. A peine la voiture du général eut-elle fait demi-tour que les mobiles de l'Aveyron et ceux des Alpes-Maritimes nous donnèrent en plein jour le spectacle que nous avaient servi la veille au soir leurs collègues des Basses-Pyrénées et des Basses-Alpes. Jetant sacs et fusils ils se ruèrent, vrai torrent d'hommes, dans le chemin de Lantenay où ruisselait déjà un pied d'eau. De toutes les les fissures de rochers, de tous les sentiers, on

---

(1) GARIBALDI. Memorie. Page 464.
(2) HORCHLER. Erleb. der III. Leichten Batterie, Page 37 à 38.

les voyait dégringoler dans la vallée. Seuls les légionnaires de Ravelli et quelques compagnies franches couvraient leur vieux général. On pataugeait dans une boue horrible où de temps à autre venaient s'éteindre les obus allemands. C'est ainsi qu'à cinq pas du général un projectile traversa le cheval et cassa les deux jambes d'un jeune officier de l'état-major.

Vers une heure de l'après-midi notre aile gauche, comprenant les mille francs-tireurs de Delpech, restait donc seule à Pasques en face des trois brigades allemandes. Le problème, dur à résoudre, était de tenir jusqu'à la nuit.

Le chef de cette aile gauche, le colonel Delpech, qui n'avait jamais été soldat, était-il l'homme de la situation ? Garibaldi, qui se connaissait si bien en braves, ne faisait-il pas là un choix insuffisant ? Il est vrai que la ferblanterie où ce préfet de Marseille, improvisé colonel, avait commencé sa fortune, ne prépare guère à entrechoquer des bataillons et que son exubérance de méridional nous faisait sourire nous gens du Nord. Mais il advint que chez cet homme du midi la vantardise n'excluait pas le courage et que son imagination de Phocéen, tout en lui colorant richement les choses, lui en laissait une vue d'autant plus claire. Un bon chef d'état-major, le capitaine Jolivalt, le soutenait de son expérience. Ceci n'est donc point de la légende. Tous les habitants du plateau se le rappellent. Toutes les relations allemandes l'affirment. La brigade Delpech, réduite à quelques mobiles et à un millier de francs-tireurs, a arrêté Werder pendant plus de trois heures.

Avec leurs kriss malais, leurs poignards catalans et leurs cimeterres turcs, les francs-tireurs marseillais nous paraissaient aussi quelque peu ridicules. On se moquait volontiers de leurs poses théâtrales et de leur intarissable faconde.

Eh bien, ce sont les rieurs qu'il aurait fallu voir sur le plateau de Pasques pendant cette sinistre après-midi du dimanche 27 Novembre. Les Marseillais étaient presque tous armés de carabines Minié. Forcés de se dresser pour bourrer la cartouche nos volontaires essuyaient au moins cinq coups d'un ennemi presque invisible pendant qu'ils chargeaient un seul coup à poitrine découverte. Werder amenait contre eux douze escadrons, c'est-à-dire plus de cavaliers qu'ils n'étaient d'hommes. N'importe ! Crénelant les murs, ébauchant des barricades, creusant des trous, ces francs-tireurs improvisés soldats entourèrent si bien leur préfet improvisé colonel que Werder malgré l'outrageante disproportion du nombre n'était pas encore à Pasques à trois heures de l'après-midi.

Quelques uns de ces traits d'héroïsme d'autant plus beaux qu'ils ne sont pas commandés honorèrent ce combat désespéré dont l'enjeu était le salut d'une armée.

J'ai déjà dit la belle conduite du commandant Chapeau et comment une blessure mortelle l'étendit sur le plateau nu avec l'élite de ses braves. Comme il venait de tomber, un Grec, nommé Georges Mélétis, sauta par dessus le rebord de la carrière. Malgré les salves répétées des Prussiens, Mélétis, en digne fils des anciens héros, chargea le mourant sur ses épaules et le rapporta près des siens : « Ce « groupe était saisissant, dit un des plus vils calomniateurs « de l'armée des Vosges ; (1) c'était le courage indompté « portant le courage vaincu ; la belle tête du commandant « Chapeau pendait inerte sur les épaules du soldat. » Chapeau qui n'avait jamais été soldat, laissait derrière lui une veuve et trois orphelins.

---

(1) MIDDLETON. VII; 62.

Un autre trait tiendrait de la légende si vingt d'entre nous au moins ne l'avaient vu de leurs yeux.

Un mobile de l'Aveyron, homme court et trapu, un solide gaillard des Causses, qui était resté avec les francs-tireurs, venait d'être cerné par des dragons allemands et ceux-ci, lui ayant passé au cou une courroie graisseuse, l'entrainaient prisonnier. Agile et hardi le Caussenard saute subitement sur la croupe de l'un des chevaux, talonne la bête qui s'emporte en bonds désordonnés, saisit dans ses deux mains le cou du dragon et tous deux roulent par terre. C'est le dragon qui resta mort sur place. Malgré les coups de fusil, le mobile nous rejoignit au pas accéléré. Il était tout blanc d'émotion, mais intact, et longtemps il se servit de la courroie comme de ceinturon.

Comme quatre heures allaient sonner, Delpech presque enveloppé battit en retraite. Lorsque Chenet, chef de la Guerilla d'Orient, sortit le dernier de Pasques avec quarante tirailleurs et gagna les Bois-Royaux sous une pluie de balles, la nuit allait venir. L'armée des Vosges était sauvée. Elle avait une journée d'avance. Malgré quelques défaillances notre deuxième brigade avait fait plus que son devoir.

Ainsi se termina le soir du 27 Novembre cette lutte de trois jours, cette série d'engagements isolés que l'histoire appelle aujourd'hui la deuxième bataille de Dijon.

CHAPITRE XIX

LA RETRAITE SUR AUTUN

A l'aube du lundi 28 Novembre la pluie s'arrêta et un brouillard épais, montant des forêts, apporta sur tout le plateau son parfum de feuilles mortes.

Une fois de plus Werder s'était trompé. (1) L'insaisissable ennemi, qu'il espérait prendre à Pasques, était hors de portée. Mais les dépêches qu'il expédia ce soir-là prouvent qu'à mauvaise fortune il savait faire beau visage. Des Dijonnais dignes de foi assurent que Werder, dans la nuit du 27 au 28, fit afficher sur plusieurs points de la ville l'avis suivant : « Le général Garibaldi a attaqué la ville de Dijon « le 26 Novembre au soir ; mais il a été repoussé. Le « général Werder a repris l'offensive le 27 Novembre et « après un brillant combat il a enlevé la ville de Pasques. » La redoutable ville de Pasques, repaire supposé de Garibaldi, comptait alors 224 habitants. L'avis autographié qui devait mortifier les « blousards » de Dijon les fit donc rire et fut arraché la nuit suivante.

Ses soldats, épuisés par des marches excessives, n'avaient plus la force de soulever leurs pieds. (2) De plus Werder venait d'apprendre, par des dépêches reçues le 27 au soir, la nouvelle du coup de main de Châtillon racontée avec

---

(1) PAULITZKY. Page 403.
(2) BECKER. Page 270. — LÖHLEIN. Page 103. — WAENKER. Page 111.

d'incroyables exagérations. Toute une brigade française, forte de plusieurs milliers d'hommes, cernait l'étape allemande dans le château de Châtillon. Il fallait envoyer une brigade à son secours par ordre venu de Versailles. A cette grave nouvelle, qui était vieille de huit jours, Werder suspendit toute poursuite et détacha sa plus forte brigade au secours de la garnison menacée.

Pendant toute la journée du 28 Novembre il permit à ses hommes de sécher leurs habits et combina un nouveau plan d'action.

Mais le 29 Novembre, avant le jour, la marche des Allemands recommença sur toute la ligne : quatre colonnes partirent de Dijon.

Trois de ces colonnes se portèrent contre l'armée des Vosges. Celle de droite, la brigade de Goltz, qui était recrutée de Prussiens et comptait à elle seule deux régiments de cavalerie, courut après les 620 francs-tireurs de Ricciotti du côté de Châtillon. La colonne du centre, sous les ordres de Keller, était la plus forte. Werder, après l'avoir renforcée, la chargea de prendre Autun et de détruire nos « *magasins !* » (1) Celle de gauche sous le colonel Wechmar devait couvrir la marche des deux autres contre une attaque probable de Cremer. Ces trois colonnes, spécialement dirigées contre nous, formaient un total de 15 bataillons, 14 escadrons, et 48 pièces de canon. (2)

Enfin une quatrième colonne, opérant de concert avec les précédentes, et forte d'environ quinze cents hommes, descendait la route de Lyon, marchant droit à Cremer qui ne donnait pas signe de vie.

---

(1) BECKER. Page 271.
(1) GENERALSTABSWERK. IV, 630.

Le 30 Novembre au matin Ricciotti était encore à Arnay-le-Duc avec 335 de ses francs-tireurs lorsque la brigade Keller apparut sur la grande route. (1) Keller ne se doutait pas qu'il avait devant lui le gros de la terrible brigade dont les 1200 cavaliers de son collègue de Goltz cherchaient la trace par monts et par vaux. Aux premiers coups de feu la cavalerie de Keller se replia. Son infanterie se déploya sur la droite et sur la gauche. Son artillerie tonna. Pendant ce temps nos dernières voitures de bagages et de blessés prenaient une avance suffisante. En fait de « magasins » les Badois ne trouvèrent guère à Arnay que des bouteilles vides. Quoique la cavalerie de leur brigade eût sur nos trois cent trente-cinq francs-tireurs d'arrière-garde l'écrasante supériorité du nombre, de la vitesse et du succès, elle ne réussit ni à les prendre ni même à les entamer.

Dans toutes les escarmouches de ces trois jours ce fut ainsi. Dans aucun de ces nombreux contacts la poursuite allemande n'eut le caractère d'acharnement que lui attribuaient les premiers fuyards arrivés à Autun.

Pour se justifier de leur lâcheté les fuyards exagéraient le danger et les écrivains du parti conservateur amplifièrent encore ces exagérations. La vérité c'est que le 29, Keller était à Sombernon. Le 30, à Rouvres sous Meilley. Le 1er Décembre seulement il atteignit Autun. Il avait donc fait juste trois étapes en trois jours. Les lames de baïonnettes entrevues le soir du 26 Novembre à la lueur des salves avaient appris la prudence à notre ennemi. Il ne s'approchait jamais à plus de mille mètres de nos francs-tireurs. Aussi en trois jours de galop leur cavalerie ne nous prit-elle guère plus de 120 à 150 traînards. Et sur ce

---

(1) THIÉBAULT. IV, 43. — BIZZONI. XXXI, 161.

nombre il y avait des cantiniers, des médecins, des infirmiers, une vingtaine d'éclopés et une cinquantaine de ces ivrognes dont la perte est un bon débarras.

Fiers de leurs prisonniers ils les exhibèrent à Dijon en criant avec un accent ridicule « Caripaltiens! Caripaltiens! » Ce qui provoqua en ville une nouvelle explosion de rires.

Au reste leur joie fut courte. Le 2 Décembre suivant, comme ces prisonniers traversaient la Franche-Comté, le capitaine Huot, franc-tireur d'une bravoure légendaire, attendit l'escorte allemande près de Fresnes-Saint-Mamès. Des coups de feu prudemment tirés, puis une charge à la baïonnette, mirent l'escorte en déroute. La plupart de nos camarades purent donc rejoindre leurs compagnies quelques jours seulement après avoir été pris et plusieurs de ces Allemands qui se faisaient une fête de montrer des francs-tireurs vivants à leurs compatriotes furent trop heureux ce jour là d'échapper à la mort par la captivité. (1)

Le lendemain de cette affaire un officier allemand, le comte de Rantzau, un descendant de ce maréchal de France à qui Mars n'avait laissé rien d'entier que le cœur, conduisait par le même chemin les vingt otages dijonnais.

« Tout à coup, raconte un des otages, auprès du village
« de Raze, sur une pente bordée de taillis, les trois uhlans
« de tête partent au galop; les voitures filent en patinant
« et contre notre omnibus qui ferme la marche, les deux
« uhlans de queue se serrent en baissant la tête; le nez
« blanc de givre de leurs chevaux fumants entrent par la

---

(1) FEILL. VI, 169. — LÖHLEIN. III, 116. — CLÉMENT-JANIN. II, 98. — COURRIER DE SAÔNE-ET-LOIRE. 11 Décembre 1870.

« portière. M. de Rantzau, d'un ton moitié plaisant,
« moitié ému, nous dit que tout à l'heure il pourrait être
« notre prisonnier, qu'il nous prie, en ce cas, de sauver sa
« malle et ses bijoux pour les envoyer à sa famille; il se
« dégante et nous laisse voir ses bagues... » (1)

Pauvre Rantzau ! Il venait d'apprendre comment le major de cavalerie Alvensleben avait perdu sa bague et la vie dans l'affaire de Châtillon.

Notre retraite se fit par les deux routes suivies au départ. Garibaldi remonta la vallée d'Ouche et gagna Autun par la voie ferrée d'Épinac. Les francs-tireurs repassèrent par Sombernon et la route des hauteurs.. Qu'il nous parut triste ce retour chez nos hôtes de la veille dont plus d'un éclata en sanglots ! Quel contraste avec les chants joyeux de l'avant-veille !

Sous cette pluie du 27 Novembre qui changeait notre route en torrent, nous perdions une illusion qui nous était chère. Nous pensions, jeunes volontaires de la république, que le patriotisme suffisait pour changer en soldat n'importe quel homme robuste. Hélas non. Ils étaient robustes au possible, nos mobiles des Pyrénées, de l'Auvergne et des Alpes ; et pourtant quelle débandade ignominieuse ! Nous vîmes là que les hommes exercent bien le métier des armes, comme tous les autres, quand ils l'ont appris assez longtemps d'avance ; qu'on n'improvise ni les armées ni les succès et que chez le soldat l'habitude de tenir un fusil est peut-être plus importante que le courage de s'en servir.

Au fond de la vallée d'Ouche Garibaldi, entouré par ses fidèles de la légion Ravelli, couvrait lui-même la débandade

---

(1) JEANNEL. Page 105.
(2) GARIBALDI. Memorie, Page 464.

en homme qui en a déjà vu bien d'autres. A ce propos il dit : « qu'en certains cas il faut faire avec cette bête « d'homme comme avec la bête à cornes. Le bœuf s'em- « porte... Laissez-le s'emporter, fuir, courir la tête « baissée... Contentez-vous de vous tenir sur les flanc « ou à la queue... » C'est un fait qu'au contact de sa belle humeur notre troupeau d'hommes redevenait troupe à vue d'œil. Dès le 29 les capitaines de compagnies franches avaient retrouvé leurs volontaires et le 30 au soir à Autun, quand les bataillons de mobiles s'alignèrent sur la place d'armes, presque personne ne manquait à l'appel.

Les quelques misérables qui se sauvèrent juqu'à Lyon, jusqu'à Marseille, et même jusqu'à Toulouse, n'étaient pas des fuyards, mais de vulgaires déserteurs dont la cour martiale aurait dû faire prompte justice.

Du même coup chacun s'aperçut que chez plusieurs officiers haut gradés le sentiment de la discipline n'existait pas.

Ils savaient qu'à Tours Garibaldi était traité en suspect. Pendant que les simples soldats, ignorant ce secret de coulisses, suivaient leur vieux général avec une fidélité de chiens, quelques colonels affectaient envers lui des allures railleuses, insolentes ou criminelles. Bombonnel et Bourras, quoique chefs de corps francs, ne s'étaient même pas présentés à lui. Le soir de la déroute le colonel Levert, commandant le régiment de l'Aveyron, avait disparu et fut rayé des cadres. Pendant le combat de Pasques les lieutenants-colonels Domalain et Deplace, commandant chacun un bataillon, disparurent en entraînant leurs hommes dont l'équipement avait été payé par notre caisse. Enfin le lieutenant-colonel Chenet, après avoir bien combattu à Pasques, échappa complètement à l'autorité de Delpech pendant les trois jours de la retraite.

Ce qui nous saisit le plus, c'est que ces révoltés et ces déserteurs, dignes du feu de peloton, non seulement n'étaient pas fusillés, mais qu'ils trouvaient ailleurs un accueil empressé et un rapide avancement.

Le 30 Novembre le temps redevint tout à fait sec et notre humeur plus gaie. En somme nous ne laissions guère plus de quatre cents hommes derrière nous. Aucune de nos compagnies n'avait disparu. Six canons de campagne tout neufs venaient de s'ajouter à nos deux batteries de montagnes. Des volontaires nouveaux, venus des chaudes cités du midi, prenaient la place des déserteurs qu'ils croisaient en route. Pourquoi désespérer ? En fin connaisseur des hommes Garibaldi profite de ce retour à l'espoir et met Autun en état de défense. De Dijon notre objectif nous venons d'être reconduits à Autun, notre quartier général : soit. Mais la consigne est de fermer les défilés du Morvan et nous les fermerons.

Par ses dimensions Autun ne pouvait plus s'appeler comme autrefois « la sœur et l'émule de Rome. »

En 1870, la cité, autrefois si populeuse, n'avait plus que quinze mille habitants, juste le tiers de Dijon. De siècle en siècle la ville s'était rétrécie en haut du mamelon elliptique qu'elle entourait largement autrefois et qui est orienté du nord-ouest au sud-est. Assis sur un soubassement de granit ce mamelon tombe de trois côtés en escarpements dont le mur romain suit la crête et dont les rivières baignent le pied. Du côté du sud c'est-à-dire au faubourg Saint-Blaise la ville se soude à la haute muraille du Mont-Jeu par une chaussée rougeâtre dont la couleur rappelle mainte route des Vosges et dont on voit de très loin les lacets escalader à travers les apins le sombre flanc de la montagne.

CHAPITRE XX

UN OFFICIER DE BAZAINE

Pendant la journée du 29 Novembre, des cavaliers allemands venus de Montbard, s'étaient heurtés près d'Arnay-le-Duc aux francs-tireurs de Ricciotti qui les dispersa en quelques salves.

En soi la rencontre était insignifiante. Mais elle révélait un fait des plus graves : c'est qu'un corps allemand, commandé par Zastrow, se formait dans l'Auxerrois, pour relier Werder à Frédéric-Charles. Werder seul, venant du nord-est, pouvait déjà nous écraser et, à cette masse victorieuse, s'en ajoutait une autre, venant du nord-ouest, et presque aussi forte. Garibaldi qui tout en reculant rêvait de se retourner subitement contre une des colonnes de Werder, sauta dans un truc des houillères d'Épinac et gagna Autun en toute hâte. En quelques heures la ville fut en état de défense.

Pendant que les premiers arrivés s'évertuaient à la tâche, nous voyions tourner autour de nous de braves gens dont les mines déconfites nous arrachaient des explosions de rire.

« Mes enfants, nous disaient-ils avec onction, Autun est
« un cul-de-sac. Arnay-le-Duc à vingt kilomètres en avant
« d'Autun, ou encore Mont-Cenis à vingt kilomètres en
« arrière, voilà de superbes positions où vous extermine-
« riez les Prussiens. Ici, dans cette encoignure de mon-
« tagnes, vous êtes perdus d'avance. » On devine comme ces lâches propos, bourdonnés à notre oreille, nous remon-

taient le cœur. « Ces Garibaldiens, clabaudait un autre, çà
« n'a pas le sou. Qu'est-ce que çà leur fait de brûler une
« ville ! » — « Pas le sou, lui riposta le sous-préfet Marais
« qui voulait énergiquement se battre ; pas le sou ? C'est
« vrai que pour toute fortune j'ai une femme et deux
« enfants. Mais croyez-vous que je n'estime pas ma peau
« tout aussi chère que vos baraques ? »

Nos canons furent postés sur l'esplanade du Petit-Séminaire. Partout on commença des tranchées, des meurtrières, des barricades. A notre gauche le parc Saint-Jean, qui est aujourd'hui transformé en caserne, fut garni de mobiles. A notre droite des mobilisés de Saône-et-Loire occupèrent Saint-Pierre. Au centre, juste en face d'Autun, se dresse de l'autre côté du Drousson, le mamelon de Saint-Martin. Un couvent le couronne. C'était la clef du champ de bataille. Cette position capitale fut confiée aux 450 francs-tireurs de la Guérilla d'Orient que la défense du plateau de Pasques venait d'illustrer. Les deux légions de chemises rouges, Tanara et Ravelli, restèrent en réserve autour de la cathédrale pour les cas désespérés.

Enfin des postes de mobilisés de Saône-et-Loire, enfants du pays, commandés par le colonel Pelletier, furent installés aux portes de la ville avec l'ordre de tirer sur les fuyards sans miséricorde.

Comment donc se fait-il que précisément de Saint-Martin une pluie d'obus nous ait surpris entre une et deux heures par la belle après-midi du 1ᵉʳ Décembre?

Garibabdi n'ignorait pas l'importance capitale de cette position qui est comme à cheval sur les routes menacées. Garibaldi y avait mis Chenet avec les 450 hommes de la Guerilla d'Orient. Garibaldi l'avait inspectée le matin même. Voyant que les murs du couvent étaient intacts, il avait répété avec insistance l'ordre d'ouvrir des meurtrières et de les ouvrir immédiatement. Craignant que ces 450 volontaires, éprouvés pourtant par l'affaire de Pasques, ne pussent résister au premier choc de l'ennemi, il leur avait adjoint les 400 hommes de la Guerilla Marseillaise. « Ainsi, « avait dit le général au capitaine de service, vous pouvez « tenir et recevoir le premier choc? » — « Oui, général, « répondit l'officier au nom du colonel absent; j'ai cinq « ou six cents hommes; je pourrai tenir. » (1)

Il faut dire que Chenet logeait à Autun avec deux femmes. Garibaldi parut rassuré. Noble cœur! Ce n'est pas la position qu'il fallait surtout garder, mais son gardien, le lieutenant-colonel Chenet.

Chenet, engagé volontaire au 2me régiment de cuirassiers, y était arrivé au grade de sous-lieutenant; mais il avait dû déposer ses galons pour des raisons qu'on n'ose dire en public. (2) Devenu capitaine de gendarmerie au Mexique et chef d'une contre-guerilla sous les ordres de Bazaine, ce n'est pas précisément la délicatesse morale qu'il avait apprise à l'école d'un pareil chef. Chenet avait la république en horreur. Sa religion lui reprochait de servir sous un excommunié. Il n'attendait qu'une occasion d'imiter Levert, Deplace et Domalain. Convaincu qu'à Autun nous serions anéantis et que la honte de sa désertion se perdrait dans le bruit du désastre, il était à cette minute même à Autun. Il y préparait sa fuite. Ses mulets étaient déjà chargés. (3)

---

(1) MÉRANDON. *Progrès de Saône-et-Loire*. 13 Décembre 1886.
(2) BORDONE. Cour d'Assises de la Seine. Affaire Bordone. Pages 73 et 233.
(3) L'AUTUNOIS. 29 Mai 1887.

Garibaldi venait de quitter le couvent lorsque Chenet y rentra. A ceux qui lui rappellent l'ordre d'ouvrir des meurtrières Chenet rouge, furieux, menaçant, réplique par l'ordre d'évacuer. Il affirme à ses hommes que Garibaldi les abandonnait. (1)

Il ne prit même pas la peine de faire une sortie militaire. Cela demandait du temps et Garibaldi aurait pu revenir. Un des officiers de Chenet, le capitaine Ollive, nous donne de la sortie une description qui ne laisse aucun doute. D'abord à la grille du couvent : « Messieurs, crie Chenet, « hâtons-nous ; si nous restons ici un peu plus, nous « sommes chopés ! » Puis, dans la cour du couvent : « On n'a même pas eu le temps de faire l'appel ni de « compter le bataillon. » Enfin pendant la marche sur le plateau d'Anthully : « Nous étions sur la route comme un « troupeau de moutons... Je n'ai entendu parler dans ce « mouvement que d'aller, d'aller vite, de battre en retraite « vivement. » (2)

Le capitaine Ollive, chef d'une des compagnies de Chenet, a affirmé tout cela sous la foi du serment devant la cour d'assises de Paris.

Quel contraste avec la conduite des colonels allemands subordonnés à Keller ! Avant même que la bataille fût engagée le colonel Wechmar, (3) chargé de couvrir la gauche du général Keller, envoyait à son chef une partie de sa cavalerie. Au premier bruit du canon le commandant

---

(1) BORDONE. Cour d'Assises de la Seine Déposition du lieutenant Belloc, secrétaire de Chenet. Page 80.— Déposition du soldat Ferrière, ordonnance de Chenet. Page 82 à 85.
(2) BORDONE. Cour d'assises de Paris. Déposition du capitaine Ollive. Pages 75 à 78.
(3) SCHMIDT. VI, 41.

Weinzierl, chef de l'aile gauche de Keller, s'attelle à ses six pièces embourbées et il arrive quand même. Chenet, en digne soldat de Bazaine, rayonnait de joie quand, tournant le dos à l'ennemi, il arriva à l'embranchement de Couches-les-Mines. Sa ruse avait réussi. « Le général Delpech « m'attend là-bas, cria-t-il en présence de ses hommes ; « mais il peut m'attendre. » (1) Quand le roulement du canon apprit à ce misérable que nous étions engagés, il avait déjà fait douze kilomètres : il s'empressa d'en faire douze de plus.

Toutes les morales qualifient de lâcheté cette conduite-là. Tous les codes militaires la punissent de mort. Mais ne devançons pas les événements.

Ce qu'il y eut de tragique dans notre situation, c'est que les avertissements n'avaient manqué ni sur l'approche des Badois si sur la trahison de Chenet. (2) Toute la matinée des reconnaissances avaient été faites à pied, à cheval et en locomotive. (3) Notre état-major savait les Badois en marche. Son antichambre ne désemplissait pas de trembleurs dont on nettoyait le plancher même à la force du poignet. (4) Mais que Saint-Martin fût « plein de Prussiens » comme un gendarme le racontait vers une heure, c'était une énormité dont personne ne croyait Chenet capable. « Allons donc ! riposta Bordone impatienté ; Che- « net occupe le couvent. Garibaldi y a envoyé des renforts. » Comme le gendarme, sûr d'avoir bien vu des casques pointus, se permettait une timide contradiction. Bordone,

---

(1) BORDONE. Cour d'assises de Paris. Déposition du soldat Ferrière. 82 à 85.
(2) DAILY NEWS. 12 Décembre 1870.
(3) DE LA TAILLE. Enquête parlementaire. Dépositions des témoins. IV, 116 à 118.
(4) CASTILLON. Idem. IV, 81 à 83.

se redressant de toute sa hauteur et enflant la voix, le menaça de l'empoigner comme alarmiste et de le coffrer s'il ajoutait un mot.

Brave gendarme ! A peine avait-il reçu cette douche que le sifflement des obus lui donnait raison contre son supérieur.

Le général Keller, parti de Rouvres sous Meilly, avait passé l'Arroux à Surmoulin où il laissa une petite garnison. Côtoyant la rivière qui coulait à pleins bords et couvrait son flanc droit, Keller avait partagé sa brigade en deux colonnes. Avec le gros de ses forces il avait poussé droit sur Autun pendant que son aile gauche, formée par le bataillon Weinzierl, s'engageait dans des chemins affreux, par Magnien, Echaulée, la Varenne, et coupait la voie ferrée d'Epinac.

Grande fut la surprise de Keller en trouvant vide le couvent de Saint-Martin, la clef du champ de bataille. Son avant-garde y entra vers midi sans coup férir. Ses douze premières pièces prirent position en silence en avant du monastère. Son infanterie se défila avec prudence de Saint-Martin à Saint-Pierre en remontant la rive droite du Drousson. Seul ce Drousson et ses quatre ponts séparaient encore Keller de la ville d'Autun qui s'étendait pour ainsi dire sous sa main. Lorsque tout fut prêt le tonnerre de la canonnade éclata de plusieurs pièces à la fois. Pour comble de malheur le Mont-Jeu, répercutant les détonations, en décupla l'effet démoralisant. Nous crûmes la ville entourée de batteries allemandes. Cernés, trahis, perdus, tel fut le cri général et tout commença par une effroyable débandade.

Comme on le voit, si jamais une armée fut condamnée à périr, ce fut bien la nôtre. Même les armées les plus aguerries succombent à de pareilles épreuves. Une panique de ce genre a débandé à Waterlo les vétérans de Napoléon. Une autre panique plus récente venait de fondre à Sedan. l'armée du maréchal Mac-Mahon. Mac-Mahon avait avec lui son empereur et nombre de généraux éprouvés dont dix-neuf tombèrent comme lui morts ou blessés. Malgré leur courage on sait dans quel désastre sans nom se sont engloutis jusqu'au dernier les 100,000 hommes de cette armée régulière.

Notre armée, toute faite d'éléments improvisés, parut aussi perdue. Heureusement elle possédait quelques uns de ces hommes qui, suivant le mot d'un conventionnel, ont fait « un pacte avec la mort. »

CHAPITRE XXI

LA DÉFENSE D'AUTUN

En tête il n'est que juste de nommer Garibaldi.

« Dans la terrible sévérité de sa face, dit très bien Jessie « Mario, on lisait qu'à Autun l'armée des Vosges repous- « serait les Prussiens ou mourrait. » (1)

Surpris comme les autres par les obus allemands, il comprit du premier coup, avec sa longue expérience de la guerre, que seule la détonation des pièces françaises retiendrait les braves à leur poste et enrayerait l'idiote panique. Aussi ne perdit-il pas une minute à rallier les fuyards. Il courut droit aux canons.

Les fuyards partirent donc quand, comme, et aussi nombreux qu'ils voulurent. Pour la ville comme pour l'armée ce fut l'heure des honteuses défaillances. Quoique des témoins sûrs affirment le fait, n'insistons pas sur le million que des conservateurs auraient préparé pour les Prussiens. (2) Un fait est malheureusement bien prouvé. Pendant que les membres du comité de défense distribuaient des fusils aux gardes nationaux de bonne volonté, certains notables « qui n'avaient pas inventé la poudre mais « qui la craignaient » (3) osèrent sous la pluie d'obus

---

(1) J. W. MARIO. Vita di Garibaldi. II, 203.
(2) MARAIS, sous-préfet d'Autun. III, 72. — BORDONE, chef d'état-major. L'Armée des Vosges. Document 197.
(3) MÉRANDON. Progrès de Saône-et-Loire. 3 Janv. 1887.

porter à la mairie un projet de capitulation. « A Dijon, disaient-ils, les Prussiens payaient tout. Ils se conduisaient « bien. » Pour risquer à cette heure une pareille démarche il fallait évidemment l'avoir concertée d'avance. Ces mauvais citoyens savaient bien que le cœur d'une ville et le cœur d'une armée doivent battre à l'unisson ; sans quoi les défections civiles entraînent les défections militaires.

Ainsi fut. Des habitants et des soldats, des gens en voiture et à pied, des volontaires et des mobiles, une cohue d'environ douze cents affolés encombra subitement a route du Creuzot. Bon débarras après tout.

De la sous-préfecture où logeait Garibaldi à l'esplanade du Petit-Séminaire où étaient ses canons il y a seulement quelques pas. Par malheur le commandant Ollivier, ne voyant pas venir les Allemands, venait de permettre à ses canonniers d'aller aux vivres. Seuls quelques factionnaires montaient la garde autour des affûts. N'importe ! Canzio, gendre de Garibaldi et Basso, son secrétaire, pointent une pièce et au neuvième obus allemand riposte le premier obus français. (1) La canonnade, ainsi commencée par le général, (2) tint lieu de rappel à nos artilleurs. Ils revinrent un à un, mais tous, et en très peu de temps. Et que voient-ils ? Leur général qui pointe une pièce comme autrefois en Amérique à bord de son vaisseau. Cela vous électrise ces grands garçons.

Oh les braves gens ! Pendant que le colonel Chenet faisait de loin des grimaces à ses chefs, on put là, au contact de ces chefs, admirer combien le sentiment du devoir était encore facile à éveiller chez les simples soldats.

---

(1) J. GARNIER. V, 103,
(2) VUILLETET. III, 35.

Beaucoup de ces canonniers qui venaient de la Charente-Inférieure, et avaient été détachés des équipages de la flotte, voyaient le feu pour la première fois. Ils oubliaient de déboucher les évents des obus. Ils tiraient trop vite. Ils pointaient trop haut. Mais quel entrain et quelle crânerie chez ces hommes de mer ! L'esplanade n'avait pas de parapet et penchait du côté allemand. Le tir allemand était d'une supériorité écrasante. Pourtant ni les arbres qui leur croulent sur la tête, ni les caissons qui sautent, ni les membres littéralement séparés du tronc, (1) n'empêchent ces conscrits de rouler leurs pièces au bord du talus, de briser les caissons pour avoir plus vite les gargousses et de se passer les obus de main en main. Quand l'un d'eux chancelait, aussitôt à travers la fumée on voyait surgir la haute taille de son remplaçant. Ils perdirent ainsi cinquante-trois hommes ; mais sans se vanter ils peuvent dire qu'ils ont sauvé la journée. (2)

Voyant qu'à l'esplanade chacun faisait son devoir Garibaldi monta à la pierre de Couhard seul point d'où l'on puisse sérieusement commander le champ de bataille.

Il était environ trois heures. « C'est trop fort, s'écria-t-il « en lorgnant Saint-Martin, que la Guerilla d'Orient ne « soit plus là ! Les Prussiens la remplacent ; où est-elle passée ? » (3) Ce fut sa seule plainte. Plus d'un obus allemand lui siffla aux oreilles. Mais s'il était pâle ce n'était pas d'émotion, c'était de souffrance. Il serrait les dents pour dominer ses douleurs rhumatismales. (4) En regardant ses canonniers, son œil étincelait de fierté. Si plus d'un lâche

---

(1) J. W. MARIO. Vita di Garibaldi. II, 204.
(2) DEBUSCHÈRE. Déposition. Voyez la note 3 à la fin du volume.
(3) BORDONE. Cour d'assises de la Seine. Déposition du lieutenant Corthier, chevalier de la légion d'honneur. 73 à 75.
(4) MAILLARD. XII, 47 à 48. Voir la note 4 à la fin du volume.

manquait à l'appel, ceux-là du moins brisaient le premier élan de l'ennemi. Pendant que de petits nuages blancs, éclatant des projectiles, montaient lentement dans le ciel bleu on pouvait constater de Saint-Martin à Saint-Pierre et de Saint-Jean à Pont-l'Evêque, par une double ligne de feu ininterrompue, que si les quatre ponts du Drousson étaient bien attaqués, ils étaient encore mieux défendus.

Partout des Autunois guidèrent nos troupes à la muraille romaine. Civils et militaires, habits noirs et chemises rouges, tous imitaient les canonniers et comme il y avait eu contagion de lâcheté il y avait maintenant contagion de bravoure.

Tel fut le cas du jardinier Lacreuse, frère du curé de Curgy. L'empire l'avait proscrit lors du coup d'état. Comme les mobiles des Alpes-Maritimes allaient au feu du côté de la porte Saint-André, marchant sur deux files, Lacreuse se mit en tête et au milieu de la route. « Vous êtes un brave » ne put s'empêcher de lui dire le capitaine Guide. Le même obus, qui de ses éclats blessa grièvement le capitaine, balafra la figure du jardinier. Contrairement à ce qui se passe d'ordinaire il fallut que le chirurgien avertît ce blessé de sa blessure. Comme on le traitait de fou en présence du docteur Rérolles : « Si seulement, répondit le « docteur, tous les Français étaient atteints de cette folie-là ! »

Le grand nombre des chemins creux, des talus, des murs et des ruisseaux annula des deux côtés la cavalerie. Cela nous nuisit peu puisque nous avions seulement trente-six hommes montés. Les dragons allemands mirent pied à terre pour être utiles à quelque chose. Ils s'étaient armés de chassepots. (1)

---

(1) KARLSRUHER ZEITUNG. Samedi 17 Décembre.

Mais des deux côtés l'infanterie trouva d'excellentes positions, rampa inaperçue, tendit des embuscades, lâcha des salves à bout portant. Le ralliement avait été facile malgré la confusion des premières minutes. Bordone, Menotti, Ricciotti, le sous-préfet Marais, payaient de leurs personnes comme Garibaldi. Les éclats d'obus ricochaient sur les pavés. Les tuiles nous pleuvaient sur la tête. Tous les clairons sonnaient à la fois. Des monuments, des hôtels, des cafés, des maisons, sortit à la fois une fourmillière d'hommes. Beaucoup trouvèrent leur compagnie déjà partie. Beaucoup se joignirent aux premiers qui passaient. Mais à Autun les distances sont si courtes qu'en moins d'un quart d'heure les quatre ponts furent solidement occupés.

La bataille engagée ainsi s'émietta en escarmouches et jusqu'au soir le rôle des chefs fut de coordonner ces efforts individuels, de renforcer les points faibles et finalement d'ordonner l'offensive.

Les deux positions les plus menacées furent le pont du chemin de fer à notre extrême gauche et les deux ponts en enfilade de Pont l'Evêque à notre extrême droite.

A notre extrême gauche les obus allemands provoquèrent d'abord une chaude alerte en tombant sur la gare : un train chargé de munitions de guerre n'eut que le temps de filer à toute vapeur. Mais quand l'infanterie allemande se présenta au pont du chemin de fer, nos mobiles, abrités derrière les broussailles du mur romain, rachetèrent leurs défaillances des jours précédents; ils repoussèrent trois attaques de jour et deux attaques de nuit. (1) Le pont Saint-Martin, qui est un peu en amont du pont du chemin

---

(1) SCHILLING. Page 95.

de fer, n'eut qu'une attaque à repousser. Le pont Saint-André, qui est un peu en amont du pont Saint-Martin, est précédé et suivi d'une ruelle où les balles des Allemands sifflèrent toute l'après-midi ; mais aucune de leurs colonnes ne se risqua dans ce couloir étroit où il fallait jouer de la baïonnette. C'était la guerre de rues. Cela rappelait trop Châtillon.

C'est tout à fait à l'est, à notre extrême droite, près du point où la route de Beaune se sépare de la route de Châlons, que se porta l'effort principal des Allemands.

A cet endroit la route de Beaune coupe perpendiculairement une sorte de promontoire peu élevé. Ce talus des Terres-Rouges, comme on l'appelle, porte le hameau de Pont-l'Evêque. Il sépare le Drousson d'un de ses affluents, et aussi les deux ponts qui franchissent ces cours d'eau. A moitié distance entre ces deux ponts, presque isolée en haut du promontoire, se dressait la maison Barbançon qui a été prise et reprise par les hommes les plus hardis des deux armées. Là était notre point faible. Pour le garnir, nos soldats avaient à parcourir la distance la plus grande sous le feu le plus vif et ils y étaient moins nombreux.

Les Allemands comprirent très bien leur avantage. Tandis qu'à Saint-Martin ils étaient bloqués par l'Arroux, ils pouvaient se donner de l'air du côté de Pont-l'Evêque. Des fenêtres de Saint-Pierre ils criblèrent donc Pont-l'Evêque de projectiles. Quand leur colonne de gauche, arrivée seulement entre trois et quatre heures, déboucha des bois de la Vesvre et entra en ligne, tous ensemble descendirent au pas gymnastique, franchirent les prés et enveloppèrent presque complètement la position. Ils tuèrent là un de nos meilleurs officiers, le capitaine Marchand, qui du coin d'une tuilerie faisait le coup de feu comme un simple soldat. Ils nous enlevèrent le premier des deux ponts, celui qui était alors construit en bois. Ils couronnèrent même un instant le talus des Terres-Rouges d'où leurs balles commencèrent à siffler aux oreilles de nos canonniers. Huit cents mètres seulement les séparaient du Petit-Séminaire. Ce fut l'instant critique. A tout prix il fallait leur barrer ce passage et les rejeter derrière le talus, dans le val des Ragots.

Heureusement Bordone des combles du Petit-Séminaire et Garibaldi du haut de Couhard virent en même temps le danger. Du Petit-Séminaire Bordone fit battre les Terres-Rouges par douze de nos dix-huit pièces et Garibaldi de la pierre de Couhard y lança successivement des mobilisés, des mobiles et même une compagnie de chemises rouges.

Maint épisode montra que nos mobiles n'étaient pas à dédaigner quand par hasard un bon officier marchait à leur tête. Si seulement nous avions eu le temps d'en faire quelque chose!

Canzio, gendre de Garibaldi, s'était déjà jeté sur les Terres-Rouges avec des mobilisés du pays lorsque Verdez, capitaine au service télégraphique, passa à côté de Garibaldi. « Enlevez-moi ces hommes-là » lui crie le général en montrant du doigt les Terres-Rouges et trois compagnies de mobiles aveyronnais. « Mais général, objecta Verdez, je « ne suis qu'un civil. » Verdez n'avait jamais été soldat. « Ça n'en ira que mieux, riposta Garibaldi en riant. « Avanti! » « Allons! crie le colonel improvisé à ses « hommes. Le général nous envoie chercher des prison- « niers. A la baïonnette! » Ce mensonge était de bonne guerre. Hardiment enlevés, ces mobiles chargent hardiment. A cinquante pas, les tirailleurs badois qui dépassaient déjà la maison Barbançon, plient, se débandent ou capitulent et véritablement, ces Aveyronnais, dont l'armement était exécrable, ramènent des prisonniers.

Citons encore un autre épisode, plus humble en ses proportions, mais tout aussi expressif.

Il est malheureusement vrai que près du moulin de Saint-André cinq mobiles, ayant de l'eau jusqu'à l'estomac, s'étaient blottis derrière la berge. La crosse de leurs fusils trempait dans l'eau à côté d'eux. Ils ont claqué des dents bêtement pendant trois heures dans ce bain glacé qui a dû les tuer plus sûrement que les balles prussiennes. Mais il est vrai aussi qu'à Pont-l'Evêque, au poste le plus dangereux, debout derrière une voiture, un jeune mobile à la figure sympathique avait pris le fusil d'un franc-tireur mort. Avec autant de sang-froid que de belle humeur il avait déjà brûlé vingt-trois cartouches contre Saint-Pierre en numérotant ses coups à haute voix. « Ma foi, dit-il, je ne « m'en vais pas avant d'avoir tiré mon vingt-quatrième « coup. » Oui. Mais la fumée de ce dernier coup n'était pas encore dissipée que le brave mobile roulait lui-même mortellement atteint à côté du franc-tireur déjà mort.

Il nous en coûta de cruels sacrifices en hommes et en officiers. Mais tout Allemand qui montra son paratonnerre en haut des Terres-Rouges fut abattu et finalement le petit pont d'une arche, celui qui était bâti en pierre, nous resta.

Pendant que la fusillade crépitait autour des quatre ponts les francs-tireurs retournèrent contre l'ennemi la manœuvre qui lui est si chère : sur les deux ailes ils exécutèrent des mouvements tournants.

Ainsi à notre extrême gauche les francs-tireurs de Ricciotti, que la brigade de Goltz cherchait toujours dans la direction de Montbard, franchirent l'Arroux et en remontèrent la rive droite. Pas d'ennemi devant eux. Ils se rabattent alors contre le flanc droit de la brigade allemande et pardessus l'Arroux ils tirent sur ses canonniers. Cela sauva d'un écrasement total nos propres batteries qu'ils prenaient en flanc. Au premier sifflement des balles on vit des canonniers allemands se cacher derrière leurs caissons, puis entraîner leurs pièces derrière un pli de terrain. Au hameau des Chaumottes on se rappelle encore comment un de leurs officiers, debout sur un grand cheval blanc, vida soudain les étriers. (1)

Un franc-tireur, grand corps dégingandé, que nous ne prenions guère au sérieux, sut à cette occasion forcer l'estime de ses camarades.

Ricciotti avait embusqué ses hommes à plat ventre entre les Chaumottes et Saint-Forgeot. Subitement le franc-tireur en question redresse sa maigre échine : « Ils m'embêtent, « dit-il, avec leurs canons. » Lentement il roule une cigarette, prend le milieu de la chaussée, et à petits pas il pousse jusqu'aux Chaumottes. Du coin des maisons il eut à lui seul l'aplomb d'attaquer en flanc la batterie lourde des Allemands et la compagnie qui la soutenait. Comme il étalait ses cartouches dans son képi, à genoux dans la boue, un aubergiste lui cria : « Seul ? Tout seul ? Qu'est-ce que « tu f...ais-là ? Va-t'en donc, fichue bête. Tu vois bien que « tu vas nous faire brûler. » Le franc-tireur s'en alla en en effet, mais après avoir brûlé ses 94 cartouches. Et encore, avant de s'en aller, il affecta de refaire le nœud de sa cravate et de rouler une nouvelle cigarette. Alors, et seulement alors, il revint du même pas lent, tenant le milieu de la chaussée, et répétant toujours avec un accent

---

(1) THIÉBAULT. IV, 17. — WAENKER. VII, 114.

prodigieusement méridional : « Ils m'embêtent avec leurs « canons. »

De même à notre extrême droite les francs-tireurs de Colmar, qui côtoyaient la lisière de la forêt de Planoise, se rabattirent sur l'autre flanc de la brigade badoise.

L'artillerie légère des Allemands essaya de les arrêter, mais inutilement. Elle n'arrêta pas davantage une compagnie aveyronnaise qui, partie de la forêt de Planoise, avait atteint le bois de la Feuillée au pas de course, et de là descendait par le même chemin que les francs-tireurs. Les Colmariens s'étaient nichés dans la crevasse profonde qui avoisine le domaine de Servoz et de là ils prenaient les Allemands à dos. D'instinct, sans en avoir reçu l'ordre précis, ils exécutaient la même manœuvre que Ricciotti presque à la même heure et ils eurent le même succès. Les Allemands crurent avoir devant eux « trois bataillons ennemis. » (1) Devant cette ligne de points rouges qui piquait le fonds noir de l'horizon leur artillerie légère, tout comme leur batterie lourde, se réfugia derrière un accident de terrain.

Des deux côtés la canonnade s'arrêta à la tombée de la nuit.

Autun vit alors un spectacle rare. C'était cette pauvre armée des Vosges, repoussée de Dijon, poursuivie pendant trois jours, trahie et surprise le matin même, qui prenait l'offensive sur toute la ligne. Keller, qui avait enveloppé notre aile droite, était cerné lui-même dans un cercle plus grand. Sa colonne de Pont-l'Evêque se trouvait prisonnière dans sa conquête entre deux cours d'eau. Sans hésiter les

---

(1) SCHILLING. 92 à 98.

Badois sautèrent pour s'échapper dans l'eau fraîche où l'un d'entre eux se noya avec armes et bagages. Dans le crépuscule nous les vîmes remonter lourdement les pentes de Saint-Pierre. Ils soulevaient avec peine leurs bottes pleines d'eau et leurs capotes ruisselaient sur le sol en flaques et en traînées qui se congelaient aussitôt au vent du soir.

Car le vent du soir avait terriblement fraîchi. Au ruissellement tiède des jours précédents succédait brusquement une bise cinglante.

Garibaldi redescendit tout joyeux de la pierre de Couhard. « Sur sa figure, dit Jessie Mario, brillait le sourire de « la victoire, ils sont en fuite, disait-il. Ils ne nous ont « pas donné beaucoup de mal. »

Alors tous les masques qui le matin s'allongeaient si drôlement reparurent, mais comme transfigurés. Les mots leur manquaient pour dire toute leur pensée. « Très bien, mes « enfants, bégayaient-ils avec attendrissement, très bien ! très bien ! » Ce qui paraissait si terrible était fait. Malgré la double infériorité de l'organisation et de l'armement, avec six ou sept mille combattants au plus, sans avoir engagé nos réserves, nous conservions notre terrain. Les incendies allumés en ville étaient éteints sans dommages sérieux. Les défilés du Morvan restaient fermés. Le Creuzot, un instant évacué, rallumait ses forges. Beaune, Mâcon, Lyon, pouvaient dormir tranquilles.

La bataille pourtant n'était pas finie. Nous nous endormions dans une fausse sécurité. Entre sept et huit heures ces colonnes allemandes que Garibaldi croyait en fuite redescendaient en silence à l'attaque des quatre ponts.

Quoi qu'en pensent bien des historiens c'était parfaitement une surprise de nuit. Subitement coups de fusils et coups de canons recommencèrent à gronder dans l'obscurité. Keller voulait nous rendre le coup du 26 Novembre. Il venait de recevoir un renfort de six canons, avec de l'infanterie et de la cavalerie. (1) Il disposait maintenant de vingt-quatre pièces. Persuadé que l'attaque de jour nous avait débandés, il espéra que l'attaque de nuit achèverait de nous tuer et qu'alors c'est lui qui dormirait à Autun. Son illusion dura peu. Non seulement il se buta partout sur des sentinelles vigilantes, non seulement les décharges reçues à bout portant le renseignèrent sur nos véritables intentions; mais vers neuf heures nos compagnies passèrent le Drousson et Keller apprit que des baïonnettes rôdaient dans les ténèbres autour de ses avant-gardes.

Ses affaires, si prospères à l'heure de midi, prenaient là une fâcheuse tournure. Si ces damnés francs-tireurs, si ces chemises rouges allaient recommencer le coup de Châtillon ? Il était à quatre-vingt-dix kilomètres du quartier général, de sa base d'opérations. Il n'avait guère que six mille hommes sous la main. Son attaque de jour avait échoué. Son attaque de nuit ne donnait aucun résultat. Ses hommes fatigués n'avançaient qu'avec mollesse. Ses obus auxquels les Français ne répondaient pas, tombaient dans la nuit sur ses propres troupes. (2) Enfin son aile droite, la colonne de Goltz, ainsi que son aile gauche, la colonne Wechmar étaient comme perdues dans l'espace et ne pouvaient ni l'une ni l'autre appuyer le mouvement.

Si loin de Dijon la peur le prit et il s'en alla comme il était venu dans le plus profond silence. Dès neuf heures du soir, les gens du pays virent ses troupes évacuer Saint-Martin où une arrière-garde resta jusque vers minuit.

---

(1) LÖHLEIN, III, 10.
(2) SCHILLING. Page 96.

CHAPITRE XXII

LA DÉBANDADE ALLEMANDE

Son artillerie, partie la première, était déjà à Lionges, parquée pour la nuit fort à l'étroit, et depuis longtemps les capotes de ses fusiliers, gelées sur le dos des hommes, (1) s'entrechoquaient sur la grande route avec un bruit d'armures, lorsque, « tard dans la nuit, (2) » un ordre de Werder vint, non pas commencer, mais simplement accélérer cette retraite. (3)

Les officiers de Keller reprirent les mêmes chemins, retournèrent chez les mêmes hôtes. Leur amour-propre souffrit cruellement des sourires que nos paysans leur octroyaient au retour. Des explications que ces officiers daignaient semer sur leur passage, avec d'autres traces encore plus nauséabondes, il semblait que la ville d'Autun leur eût été offerte et même livrée. « Mais comme ils « s'approchaient avec leur bonne foi allemande, ces ban- « dits de Garibaldiens les avaient reçus à coups de fusils. « La convention conclue, disaient-ils, n'était qu'un odieux « guet-apens! Ah, si Werder ne nous rappelait pas à Dijon, « comme nous schlaguerions vos traîtres de francs-tireurs ! « Comme nous déplumerions votre oiseau rouge ! » C'est un fait que, vers une heure de l'après-midi, à Saint-Pierre,

---

(1) SCHILLING. 92 à 98.
(2) ETAT-MAJOR ALLEMAND. V, 632 à 633.
(3) SCHMIDT. VI, 41. — RARLSRUHER ZEITUNG. 17 Décembre 1870. — SCHILLING. Page 97. — HORCHLER. La 2ᵐᵉ batterie lourde. Page 44. — LÖHLEIN. Page 110.

un capitaine à chemise rouge et son ordonnance furent pris par les Allemands et que le lendemain matin on retrouva leurs cadavres côte à côte au coin d'un mur. Pour les habitants les deux prisonniers ont été fusillés au moment de la retraite.

Le silence subit qui se fit vers neuf heures du soir ne nous empêcha pas pendant une bonne partie de la nuit de percer encore des murs, de distribuer des cartouches, de décrasser les fusils, d'aiguiser baïonnettes et bistouris.

Sachant que Garibaldi voulait s'enterrer sous les ruines d'Autun, nous nous attendions à une boucherie pour le matin du 2 Décembre. Que cette veillée d'armes nous parut longue ! Nous dormions en corps. Du moins on essaya. Pendant que la bise du nord-est secouait la cime des sapins, pendant que les étoiles s'allumaient par milliards au fond d'un ciel noir, un froid de quinze degrés, prélude de ce long et rude hiver, nous obligea à relever nos sentinelles tous les quarts d'heure. Plusieurs factionnaires eurent les extrémités gelées et maint ivrogne qui s'était endormi au grand air ne se réveilla pas.

Le 2 Décembre au matin lorsque le soleil d'hiver scintilla sur le givre des forêts, aucun casque pointu ne se profilait plus sur la rive droite du Drousson. Keller s'était replié jusqu'à Dracy-St-Loup entre la Drée et la Canche. Pourquoi Garibaldi n'envoya-t-il à leur poursuite que quelques compagnies franches ?

Levés avant l'aube du 1er Décembre, et couchés seulement après minuit, après une journée de bataille, les Badois dormaient en marchant. Ils en oubliaient de manger, eux si voraces. (1) Ils tombaient sur leur paille comme des

---

(1) SCHILLING. Page 97.

masses inertes. Pour les redresser leurs officiers étaient obligés de les piétiner et de les battre avec le fourreau de leurs sabres. De plus, une de leurs batteries, engagée dans la vieille route romaine, resta toute la nuit encroûtée par le froid dans la boue gelée à quelques kilomètres d'Autun et le matin du 2 Décembre ils ne la démarrèrent qu'en abîmant leurs pioches et qu'en attelant jusqu'à dix couples de bœufs à la fois. Pourquoi Garibaldi n'a-t-il pas saisi aux cheveux cette belle occasion de venger ses canonniers et de changer en déroute la retraite de l'ennemi ?

De son inertie relative Garibaldi ne disait en public que les raisons les plus apparentes. Ses jeunes volontaires, habitués au soleil de la Méditerranée, n'avaient encore que des vareuses d'été, le 2 Décembre, par un froid de quinze degrés. Sa cavalerie, réduite à 36 sabres, était surmenée par un service excessif. Ses artilleurs étaient décimés. La raison principale, la seule vraie au fond, celle qu'il avouait seulement à des intimes, c'était l'écœurant abandon où l'avaient laissé le colonel Bourras et le général Cremer, ses compagnons de lutte. Vraiment ils abusaient de la consigne qui était de « laisser à Garibaldi la pleine liberté de ses « mouvements. » — « Moi, Italien, disait Garibaldi, « j'expose pour la république ma vie, celle de tous mes « enfants, celle de mes meilleurs amis, et, pendant ces « quinze jours de combats, ni Bourras ni Cremer n'ont tiré « un coup de fusil ! »

« Que Gambetta, disait souvent le général, ne craigne « donc pas d'être dictateur. Réunis, Garibaldi, Cremer, « Bourras, peuvent battre Werder. Séparés, c'est lui qui « nous battra. »

Quoique son avant-garde fût à Flavignerot, derrière le Mont-Affrique, c'est-à-dire presque à portée de fusil, Bourras n'avait effectivement paru ni à Velars, ni à Prenois, ni à Pasques, ni à Autun. Séparé de nous par ses préjugés religieux, politiques et militaires, Bourras, perché en haut de la Côte-d'Or, rôdait de position formidable en position formidable. Il suivait d'un œil terrible le défilé des colonnes allemandes tantôt à gauche dans la vallée d'Ouche, tantôt à droite sur la route de Lyon. Il écoutait surtout avec un courage invincible le grondement de leurs canonnades. Mais il ne collaborait sérieusement ni aux batailles de Garibaldi ni à celles de Cremer.

Le plus coupable était encore Cremer. De ce capitaine, échappé de Metz, Gambetta avait fait subitement un général et ne lui refusait rien. Habits chauds, fusils modernes, canons neufs, escadrons au complet, il avait tout obtenu, en abondance, et immédiatement.

Mieux que personne Cremer, après les terribles expériences de Metz, savait que si jamais la désunion est un crime de lèse-patrie, c'est bien en face de l'ennemi. Se donnant comme un chaud républicain pour avancer plus vite, il ne pouvait faire à Garibaldi les coupables objections de Bourras. Il avait si bien compris la nécessité d'une entente que le 25 Novembre au soir son chef d'état-major était avec Garibaldi au château de Lantenay. Ce même jour il avait télégraphié à Garibaldi : « J'occuperai Nuits « dans la journée. Ainsi que je vous l'ai dit demain, je « serai en mesure. » (1) Cremer ne s'est pourtant trouvé ni à la charge de Prenois, ni à la mêlée de Changey, ni à la défense de Pasques, ni à la canonnade d'Autun.

Une bataille bien autrement intéressante, un conflit d'au-

---

(1) CLÉMENT-JANIN. II, 69.

torité, une querelle de galons avec son voisin le général
Crevisier le retenait à Beaune. Il commença par battre ce
rival gênant. Avant tout il attendit d'avoir en mains la
preuve « palpable » (1) de son succès, la preuve signée de
Gambetta.

Alors seulement, c'est-à-dire le 2 Décembre, il songea à
battre les Badois de Keller et il s'ébranla pour leur couper
la retraite. Il les savait vaincus. (2) Une dépêche de
Garibaldi, partie d'Autun, le 2 Décembre à 3 heures du
matin, (3) l'avait informé de notre succès et de leur recul.
Le 3 Décembre à sept heures du matin du haut de Châteauneuf il les surprit échelonnés sur la grande route et se
chauffant autour de grands feux ou dormant sur de la paille.
La colonne Wechmar qui devait les garder, venait d'être
rappelée à Dijon. Werder, inquiet des mouvements de Cremer, l'attendait sur la route de Lyon. Mais Cremer, simulant une marche de Beaune sur Dijon, avait subitement
obliqué sur sa gauche en pleine montagne. Au lieu de
tenter une victoire originale il préférait compléter une victoire de Garibaldi.

Si Cremer n'avait pas marché seul contre l'ennemi, s'il
était parti de Beaune deux heures plus tôt, si même après
ce retard il avait déployé plus vite ses légions lyonnaises, si
surtout il avait commencé par fermer le défilé, pas un de
ces Badois exténués, que lui abandonnait Garibaldi, n'é-
chappait au coup d'épervier. Mais, quoique manquée en
partie, la surprise du 3 Décembre donna encore de beaux

---

(1) CLÉMENT-JANIN. II, 86.
(2) POULET. Page 19. — MOUTON. Page 84. — VALENTIN. 19 à 31.
— LÖHLEIN. III, 111 à 112.
(3) BORDONE. XVI. 174.

résultats. Le gros de la brigade Keller fut forcé de défiler sous le tir des canons de Cremer. Les officiers de Keller, qui parlaient si volontiers de « déplumer l'oiseau rouge » laissèrent encore là trois cents hommes en morts, blessés et prisonniers. A l'inverse de l'armée des Vosges, la brigade allemande, qui depuis Autun faisait sa retraite en bon ordre, la continua par une débandade et ne s'arrêta de courir qu'en vue de Sombernon.

Ce combat de Châteauneuf marqua la fin de notre campagne d'automne.

D'un ciel noir comme l'encre avait crevé pendant quarante heures une tourmente de neige qui couvrit la terre d'un manteau virginal, cacha les trous d'obus et les vilaines taches de sang, et nous paralysa tous, amis comme ennemis.

Pendant ce repos d'une dizaine de jours, nous reçûmes des nouvelles des quatre autres armées de la république et nous pûmes nous former une opinion assez juste de leurs opérations.

Les quatre autres généraux avaient adopté partout la tactique défensive et sur les quatre champs de bataille la défensive avait donné le même résultat. Dans le nord le général Farre avait attendu les Prussiens à Villers à quelques kilomètres d'Amiens. Dans l'ouest le général Briand les avait attendus à Buchy à quelques kilomètres de Rouen. Au sud le général d'Aurelle, quoique vainqueur à Coulmiers le 9 Novembre, les avait attendus pendant quatorze jours en avant d'Orléans. Et le résultat c'est qu'Amiens dans le nord, Rouen à l'ouest, Orléans au sud étaient occupés par l'ennemi. De cette campagne d'automne, de ce premier effort de la défense nationale, un fait ressortait clair comme le jour. Avec une fierté qu'il faut nous pardonner, nous vîmes que l'armée des Vosges, la plus petite et la moins organisée des cinq armées de la république, revenait la moins maltraitée précisément parce qu'elle avait pris l'offensive.

En attendant sur place le coup de massue de l'ennemi les quatre autres armées avaient laissé à l'ennemi des canons et des milliers de prisonniers. Nous, au contraire, nous ramenions tous nos canons, toutes nos compagnies même de mobiles, et plus de trois cents prisonniers allemands. Nous ne cédions à l'ennemi « ni un pouce de ter-« ritoire, ni une pierre de forteresse. » La capitale du Morvan, plus heureuse que celle de la Picardie, de la Normandie et de l'Orléanais, pouvait ajouter à son histoire déjà si riche une page inoubliable. Son mur, construit contre les béliers d'autrefois, avait encore tenu contre les canons modernes et, après tant de sièges heureux ou malheureux, il voyait en 1870 mourir à ses pieds le flot le plus avancé de l'invasion allemande.

CHAPITRE XXIII

FEUX DE PELOTONS

Pendant tout ce mois de Décembre Garibaldi, sans oublier les Prussiens, songea davantage aux difficultés intérieures.

D'une part Garibaldi se savait l'homme le plus populaire dans les grandes villes de France. D'autre part Gambetta le traitait en suspect et ne lui confiait qu'une petite armée sur un petit théâtre de guerre. Fallait-il contre cet adversaire déployer la force énorme qu'il se connaissait et agiter par exemple les remuantes cités du midi de la France ? Non. Agé de soixante-trois ans et n'ayant plus le goût des grosses aventures, Garibaldi comprit que, même avec des chances de succès, il ne pouvait provoquer chez ses hôtes une révolution aussi forte dans un moment aussi critique. En écrasant Gambetta ne risquait-il pas d'écraser aussi la république ? Mais si Garibaldi se garda avec soin de porter des coups directs au jeune dictateur et si même il sembla accepter provisoirement son étrange et délicate situation, il ne renonça pas pour cela aux améliorations possibles. Ainsi quelques-uns de ses colonels affectaient vis à vis de lui les allures impertinentes ou criminelles que nous avons déjà observées chez les subordonnés du docteur Lavalle.

Depuis quelques jours quatre de ses colonels, quatre seulement, avaient déserté : il était temps de sévir. Pour faire un exemple, Garibaldi choisit le plus coupable, le compagnon de Bazaine, le lieutenant-colonel Chenet, qui venait d'être rattrapé à Roanne à plus de cent kilomètres du champ de bataille.

Quoique Chenet fit semblant d'être très malade, les gendarmes lui mirent la main au collet. Garibaldi ne pouvait pas faire un choix plus heureux. Ce Chenet, ancien sous-lieutenant de cuirassiers, avait été chassé de son régiment pour des raisons qu'on n'ose dire en public. (1) Il avait pris comme capitaine adjudant-major un ancien valet de grande maison, un certain Jacquot, qui avait volé les papiers d'état-civil de son maître de Saulcy (2) et s'en attribuait le nom. Le capitaine-trésorier de Chenet était un évadé du bagne de Toulon où il fut reconduit aussitôt après la guerre. (3) D'un nommé Mondon, souteneur marseillais changé en comte de Drascowitz, Chenet avait fait le capitaine de sa première compagnie. (4) Qui se ressemble s'assemble. En mettant le pied sur ce nid de vermines Garibaldi faisait tout à la fois œuvre de salubrité et œuvre de justice. Très régulièrement la cour martiale condamna le déserteur à être fusillé.

Mais si Garibaldi, vigoureusement obéi par Bordone, engagea très bien l'affaire Chenet, il lui donna, par un caprice soudain la plus irrégulière et la plus malheureuse des conclusions.

Le 14 Décembre toutes les troupes disponibles étaient rangées sur la place d'armes d'Autun. Chenet fut dégradé d'abord comme la loi l'exige. Mais, à la surprise générale, voici qu'au lieu de le conduire au pied du mur, la prévôté

---

(1) BORDONE. Cour d'assises de la Seine. Affaire Bordone. Pages 73 et 233. Voyez la note 5 à la fin du volume.
(2) MIGNARD. Page 258.
(3) MIDDLETON. XII, 96.
(4) BORDONE. Garibaldi et l'armée des Vosges. 4ᵐᵉ éd. Page 544.

l'embarque à la gare et nous apprenons que Garibaldi lui fait grâce de la vie, qu'il se contente de l'envoyer au bagne de Toulon ! Il y eut une explosion de fureur. Cela, c'était le soustraire au châtiment. Les sentences de la Cour martiale sont sans appel. Garibaldi met donc son caprice au dessus de la loi ! Au lieu de l'expiation terrible mais nécessaire que réclame la mort de nos canonniers Garibaldi nous joue là une indigne comédie. De quel droit lâche-t-il ainsi ce bandit haut gradé alors que toutes les semaines de simples soldats sont passés par les armes ?

Plus d'une fois en effet Garibaldi avait signifié à ses soldats, avant de le signifier à ses colonels, que si l'armée des Vosges n'était pas curieuse de papiers, elle n'était pas non plus le refuge des aventuriers en quête d'une position sociale.

Ainsi, avant même d'entrer en campagne, un volontaire italien pris de boisson avait joué du couteau dans un cabaret de Lyon. Il y avait eu deux victimes. Le coupable, fils d'un boucher de Livourne, s'appelait Paolo Pilati. Conduit au Grand-Camp le lundi matin 21 Novembre il fut adossé à la digue. Il refusa de se laisser bander les yeux. Avec un sourire triste il salua la foule. Le sergent qui commandait le peloton d'exécution leva son sabre. Quoique les balles eussent troué de part en part la chemise rouge du condamné, le sergent lui tira encore le coup de grâce derrière l'oreille conformément à l'usage. Quoique sollicité ardemment Garibaldi n'avait pas admis l'excuse de la boisson : « Avant tout, avait-il répondu, « mort aux couteaux ! — « Mort aux couteaux » répéta-t-il d'un ton qui fit frémir les assistants.

Comme nous revenions de Dijon sur Autun une autre tragédie du même style marqua notre passage à Bligny-sur-Ouche.

Pendant la confusion de la retraite, le lundi 28 Novembre, un franc-tireur algérien, Adrien Melnotte, acquitté une première fois par la Cour martiale, vola une oie à Vic-des-Prés et, en guise de paiement, braqua son arme contre le propriétaire de la bête. Le même jour, pendant qu'on jugeait le maraudeur, le maire du pays recevait l'ordre de préparer une fosse « pour le cadavre. » En vain le curé observa que l'arme du condamné n'avait pas été déchargée et demanda grâce. En vain les francs-tireurs refusèrent le peloton d'exécution. En vain le charpentier du pays refusa de dresser le poteau. Garibaldi n'admit pas plus l'excuse de la faim à Bligny qu'il n'avait admis à Lyon l'excuse de la soif. Ce qui s'était passé à Lyon le lundi 21 Novembre se répéta à Bligny le mardi 28 au grand saisissement de la population. Par là Garibaldi rappelait qu'en retraite comme à l'attaque les canons d'armes à feu devaient viser exclusivement les Prussiens.

A Autun même Garibaldi avait fait encore moins de façons avec deux faux marchands de légumes qui maraudaient d'une armée à l'autre.

Amenés à Autun un dimanche ils furent condamnés le jour même et conduits le lundi suivant au pied du mur romain dans l'encoignure que forme la tour surmontée d'un tilleul et qu'englobe aujourd'hui le cimetière agrandi. Lainé, pâle et affaissé, était presque mort avant de s'adosser au lierre du vieux mur et faisait pitié à voir. Perragoux, grand et solide gaillard, cria vive la France en recevant ses six balles. (1) Là aussi il y avait matière à clémence. Presque personne ne prit garde à la pauvre femme qui debout en haut du mur poussa un grand cri au bruit de la décharge.

---

(1) JOURNAL DE MACON. 26 Nov. 1870.

Les deux cercueils de sapin mal joints laissèrent couler du sang et bien vite on les lança par dessus le mur dans le coin des suicidés et des criminels.

Un autre genre d'indiscipline attira l'attention du général. Quelques curés, heureusement fort rares, se déchaînaient en chaire contre Garibaldi.

Rome venait d'être évacuée par nos troupes et occupée par les troupes italiennes. Après dix siècles de possession le pape avait perdu sa royauté temporelle et ne conservait plus sur le monde des croyants que sa royauté spirituelle. C'est ce grand crime qui excitait certains curés sur notre passage et leur arrachait en chaire des paroles inconsidérées. Certes le moment où Garibaldi nous aidait à sauver notre unité territoriale était mal choisi pour reprocher à cet Italien d'avoir toute sa vie travaillé à l'unité italienne. Cela n'était ni généreux ni habile. Si encore ces déclamations s'étaient perdues sous la voûte des temples ! Mais sur bien des points, par préjugé religieux, des portes restaient fermées devant nous, portes qu'il fallait enfoncer.

Il va sans dire que ni Garibaldi ni aucun de ses officiers ne songeaient à fusiller des curés pour un simple délit de paroles. Garibaldi voulait seulement effrayer les langues les plus intempérantes.

Ainsi le curé de Curgy près d'Autun ayant dit en chaire que nous étions « pires que les Prussiens » fut arrêté. Ce curé avait pour frère le jardinier Lacreuse, ce proscrit du coup d'état qui fut blessé à Autun en conduisant un de nos bataillons. Le frère républicain intercéda pour le frère réactionnaire et non seulement les sanguinaires Garibaldiens ne martyrisèrent point le coupable mais ils lui rendirent la liberté. Ainsi encore le curé de Bussy, entre Sombernon et

Verrey, ayant dit en chaire que « si Werder tuait les corps Garibaldi tuait les âmes, » fut arrêté. Comme il était plus bête que méchant, au dire de ses propres paroissiens, une cour martiale composée d'officiers de francs-tireurs fit semblant de le condamner à mort. Prenant cette comédie au tragique le pauvre curé tomba à genoux, demanda pardon à Dieu et aux hommes, et non seulement ces féroces francs-tireurs ne martyrisèrent point le coupable, mais ils lui rendirent la liberté.

Dans cette lutte contre l'indiscipline militaire et contre l'indiscipline civile Garibaldi obtint le respect qu'il méritait. Ceux-là même qui le damnaient religieusement ou politiquement s'abstinrent désormais de lui tirer dans le dos pendant qu'il exposait sa poitrine aux balles prussiennes.

CHAPITRE XXIV

CARESSES A GAMBETTA

En refusant le vieux Frapolli comme chef d'état-major, et en lui préférant le vigoureux et actif Bordone, Garibaldi se doutait bien qu'il avait gravement froissé l'amour-propre de Gambetta. Sur cette cuisante blessure Garibaldi essaya d'appliquer le baume de quelques flatteries.

L'affaire de Châteauneuf lui en fournit une première occasion. Lorsque Keller battu devant Autun se repliait sur Dijon, nous savons déjà comment Cremer s'intercala entre Garibaldi vainqueur et Keller vaincu. C'est à dessein que Garibaldi, après avoir signalé à Cremer ce facile succès, s'était galamment effacé et lui avait cédé le fruit d'une de ses victoires. Pour que la politesse fût moins visible Garibaldi lui télégraphia le lendemain de l'affaire : « Mes félici« tations au jeune et vaillant général de la République. « Votre manœuvre est marquée au coin du génie de la « guerre; j'en augure bien pour l'avenir de la Répu« blique. » (1) Si Cremer eut la naïveté de prendre pour lui cet énorme compliment, il se trompait. La véritable destination du télégramme n'était pas Beaune, mais Tours. C'est à Gambetta lui-même que Garibaldi l'adressait pardessus la tête de son protégé.

Juste quinze jours après ce combat d'arrière-garde où les mobilisés lyonnais reçurent le baptême du feu et méri-

---

(1) POULLET. Page 23.

tèrent bien de la patrie, la bataille de Nuits offrit à Garibaldi une occasion encore plus belle de caresser le dictateur.

La division Cremer était sans comparaison mieux armée et plus solidement organisée que la prétendue armée des Vosges. Quoique Gambetta n'eût rien refusé à cette belle division, cependant, à la date du 18 Décembre, elle n'avait encore livré aucune bataille originale. Cremer ne sortant pas de Beaune c'est Werder qui sortit de Dijon et attaqua Cremer. Werder frappa le coup avec sa vigueur habituelle. Le choc eut lieu à Nuits à moitié chemin entre Dijon et Beaune. Six heures durant, deux des brigades badoises, celle qui avait battu Cambriels à la Bourgonce, et celle qui avait pris Dijon, flanquées de huit escadrons, et appuyées de trente-six canons, assaillirent les 11,000 fantassins, les 200 cavaliers, et les 18 pièces de Cremer. La division allemande perdit là deux généraux, deux colonels, 52 officiers, et environ 1,200 hommes. Mais elle abattit 67 officiers et 1,700 hommes de la division française et la déracina du champ de bataille. Lorsque Cremer sentit la terre lui manquer sous les pieds, il se souvint que l'armée des Vosges existait et il nous appela à son secours.

Quelle vengeance exquise Garibaldi tenait là, s'il avait été vindicatif! Il n'avait qu'à arriver quelques heures trop tard.

Garibaldi avec une souplesse toute italienne, préféra oublier que Cremer, pour une misérable question de galons, nous avait négligés pendant la deuxième bataille de Dijon. Après avoir cédé au protégé de Gambetta le fruit d'un de ses succès, il le sauva d'un désastre dont la honte serait retombée à pic sur la tête de son protecteur.

Sans hésiter, Garibaldi envoya à Cremer ses bataillons

les plus aguerris. Le soir même de la bataille de Nuits, Ricciotti avec neuf cents de ses francs-tireurs, rejoignait à Beaune Cremer qui se disait « prêt à recommencer. » De plus le commandant Loste, qui occupait Sombernon avec le bataillon des Francs-Tireurs Réunis, reçut à huit heures du soir l'ordre de franchir la Côte-d'Or en une étape de nuit et de tomber sur l'arrière-garde de Werder. Le lendemain matin 19 Décembre, après onze heures de marche à travers les neiges, l'aventureuse colonne atteignait son but à l'heure prescrite. Werder en se réveillant entendait derrière lui la détonation de nos carabines. L'armée des Vosges lui soufflait ainsi sa victoire si chèrement payée du sang de 52 officiers. Il fallait ou recommencer ou reculer.

Werder, dit-on, promena le long de la Côte-d'Or, son regard énergique et sombre et grogna entre ses dents : « Ce n'est pas la Côte-d'Or, ce pays-là ; c'est la Côte de « Fer. » Le jour même il évacua Nuits, et recula, ramenant sur Dijon 347 voitures de blessés. (1)

Pendant cette rude affaire Bourras était cantonné avec son bataillon à quelques kilomètres de Nuits. Il ne remua pas plus au canon du 18 Décembre qu'il n'avait remué à celui du 26 Novembre. Il était mal avec Garibaldi. Il était plus mal encore avec Cremer.

Pendant ce mois de réorganisation, l'incident le plus curieux à noter, fut l'ordre qui nous arriva de Tours le 16 Décembre de partir pour les Vosges. « Enfin, cria « l'impatiente jeunesse, nous allons faire quelque chose ! « Notre armée va mériter son nom ! » C'était crier trop tôt. Un contre-ordre arrivé le lendemain annula cet ordre

---

(1) CLÉMENT-JANIN. II, 119.

et notre armée reprit ce rôle de factionnaire qui allait si peu à son tempérament. Plus d'une fois des palabres, dont Garibaldi admirait la longueur, la fréquence et l'inutilité, mirent en présence les généraux de la région. On y échangea force compliments. On discuta. On voyagea. On télégraphia. Mais on s'en tint à des paroles. On vivait dans l'attente d'un grand coup qui devait renouveler la face des choses et dont on ne se parlait qu'à l'oreille, très bas, très bas.

Il va sans dire que tout en réorganisant le gros de son armée Garibaldi remuait énergiquement ses quatre mille francs-tireurs qui, éparpillés en un demi cercle immense, couvraient Autun aussi bien contre les hussards de Zastrow que contre les dragons de Werder.

« Faute de cavalerie, nous criait-il au passage, c'est vous « qui êtes les uhlans de l'armée des Vosges. » Malgré la violence de la bise et l'épidémie de petite vérole qui nous décima nous refîmes dans les neiges de Décembre ce que nous avions fait sous les pluies de Novembre. Les francs-tireurs marseillais, sous la conduite de Lobbia, administrèrent une première charge de poudre au pont de Buffon sur l'Armançon. (1) Du côté du nord-ouest la brigade Ricciotti, forte maintenant de onze cents hommes, harcela les colonnes qui rançonnaient la Basse-Bourgogne. (2) Du côté du nord-est, au haut de Sombernon, le lieutenant-colonel Loste guetta les mouvements de Werder et de temps à autre lui extermina quelques cavaliers (3) pendant que, le long des voies ferrées, les Volontaires du génie

---

(1) GARNIER. XIII, 285.
(2) THIÉBAULT. V, 50 à 58.
(3) DORMOY. IV, 19 à 22.

cherchaient à glisser des cartouches de dynamite sous les roues des locomotives allemandes.

Nous poussions nos courses à plus de cent kilomètres du quartier-général et ces saines fatigues, loin de nous abattre, nous sauvaient au contraire des intrigues misérables ou des prophéties décourageantes.

CHAPITRE XXV

LA CAMPAGNE D'HIVER

L'année de sang et de ruines approcha ainsi de sa fin, et les jours se raccourcirent, et nous perdions jusqu'à la notion du temps, lorsque par nos avant-postes nous reçûmes la nouvelle la plus inattendue. Le commandant Braun, chef des francs-tireurs alsaciens, était entré à Dijon, à onze heures du soir, à l'heure même où sautait le pont de Buffon sur l'Armançon.

Comment! Par une première bataille les Allemands nous ont pris Dijon. Par une deuxième bataille ils nous en ont repoussés et Werder deux fois vainqueur reculerait ainsi sans coup férir. Cela était incroyable et pourtant vrai. C'est par ce coup inespéré que la jeune république, à peine remise de sa campagne d'automne, inaugurait la dernière campagne de cette guerre, la campagne d'hiver. Il est bien vrai que l'ennemi, vainqueur à Amiens, à Rouen, à Orléans et à Dijon, continuait d'étreindre Paris avec sa plus forte armée et resserrait autour d'elle son cercle de fer. Mais hors Paris Moltke ne nous avait pris que la surface des champs de batailles. Il avait à peine élargi, et nulle part il n'avait crevé, le cercle d'armées provinciales qui l'assiégeaient lui-même dans ses propres lignes. Et non seulement nous avions balancé la victoire, mais, quoique malheureuses dans les deux premières campagnes, nos armées, ressuscitant de leurs défaites, prenaient encore une fois l'offensive contre l'envahisseur.

Pourquoi n'aurions-nous pas espéré ?

Gambetta avait trouvé de l'argent à un taux acceptable. Nos départements envoyaient de partout des batteries neuves. Des vaisseaux pleins d'armes et de cartouches étaient arrivés d'Amérique. Nous avions en ligne autant de canons et autant d'escadrons que l'Allemagne. Le troisième ban de la défense nationale était maintenant armé. C'était les mobilisés, c'est-à-dire tous les célibataires de 21 à 40 ans qu'on appelait familièrement les vieux garçons. Comme il y avait parmi eux quelques anciens soldats nous espérions qu'au feu ils rachèteraient les défaillances de la mobile. Et ce n'était plus cinq armées comme en Novembre, c'était bien six armées renforcées, c'est-à-dire environ cinq cent mille hommes, que Gambetta, toujours jeune de cœur, jetait sur l'ennemi.

Il nous sembla aussi que dans les hauts grades de l'armée soufflait un esprit plus viril et plus patriotique.

Ainsi sur la Somme l'ami de Bazaine, l'inerte Bourbaki, avait été remplacé par l'actif Faidherbe qui tâchait de percer les lignes allemandes par le nord. Dans l'ouest l'inerte d'Aurelles de Paladines avait été remplacé par l'énergique Chanzy qui savait tenir tête à l'armée de Frédéric-Charles. Pendant ce temps l'armée de Paris préparait une nouvelle sortie et Bourbaki, remontant de la Loire sur la Saône, poussait dans le flanc de l'ennemi et sur ses lignes de ravitaillement les cent cinquante mille hommes, les trois cent quatre-vingt-six canons, les vingt-et-un régiments de cavalerie qui formaient notre armée de l'est et représentaient le dernier espoir de la patrie.

Quel dommage que dès la campagne d'automne Gambetta n'ait pas résolument choisi Dijon au lieu d'Orléans comme pivot de nos opérations !

D'abord dans les gorges et dans les forêts profondes de la Côte-d'Or l'artillerie des Allemands perdait une grande partie de son efficacité. De petits détachements pouvaient arrêter partout leur cavalerie si gênante dans les plaines de la Beauce. Nos troupes improvisées, trouvant partout des abris, auraient eu l'occasion de s'aguerrir. Sans être complètement détournée de Paris, l'invasion était forcée de revenir sur ses pas, de vivre à ses frais sur un sol plus étroit, de combattre avec plus de risques dans des positions plus dangereuses. Dijon valait bien Orléans comme centre de ravitaillement. Et pour notre administration, la grande ville de Lyon, couverte par les places de l'est, ne remplaçait-elle pas avantageusement Tours, ville ouverte que les bureaux durent évacuer en toute hâte quelques semaines après leur installation ?

Quoique tardivement conçu ce plan de campagne qui pendant quinze jours accablait le corps de Werder sous les cent cinquante mille hommes de Bourbaki n'en touchait pas moins avec un admirable a-propos le défaut de la cuirasse ennemie.

Une vive émotion, qui sur certains points dégénéra en panique, secoua toute l'Allemagne particulièrement celle du Sud. « Nous sommes surpris, pensèrent-ils. Nos armées
« sont engagées trop loin aux extrémités de la France pour
« secourir Werder. Bourbaki interrompra nos communica-
« tions. Belfort va être débloqué, le Rhin franchi, l'Alle-
« magne envahie à son tour. Nos maisons brûleront
« comme celles de Strasbourg, de Bazeilles et de Château-
« dun. Quels excès horribles ne commettront pas les
« compagnies de francs-tireurs, de turcos et de zéphirs qui
« partout précèdent cette armée ! » Yeux crevés d'un coup de pouce, oreilles arrachées, ventres ouverts, toutes les

horreurs du Moyen-Age, hantèrent de nouveau les imaginations, comme après le coup de Châtillon et pour la première fois depuis la chûte de Metz il advint qu'un général français eut sur son ennemi la double supériorité du nombre et du prestige moral.

TROISIÈME

BATAILLE DE DIJON

21

JANVIER

1871

CHAPITRE XXVI

GARIBALDI ET GAMBETTA

On n'imagine pas combien ce rayon d'espoir, illuminant cette sombre fin d'année, donna de cœur et de jarret aux francs-tireurs de l'armée des Vosges ni avec quel accent de conviction ils répercutèrent la pensée de Gambetta jusque dans les moindres hameaux de la Côte-d'Or.

« Enfin, cria de nouveau l'impatiente jeunesse, nous « allons faire quelque chose! » Encore une fois c'était crier trop tôt. Une fois de plus Gambetta évita de donner à Garibaldi une importance dangereuse. Pour la sécurité de Nice où les séparatistes aggravaient leurs intrigues, notre rôle fut au contraire soigneusement limité. Nous n'étions même pas, comme le faisait supposer l'ordre du 16 Décembre, l'aile gauche de l'armée de l'est : ce rôle était confié à Cremer. Nous, dont le tempéramment était de remuer, dont les jarrets endurcis avaient une démangeaison perpétuelle de marcher, nous fûmes condamnés à monter une simple faction. « Fermer les défilés du Mor- « van » n'étant plus nécessaire, nous reçumes la modeste mission « de défendre Dijon inébranlablement. » (1) Et pour comble de précaution il fut ordonné à Garibaldi de ne pas quitter Dijon sans en aviser les bureaux de la guerre.

Quand il sut à quel rôle piteux il était condamné, Garibaldi fit grève. Un accès de rhumatisme le rendit invisible.

---

(1) BORDONE. XXII, 251.

Bordone, son chef d'état-major, partit en mission pour le midi de la France et du coup le conflit entre Gambetta et Garibaldi entra dans la période aiguë. Nos deux grands hommes se prouvèrent l'un à l'autre qu'ils étaient aussi des hommes.

Notons pourtant que pour le public ils restèrent bons amis et continuèrent de se rendre en paroles la justice qu'ils ne se rendaient pas en fait. Mais Freycinet d'un côté et Bordone de l'autre, l'un plus souple, l'autre plus fougueux, tous deux également tenaces, ferraillèrent dans la coulisse avec acharnement. L'arme de Bordone, arme dont il joua plusieurs fois, c'était la démission de Garibaldi. Les armes de Freycinet étaient les bureaux qui retardaient sans cesse leurs livraisons, les préfets qui contrecarraient les ordres de Garibaldi, les généraux qui le laissaient dans l'isolement, les maires qui s'opposaient aux réquisitions, les compagnies de chemins de fer qui manquaient toujours de wagons, les évêques qui déclamaient en chaire, l'*Officiel* qui lançait d'aigres observations. (1) Vraiment sous ces piqûres quotidiennes et multipliées c'est merveille que Bordone, sanguin comme il était, et toujours rugissant, ne soit devenu ni fou ni enragé et qu'il ait trouvé une minute pour combattre les Prussiens.

Deux griefs surtout ulcéraient Garibaldi : les intrigues de Frapolli et l'armement insuffisant de l'armée des Vosges.

Gambetta n'avait point abandonné Frapolli qui, réfugié à Lyon, reçut jusqu'à la paix des subventions en argent, et tâchait d'organiser une armée rivale dite de l'Etoile. Avec une rouerie bien italienne Frapolli se donnait comme l'ad-

---

(1) Le MONITEUR UNIVERSEL. 2 Novembre, 7 Novembre, 10 Novembre, 16 Novembre 1870... etc.

mirateur passionné de Garibaldi. Il attirait ainsi les recrues qui venaient d'Italie et les empêchait de grossir nos effectifs. Il interceptait les livraisons de matériel faites pour les véritables Garibaldiens. Il encaissait les subventions des grandes villes du midi, le produit des loteries populaires, les dons des particuliers. Enfin quand un voleur ou un intrigant était chassé de l'armée des Vosges, Frapolli l'accueillait avec une affection toute paternelle et lui donnait aussitôt un grade supérieur. Comme ces hommes tarés recommençaient à Lyon les turpitudes commises à Autun, Garibaldi était du même coup déshonoré et affaibli. « Ou eux ou « moi, » dit-il en se fâchant rouge. « Ou eux, ou lui » télégraphia aussitôt son fidèle Bordone, et Gambetta, quoique dictateur, battit très bien en retraite.

Il faut l'en féliciter. Ces procédés étaient indignes de lui. On outrepassait partout ses instructions. Si Frapolli ne disparut pas de la scène, il se tint coi, et Garibaldi qui aurait pu occuper Dijon dès le 27 Décembre, consentit à l'occuper le 8 Janvier.

Du 8 au 21 Janvier Garibaldi, étant à Dijon, essaya aussi d'obtenir pour son armée les renforts, l'organisation et l'armement qui étaient accordés aux autres armées. Sur ce point Gambetta tint bon et, après avoir approuvé tout à l'heure sa reculade, nous ne pouvons ici qu'approuver sa résistance. L'intérêt supérieur de la patrie lui défendait de risquer Nice pour reconquérir Strasbourg.

Par contre lorsque les deux corps de Manteuffel, accourant au secours du corps de Werder, défilèrent entre Langres et Dijon, Garibaldi ne nous jeta point sur les 168 canons de Manteuffel comme il nous avait jetés sur les 72 canons de Werder. S'il s'immobilisa à Dijon, comme il venait de s'immobiliser à Autun, ce ne fut point par ignorance : il a connu jour par jour la marche des Prussiens. Ce ne fut pas non plus par peur : il ne demandait qu'à clore sa carrière militaire par un coup d'éclat. La raison vraie de son inaction, c'est que en trois mois il avait réorganisé trois fois ses bandes et que même après cette triple refonte il n'avait pas encore l'outillage qui seul en aurait fait une armée. Garibaldi recevant peu faisait peu. Il proportionnait son action à sa force vraie. Il exécutait à la lettre la consigne reçue. Il défendait Dijon et rien de plus.

Qu'est-ce en effet qu'une véritable armée ? C'est un certain nombre de soldats de toutes armes convenablement proportionnés que le ministre organise d'abord et qu'un général mène au feu. A cette règle notre armée continuait de faire cruellement exception.

Assurément, vers la fin de Janvier, après sa troisième réorganisation, elle avait moins pauvre mine qu'à la fin de Novembre. La courroie de cuir avait remplacé la ficelle. Au lieu de 2,500 francs-tireurs nous en avions 5,000. De 1,600 les chemises rouges avaient passé à 2,200. Un renfort de 8 à 9,000 mobilisés avait porté notre effectif à 26,000 hommes. Mais c'est en combattant, et morceau par morceau, que ces 26,000 hommes avaient été recrutés, armés et organisés en quatre brigades. Nous étions encore armés de seize fusils différents. Nous n'avions reçu aucun bataillon de troupes régulières. Au lieu des 16 escadrons, que réclamaient nos quatre brigades, nous n'avions, en groupes disparates de cavaliers, même pas quatre escadrons. Au lieu des 72 canons que l'on trouvait dans toutes les autres armées pour la même proportion d'hommes, nous ne mettions en batterie que 34 pièces dont seize seulement avaient une portée suffisante. Nos 18 autres pièces étaient des canons de montagne ne portant guère plus loin que des chassepots.

Encore cette lacune dans notre armement n'était-elle pas la plus grave de toutes. Malgré les terribles expériences de la campagne d'automne l'unité manquait toujours dans le commandement.

Non seulement, pour connaître la situation de Bourbaki, Garibaldi était obligé de télégraphier à Tours, comme nous le verrons sous peu ; mais, dans la ville même de Dijon, depuis le 8 Janvier, il y avait deux armées sans lien hiérarchique. Pour permettre à l'armée des Vosges de tenir la campagne, Gambetta avait concentré à Dijon, sans leur donner ni cavalerie ni artillerie, un corps de 20,000 mobilisés répartis en quatre brigades sous les ordres du général Pellissier. Les deux généraux n'étaient pas subordonnés : ils étaient simplement juxtaposés. Que l'état-major de Garibaldi, pressé par le temps, donne des ordres à un de ces bataillons de mobilisés : aussitôt ces mobilisés reçoivent de Pellissier le contre-ordre suivant : « N'obtempérez aux « ordres qui vous sont donnés par l'état-major du général « Garibaldi qu'autant que ces ordres seront écrits et visés « par moi. » (1)

C'est le général Pellissier lui-même qui nous raconte ces faits et assurément il ne pouvait ni parler ni agir autrement.

L'autorité de Garibaldi n'était pas seulement limitée à Dijon entre corps voisins ; elle était limitée aussi dans son propre corps. Dans les autres armées de la république les chefs de colonnes devaient obéir sans répliquer. Sous Garibaldi voici comment les choses se passaient.

---

(1) PELLISSIER. Ch. III. Page 89.

Le 16 Décembre le commandant. Garnier se présente à l'état-major. Les 2 à 300 mineurs qu'il a recrutés à Saint-Etienne et qu'il a organisés sous le nom de Volontaires du Génie, sont évidemment les bienvenus puisque chez nous l'arme du génie brille précisément par son insignifiance. L'état-major prend-il avec cette nouvelle recrue le ton du commandement ? Garnier exhibe le document suivant :
« Monsieur Garnier (Jules), chef de bataillon du génie de
« l'armée auxiliaire, chargé d'une mission spéciale, doit
« être laissé libre de se porter sur tel point qu'il jugera
« convenable. Il ne fait partie d'aucun corps d'armée, ni
« d'aucune division territoriale, et ne peut être retenu par
« aucun chef militaire, pour quelque motif que ce soit. » (1)
Ce document porte en toutes lettres la signature de Gambetta et, sans rougir de sa conduite, le propriétaire de ce document raconte l'usage qu'il en fit à la troisième bataille de Dijon où il brûla juste autant de cartouches que Cremer en avait brûlé à la deuxième bataille de Dijon ou Bourras à la bataille de Nuits.

On voit sur quelle fausse piste se perdent les historiens conservateurs, nos adversaires politiques, lorsqu'ils racontent les relations entre Gambetta et Garibaldi. A les entendre Gambetta par préjugé républicain aurait accablé Garibaldi de ses faveurs. C'est le contraire qui est vrai. Gambetta fut toujours patriote avant d'être homme de parti.

---

(1) GARNIER. Ch. XI et XII. — DORMOY. Vol. V. Pages 78 à 79 ; 161 à 162 ; 221 à 223.

CHAPITRE XXVII

L'ARMÉE DE MANTEUFFEL

Pendant que Garibaldi arrachait des concessions de détail et que Gambetta les éludait le plus possible l'armée de Manteuffel approchait à raison de vingt kilomètres par jour. Car le vieil empereur Guillaume, avec son esprit lent, avait le talent de discerner les hommes de valeur et de les mettre aux meilleures places.

Pour dégager Werder et pour combattre notre armée de l'est Guillaume n'avait pas hésité à rappeler Manteuffel du nord de la France où il venait de refouler Faidherbe à Bapaume. Grand, maigre, alerte, Manteuffel était avec Werder le meilleur général de la Prusse d'alors. Il n'avait pas seulement les qualités d'un soldat laborieux, perspicace et entreprenant. Manteuffel avait aussi l'usage du monde. Il était diplomate autant que général. Par son expérience de la guerre il savait la force des armées en présence. Par son expérience des hommes il savait les causes de notre faiblesse qui étaient surtout politiques. Fort de cette double science il se garda bien de récriminer contre l'ordre inattendu qui l'arrachait à sa victoire pour l'engager dans un danger nouveau et il se jeta sur sa nouvelle tâche avec l'entrain d'un jeune homme qui débute dans la carrière.

Manteuffel, aussi habile terroriste que Werder, tâchait de briser d'avance toute pensée de résistance par des réquisitions, par des incendies, par des exécutions et surtout par des bruits exagérés.

Nos malheureux campagnards, dupes de la diplomatie des Prussiens, exagéraient encore leurs exagérations : « Cent cinquante mille hommes, vingt mille chevaux, « cinq cents canons au moins, disaient-ils effarés; c'est « Manteuffel qui arrive! » Dix lieues à l'avance un vent de terreur courbait la foule irréfléchie. Le peuple des villages, alors peu instruit, et ne lisant presque jamais, ne comprenait pas que les Prussiens soufflaient eux-mêmes ces exagérations devant eux et que les répéter ainsi avec des yeux blancs et avec des mines allongées, ce n'était pas seulement de la bêtise, c'était aussi combattre avec l'ennemi; c'était, à la lettre, travailler pour le roi de Prusse. Mais raisonnez donc avec la peur.

A ce moment de la campagne les heures avaient un prix exceptionnel : le premier souci de Manteuffel fut de ne pas perdre une heure.

Pendant que Werder se repliait à loisir, réfléchissait, observait, préparait sa résistance derrière la Lisaine, grâce à la désespérante lenteur de Bourbaki, Manteuffel partait d'Amiens le 10 Janvier. Le 11 Janvier il prenait à Versailles les instructions du grand état-major. Le soir du 12 Janvier il arrivait à Châtillon-sur-Seine où l'attendaient deux corps d'armée, le 7ᵉ, commandé par Zastrow et le 2ᵉ, commandé par Fransecki. Manteuffel avait à peine dormi, à peine mangé, à peine pris langue avec ses chefs de corps, que, dans la nuit du 12 au 13, il s'ébranlait déjà avec 56 bataillons, 20 escadrons et 168 canons. Du 14 au 18 Janvier, allongée en deux colonnes, cette armée de 60,000 hommes remontait la vallée de la Seine et débouchait dans la vallée de la Saône par toutes les fissures du plateau de Langres. Le corps le plus nombreux, celui de Fransecki, fort de 32,000 hommes fit face à Dijon et défila par Nuits,

Montbard, Chanceaux, Is-sur-Tille. Le corps le moins nombreux, celui de Zastrow, fort de 28,000 hommes, fit face à Langres et défila par Châtillon, Recey, Auberive, Prauthoy.

Le 19 Janvier au matin Manteuffel tenait les ponts de la Saône. Bourbaki n'avait pas fait sauter ces ponts. « Voilà, « s'écria Manteuffel, ma première partie gagnée ! » Malgré la neige il avait franchi 18 à 20 kilomètres par jour.

Le vieux Guillaume ne s'était pas contenté de mettre au poste le plus difficile son général le plus capable. Il eut également soin de le nommer seul chef de toutes les opérations dans toute la région sans en excepter le victorieux Werder.

Assurément si un général prussien avait alors le droit de lever la tête, c'était bien le petit et remuant Werder qui depuis trois mois, avec 60,000 hommes bien employés, paralysait dans leur propre pays les efforts désordonnés de 80,000 Français. Il avait pris Strasbourg et Neu-Brisach, enfoncé la première armée des Vosges à la Bourgonce (6 Octobre), rejeté Cambriels dans la place de Besançon (22 Octobre), dispersé l'armée de la Côte-d'Or (27 Octobre), repoussé de Dijon la deuxième armée des Vosges (26 Novembre) et décimé à Nuits la division Cremer (18 Décembre) tout en assiégeant Belfort. Il pouvait se considérer comme le rival sinon comme le supérieur de Manteuffel. Pourtant lorsque le 10 Janvier, sur la route de Lure à Frahier, un simple chasseur lui apporta de Versailles l'ordre d'obéir à Manteuffel, Werder ne souleva pas une question de galons. Grâce à cette soumission instantanée, 35,000 hommes détachés de l'armée de Werder ne firent plus avec les 60,000 hommes de Manteuffel qu'une masse unique et le feld-maréchal, libre de soucis indignes, marcha à son but en droite ligne sans dire une parole vaine ni verser inutilement le sang d'un seul soldat.

Sans compter les troupes d'étapes et de sièges Manteuffel eut alors sous la main environ 95,000 hommes, 276 canons et 58 escadrons.

A la vigueur, à l'unité, à la rapidité de l'attaque allemande, Gambetta comprit bien qu'il fallait opposer une vigueur, une unité, une rapidité encore plus grande dans la défense. Le malheur fut que malgré l'avis de Freycinet il s'obstina à maintenir notre plus mauvais général à la tête de notre meilleure armée.

Ce plus mauvais général était Bourbaki sans comparaison. Quoique Bourbaki se fût compromis très avant dans l'intrigue de Metz, quoique les grandes villes du nord eussent déjà hué en lui l'ami de Bazaine, Gambetta trouva bon qu'un général de l'empire travaillât à réparer les fautes de l'empire et eût à la tête de notre meilleure armée l'occasion de racheter ses fautes personnelles. Cela était habile et chevaleresque. Mais, pendant que l'avocat flattait, caressait, priait le général, celui-ci se moquait ouvertement de l'avocat. (1) Revenu à regret Bourbaki ne combattait qu'à regret. Avant même de partir il considérait cette campagne d'hiver comme plus nuisible qu'utile. (2) Une fois en route il exagérait à dessein le nombre des ennemis, (3) la difficulté de la tâche (4) et sa propre incapacité. Si étrange que cela paraisse aujourd'hui c'est de lui général

---

(1) LE COLONEL POULLET. La campagne de l'est. Préface. Page VII. Voyez la note 6 à la fin du volume.
(2) VON DER GOLTZ. IV, 35.
(3) BOURBAKI. Dépêches diverses à Gambetta.
(4) FREYCINET. Dépêche 513. Voyez la note 7 à la fin de ce volume.

en chef que le découragement filtrait de grade en grade jusque dans les rangs des simples soldats.

Bourbaki ne se contentait pas de singer l'accent méridional de Gambetta. A haute voix, à table d'hôte, sur le perron d'une gare, dans une rue fréquentée, des témoins dont je ne saurais récuser l'autorité, l'entendirent se moquer aussi de ses pauvres soldats.

N'en déplaise à cet homme dédaigneux, l'armée de l'est, entre toutes les armées improvisées de cette époque, était certainement la moins mal outillée. Ses wagons contenaient plus de vivres que Manteuffel n'en trouva dans tous les villages du plateau de Langres. Ses canons n'étaient pas tous du dernier modèle : mais Bourbaki en avait 386, soit 110 de plus que Manteuffel. Ses fantassins n'étaient pas des brisquards comme ceux de la garde impériale : mais il avait 150,000 hommes soit 55,000 combattants de plus que Manteuffel. Dans aucune des cinq autres armées on ne comptait autant d'anciens officiers et de soldats de profession. Bourbaki en avait environ 35,000. Il avait notamment ces bataillons d'Algérie, zouaves, turcos, zéphirs, goumiers, dont lui, ancien troupier d'Afrique, connaissait mieux que personne les qualités militaires et dont le seul nom faisait encore frissonner l'Allemagne victorieuse.

Pourquoi donc, avec ces éléments d'action, Bourbaki ne faisait-il pas ce qu'essayaient à cette heure même Faidherbe et Chanzy ? La raison, on la devine. Nous l'avons déjà dite à propos de Fauconnet. Ne nous lassons pas de la répéter ; car dans une nouvelle guerre elle pourrait provoquer des malheurs encore plus grands.

Bourbaki lui-même va nous la révéler. Il n'a pas déposé

son secret dans l'oreille d'un confesseur comme Fauconnet expirant. Bourbaki n'a pas craint de dire en public, de relire sur les épreuves et de signer en toutes lettres la déclaration suivante dont il ne comprenait pas l'énormité et qui le juge à jamais devant les patriotes de France. Il était alors à la Commission d'enquête parlementaire de Versailles. Il avait pour auditeurs des amis politiques. La monarchie allait être restaurée.

M. LE PRÉSIDENT. « Garibadi a-t-il cherché à vous « rejoindre ?

M. LE GÉNÉRAL BOURBAKI. « Je ne le pense pas, et, « quant à moi, je ne l'ai jamais désiré. Tout ce que je « souhaitais, c'était que ni lui ni ses officiers ne se trou- « vassent en rapport avec mon armée.... » (1)

En bon français Bourbaki n'était pas républicain et il servait mal un gouvernemt républicain.

Habitué de longue date à incarner la patrie en un homme, songeant à son empereur alors prisonnier des Prussiens, Bourbaki ne savait plus très bien où était la patrie. Hier, c'était Napoléon. Aujourd'hui était-ce Gambetta, l'avocat de Bordeaux, le démagogue borgne des Bellevillois... ?

Enervé par ce doute il ne vit pas où était le devoir. Accabler Werder, puis se retourner contre le feld-maréchal Manteuffel, tel était le double effort que Bourbaki devait, non pas à l'avocat de Bordeaux, mais à sa patrie malheureuse. Bourbaki entama à peine la première partie de cette noble tâche et n'essaya même pas d'exécuter la dernière. La

---

(1) ENQUÊTE PARLEMENTAIRE. Déposition de M. le général Bourbaki. Edition Germer-Baillière, Paris, 1876. Tome VI, 164 à 165.

Franche-Comté, traversée dans toute sa longueur par ce lamentable général, revit alors, mais dans des proportions plus grandes et avec des conséquences plus terribles, le spectacle qu'avait déjà donné Fauconnet la veille de la première bataille de Dijon. On se demandait en tremblant si c'était le général qui menait son armée au feu, ou l'armée qui y traînait son général. C'est le 9 Janvier seulement, après le combat de Villersexel, que les Allemands comprirent notre marche sur Belfort et le grand danger qui menaçait leur frontière. Donc, du 24 Décembre, jour où il quitta Nevers, jusqu'au 9 Janvier, jour où son lieutenant Penhoat battit à Villersexel l'arrière-garde de Werder, c'est à dire pendant seize jours, Bourbaki eut cette chance inouïe de surprendre les 35,000 hommes, les 108 canons et les 38 escadrons de Werder avec 150,000 hommes, 386 canons et 84 escadrons.

Pendant ces seize jours il a été maître du chemin de fer, appuyé par quatre forteresses, couvert par l'armée des Vosges. Pas un coup de fusil ne lui a été tiré. Malgré la sécurité de sa marche, malgré le cri de la France envahie, malgré les regards suppliants de ses jeunes officiers, malgré le rôle magnifique de sauveur de la patrie qui s'offrait à lui, Bourbaki, loin de poursuivre Werder, ne le suivit même pas. De Nevers (24 Décembre) à Villersexel (9 Janvier) il perdit d'abord seize jours. Puis, entre Villersexel et Arcey, localités que sépare une petite étape, il perdit encore quatre jours. Puis, pour franchir les quelques kilomètres qui séparent Arcey d'Héricourt, il perdit deux jours. Lorsqu'enfin, le matin du 15 Janvier, en avant d'Héricourt, il tira son premier coup de canon à Werder, Bourbaki pouvait se vanter d'avoir franchi environ six kilomètres par jour. Maître du chemin de fer il avait marché trois fois moins vite que Manteuffel à pied.

Pourquoi aurait-il pressé le pas ? Puisque la lutte lui paraissait plus nuisible qu'utile, son plan était précisément d'éviter les batailles. (1)

Du 15 au 17 Janvier Bourbaki canonna les minces lignes de Werder mais sans conviction et sans plan arrêté. Comme Bazaine pendant la bataille de Gravelotte il s'occupa peu de ses corps d'armée. Pendant que çà et là des poignées d'hommes se ruaient sur l'ennemi avec un courage désespéré, Bourbaki, battu d'avance, se renseignait anxieusement sur la marche de Manteuffel. Le matin du 18 Janvier, comme les Badois, chargés de la défense d'Héricourt s'apprêtaient à capituler, (2) Bourbaki jugea que l'inutilité de la lutte, principe de toute sa stratégie, était suffisamment démontrée. Du 18 au 21 Janvier il ramena son armée derrière le Doubs, de Pont-de-Roide jusqu'aux murs de Besançon. Alors, piétinant sur place, il ne fit plus de mouvements appréciables sur la carte. Comme Bazaine s'était cramponné aux murs de Metz, comme D'Aurelles s'était cramponné aux lignes d'Orléans, Bourbaki se cramponna aux forts de Besançon et pendant cinq mortels jours aucune puissance humaine ne put l'arracher à cette criminelle immobilité.

Pendant que les chevaux de Bourbaki, affamés à quelques kilomètres des wagons de fourrages, mouraient par centaines en rongeant leurs piquets, les escadrons de Manteuffel, entretenus par le mouvement, rapportaient tous les jours à leur chef cette nouvelle inouïe, à peine croyable, que Bourbaki ne bougeait pas et que seuls les francs-tireurs de Garibaldi tenaient la campagne.

---

(1) GAMBETTA. Enquête parlem. Dép. des témoins. Vol. I, Page 46. Voir la note 8 à la fin du volume.
(2) DORMOY. Vol. V, 252 à 254.

Un fol espoir vint alors à l'esprit du feld-maréchal Manteuffel. Les 100,000 hommes de l'armée de Mac-Mahon, détournés de leur but par des raisons politiques, avaient bien été enveloppés et pris par Moltke dans l'entonnoir de Sedan. Les 173,000 hommes de Bazaine, détournés de leur but par des calculs politiques, avaient bien été enveloppés et pris par Frédéric-Charles dans la souricière de Metz. Pourquoi donc lui, Manteuffel, n'écraserait-il pas les 130,000 hommes de Bourbaki et les 25,000 hommes de Garibaldi, détournés aussi de leur but par des considérations politiques? Plein de cette outrecuidante ambition, Manteuffel renonça à son idée première qui était de passer par le nord de la place de Besançon. A quoi bon? Pendant que l'armée de Werder, devenue son aile gauche, cernera Besançon par le nord et l'ouest, son armée à lui, devenue l'aile droite, se glissera entre Besançon et Dijon. Sans pontons ni ligne de retraite Manteuffel se risqua donc entre nos deux armées supérieures en nombre. Environ 95,000 Allemands éparpillés en un cercle immense enveloppèrent à Besançon une armée comptant encore cent trente mille hommes que leur chef retenait stupidement pelotonnés sur eux-mêmes comme des moutons de boucherie.

Si les circonstances avaient été normales cette marche de Manteuffel eût été une folie. Mais justement les circonstances étaient anormales. Du côté français la politique gâtait la stratégie. Avec son nez de diplomate, Manteuffel, qui connaissait à fond l'intrigue de Metz, avait flairé les causes plus politiques que militaires qui rivaient Bourbaki à la forteresse de Besançon. Les historiens admirent beaucoup trop la hardiesse de Manteuffel. Il y a hardiesse quand il y a danger. Bourbaki qui avait des canons et des escadrons ne voulait plus marcher. Garibaldi qui voulait bien marcher n'avait encore ni canons ni escadrons. Entre

Bourbaki inerte et Garibaldi impuissant Manteuffel savait ne courir qu'un danger très relatif. Avoir pour soi cette chance inespérée, c'était la victoire, et ne la point cueillir eût été pour un Allemand le comble de l'imbécillité.

Nous passons ainsi du 17 au 21 Janvier. Les troupes françaises immobiles à Langres, immobiles à Besançon, immobiles à Dijon, ont l'air d'attendre Manteuffel comme on attend un photographe. Excepté les compagnies franches, personne ne bouge.

Une inquiétude restait au feld-maréchal. Il n'avait guère à craindre un sursaut d'énergie de la part de Bourbaki : ses uhlans le lui disaient tous les jours. Mais si Gambetta, dans son ardeur créatrice, allait faire de l'armée des Vosges une véritable armée ? S'il se mettait en tête d'envoyer des canons et des escadrons au général qui avait envie de s'en servir ? Si Garibaldi, qui s'immobilisait à Dijon depuis le 8 Janvier, se jetait sur son flanc droit et crevait tout à coup le réseau de minces colonnes allemandes qui s'agrandissait autour de Besançon ? Avec ces francs-tireurs qui ne doutaient de rien, avec ce Garibaldi qui était une boîte à surprises, toute la stratégie allemande serait en désarroi. Il fallait donc débarrasser le terrain de l'armée des Vosges. C'est la tâche que Manteuffel se proposa pour le 21 Janvier.

CHAPITRE XXVIII

INCENDIES A L'HORIZON

Pour arracher à Gambetta la disgrâce de Frapolli, Garibaldi s'était immobilisé à Autun du 27 Décembre au 8 Janvier. Pour lui arracher des canons et des escadrons il s'immobilisa encore à Dijon du 8 au 25 Janvier. Toutefois prendre à la lettre ce mot d'immobilité serait une injustice.

Les faits prouvent le contraire. Il est bien vrai que ni d'Autun ni de Dijon Garibaldi n'éloignait volontiers ses mobiles et ses chemises rouges. Les mobiles ou mobilisés, connaissant la faiblesse de notre artillerie, étaient trop prompts à la panique. Les chemises rouges, comprenant mal le français, se seraient trop souvent querellés avec les paysans. Mais si Garibaldi, pendant ces deux périodes d'attente, retint sous sa main le gros de son armée, en revanche il remua énergiquement ses quatre à cinq mille francs-tireurs. Dès la fin du mois de Décembre, au plus fort de la querelle avec Gambetta, les corps francs formaient déjà autour de Dijon le cercle étendu qu'ils avaient formé autour d'Autun. Nous couvrions l'armée des Vosges qui couvrait l'armée de l'est et malgré la fragilité de ce rideau on peut, dans toutes les relations soit françaises soit allemandes, vérifier ce fait que, du 24 Décembre au 9 Janvier, la grande armée de l'est a défilé derrière sa petite voisine sans recevoir un coup de fusil.

Toutefois quand Manteuffel apparut, sous la pression de cette force énorme, notre cercle se rétrécit sur Dijon. Notre ligne d'avant-postes passait alors par Verrey, Saint-Seine, Val-Suzon, et Epagny.

Bourbaki, dont nous ne connaissions pas le mépris, était populaire parmi nous. Pas plus que Gambatta nous ne lui reprochions ses attaches bonapartistes. « C'est un zouave, « pensions-nous, un zouave de la garde, un vieux de la « vieille ! Il tuera cent mille hommes, s'il le faut, mais il « passera. » Et pleins de confiance nous risquions des aventures certainement plus hardies dans leur petitesse que le passage tant célébré de Manteuffel entre Besançon et Dijon.

Tel fut le combat de Chanceaux, le 2 Janvier 1871. Zastrow, ne connaissant pas encore la marche de Bourbaki, mais soupçonnant déjà un danger, avait envoyé en reconnaissance dans la direction de Dijon une colonne comprenant un bataillon, un escadron et 2 canons, soit un millier d'hommes, qui le 2 Janvier se heurtèrent entre Coursault-sur-Seine et Chanceaux à une grand'garde comprenant cent trente-cinq hommes du bataillon des francs-tireurs réunis. Quoique le secours le plus proche fût à dix kilomètres en arrière et quoiqu'il n'eût jamais été soldat, le capitaine Teulières, chef de la grand'garde française, barra crânement la route et arrêta deux heures la colonne allemande. Les Allemands clouèrent ce hardi soldat dans la neige à coups de baïonnette, forcèrent le passage, et firent halte à Chanceaux. Au bruit de la canonnade, Loste, qui était cantonné à Saint-Seine, accourut avec le reste de son bataillon. Mais quand il arriva devant Chanceaux, des spirales de fumée bleuâtre montant de toutes les cheminées lui apprirent qu'il arrivait trop tard au secours du brave Teulières, et que les Allemands cuisaient la soupe. Alors, sous un ciel sans nuages, par un magnifique soleil d'hiver, les six cents francs-tireurs se déployèrent en demi-cercle, chargèrent à l'arme blanche et il fut prouvé ce jour-là que, même en nombre inférieur, (1) même sans chevaux ni canons, les volontaires de la république pouvaient battre les Prussiens comme ils avaient battu les Badois. Peu s'en fallut que la colonne allemande ne laissât entre nos mains ses deux pièces d'artillerie.

La colonne allemande s'enfuit au pas accéléré, non seulement de Chanceaux, mais encore de Coursault en nous abandonnant son déjeuner cuit et elle s'arrêta de courir, non pas à Frolois comme le chef de la colonne s'en est faussement vanté dans son rapport, mais bien à Darcey, à cinq kilomètres plus bas dans la vallée.

Garibaldi ne se contenta pas de recevoir le choc des colonnes volantes de Zastrow. Pour observer ses mouvements il lui dépêcha Ricciotti son jeune fils avec cette colonne de onze cents francs-tireurs que nous appelions notre quatrième brigade.

Conformément aux ordres de son père, Ricciotti exécuta de notre extrême gauche à notre extrême droite une des marches les plus risquées de toute la campagne. Il passa par Château-Chinon, Saulieu, Avallon, Semur, Baigneux, Aignay, Avaux, Is-sur-Tille, toujours à portée de fusil des hussards de Zastrow. Trois fois de suite, à Champ-

---

(1) DORMOY. Vol. IV. 49 à 50. — KÖLNISCHE ZEITUNG. Janvier 1871. — ETAT-MAJOR ALLEMAND. Vol. IV. Page 1060 : « La « colonne (forte de quatre compagnies, d'un escadron et d'un tiers de « batterie) qui avait été envoyée contre Saint-Seine, délogea de l'é- « tranglement de Courceau un détachement de francs-tireurs et atteignit « Chanceaux ; mais là, devant les Garibaldiens qui se montraient en « nombre supérieur elle se replia sur Frolois. » Les états des neuf compagnies du bataillon des francs-tireurs réunis accusaient alors 727 hommes sans cavalerie ni canons.

d'Oiseau, à Crépand et à Baigneux, Ricciotti attaqua des détachements prussiens et leur fit des prisonniers. Une fois aussi il fut enveloppé et pendant plusieurs jours notre quartier général le considéra comme perdu. Les maladies réduisirent la vaillante colonne à moins d'un millier de fusils. Les hussards de Zastrow ne lui laissèrent pas un jour de repos, lui coupèrent les vivres, capturèrent son ambulance. Mais les chevaux allemands, pris à Châtillon et montés par des francs-tireurs sous le nom de Guides, galopèrent si bien au service de la France, et éclairèrent si minutieusement toutes les routes, que Ricciotti acheva intact sa dangereuse marche de flanc. Partie du Morvan, au sud-ouest de Dijon, avant le jour de l'an, la brigade rentrait dans cette ville par le nord-est, par la route de Langres, dans l'après-midi du 15 Janvier.

La colonne était exténuée. Mais, précédant ses volontaires à Dijon de quelques heures, Ricciotti apporta à son père les renseignements les plus précis sur les forces de Manteuffel et sur la direction de sa marche. (1)

Comme la cavalerie de Manteuffel débouchait déjà des gorges du plateau, le colonel Lobbia, qui avait remplacé Delpech à la tête de notre deuxième brigade, exécuta du sud au nord entre Dijon et Langres la même hardiesse que Ricciotti avait risquée de l'ouest à l'est. Il s'agissait de jeter dans la place de Langres un convoi de munitions. Lobbia avait avec lui les deux petits escadrons de guides italiens, les francs-tireurs marseillais et des mobilisés. Lobbia se glissa jusqu'à Langres en deux étapes à travers les avant-gardes de Manteuffel sans leur laisser ni un homme ni une voiture. A son retour, il fit encore mieux. Le 28 Janvier,

---

(1) Thiébault. VII, 59 à 79.

en se glissant à travers les arrière-gardes du même Manteuffel, il surprit à Prauthoy un bataillon du 61ᵉ allemand, lui abattit une centaine d'hommes, enleva 50 prisonniers et rentra à Dijon avec toutes leurs voitures de bagages. (1)

Ricciotti avait longé toute l'armée de Manteuffel. Lobbia avait tourné autour. Le 16 Janvier, Loste fit encore mieux : il entra dedans. Dans la monographie de mon bataillon j'ai raconté en détail cette journée de feu et de sang, (2) ce dernier coup de main dont Loste fut le héros avant de mourir et où les francs-tireurs réunis se firent dans l'armée des Vosges la réputation de tout oser.

Loste, renforcé de six guides à cheval, occupait alors Saint-Seine, l'avant-poste le plus dangereux. A quelques pas de nous, dans l'étroite vallée de l'Ignon, les Prussiens, n'ayant pas le temps de fourrager le pays, traînaient avec eux des bestiaux venus d'Allemagne et destinés à leur subsistance. Ainsi le 16 Janvier au soir nous apprenons qu'un troupeau allemand de 800 moutons vient de descendre à Champagny, hameau perdu au fond d'une combe. A la tête de vingt-neuf braves, en se glissant à travers les neiges et par des chemins de traverse, Loste tombe sur les soldats de l'escorte qui étaient à table. Malgré la trahison de l'adjoint français qui avertissait les Prussiens l'escorte est tuée ou prise et le troupeau prend sur l'heure le chemin de Dijon. Le lendemain matin 17 Janvier, après une nuit d'alertes continuelles, Loste, désirant sauver sa prise, jeta les sept cents hommes qu'il avait alors sous la main sur le bataillon du 9ᵉ de grenadiers qui avait couché à Bligny. D'abord notre attaque, poussée comme à Chan-

---

(1) R. Garraud. 78 à 80. — Beghelli. 470 à 472. — État major allemand. V, 1288.
(2) Dormoy. Souvenirs. Vol. IV.

ceaux, abasourdit les Prussiens. Mais ceux-ci, mieux disciplinés et surtout meilleurs manœuvriers, nous refoulèrent sur toute la ligne, nous débandèrent presque, pendant que sur notre droite des Prussiens d'un autre bataillon allumaient à la main 34 des maisons de Champagny.

Cette masse épaisse de fumée d'où s'envolaient des langues de flamme rouge et qui assombrissait au loin le plateau sur notre droite aida beaucoup au succès des Prussiens et à notre échec. Pourtant nous avions obtenu un double résultat.

D'abord en mettant notre prise en sûreté et en privant les Prussiens de leur viande, nous ralentissions leur marche au moment où ils avaient le plus besoin d'aller vite. Ensuite sans le savoir nous sauvions d'un désastre horrible le bourg de Verrey situé à quelques kilomètres de Bligny. Le 16 Janvier un uhlan avait été abattu en avant de Verrey. Le 17 Janvier un bataillon des grenadiers de Colberg, appartenant au 9e poméranien comme le bataillon cantonné à Bligny, remontait la vallée de l'Oze avec une compagnie de sapeurs et un escadron de cavalerie. Ils avaient ordre d'exécuter Verrey. Environ 210 francs-tireurs algériens et comtois essayèrent de barrer la vallée, tinrent trois heures et furent enfoncés. Plusieurs de nos blessés trouvèrent là une mort affreuse. (1) Comme un franc-tireur râlait déjà, la bouche pleine de sang, un Prussien lui enfonça la pointe de son sabre entre les dents. L'un de nos plus hardis compagnons, le capitaine Bongrand, fut blessé à mort. Exaspérés par leurs pertes et surexcités par le marc bourguignon, il se jetèrent sur Verrey comme des fauves sur un quartier de viande.

---

(1) DORMOY. IV, 120 à 131.

Il était temps que notre charge sur Bligny fit peur à ces pillards. Des femmes avaient été indignement maltraitées. Ils avaient foulé aux pieds deux petites filles. A trois reprises ils s'étaient rués sur l'abbé Frérot, curé du village, qui mourut de ses blessures. Huit maisons de Verrey étaient déjà en flammes. Onze habitants des deux sexes étaient tués ou blessés.(1) Un colosse, chef de l'escadron prussien, hurlait au médecin français de Verrey : « Vous êtes tous des « brigands ; je brûlerai votre village maison après maison. » Comme la plus grande partie des habitants, jugeant tout perdu, était déjà au fond des bois, ces Prusssiens disparurent, brusquement rassemblés en quelques coups de sifflets. Leurs camarades attaqués à Bligny les appelaient à leur secours. Voyant de loin l'incendie des trente-quatre maisons de Champagny, ils crurent le danger beaucoup plus grand qu'il n'était et ils partirent en laissant sur les tables leurs vivres à moitié cuits. C'est ainsi que Bligny, principal foyer de la lutte, fut à peine égratigné par le fléau et tandis que Verrey mordu cruellement échappait à la dernière minute, c'est le pauvre hameau de Champagny qui paya pour tout le monde.

C'est à la lueur de cet incendie que les francs-tireurs réunis, embrochant des quartiers de mouton dans leurs baïonnettes, rentrèrent à Dijon. Nous y étions rappelés par un ordre de Garibaldi qui s'attendait à une bataille et qui voulait nous avoir sous la main.

Pendant cette avant-dernière semaine de Janvier la guerre reprenait le caractère sombre et féroce de l'avant-dernière semaine de Novembre. La troisième bataille de Dijon allait

---

(1) B. LAMARCHE. *Le Bien Public.* 18 Nov. 1871.

nous en fournir de hideux exemples. Sur ce point il n'est pas mauvais qu'un témoignage allemand précède le témoignage français.

Juste à cette heure la *Gazette de Karlsruhe* écrivait : « Malheureusement cette guerre se fait des deux parts avec « une exaspération impitoyable. Ce que le pauvre pays « souffre par ici est épouvantable... » (1) Manteuffel avait observé dans son armée plus d'un symptôme de lassitude. A Châtillon même, à quelques pas de lui, au moment de partir, un soldat prussien, pour être réformé, s'était abattu le pouce sur une borne de pierre. (2) A Messigny, pendant la troisième bataille de Dijon, un officier, simulant des blessures qu'il n'avait pas, se laissa ignominieusement ramasser derrière un mur et dépouiller par les paysans. Manteuffel n'osait plus trop tendre les ressorts de la discipline. Il lâchait la bride à ses hommes. Il autorisait ce qu'il appelle hypocritement « la double portion » (3) et cela se traduisait en pillages, en brutalités et en crimes indignes de deux peuples civilisés.

---

(1) KARLSRUHER ZEITUNG. Sonntag, 15. Januar.
(2) A. FAUCHON. *Journal des commissaires de police de la Côte-d'Or.* Mai 1874.
(3) WARTENSLEBEN. II, 12.

CHAPITRE XXIX

JOURS DE BRANLE-BAS

Dans les rues de Dijon, pendant que ces lâches incendies marquaient à l'horizon les étapes de Manteuffel, il n'était bruit que de la bataille imminente.

Le dictateur, le délégué à la guerre, le préfet, le maire, nombre d'habitants auraient préféré une bataille offensive, livrée en rase campagne. Le *Progrès de la Côte-d'Or* écrivait par exemple ces lignes significatives : « A l'heure présente « nous ne sommes pas dans le secret des dieux ; mais nous « estimons que depuis une quinzaine de jours il y a un « peu trop de soldats à Dijon et pas assez dans les envi- « rons. » (1) Le secret des dieux, caché alors avec tant de soin, c'est que, n'ayant encore ni assez de chevaux ni assez de canons, Garibaldi refusait de se trouver seul devant les 168 canons de Manteuffel comme il s'était déjà trouvé seul devant les 72 canons de Werder. Garibaldi préférait une bataille défensive. Aussi la ville présentait un spectacle inoubliable. Artilleurs, cavaliers, soldats, télégraphistes, terrassiers se remuaient à l'envi comme des matelots sur le pont d'un navire en branle-bas. Garibaldi hâtait les travaux. Quelles forces allaient être engagées dans cette troisième bataille de Dijon ?

Sur le chiffre des forces engagées Allemands et Français ont commis la même erreur. Lorsque les officiers prussiens

---

(1) PROGRÈS. 20 Janvier 1871.

rentrèrent à Dijon après la troisième bataille en vertu de l'armistice leur orgueil saignait d'avoir laissé entre des mains républicaines un drapeau bénit à Berlin en présence de leur roi. Pour expliquer leur désastre ils se vantaient d'avoir lutté quatre mille au plus contre quarante-cinq mille Garibaldiens. Un contre douze ! C'était de la déclamation et trop d'écrivains français se sont laissé prendre à ces hâbleries. (1) D'autre part beaucoup de nos officiers, ayant vu défiler à l'horizon toute l'armée de Manteuffel crurent qu'en effet cette armée tout entière se ruait sur Dijon le jour de la troisième bataille. Bordone évalue leur nombre à « soixante-dix mille hommes au moins. » (2) Cela aussi c'est de la déclamation. De ces exagérations contraires, affirmées de très bonne foi, il est temps de dégager la simple et honorable vérité.

Voyons d'abord du côté français.

D'abord, quoique Garibaldi préférât une bataille défensive, ce n'est pas à Dijon même, derrière des barricades, comme l'avait niaisement rêvé Fauconnet, c'est hors de Dijon, sur les routes et sur les hauteurs environnantes, que Garibaldi avait résolu d'attendre les Prussiens. Trois routes, toutes les trois très belles, pouvaient nous amener l'ennemi : celle de Plombières, celle de Darois, celle de Langres. Fermer ces trois routes qui convergent à Dijon tel était donc le programme puisque nous attendions l'ennemi. Du Mont-Affrique ou de Bel-Air à notre extrême gauche on pouvait écraser Dijon. Aussi a-t-on fortifié ces hauteurs après la guerre. Mais alors, en cette saison de gels et de dégels, il était peu probable que les Allemands hisseraient jusque-là des canons à 405 mètres d'altitude. Par surcroît de pru-

---
(1) AMBERT, MAZADE, PERROT... etc.
(2) BORDONE. Garibaldi et l'armée des Vosges. XXIV, 265.

dence Garibaldi y retrancha pourtant des mobilisée avec deux pièces de montagne qui enfilaient la route de Plombières et l'étroite vallée d'Ouche. Leur mission était plutôt de surveiller que de combattre.

Les clefs de Dijon étaient Talant et Fontaine. Ces deux éminences, sentinelles détachées du plateau de Langres, se dressent comme deux pyramides isolées à deux kilomètres au nord-est de la ville juste au confluent des trois routes les plus menacées.

Au nord-est de Bel-Air, la montagne de Talant, haute de 355 mètres, tombe par des pentes très raides à gauche sur la route de Plombières, à droite sur la route de Darois. C'était, on peut le dire, la citadelle de Dijon, le dernier espoir de la résistance. Autrefois fortifié, Talant profile encore sur le ciel une arête de maisons qui dans le soleil couchant ressemblent à s'y méprendre aux créneaux d'une haute muraille. Garibaldi mit à ce poste d'honneur son fils aîné Menotti avec notre 3e brigade qui était la plus nombreuse, et quatorze pièces de canon. Il se réserva d'y commander en personne, laissant à Bordone, récemment promu général, le soin de rester à Dijon, à la préfecture, derrière les appareils télégraphiques et de diriger au besoin la bataille.

Au nord-est de Talant la pyramide de Fontaine, haute de 340 mètres, et beaucoup plus pointue que la précédente, domine de ses pentes un peu moins raides à gauche la route de Darois à droite celle de Langres. Elle aussi porte un bourg et un clocher de date fort ancienne. Garibaldi mit là Bosak son plus vaillant officier avec la 2e brigade et douze pièces de canon.

A l'est de Fontaine le mamelon de Saint-Apollinaire, haut

de 272 mètres seulement, n'a que des pentes presque insensibles. Il domine à gauche la route de Langres. Il est comme fendu en deux par la route de Gray sur laquelle s'était livrée la première bataille de Dijon le 30 Octobre 1870. Garibaldi, moins inquiet de ce côté, n'y mit que des mobilisés du Jura, de l'Isère, ou de Saône-et-Loire, avec quatre pièces de canon. Quatre pièces restaient en réserve sur la place d'Arcy. A ces 34 pièces, dont 18 ne portaient qu'à 2,000 mètres, il en fut ajouté successivement 56 autres mais seulement pendant et après la bataille. Le 23 Janvier, pendant le troisième jour de la bataille, Dijon put admirer près du théâtre deux batteries neuves qui venaient d'arriver et auxquelles il ne manquait pour entrer en ligne que des chevaux et des artilleurs. (1)

Garibaldi retenait à Dijon ce que nous appelions notre 4e et notre 5e brigade. La 4e brigade, toujours commandée par Ricciotti, le plus jeune fils du général, pouvait, grâce à l'adjonction de quelques compagnies nouvelles, mettre en ligne de 1,500 à 1,600 volontaires, tous francs-tireurs, presque tous Français ; elle ne contenait encore ni mobiles ni mobilisés. La 5e brigade, à peine ébauchée, avait pour chef Canzio, gendre du général. Elle ne comptait alors que 4 à 500 hommes, tous francs-tireurs, mais très mêlés d'Italiens, de Polonais, d'Espagnols et d'Egyptiens. Ricciotti et Canzio étaient alors deux beaux garçons encore jeunes d'allures, mais très hardis, très sympathiques et très respectés de leurs hommes. C'était la réserve suprême. Garibaldi les gardait sous sa main pour l'effort décisif.

Partout la terre fut remuée.

Des épaulements en terre se dressèrent autour des bat-

---

(1) CLÉMENT-JANIN. II, 184. — BORDONE. XXVII, 295 à 311.

teries. Des barricades fermèrent les principales routes. Les murs d'enclos, qui abondent en ce pays de vignobles, furent percés de meurtrières en avant et même en arrière de la ville. Des caponnières remplacèrent les murs là où manquaient les enclos, par exemple entre Fontaine et Saint-Apollinaire à travers ce terrain nu, alors sans arbres ni maisons qu'on appelle la Plaine des Roses. Enfin des fils télégraphiques relièrent les positions principales à la préfecture où logeait Garibaldi.

Ainsi se trouva fermé le cercle un peu étroit de la défense, cercle que l'énorme portée des canons actuels a forcément élargi lorsqu'on a fortifié Dijon.

Pour occuper tous ces ouvrages les hommes ne manquaient pas : ce sont les vrais soldats qui étaient rares. Nous n'avions pas un bataillon de troupes régulières.

Huit à neuf mille mobilisés, dont beaucoup arrivèrent l'avant-veille ou la veille de la bataille, s'étaient ajoutés, pour la campagne d'hiver, aux huit à neuf mille mobiles déjà engagés pendant la campagne d'automne. Certes il y avait de l'étoffe chez ces nouveaux venus. Ils devenaient vite des soldats lorsque par bonheur un bon officier était à leur tête. Ainsi à l'affaire de Savigny le 17 Janvier, le jour même de la prise des moutons, une patrouille de mobilisés du Jura avait reçu à la pointe des baïonnettes une patrouille de dragons bleus de Brandebourg et l'officier allemand était très bien resté sur le carreau avec l'élite de ses cavaliers. (1) Mais pour un officier énergique, combien de chefs mous, sans élan, faisant la guerre à contre-cœur ! La faiblesse de notre cavalerie et de notre artillerie, dont ils avaient parfaitement conscience, les démoralisait d'avance, tout autant

---

(1) HAGEN. Page 346.

que leurs confrères de la mobile. Aussi Garibaldi, se méfiant des paniques, avait-il résolu de ne risquer ni mobiles, ni mobilisés en première ligne, et de les masquer autant que possible derrière les maisons, les murs ou les plis de terrain.

Garibaldi ne considérait comme soldats que ses 400 artilleurs, ses 250 cavaliers et ses 7,000 volontaires dont un millier étaient alors sous les ordres de Lobbia, c'est-à-dire sous les murs de Langres avec le gros de notre cavalerie.

Dans les rues de Dijon ces volontaires avaient eux aussi meilleure mine qu'au bivac d'Ancey. Même des adversaires politiques admiraient leur allure :

« Ils se succédaient du matin au soir sur la place demi-
« circulaire qui fait face au palais des Ducs. Notre curiosité
« sympathique les y passait en revue. La campagne d'hiver
« les avait moins éprouvés qu'on ne pourrait le craindre.
« Ce qui dominait au contraire dans ce mouvant panorama
« militaire étalé sous nos yeux, c'était la vigueur, la santé,
« la bonne mine.

« Tout respirait l'ardeur et la résolution sur ces visages
« hâlés par le bivac et fouettés par la bise. Bien armés,
« suffisamment équipés, beaux à voir sous les armes, avec
« leur tournure martiale, avec leur vive et alerte façon de
« manier la luisante carabine, ils avaient déjà quelque chose
« de l'aplomb des vieilles bandes. » (1)

Ce sont eux qui depuis quatre mois recevaient sur toutes les grandes routes le choc des colonnes allemandes. C'est encore sur leurs baïonnettes, sur cette élite d'environ six mille hommes, que les Poméraniens de Manteuffel vinrent s'enferrer trois jours de suite.

---

(1) REVUE DES DEUX-MONDES. 15 Mars 1871.

De même que Garibaldi n'engageait pas 45,000 hommes, de même le maréchal Manteuffel, qui depuis trois jours opérait sur la Saône et sur l'Oignon, lançait contre nous, non pas son armée, ni même tout son 2e corps, mais une solide brigade forte d'environ six mille hommes.

Outre les services auxiliaires, cette troupe, commandée par Kettler, comprenait deux batteries, deux escadrons et deux régiments d'infanterie : le 21e et le 61e. Cette brigade avait combattu sous Metz et sous Paris. Ses officiers racontaient volontiers comment « après avoir battu les « zouaves de Bazaine et les marins de Trochu, ils se fe- « raient un jeu de culbuter les francs-tireurs. Les Badois de « Werder avaient manqué de poigne. Mais eux Prussiens « sauraient bien piler sous leurs crosses ce ramassis de bri- « gands, ces canailles de républicains et leur vieille ga- « nache de général. » Ils savaient que derrière leur brigade se tenait, prêt à accourir, le 2e corps tout entier. De Pesmes Manteuffel avait donné à ce 2e corps comme instructions pour le 21 Janvier « de se garder contre Auxonne, d'obser- « ver Dijon et de chercher de ce côté le contact avec le gé- « néral Kettler. » (1)

Seul de tous les généraux de Manteuffel Kettler était encore dans la montagne. Il venait de bombarder Avallon. Le 19 Janvier vers neuf heures du soir Kettler recevait à Saint-Seine l'ordre « de quitter la ligne de Saint-Seine à « Sombernon, de marcher sur Dijon et de l'occuper. » (2) Comme on le voit, il ne s'agissait plus de couvrir le passage des colonnes de Manteuffel et d'amuser Garibaldi pendant ce passage. L'ordre était bien d'attaquer Garibaldi et de le

---

(1) WARTENSLEBEN. IV, 27.
(2) BAUDACH. Page 55.— ETAT-MAJOR ALLEMAND. Vol. V, 1203.

chasser de Dijon. Pendant toute la journée du 20 Janvier le général Kettler rassembla ses détachements. Il comptait si bien coucher à Dijon le lendemain qu'il écrivait au major Conta, chef de son aile gauche : « Demain matin la brigade « occupe Dijon ; le bataillon de fusiliers et l'escadron de-« vront s'y porter au plus vite... » (1) Kettler, sûr du succès, parlait de cela au temps présent. Il voyait la chose déjà faite.

En conséquence le 21 Janvier de très bon matin Kettler partage sa brigade en trois colonnes. (2)

L'aile droite, commandée par le major Krosegk et forte d'environ un millier d'hommes, descend la route de Turcey, Blaisy-Bas, Pasques, Plombières, Dijon. L'aile gauche, commandée par le major Conta et forte aussi d'environ 1,000 hommes, descend la route d'Is-sur-Tille, Messigny, Pouilly, Dijon. La plus grande partie de la cavalerie escadronne avec les deux ailes. Toute l'artillerie marche avec la colonne du centre qui est la plus forte. Cette colonne descend la route de Saint-Seine, Val-Suzon, Darois, Talant, Dijon. Kettler la commande en personne. Ses chefs de colonne à droite et à gauche « doivent s'arranger pour que leurs têtes « touchent la hauteur de Talant vers une heure de l'après-« midi. » (3)

A ce propos Garibaldi écrit : « L'ennemi prenait le taureau par les cornes. » (4) Un proverbe du pays dit aussi avec encore plus d'à-propos : « Qui voit Talant n'est pas « dedans. »

---

(1) BAUDACH. Page 57.
(2) ETAT-MAJOR ALLEMAND. V, 1204.
(3) BAUDACH. Page 54.
(4) GARIBALDI. Memorie. Page 473.

Pour cette troisième bataille de Dijon les deux chefs n'avaient pas eu de peine à se deviner. On s'était déjà battu sur ce terrain le 30 Octobre et le 26 Novembre 1870. Les Allemands comme les Français avaient occupé Dijon à deux reprises. Ces travaux de défense que nous achevions à peine ils les avaient commencés eux-mêmes. Du haut du plateau de Chaumont, ils distinguaient tous nos mouvements comme nous distinguions tous les leurs du haut de Talant. Aucune surprise n'était possible. Tout allait dépendre du courage personnel des combattants. La bataille était comme un duel où tout est réglé d'avance.

Six mille contre six mille, élite contre élite, la partie semble égale. Et pourtant quelle différence de qualité au profit de nos ennemis !

Au cœur ils ont la confiance que leur souffle la proclamation toute récente de l'empire allemand ; nous, les détresses de la plus sinistre des fins de règne. Avec eux marchent des officiers instruits qu'ils connaissent de longue date ; chez nous, pas un officier de carrière. Dans leurs mains, une arme unique, facile à approvisionner ; dans les nôtres, seize fusils dont les cartouches se confondent sans cesse. Derrière eux une puissante armée prête à les soutenir en cas de défaite. Derrière nous, rien que des fusillades intempestives, des rumeurs de débandade, des symptômes de disgrâce. Là tout ce qui rend l'homme irrésistible ; ici, pas même la consolation que notre sang coulera utilement. Mais, mes amis, si la race française a du fonds, l'heure est venue de le prouver envers et contre tous.

CHAPITRE XXX

EN AVANT DE TALANT

Le 21 Janvier, entre une et deux heures de l'après-midi, un coup de canon fit trembler les vitres de Dijon et aussitôt la bataille d'Autun nous revint en mémoire. La bataille d'Autun avait commencé par une débandade : à la bataille de Dijon il y en eut sept en trois jours.

La plus curieuse de toutes fut sans contredit celle de la brigade des mobilisés de la Haute-Savoie qui occupaient Beaune, notre ligne de retraite. Ces malheureux étaient sous les ordres d'un certain Franzini qui s'habillait en général quoiqu'il eût simplement le grade de lieutenant-colonel. Aventurier de la pire espèce, ancien caporal de la légion étrangère, agent secret de la police impériale, puis percepteur malhonnête, que la protection de l'empereur avait tout juste sauvé du bagne, Franzini, grâce à des protections et à de faux papiers dont le seul usage était une escroquerie, avait obtenu à Tours le commandement des six bataillons de mobilisés. Entouré de coquins pires que lui, déjà soupçonné par ses propres soldats, il avait les mêmes raisons que Chenet de ne pas se trouver sur le chemin de Garibaldi. En vain le général Pellissier, son supérieur l'appelle à Dijon « par des dépêches de plus en plus pressantes » (1) et lui expédie un train vide. Franzini ne l'envahit avec deux de ses bataillons que pour forcer le

---

(1) V. PELLISSIER. IV. 111. — C. DUVAL. Un aventurier napolitain.

chauffeur à filer sur Mâcon. Quant à ses autres bataillons ils les abandonna tout simplement dans les rues de Beaune. (1)

La plus belle débandade après celle-là se produisit en avant de Plombières, ce même jour, presque à la même heure.

Le bataillon des francs-tireurs alsaciens fort de 230 hommes et renforcé d'une compagnie de mobilisés, avait marché jusqu'à Turcey au-devant de l'aile droite de Kettler. Alignés en haut de l'escarpement de la Rochotte ils avaient attendu le petit jour. Comme la colonne allemande faisait l'appel et ne se doutait de rien ils lui envoyèrent quinze décharges en flanc. Deux heures après ils la fusillaient une seconde fois près du village de Blaisy-Bas. Enfin ils la criblèrent de balles une troisième fois au débouché des bois de Pasques. Dans les bois de Pasques Prussiens et Alsaciens se perdirent de vue. Mais la marche de la colonne ennemie avait été retardée de trois heures et l'on devine de quelle humeur étaient ces Prussiens lorsque par dessous le viaduc de Neuvon ils s'engagèrent dans la vallée d'Ouche le long de la paroi de gauche.

O surprise ! Sur leur droite une compagnie de 187 mobilisés descendait la même vallée dans le même sens mais par la route qui longe la paroi de droite. Ces mobilisés revenaient d'une reconnaissance à Fleurey-sur-Ouche.

Si ces 187 braves avaient voulu fuir, rien de plus facile. La rigole seule de la route les séparait du bois de la Combe-au-Diable. Mais aux premières salves le capitaine pique son mouchoir au bout de son sabre et fait signe qu'il se rend.

---

(1) Voir la note 9 à la fin du volume.

Pendant qu'une cinquantaine de ses hommes désobéissent à cet ordre honteux et se sauvent par le bois sur le plateau de Corcelles, un officier allemand passe l'Ouche, puis le canal, avec une section de douze hommes, et fait signe aux mobilisés d'approcher : ils approchent. De jeter leurs fusils dans l'écluse : ils les y jettent. De passer l'Ouche six par six : ils s'embarquent six par six. C'est ainsi que les Allemands entrèrent tranquillement à Plombières avec leurs prisonniers, pendant que les échappés semaient la panique à Dijon.

Cette stupide panique, coïncidant avec les premiers coups de canons, prit en ville des proportions alarmantes. Un train qui chauffait en gare de Dijon fut envahi tumultueusement par les fuyards et fila sur Beaune pendant que le traitre de Beaune filait sur Mâcon.

De ces fuites partielles, où des gens de la ville se trouvèrent mêlés à des soldats de toutes armes, il ne faut pas conclure que les Dijonnais aient été lâches pendant la troisième bataille de ce nom. Ce serait une abominable calomnie.

La perspective d'une troisième lutte, fiévreusement attendue pendant plusieurs jours, les avait émus, mais nullement démoralisés. Assurément, au bruit de ces obus qui sifflaient par dessus les toits de Talant et éclataient aux portes de la ville, ces cœurs de Bourguignons battaient fort, mais comme les nôtres ils battaient en bon français. Si les devantures de boutiques se fermèrent, si des voitures précipitamment attelées emmenèrent au triple galop quelques centaines de peureux, par contre une véritable contagion de bravoure attira sur tous les points aux postes les plus dangereux ceux qui avaient déjà payé de leur personne à la bataille d'Octobre. Dans chaque bataillon de francs-tireurs ils s'offraient comme guides, ne craignant ni d'être tués pendant le combat, ni d'être fusillés si nous étions vaincus.

Informé de la débâcle qui découvrait en partie son flanc gauche Garibaldi envoya au bataillon des francs-tireurs réunis l'ordre de barrer à tout prix la route de Plombières.

Le bataillon était de réserve à Dijon. Pour mieux surveiller la route de Plombières, Loste prit ce mauvais chemin qui la domine et longe l'escarpement rocheux des Perrières. A chaque instant ce chemin contourne des carrières qui étaient bondés de mobilisés. Loste commit la maladresse de vouloir entraîner au feu l'un de ces gros bataillons. Comme la menace n'opérait pas il les chargea de son cheval, leur cingla les oreilles de sa cravache, se démena comme un diable. Pendant que les képis sautaient en l'air les hommes décoiffés se couchaient sur le ventre ou se pelotonnaient comme des hérissons. Oh, l'enivrement de la poudre! Orateurs, vantez-nous cela en phrases sonores et vous, poëtes, chantez-le aussi sur votre plus bel air de flûte. Une vingtaine de ces mobilisés nous suivirent pourtant, mais beaucoup plus par persuasion que par force et ceux-là du moins se battirent en vrais soldats.

Enfin Loste dépassa Talant et, en se glissant à travers les vignes de la pente méridionale, il atteignit ces mamelons nus, caillouteux, à peu près stériles, qui de la montagne de Talant tombent en pentes si raides sur la verdoyante vallée d'Ouche.

Tout à coup au détour d'un mamelon le panorama de la bataille, engagée depuis la route de Plombières jusqu'à celle de Langres, se découvrit et nous emplit les yeux de ses milliers d'éclairs. Quel éblouissement! Comme cette scène splendide était bien encadrée dans ce vigoureux et pittoresque paysage! Les uns à genoux, les autres à plat ventre, déployés non sans peine en tirailleurs, chacun de nous s'accrocha à un coin de terre pour y vaincre ou pour y mourir. Nous occupions le bord oriental de cette profonde crevasse que les gens du pays appellent la Peute-Combe. Du bord occidental de la combe, comme du haut du plateau de Chaumont, les Prussiens croisèrent en vain contre nous leur fusillade. Perdant toute notion de la durée du temps nous brûlâmes lentement notre poudre à la barbe des Poméraniens jusqu'à la nuit noire. La nuit venue nous vîmes par dessus la crevasse s'allumer sur Chaumont leurs feux de bivacs.

Même alors nous frottions de phosphore la mire de nos fusils et nous tâchions de nous tuer encore dans l'obscurité.

Extrême gauche de la ligne de bataille nous donnions la main à la légion Tanara qui en était comme le centre gauche.

Pauvre légion Tanara! Depuis l'affaire d'Autun elle n'avait pas donné. Mais pendant toute cette après-midi elle paya largement sa dette de sang. Déployés en trailleurs en avant de Talant, les Italiens s'avancèrent à travers les vignes jusqu'au pied du plateau de Chaumont qui les dominait de vingt mètres. Rasés en haut de ce talus derrière une ligne de broussailles les Prussiens leur déchargeaient sur la tête une pluie de plomb tout en recevant nos obus sur leur propre tête. De là-haut ils couvaient des yeux Dijon, leur gîte et leur dîner. Mais nos alliés rampèrent le long des murs, brûlèrent lentement leurs cartouches, chargèrent à la baïonnette, perdirent la moitié de leurs officiers. Ils étaient sous l'œil de Garibaldi! Si bien que là aussi, à la nuit noire, après bien des péripéties, les Prussiens s'assirent dans la boue autour de leurs feux, n'ayant pour lit que la terre et pour dîner que l'espoir de nous écraser le lendemain matin.

C'est évidemment notre artillerie qui sauva les huit cents Italiens d'une destruction complète et brisa l'élan de la brigade allemande.

Dix-huit de nos pièces avaient une portée insuffisante. Nos petits obus de 4 ne portaient guère plus loin que les balles des chassepots. Mais sous le feu des seize pièces qui pouvaient les atteindre, les douze canons allemands durent changer plusieurs fois de position. Nos canonniers firent merveille. Garibaldi qui avait vu ces braves garçons à Autun se tenait à cheval derrière eux, les caressait de la main, les applaudissait de sa belle voix. Plus d'un tomba sous les yeux du chef. Témoin ce Denis Valtin, premier pointeur de l'armée des Vosges, qui successivement démonta trois des grosses pièces allemandes et qu'un obus allemand coucha sanglant sur son canon. A Dijon comme à Autun les artilleurs allemands battirent en retraite et pour la nuit se réfugièrent dans la ferme de Changey.

CHAPITRE XXXI

EN AVANT DE FONTAINE

La grosse partie s'était jouée entre Talant et Chaumont. Entre la pyramide de Fontaine et le plateau de Hauteville la lutte, sans être plus chaude, prit une fâcheuse tournure.

Bosak, qui formait le centre droit de notre ligne de bataille, s'était trop fié à ses mobiles. Il avait commis l'imprudence de les poster au delà du Val-Suzon. Le général Kettler les en ramena à coups de canon. Vers Darois ils se débandèrent et pendant cette débandade, que quelques-unes de nos petites pièces essayèrent de couvrir, les mobiles semèrent la route de plus de cadavres qu'il n'en fallait pour résister un jour. Bosak, en héros qu'il était, paya de sa personne. Près du bois de Haute-Serve il fut tué dès la première heure en essayant d'arrêter l'avant-garde prussienne avec une poignée d'hommes. Son cadavre, dépouillé par des soldats prussiens, ne fut retrouvé que deux jours après sa mort. Il n'avait plus son épée à poignée d'or. Kettler a manqué là une belle occasion de nous témoigner un peu de cette courtoisie que même les sauvages se témoignent entre eux.

Noble et vaillant Bosak! Quoiqu'il se fût engagé dans notre armée, il était bien l'héritier légitime du comte polonais Hauke. L'empereur Alexandre l'avait recueilli orphelin et élevé avec soin. Bosak était arrivé dans la garde russe au grade de colonel. Il serait monté plus haut s'il avait voulu. L'épée d'honneur que le tsar lui avait donnée en est la preuve. Mais quand la Pologne s'insurgea Bosak n'écouta que le cri du sang et sacrifia sans hésiter sa fortune. A l'appel de Garibaldi il venait de sacrifier sa vie. Il laissait derrière lui une femme et quatre jeunes orphelines. Mieux valait perdre un bataillon tout entier qu'un pareil chef de brigade.

Ecrasé devant Talant, Kettler se rejeta sur Fontaine où la résistance était visiblement plus faible et où le portait d'ailleurs la configuration du terrain.

La ferme de Changey qui lui servait tout à la fois d'ambulance, de parc d'artillerie, de quartier général et surtout d'abri, est justement adossée au plateau de Hauteville qui fait face à Fontaine.

De ce plateau les Prussiens descendirent malgré le feu de nos canons dans le village de Daix qui est au pied même du plateau de Hauteville. Là aussi ils commirent en entrant plusieurs crimes inutiles. Ainsi un vieillard nommé Bertillon entrouvrait sa porte : « Une balle lui brise la jambe !
« Il était encore étendu tout sanglant sur le pavé de sa
« maison quand les Allemands y font irruption. Ils y
« trouvent un mobile alité que Madame Bertillon soignait
« avec une admirable sollicitude. Elle leur dit que c'est
« son fils ; mais ils découvrent le pantalon du mobile et
« assomment à coups de crosse la malheureuse sexagé-
« naire. Presque au même instant, en pillant la maison
« d'une vieille fille de 77 ans, Mlle Jeanne Jacotot, ils
« trouvèrent un vieux pistolet au fond d'un tiroir. La
« pauvre fille est frappée à coups de crosse et meurt quel-
« ques jours après. » (1)

---

(1) CLÉMENT-JANIN. II, 163.

De Daix les Prussiens essayèrent de franchir les vignobles et d'aborder Fontaine comme ils avaient essayé d'aborder Talant : mais une fois sortis du village ils trouvèrent devant eux autre chose que des vieillards, des femmes et des enfants.

Heureusement pour nous la légion Ravelli, renforcée de quelques compagnies franches, couvrit Fontaine au centre droit comme la légion Tanara couvrait Talant au centre gauche. Canzio remplaça Bosak. A sa voix les huit cents Italiens chargèrent contre le plateau de Hauteville avec une bravoure insensée. Ils se butèrent aux murs d'enclos de Daix que les Prussiens venaient de créneler. Leur historien Beghelli, témoin oculaire de cette lutte, raconte que ses compatriotes saisirent les fusils prussiens à la main et en tordirent les canons dans les meurtrières. D'autres y plongeaient leurs baïonnettes ou y déchargeaient leurs revolvers. (1) Beghelli en vit un qui, debout sur un mur, en arrachait les pierres et les asscnait sur la tête des Prussiens. Là tombèrent entre autres le capitaine espagnol Orense, le colonel Ravelli, le major Perla qui laissait derrière lui comme Bosak une jeune femme et plusieurs orphelins.

La légion Ravelli n'enleva pas plus le plateau de Hauteville que la légion Tanara n'avait enlevé le plateau de Chaumont. Mais les Prussiens non plus ne touchèrent pas le pied de Fontaine.

Alors, suivant des chemins de vigne, Kettler tourna la pyramide de Fontaine par le nord et atteignit cette croupe nue qu'on appelle la Friche d'Arran. Il y eut une minute critique. On craignit une débandade des mobilisés qui bondaient Fontaine.

---

(1) BEGHELLI. Page 309.

Du même coup Kettler enveloppait la position et pouvait prendre contact avec son aile gauche. Il attendait cette aile gauche avec impatience. Il n'attendait qu'elle pour frapper un coup décisif. Il fouillait de sa longue-vue la route de Langres et la masse de bois noirs qui derrière sa gauche bornait l'horizon. Une colonne descendit en effet la route de Langres au pas accéléré. Seulement au lieu des casques pointus et des capotes sombres de ses fusiliers poméraniens il reconnut le dolman rouge de Ricciotti et le chapeau à plumes de nos francs-tireurs. Que signifiait cette substitution ?

Le bataillon de 310 francs-tireurs dauphinois qui s'intitulaient *Enfants perdus de la montagne* jouait alors à notre extrême droite le même rôle que les francs-tireurs alsaciens à notre extrême gauche.

Leur chef, le commandant Durieux, était un homme d'énergie. Ses francs-tireurs étaient de tout jeunes hommes, presque des enfants. Etrillés quelques jours auparavant à l'affaire d'Epagny ils occupaient ce jour-là Messigny et faisaient meilleure garde. Fermes au poste ils barrèrent crânement la route au major Conta malgré leur extrême jeunesse et malgré leur peu d'expérience. Le major Conta, chef de la gauche prussienne, les attaqua avec vigueur, les enveloppa, leur prit trois maisons, les refoula dans le cimetière. Il se hâtait. Il avait ordre d'entrer à Dijon « le plus vite possible » et il était midi passé. Comme nos francs-tireurs étaient bien près de mériter leur nom d'Enfants perdus, voici qu'un coup de clairon résonne derrière eux sur la grande route, sur la route de Dijon.

C'était le clairon de Châtillon. C'était Ricciotti avec neuf cents des francs-tireurs de sa brigade. De ses paroles les plus fortes Ricciotti venait de cingler la figure de ce commandant Garnier (Jules) que Gambetta avait, non pas subordonné, mais seulement juxtaposé à notre armée.

Le commandant Garnier s'abritait en vue de Messigny derrière la lisière des bois de Vantoux à la distance d'environ mille mètres avec son bataillon des *Volontaires du génie*.

Le commandant Durieux l'avait déjà arrêté au passage : « Défendez-vous comme vous pourrez, lui avait répondu « ce lâche. Ils sont en nombre. Moi, je pars. » (1) De même que le colonel français Bourras, du haut du Mont-Affrique, avait regardé le général polonais Bosak se battre seul à Velars, de même le commandant Garnier, du haut des bois de Vantoux, écouta paisiblement la canonnade de Talant qui grondait derrière lui et la fusillade de Messigny qui éclatait sous ses yeux. Il écrit lui-même sans rougir : « Je ne voulais pas livrer au hasard les cent cartouches que « portait chacun de mes volontaires. » Du reste le lendemain 22 Janvier, du haut de Fontaine, et le surlendemain 23 Janvier du haut de Saint-Apollinaire, Garnier conserva cette prudente attitude que certainement Gambetta n'avait pas prévue. Quoi qu'il fût presque à portée de fusil des Prussiens, à aucun moment des trois jours de la bataille, il n'a livré « au hasard » une seule de ses cent cartouches. (2)

Le colonel italien Ricciotti entra donc seul dans Messigny à travers la fumée des détonations. Le major allemand l'avait à peine aperçu.

Pendant que son aile droite, lancée sur la route d'As-

---

(1) BORDONE. Réponse à U. Perrot. XVII, 391.
(2) GARNIER. XI. 247 à 249. — XII, 260 à 267.

nières en chassait l'aile gauche de Conta, Ricciotti tourna autour de Conta, reprit les trois maisons perdues et captura quarante-trois Prussiens. En moins d'une heure Conta perdit, outre les prisonniers, deux de ses quatre capitaines, cinq de ses neuf lieutenants et le quart de son effectif. Alors la différence entre mobilisés et francs-tireurs lui parut suffisamment claire. N'ayant pas de canons pour nous écraser, il désespéra du succès, rappela son escadron et ses quatre compagnies, et, au lieu de se porter sur Dijon « le plus vite possible » il fut trop heureux de se sauver en sens contraire et de remonter jusqu'à Savigny. C'est ainsi que Kettler, après avoir reçu trois heures trop tard son aile droite, ne reçut pas du tout son aile gauche.

A peine Ricciotti eut-il reconquis Messigny qu'il recevait de Dijon l'ordre de se rabattre sur Fontaine. Comme il avait dégagé Messigny vers une heure il dégagea Fontaine vers quatre heures non sans y ramasser encore quelques prisonniers.

Un officier prussien a été pris à Messigny dans des circonstances tout à fait curieuses et que j'ai contrôlées sur place avec le plus grand soin.

Cet officier était dégoûté de la guerre. Pendant le combat il s'était blotti derrière un mur de vignes. Simulant d'horribles souffrances il refusa de se laisser emporter par les infirmiers allemands et fut littéralement ramassé par les paysans. Il était à moitié ivre. De son vrai nom il s'appelait Lange mais se donnait comme un Werder pour n'être pas massacré. Il poussait des gémissements à fendre le cœur quoiqu'il n'eût ni plaie, ni fracture, ni contusion d'aucune sorte. (1) Un paysan lui prit son porte-monnaie

---

(1) D'ARSAC. XXII, 423.—BAUDACH. Page 60.

plein d'argent français. Un second prit le casque. Un troisième prit l'épée. Enfin vers le soir un de nos cavaliers, dépêché de Dijon, vint prendre l'homme lui-même en croupe. C'est donc en casquette plate et sans sabre que Lange, seul de ses collègues, fit son entrée triomphale à Dijon, capitale de la Bourgogne. (1)

Si nous avions eu plus de confiance en nous-mêmes, bien d'autres officiers allemands auraient capitulé tout aussi lâchement et plus souvent que nous ne pensons dans le cours de cette campagne notre entêtement a failli vaincre leur persévérance.

Quoi qu'il en soit, ce soir du 21 Janvier 1871, une conclusion des plus consolantes se dégage de la fumée des évènements. D'abord, fait capital, nous sommes encore vivants. Ces gros bouledogues de Poméraniens, avec leur poil rouge et leurs cris gutturaux, ne nous ont pas dévorés. Il est vrai que cette après-midi nous coûte environ 400 tués et blessés dont 39 officiers. Les Prussiens nous ont fait 150 prisonniers. Ils ont perdu 400 hommes dont 19 officiers et environ 100 prisonniers. Ils bivaquent sur une partie du champ de bataille. Mais malgré cinq débandades de notre côté, nos six bataillons d'avant-garde ont arrêté leur brigade. Kettler n'a forcé aucune des trois routes. Non-seulement il n'occupe pas Dijon, comme il en avait l'ordre et le ferme espoir, mais il n'a pas même rallié son aile gauche. Kettler est donc battu.

---

(1) DORMOY. Vol. V, 87 à 91.

CHAPITRE XXXII

UNE NUIT DE BATAILLE

Comme Kettler ne se résignait pas à sa défaite, une attaque de nuit succéda à l'attaque de jour. Occupant les mêmes positions que Garibaldi le soir du 26 Novembre, Kettler voulut imiter jusqu'au bout sa tactique et nous rendre la monnaie de notre pièce.

Garibaldi s'endormait dans une fausse sécurité. Il avait rappelé dans ses lignes tous ses bataillons d'avant-garde, tenant à les avoir toujours sous la main. Il laissait à des mobiles et à des mobilisés le soin de garder pendant la nuit les positions que nous défendions pendant le jour. C'est justement ce qui enhardit Kettler. Sur Talant et sur Hauteville Kettler avait envoyé des patrouilles d'officiers pour s'assurer de ce fait capital. A la ferme de Changey où il s'abritait sous un drapeau d'ambulance il attendit devant une pauvre chandelle le résultat de ces reconnaissances. Lorsqu'il se crut sûr de ne rencontrer devant lui que des mobilisés il lança vers onze heures deux colonnes d'assaut forte chacune d'environ 800 hommes.

L'une d'entre elles envahit le plateau de Hauteville et attaqua les deux bataillons de mobilisés qui y montaient la garde sous les ordres du commandant Braconnier. Les mobilisés n'avaient qu'à les attendre à bout portant. Etant abrités derrière des murs et deux fois plus nombreux que leurs ennemis, ils les auraient anéantis. Mais cette surprise de nuit, ces cris sauvages qui percent la nuit, les mettent en déroute. Pendant que le commandant Braconnier meurt à son poste ils se débandent et cette débandade à travers le plateau nu leur coûta plus d'hommes qu'il n'en fallait pour abîmer le bataillon prussien. Vers minuit les Prussiens affamés se mettaient à table pendant que l'ambulance des mobilisés procédait à son office dans l'une des maisons du village.

Depuis vingt minutes tout bruit de fusillade avait cessé lorsque le chef du bataillon allemand, trompé par un faux rapport, « s'emporta jusqu'à donner l'ordre aussi cruel « qu'irréfléchi d'enlever cette maison et d'y tout abattre. »

C'est un médecin allemand qui nous donne ces détails. (1) Nos médecins ne se doutaient de rien lorsque sans mot dire un officier prussien entre avec son escouade de bourreaux.

Croyant qu'il y a erreur, et qu'ils viennent prendre logement, l'infirmier Alacoque leur déplie sous les yeux un drapeau à croix rouge. Il est assommé à coups de crosse. Ils abattent aussi le docteur Morin qui tombe au pied de l'horloge. Quatre infirmiers grièvement atteints font les morts pour n'être pas achevés. « Le docteur Milliat, déjà « blessé dans la chambre, est entraîné dehors et achevé à « dix mètres à gauche de la porte d'entrée. » (2) L'infirmier Fleury, déjà blessé de trois coups, est entraîné hors de la salle. Un peloton d'Allemands le fusille dans l'obscurité, mais ne réussit qu'à lui faire une quatrième blessure. Fleury d'un soubresaut leur glisse des mains et se sauve à travers champs. Très calme l'officier éclairait avec une lanterne cette scène de cannibalisme.

---

(1) WALTZ. Page 84.
(2) CLÉMENT-JANIN. II, 170. — C. PERCHET. Episode de la bataille de Hauteville.

Les autres victimes, étendues dans leur sang, sont dévalisées, trainées par les jambes, meurtries à coups de talon, pendant qu'une pauvre fille à moitié nue attendait sur le lit la fin du pansement de sa blessure.

En avouant la vérité de ces faits le docteur allemand ajoute « qu'en haut lieu on a su très mauvais gré » à l'officier prussien du crime inutile qui a ainsi déshonoré son uniforme.

L'autre colonne de Kettler avait été envoyée contre Talant. Vers six heures du soir une compagnie prussienne s'était déjà nichée au pied de Talant dans le premier des deux pâtés de maisons qui forment le hameau de la Fillotte. Pendant que les deux capitaines italiens d'état-major Saint-Ambroise et Baghino (1) essayaient de déloger cette compagnie avec une poignée de volontaires, les mobiles des Basses-Pyrénées se ruent en désordre du côté de Dijon. C'était leur troisième débandade sur cette même route depuis le commencement de la campagne. Ils faillirent jeter dans le fossé la voiture de Garibaldi qui rentrait en ville. Ils renversèrent parfaitement un malheureux fourgon d'ambulance avec son cheval et son cocher que ne protégeait aucun révolver prêt à partir. (2)

Vers onze heures un bataillon prussien, commandé par un colonel, se glissa à travers les vignes de Daix à Montoillot, puis de Montoillot à La Fillotte, et envahit le deuxième pâté de maisons de ce hameau.

Il avait très habilement évité nos sentinelles. Entré là par surprise, juste entre Talant et Fontaine, sur la grande

---

(1) BIZZONI. XLVI, 280.
(2) MARIO. I Garibaldini in Francia. XVI, 143.

route, le colonel allemand profita aussitôt de ce premier avantage. Apprenant qu'il y avait des francs-tireurs en haut de Talant, il se garda bien de tenter un assaut. Il poussa des patrouilles du côté de l'octroi de Dijon. Il nous prit un fourgon de munitions sur la grande route. Il saisit les chevaux de nos ambulances pour la remonte de l'artillerie. Il pénétra jusque dans les carrières qui abondent entre Talant et Dijon et de là ses fusiliers tirèrent sur les fenêtres de Talant où brillaient des lumières. Un notaire venu de Dijon pour ramasser des blessés tomba entre ses mains. Le colonel lui persuada qu'il était maître de Talant et que si la ville de Dijon ne se rendait pas il allait la réduire en cendres. Pures fanfaronnades que tout cela !

Nous tenions Talant et Fontaine. C'est eux qui étaient perdus s'ils étaient restés là seulement jusqu'au petit jour. La porte cochère d'une ferme qui borde la route avait heureusement résisté à la violence de leurs coups de crosse pendant quelques minutes.

Le garçon de ferme qui était alsacien fit semblant de fourgonner dans la serrure, leur cria en allemand qu'il s'était trompé de clef, qu'il courait chercher la bonne clef... Pendant ce temps des mobiles basques qui logeaient dans cette ferme, saisirent leurs habits, sautèrent par les fenêtres et vinrent en haut de Talant nous annoncer l'arrivée des Prussiens.

Une ronde d'officiers de francs-tireurs descendit à moitié chemin au-devant des Prussiens. A leurs pieds, tout au bas de la pente, ils distinguèrent en effet la traînée noire des Poméraniens. Donner l'assaut à Talant ils n'en avaient nulle envie. Ils y auraient été reçus mieux qu'à Hauteville. Accroupis coude à coude le long du talus et tassés les uns contre les autres ils semblaient dormir. L'un d'eux encore debout cherchait avec sa lanterne le trou d'une serrure et son ombre gigantesque se profilait sur un mur voisin. Sur le bord du plateau de Hauteville des signaux lumineux s'apercevaient distinctement malgré la distance. Immobiles de part et d'autre, éloignés de quelques mètres seulement et ne montrant que leurs têtes, les sentinelles des deux armées se couvèrent ainsi de regards ardents comme des fauves à l'affût dans le silence de la nuit.

Vers deux heures du matin une tourmente de neige nous couvrit tous impartialement et les Poméraniens disparurent sans faire le plus léger bruit.

A Dijon la nuit fut beaucoup plus agitée qu'à Talant. Pendant que francs-tireurs et Poméraniens se rendormaient côte à côte, le notaire arpentait anxieusement les rues de Dijon.

Trop bête pour démêler la ruse du colonel prussien et parfaitement inconscient du rôle d'effrayeur qu'il joue au grand profit de l'ennemi, le pauvre tabellion réveille l'évêque, qui réveille le préfet, qui réveille le maire, qui réveille Pellissier, qui réveille Bordone, qui réveille Garibaldi. Garibaldi n'en crut pas ses yeux. S'apercevant que de tous ces honorables personnages c'est encore Dubois, maire de la ville menacée, qui paraissait le moins ému, il n'envoya pas ces messieurs se recoucher, comme c'était son droit. Mais d'un ton légèrement sarcastique il leur promit « qu'on verrait le lendemain comment les répu-
« blicains savaient se battre, qu'il défendrait la ville jusqu'à
« la dernière cartouche et que si Kettler ne venait pas à
« Dijon c'est lui Garibaldi qui irait le chercher. » Aussitôt quelques officiers d'état-major partirent à la découverte et l'un d'entre eux, le capitaine Baghino, ramena même à la

pointe du sabre une patrouille poméranienne qui s'était attardée sur la grande route.

Garibaldi, levé avant le jour, vérifia de ses propres yeux que tout était dans l'ordre.

Mais nos blessés ? Qui dira le martyre de ces malheureux qu'on entendait crier au loin dans les clos de vignes ?

Naturellement les Prussiens, en arrêtant au passage nos ambulances, les privèrent de tout secours. L'énergie de Jessie Mario se brisa cette fois sur la défiance des officiers prussiens. Pendant qu'un factionnaire la gardait à vue, la bonne nature s'occupa donc seule de nos blessés. On connaît sa tendresse de mère pour les soldats qui tombent. Sur leurs membres brisés elle étendit une belle couverture blanche, ajoutant ainsi les tortures du froid à celles de la fièvre. Si bien que le lendemain quand nous retrouvâmes les pauvres enfants à demi enterrés dans la neige, ils ne gémissaient plus. Ils étaient depuis longtemps guéris.

… CHAPITRE XXXIII

LA RÉSISTANCE DES DOLOIS

Pendant que Kettler brisait sa brigade sur six de nos bataillons de volontaires la brigade Koblinsky attaquait Dôle le même jour presque à la même heure.

Laquelle des garnisons voisines devait défendre Dôle ? Etait-ce Auxonne avec ses douze mille hommes, ou Langres avec ses 20,000 hommes, ou Dijon avec ses 45,000 hommes, ou Besançon avec ses 160,000 hommes ? Tous réunis dans la main d'un chef unique nous opposions aux 95,000 hommes de Manteuffel une masse plus que double d'infanterie, de cavalerie et d'artillerie. Combattant chez nous, avec la complicité des habitants, entre quatre de nos forteresses, nous les aurions écrasés, ou tout au moins arrêtés au passage de la Saône. C'était le devoir pour tous. Il y avait pourtant un général sur lequel pesait une part plus lourde de responsabilité. Ce n'était pas l'Italien Garibaldi, c'était le Français Bourbaki.

Freycinet, qui n'était pas suspect de tendresse pour notre armée, dit textuellement que Dôle étant au sud-est d'Auxonne « ne pouvait être gardé par le général Garibaldi, qui opérait de l'autre côté. » (1)

Dôle était en effet le principal magasin de Bourbaki. Dôle contenait 488 wagons de munitions, de vivres et d'effets destinés exclusivement à son armée. Dôle était aussi

---

(1) FREYCINET. IX, 255.

sa ligne de retraite par voie ferrée. Bourbaki avait été averti par Bombonnel depuis plusieurs jours du danger que la ville courait. Il avait reçu le 15ᵉ corps spécialement pour couvrir son flanc gauche. Même après la bataille d'Héricourt il avait en mains plus de canons et plus d'escadrons que les armées réunies de Werder et de Manteuffel. Mais nous savons aussi que Bourbaki tenait par dessus tout à ne pas entrer en relations avec Garibaldi et que d'ailleurs la continuation de cette guerre lui paraissait impossible et inutile. Pendant que le canon tonnait à Dijon et à Dôle, Bourbaki ne bougea pas.

Lorsque la brigade Koblinski arriva devant Dôle elle n'y trouva donc que les Dôlois. Une fois de plus les petites gens nous consolèrent des grands hommes et les simples soldats des généraux à panache.

Quoique abandonnés par les quatre garnisons voisines les Dôlois ne s'abandonnèrent pas. Le temps n'était plus où la petite ville, jalouse de ses voisines, combattait avec les Impériaux contre les Français. Cette fois la petite ville sans fortifications ni artillerie osa se redresser contre la brigade de Kaiserlicks. Il se trouva douze zouaves, trente francs-tireurs, cent gendarmes et environ cent cinquante gardes nationaux, soit 290 hommes qui suivirent le brave commandant Jourdy et se déployèrent en tirailleurs au-devant des assaillants. Déjà dans la matinée ils avaient repoussé de l'entrée de Dôle une reconnaissance de dragons.

La lutte qui s'engagea à peu près à la même heure que devant Dijon se termina beaucoup plus tôt. D'abord les Poméraniens crurent avoir un millier d'hommes devant eux. Leur artillerie gronda. Leur cavalerie poussa des charges. Trois de leurs bataillons se déployèrent autour de ces 290 braves gens et refermèrent le cercle derrière eux dans les rues mêmes de la ville. Pour vaincre cette poignée de patriotes ils combattirent deux heures. Pour abattre 41 Dôlois ils perdirent eux-mêmes bien près d'une centaine d'hommes.

Comme ils débouchaient en ville de deux côtés différents ils se tirèrent les uns sur les autres. Un de leurs officiers fut ainsi tué sur le perron de l'hôtel de Lyon. (1)

Comme à Châtillon, comme à Verrey, comme à Champagny, ils se jetèrent sur la population désarmée. Des femmes furent frappées indignement. Des blessés furent piétinés, pilés à coups de crosse, lardés à la baïonnette. Un prêtre fut tué de deux balles. Un cuisinier reçut dix coups de baïonnettes. Un valet d'écurie mourut de vingt-sept coups de crosse.

A la gare les Prussiens prirent 118 des wagons de Bourbaki. Grâce à l'initiative intelligente de quelques employés, 370 wagons purent gagner Dijon et se mettre à l'abri derrière l'armée des Vosges. Le stock tout entier aurait été certainement sauvé si du 20 Janvier au soir jusqu'au 21 Janvier au matin les ordres venus de Besançon n'avaient pas été changés « trois fois en sens opposé. » (2)

Des lâches ont traité de folie l'héroïque résistance des Dôlois. Honneur à ces fous du devoir ! Après les désastres de Bazeilles, de Châteaudun, de Champagny, alors que tout semblait perdu, Dôle ne craignit pas de donner encore un de ces exemples de courage désespéré que les petits esprits bâment parce qu'ils n'en voient pas la sublime

---

(1) MIGNARD. XI, 152.
(2) JACQMIN. III, 197. — ERNOUF. XIV, 432 à 439.

utilité. Mais devant la tombe de ces 41 Français, dont beaucoup étaient des pères de famille, la France se découvre, triste de leur mort, fière de leur sacrifice. La patrie sait que de telles morts sauvent son avenir et, selon le mot du poète, « lui font son immortalité. »

CHAPITRE XXXIV

LA DEUXIÈME JOURNÉE

Pour le récit de ce dimanche 22 Janvier laissons d'abord parler le gros livre de 4,500 pages où l'état-major allemand a déposé sa pensée.

« Le 22 Janvier, le général de Kettler se décida à
« prendre du repos dans les localités les plus voisines.
« Lorsque l'ennemi s'aperçut de ces mouvements il com-
« mença une canonnade sans résultat, essaya même de
« prendre l'offensive du haut de sa forte position, mais fut
« aussitôt repoussé. Violant la convention de Genève il
« enleva une ambulance dans la ferme de Changey. D'ail-
« leurs le jour se passa sans incidents. Grâce à une colonne
« qui la rejoignit, la brigade au repos put compléter ses
« munitions. » (1)

Telle est la version prussienne. Donnons maintenant une version française de ce jour « sans incidents. »

Le bataillon des *Francs-tireurs réunis*, cantonné à Talant pendant la nuit du 21 au 22 Janvier, descendit avant le jour dans les vignobles qui séparent la pyramide de Talant du plateau de Chaumont.

Il pouvait être sept heures du matin. La chûte de la neige s'arrêta peu à peu pendant qu'un brouillard épais montait du sol et couvrait le payage. A peine étions-nous

---

(1) ETAT-MAJOR ALLEMAND. V, 1207.

descendus que les coups de feu éclatèrent : les patrouilles prussiennes rôdaient déjà au pied de Talant. Chacune de nos compagnies se choisit un champ de tir. Chaque homme lutta pour son compte. Soudains et rapides les duels entre tirailleurs finissaient presque tous par des massacres. On se méfiait même des ombres amies et des erreurs possibles. Pendant ce temps nos canonniers, réduits au silence, sondaient de l'œil, sans pouvoir la percer, la mer de brouillards qui roulait à leurs pieds poussée par la bise du nord-est et que rayait çà et là la lumière de nos décharges.

Cette chasse émouvante, avec ses surprises et ses tueries, se prolongea jusque vers midi aussi longtemps que dura le brouillard. C'est pendant ces heures de fusillade ingrate que le colonel Loste reçut en pleine poitrine la blessure dont il est mort neuf jours après à l'hôtel de la Cloche.

Vers une heure de l'après-midi le général Garibaldi revint de Dijon à Talant. La bise du nord-est avait ouvert le brouillard. Le soleil luisait.

« Puisque Kettler ne vient pas à nous, dit-il, allons à « lui. » De Bel-Air et de Talant les francs-tireurs chargèrent à la fois sur les Prussiens. Pendant que les Alsaciens de Braun reprenaient le village de Plombières, les francs-tireurs réunis reçurent l'ordre d'enlever le plateau de Chaumont. Au nombre d'environ trois cents nous arrivâmes au pied du plateau le long d'un petit mur de vignes non loin de la grande route de Darois. De notre mur au sommet il n'y avait que deux cents pas à franchir. Mais, sur la pente raide, nue et balayée par les balles, les cadavres de la légion Tanara reparaissaient en taches rouges à travers la neige à demi fondue. Où la légion avait succombé, pouvions-nous réussir ? Il y eut une minute d'hésitation. Soudain nos onze clairons sonnent la charge et le lieutenant Levert, levant haut son épée, saute le mur. Tous suivirent.

C'est un des zouaves, rattachés la veille à notre bataillon, qui arriva le premier sur la crête. Un tiers de la colonne râlait dans la boue.

Tout en plantant notre drapeau de coton sur la crête du plateau nous vîmes que de tous les points les Prussiens convergeaient sur la ferme de Changey. Ils furent criblés de balles. A notre droite sur la route de Darois une troupe de dragons s'en allait aussi au galop dans la même direction. Un de nos obus, volant plus vite qu'eux, piqua le dernier sur la nuque. Sauf un petit morceau de mâchoire et une mèche de barbe la tête disparut. L'homme ainsi décapité chancela du côté droit. Son grand cadavre, retenu par le pied, rebondit sur la route pendant plus de cinquante mètres en laissant derrière lui une horrible traînée de sang.

Le sous-lieutenant Dormoy avait entraîné quelques compagnons sur Changey, espérant y faire des prisonniers. Pour arriver plus vite ils coururent droit sur la porte à travers champs.

Lorsqu'ils entrèrent, enfonçant la porte à coups de crosse, le général Kettler venait de quitter la ferme. Il était si ému qu'il avait laissé sur la table sa nomination fraîchement arrivée au grade de général de division. Des Prussiens fuyaient à travers le potager. D'autres se fourraient dans les voitures de l'ambulance. On piquait de la baïonnette les bottes de paille et les bottes de paille se soulevaient en criant. Dans les fourgons d'ambulance on trouva, outre les gros dindons qui s'y cachaient, des fusils enroulés de paille, des sacs de soldats, des paquets de cartouches, des jupes blanches, des pantalons de femmes, un petit carrosse volé dans le voisinage, des paniers de vin de Champagne, et même de l'horlogerie. Nous saisîmes aussitôt ce convoi de butin, malgré la croix de Genève qui le protégeait.

D'ailleurs si la ferme était une ambulance, pourquoi Kettler s'y cachait-il et pourquoi toute la nuit y avait-il parqué et remonté son artillerie ?

Un major sortit d'une salle pleine de blessés et pria le sous-lieutenant Dormoy de protéger son ambulance. Il était gros, court et chauve. D'énormes gouttes de sueur obscurcissaient les verres de ses lunettes d'or. De ses deux mains nerveuses il essayait sans succès de déplier un papier. Adossé au mur il tremblait comme une feuille. Un franc-tireur de haute taille essaya d'écarter le sous-lieutenant de sa crosse. « Otez-vous de là, Dormoy, lui cria-t-il. A Haute-« ville ils ont assassiné une de nos ambulances. Je le cloue « au mur. » Plusieurs fois Dormoy para de sa crosse les coups de baïonnette. Il croyait fausse la nouvelle du massacre de toute une ambulance. Mais s'il avait su l'affreuse vérité comme il l'a connue deux heures plus tard, oh, les assassins !

Les francs-tireurs par petits groupes continuèrent la poursuite jusque sur le plateau de Hauteville pendant que très loin derrière eux des mobilisés descendaient de la hauteur de Fontaine et escaladaient à leur tour le plateau conquis.

Avec sa batterie de pièces légères (1) le général Kettler essaya d'enrayer notre poursuite. Mais à peine nos premières balles ricochèrent-elles sur les canons que l'artillerie allemande, imitant l'infanterie, se décida aussi « à aller

---

(1) ÉTAT-MAJOR ALLEMAND. Vol. V. Gefechts-Kalender. Page 1004.

prendre du repos dans les localités les plus voisines. » Quel dommage que le gros de notre cavalerie fût à ce moment sous les murs de Langres et que la cavalerie disponible à Dijon n'ait compté que des groupes isolés ! Avec huit seulement des quatre-vingt-quatre escadrons que Bourbaki employait si mal nous ramenions les fuyards par centaines et pas une de leurs pièces légères n'échappait à la poursuite.

Nombre de Dijonnais, ce jour-là comme la veille, firent le coup de feu avec nous. Des centaines de curieux, groupés sur toutes les hauteurs, même des femmes et des enfants, assistaient à la bataille comme à un spectacle.

Comme c'était un dimanche la population se rangea nombreuse des deux côtés de la route et acclama les francs-tireurs au retour. La voiture de Garibaldi fut dételée et traînée à bras.

Triomphe bien mérité. Les deux armées n'avaient guère engagé plus de douze cents hommes chacune. Elles n'en avaient guère perdu plus d'une centaine. La lutte avait été circonscrite entre Talant et Chaumont. Mais si les francs-tireurs emboués, noirs de poudre, tachés de sang, ressemblaient trop à des Indiens revenant de scalper des chevelures, par contre, ils venaient de prendre leur revanche sur la place même de l'échec du 26 Novembre. Kettler ce soir-là ne devait plus du pied de Talant sommer Dijon de capituler. Nous le repoussions jusqu'à Darois, jusque derrière les grands bois, loin du champ de bataille.

Si ce soir là, nous avions eu dans la vallée de la Saône un chef unique comme les Allemands, toute notre armée de l'est aurait fait sa trouée vers Lyon sans coup férir. En tous cas elle ne serait pas immobilisée dans les neiges de Besançon et du Lomont.

Au roulement lointain de la canonnade, bien des officiers de cette armée se demandèrent pourquoi 130,000 hommes battaient ainsi de la semelle ? L'un d'eux, jeune officier d'intendance, s'étonna tellement de ne pas recevoir des ordres de marche qu'il eut l'imprudence d'en aller chercher à l'état-major de son corps. Il raconte qu'en entrant il entendit dans une salle voisine un bruit joyeux de conversations et de carambolages. Comme il insistait auprès du planton ces messieurs lui firent répondre qu'ils étaient sortis.

« Les Prussiens, ajoute ce naïf jeune homme, ne s'amu-
« saient pas à jouer au billard en de semblables
« moments. » (1)

Pendant que le général Bourbaki faisait à un pareil moment de pareils loisirs aux officiers supérieurs de son armée, Manteuffel enfiévré de succès se multipliait sur nos grandes routes. Le 20 Janvier, au soir, trois jours après le dernier coup de canon de la bataille d'Héricourt, deux voies ferrées rattachaient encore Bourbaki au reste de la France : celle de Dôle et celle de Mouchard. Le 21 Janvier Manteuffel avait coupé la ligne de Dôle. Le 22 Janvier sa cavalerie, quoique très inférieure en nombre à celle de Bourbaki, remonta cette ligne jusqu'à la station de Saint-Vit tout près de Besançon où elle prit encore 13 wagons chargés de vivres et de fourrages. Puis elle coupa la ligne de Mouchard à la hauteur de Quingey. Pendant ce temps des renforts en hommes comblaient les vides de la brigade Kettler. Une colonne de munitions lui apportait des cartouches et Kettler put impunément recommencer l'attaque de Dijon.

---

(1) DOUSSAINT. Vol. II. Chap. IX. Page 33.

CHAPITRE XXXV

LA TROISIÈME JOURNÉE

Cette seconde attaque de Dijon que les Prussiens préparaient en toute sécurité, nous la sentions venir avec plus d'assurance que la première. Le bon vin des Dijonnais, une nuit de repos et le succès déjà remporté nous remontaient le cœur.

C'est toujours entre Talant et Fontaine que Garibaldi attendait le choc. Kettler nous trompa tous, chef et soldats. Se dérobant devant les deux pyramides qui l'arrêtaient, il descendit du plateau dans la plaine, de la route de Darois sur celle de Langres. Traversant Hauteville, Ahuy et le Suzon, il installa son artillerie sur la hauteur de Valmy. Il reculait ainsi son point d'attaque d'une distance assez grande. Mais, autour de cette position plus éloignée, il trouvait plus de vivres pour sa troupe et plus d'espace pour ses mouvements. Par là, tous nos canons de Bel-Air, tous ceux de Talant, presque tous ceux de Fontaine, étaient annulés faute d'attelages. Au lieu de francs-tireurs aguerris Kettler ne rencontrait plus devant lui que de pauvres mobilisés. Enfin il avait cette fois toutes ses forces sous la main. Son aile gauche avait rallié le gros de la brigade.

En face de Talant et de Fontaine sur sa droite, comme en face de Saint-Apollinaire sur sa gauche, Kettler n'engagea que des escarmouches sans importance. Mais au centre contre Pouilly son attaque fut aussi brusque qu'énergique.

Les premiers coups de feu partirent devant la Charmette, grosse métairie, près du Suzon, à la descente d'Ahuy.

Sortant de la ferme un caporal de francs-tireurs toulousains, accompagné de deux hommes, se heurte à une patrouille de huit dragons. Les deux hommes se rendent lâchement. Mais le caporal, ancien soldat, croise la baïonnette, se dégage et tient fièrement le milieu de la route. De loin nous voyons un des dragons rouler sous sa décharge. Cinq minutes après un second dragon roule à son tour. Pas à pas, sans courir, criant aux Prussiens toutes les injures de son vocabulaire, le caporal rentre à l'auberge du Rendez-vous des chasseurs où il donne l'alarme et justement un obus, parti des hauteurs de Valmy, confirme son dire.

Un bataillon de mobilisés cuisait alors la soupe autour de l'auberge. Du pied les officiers culbutent les marmites.

Seule une avant-garde dont je regrette de ne pouvoir nommer le vaillant officier pousse une reconnaissance jusqu'à la bifurcation des deux grandes routes d'Is-sur-Tille et de Langres. Couchés à plat ventre, ils tirent à droite, à gauche, en l'air, aveuglés par leur propre fumée qui leur revient dans la figure. Riant de cette fusillade précipitée les Poméraniens s'avancent avec rapidité. Lorsque les premiers casques surgissent à quinze pas, une affreuse débandade commence, qui gagne bientôt le bataillon, et les salves prussiennes, plongeant sur cette cohue, en font un rapide et facile carnage.

En même temps les neuf canons prussiens concentrent leur feu sur nos six pièces de montagne qui s'étaient postées derrière l'avenue d'arbres qui de la façade de Pouilly rejoint perpendiculairement la route de Langres.

Comme à Autun les servants étaient des mobiles charentais sous les ordres du commandant Dyon. Comme à Autun, ils se dévouèrent pour sauver l'armée. Mais vingt minutes ne s'étaient pas écoulées qu'ils avaient déjà dix-huit hommes et vingt chevaux par terre. Le carnage d'Autun allait-il donc recommencer ? Aucune troupe ne soutenant plus ses artilleurs Dyon ramena tous ses canons, les uns à cheval, les autres à bras. Pendant ce temps les mobilisés se dispersaient à travers les vignes et portaient la panique jusque dans la ville.

Le château de Pouilly, que nous venons de nommer, est une simple maison de campagne dont les deux étages sont desservis par un escalier tournant de pierre. Le château est entouré de trois côtés par un mur de potager. Un mur de parc beaucoup plus étendu fait autour du potager comme une seconde enceinte.

Les deux murs qui entourent ce petit château, le fossé imposant qui en précède l'entrée, les bâtiments d'exploitation qui le flanquent, constituaient un abri assez solide. Malgré les obus allemands qui crevaient les murs, malgré la débandade des mobilisés et la retraite des canons de montagne, environ trois cents braves, pour la plupart marseillais, coururent aux meurtrières des murs et essayèrent de briser l'élan des Poméraniens. Ils furent bientôt submergés. La compagnie des Ours de Nantes, seule dans un bouquet d'arbres à l'extrémité orientale du parc, périt presque jusqu'au dernier homme. A l'autre bout du parc c'est-à-dire du côté de la route de Langres, nos francs-tireurs abandonnèrent la première enceinte, trop étendue pour leur nombre, et se réfugièrent dans le potager. Comme les Poméraniens s'y ruaient en même temps qu'eux, neuf hommes débandés eurent juste le temps de s'enfermer dans le château et s'y défendirent en désespérés.

On n'eut pour ainsi dire pas le temps de respirer. Poussant des cris sauvages les Poméraniens enfoncèrent la porte et envahirent le rez-de-chaussée.

Nos neuf débandés se réfugièrent au premier étage en barricadant l'étroit escalier. Heureusement pour nous Kettler s'obstina à prendre cette maison. Plusieurs fois les Poméraniens envahirent tumultueusement l'escalier. Tous ceux qui se risquèrent dans l'étroite spirale retombèrent brisés sur les dalles du vestibule. Plusieurs officiers, nombre d'hommes, perdirent là leur temps et leur vie. La façade à droite de la porte d'entrée a longtemps conservé l'empreinte d'une main sanglante : c'était celle d'un capitaine qui frappé à mort avait pressé sa blessure de la main et s'était appuyé au mur avant de mourir. Quant aux fenêtres du logis elles furent hachées de balles.

A la fin cette résistance d'une poignée d'hommes qu'ils croyaient être cent cinquante (1) exaspéra au suprême degré ces soldats presque tous ivres. Ils s'avisèrent du moyen suivant :

Abandonné dans une salle du rez-de-chaussée, un de nos blessés gémissait sur une chaise où le fermier essayait de le panser. La blessure n'était qu'une simple raie faite en arrière de l'épaule par un éclat d'obus. D'un coup de crosse à la figure ils le roulèrent par terre. Ils lui lièrent les mains probablement avec un des linges du pansement. Sur les premières marches de l'escalier ils semèrent du bois de fagots et de la paille. Ils y jetèrent le blessé encore vivant, l'arrosèrent de pétrole et y mirent le feu. D'en haut les Français tirèrent sur le feu pour l'éteindre et tuèrent raide un des Prussiens qui alimentaient la flamme. Une de

---

(1) Augsburger Allgemeine Zeitung. 3 avril 1871.

leurs balles, soit à dessein, soit par accident, cassa les reins du martyr et abrégea ainsi son affreuse agonie. (1)

Par les cris du brûlé, par l'odeur de la fumée, les Poméraniens espéraient ainsi réduire nos camarades. Mais, pendant que la fumée envahissait le bâtiment, ceux-ci s'échappèrent en sautant du balcon sur la terre molle du potager.

De Pouilly les Prussiens ne pouvaient atteindre Dijon par la route de Langres. Elle était trop large, trop plane et trop nue. En quelques minutes ils auraient été anéantis malgré leur courage.

Du point où l'avenue d'arbres de Pouilly touche la route, l'ancien remblai du chemin de fer de Langres décrit une ligne légèrement recourbée du nord au sud. Un peu plus à l'ouest le lit vide du Suzon descend dans le même sens vers l'une des entrées de Dijon. Les Prussiens, profitant de cette fortification et de cette tranchée naturelles, s'y avancèrent en masse, précédés par des tirailleurs. En vain deux de nos canons de Fontaine, deux du Mont-Chapet, et quatre de Saint-Apollinaire, couvrirent cette plaine d'obus. Dans cette terre imbibée de neige fondue les obus s'éteignaient presque tous sans éclater. Poussant des hurlements gutturaux dont le bruit dominait même la canonnade, les Prussiens marchèrent sur la ville dont ils distinguaient déjà les fenêtres et dont leurs obus commençaient à crever les toits.

« Au bruit des hurrahs, dit un de leurs officiers, nous
« chassions les Français devant nous, et déjà on se croyait
« sur les promenades de Dijon... » (2)

---

(1) DORMOY. Vol. V. 224 à 237. J'ai contrôlé tous ces renseignements sur place de la bouche même des survivants.
(2) QUADE. IV, 9.

Un bataillon de mobilisés qui garnissait le talus du chemin de fer s'était en effet débandé au premier contact. Les fuyards s'étaient jetés dans les rues de la ville où le désordre devenait effrayant. Des centaines de débandés jetaient leurs fusils dans l'Ouche. Bordone s'épuisait à les rallier. Plus d'illusion : notre ligne de défense était enfoncée. Beaucoup d'entre nous considérèrent la bataille comme perdue. Kettler crut si bien l'avoir gagnée qu'il rassembla ses tirailleurs, forma le 2ᵉ bataillon du 61ᵐᵉ en colonne de marche et le lança, drapeau déployé, par le chemin dit des Charbonniers contre les premières maisons de la ville. On eût dit vraiment que la Plaine des Roses était un champ de parade et qu'il lui restait simplement à jouer un air de musique.

Il était environ deux heures.

CHAPITRE XXXVI

LA PRISE DU DRAPEAU

Les neuf obstinés qui arrêtaient Kettler à Pouilly et lui firent perdre une grande heure n'ont peut-être jamais su qu'ils changeaient le sort d'une bataille. C'est pourtant la vérité.

Pendant que les Prussiens perdaient là un temps précieux, le succès leur coula entre les doigts. Si faible que fût la troupe française et si courte que fût sa résistance, elle avait fait la lumière. L'objectif des Allemands était bien Pouilly. Notre état-major se retourna. Les réserves accoururent. De leur côté les Prussiens crurent avoir forcé toutes nos lignes. Ils ne soupçonnèrent pas qu'à douze cents mètres de Dijon, sur le bord de la route de Langres, entre le clos de Pouilly et l'entrée de la ville, l'usine Bargy contenait encore une troupe intacte.

La guerre a de ces surprises. Du même choc d'épées qui éclaire aux uns le chemin du succès, les autres sont aveuglés et conduits à leur ruine.

L'usine Bargy est une fabrique de noir animal, une de ces léproseries industrielles que la police chasse hors des villes. Ce n'est pas du parfum des roses qu'elle embaumait alors la plaine. Avec son gros bâtiment rectangulaire, ses hangards et ses murs gris, plantés au fond d'une ancienne carrière, elle ne paie pas de mine. Du clos de Pouilly les Allemands en voyaient assez bien les étages supérieurs. Mais ils ne distinguaient nettement ni la porte qui s'ouvre sur la route de Langres ni le mur qui entoure de trois côtés la cour, ni l'espèce de fossé qui entoure ce mur. Garibaldi pendant qu'on s'égorgeait à Pouilly, appela Ricciotti qui était l'avant-dernière réserve : « *La ville est* « *perdue*, lui dit-il en italien, *si nous perdons la fabrique,* « *Adieu*. » Ricciotti avait compris. Il courut à la fabrique.

Ce que Ricciotti osait là dans cette bicoque, au milieu de la débandade universelle, avec 1,600 volontaires en face d'une brigade victorieuse bien peu de colonels de quarante ans l'auraient risqué même avec un régiment d'élite.

Mais Ricciotti était dans toute la fierté de ses vingt-huit ans et de ses cinq galons de lieutenant-colonel. Il était sûr de ses francs-tireurs et ses francs-tireurs avaient confiance en lui. De ses treize compagnies, il mit les quatre plus solides, celles des Savoyards et des Dauphinois, dans la fabrique. A leur tête il plaça son officier le plus énergique, le commandant Michard, avec ordre de créneler tous les murs, d'attirer les Prussiens le plus près possible, et de ne tirer qu'à bout portant. Quant à lui avec neuf autres compagnies il se chargea de commander dehors et il engagea immédiatement ses deux ailes. Il fut avec Canzio le héros de la journée.

Chaque fois que je revois cette plaine sans arbres ni maisons, je me demande comment à l'aile droite un seul des francs-tireurs qui rampèrent à travers cette surface à peine ondulée put rester vivant. Terrible fut leur tâche entre ces mobilisés qui de Dijon tiraient par dessus leur tête et ce long mur méridional de Pouilly qui leur tirait dans la figure. Mais tout Prussien dont le casque dépassa le mur fut aussitôt descendu. A l'aile gauche, même danger par derrière, même danger par devant. Successivement lancées du côté de Suzon cinq petites compagnies durèrent dans la fusillade juste autant que des poignées de paille dans un brasier.

Pendant qu'au dehors on rampait de sillon en sillon, à l'intérieur de l'usine les francs-tireurs faisaient main-basse sur le matériel. Les uns mettaient des sacs d'os aux fenêtres. Les autres roulaient des tonneaux en travers de la route. D'autres étageaient des tréteaux le long des murs. Les murs étaient en pisé heureusement. A la pioche, à la baïonnette, même au couteau, chacun ouvrit sa meurtrière. D'ailleurs Michard était là. A peine relevé de ses six blessures de Novembre, encore pâle du sang perdu, mais serrant son révolver, il veillait de son œil bleu à la prompte obéissance de tous et l'on obéit sans crier ni tirer.

Deux petits canons de montagne se postèrent aussi sur la route devant la porte de l'usine. Quelle imprudence !

« Ne restez pas là, leur cria Ricciotti ; vous allez être « nettoyés. » L'un des canonniers lui riposta sèchement : « Nous sommes là pour ça. » Effectivement. Les Prussiens qui venaient de rapprocher leurs pièces jusqu'à l'allée d'arbres de Pouilly et qui dominaient les nôtres à courte distance, les écrasèrent en quelques minutes. Ils auraient de même pulvérisé l'usine si elle avait fait du bruit. Comme elle se taisait leur bataillon d'avant-garde s'avança sans défiance jusqu'au point où le niveau du talus rejoint celui de la plaine. Le bataillon se découvrit alors. Il longea ensuite l'usine du côté de l'ouest à environ cent vingt mètres de distance comme si, après avoir quitté la route de Langres devant Pouilly, et décrit un arc de cercle dans la plaine, il avait voulu reprendre la route de Langres à l'entrée de Dijon.

Un officier à cheval se tenait presque en tête. De l'usine

on distinguait très bien la croix noire ainsi que l'aigle à deux têtes sur le fond clair du drapeau.

Lorsque le bataillon prêta bien le flanc dans toute sa longueur, lorsque sa compagnie de tête toucha presque la route de Langres, près de la croix Leroy, Michard, monté au deuxième étage, cria enfin le mot fiévreusement attendu :

« *Feu, mes enfants, feu ! Visez juste ou nous sommes perdus !* »

Il était environ trois heures. Cette salve de quatre à cinq cents balles abattit le commandant allemand, son cheval et une centaine d'hommes. Le drapeau tomba sous l'officier mortellement blessé qui ne le lâcha point et le couvrit de son corps. Un soldat qui voulait relever l'étendard fut abattu avant de l'avoir dégagé. Un second officier s'élança. Mais une première balle le mit à genoux et une deuxième sur le flanc. Un troisième officier qui s'avança à son tour tomba sur la figure avant d'avoir touché le but. De la garde du drapeau, sur laquelle beaucoup de nos hommes avaient tiré, plus un homme n'était debout. Le porte-drapeau, après avoir essayé de ramper, s'immobilisa dans une attitude qui le lendemain me parut être celle de la prière. Ni le lendemain ni le surlendemain, malgré de bien cruels ressouvenirs, aucun de nous ne lui écrasa la figure à coups de talons. J'ai moi-même giflé énergiquement un butor qui se permettait non pas de frapper ce vaincu, mais de le remuer avec l'extrémité de sa chaussure.

Quoi qu'on ait dit et répété pas un Prussien n'est entré dans l'usine. Pas un n'a même vu la porte qui est à l'angle du sud-est.

A la première décharge six des plus hardis vinrent

mourir à quelques pas du fossé extérieur devant la façade occidentale du bâtiment à deux étages. Un seul franchit le fossé, un vrai soldat celui-là ! Il s'adossa à une petite porte de derrière comme quelqu'un qui se gare de la pluie. La balle d'un franc-tireur, tirée par une fenêtre, le traversa de haut en bas. Le Poméranien en quelque sorte foudroyé resta debout arcbouté sur son fusil dans l'encoignure de la porte. C'est dans cette posture que nous l'avons laissé jusqu'au lendemain, cadavre de factionnaire veillant sur un cadavre de bataillon.

Ce coup de tonnerre, qui foudroyait ainsi leur chef et leur drapeau, démoralisa visiblement les Prussiens. Sous le feu roulant qui aussitôt après couvrit tout bruit de voix, ce bataillon ondula d'abord comme font les blés sous le premier coup d'aile de l'orage. Ni le sabre ni le révolver des officiers ne retinrent les hommes à leur rang. Une carrière de graviers très large et peu profonde s'ouvrait à vingt mètres derrière eux. Officiers et soldats y sautèrent pêle-mêle en laissant leur drapeau dans la boue. Soyons justes toutefois. Ces Poméraniens revinrent vite de leur surprise. Ils étaient à peine installés qu'un hurrah prolongé monta de la carrière. De tous les côtés la carrière s'illumina de détonations et par dessus les bords on vit bientôt apparaître des casques pointus, puis des bras qui se crispaient, puis de grands corps d'hommes qui se hissaient. Ni cette première sortie, ni les quatre autres, que nous suivions attentivement de la mire de nos fusils, ne nous parurent faites avec ensemble. Mais le courage de ces désespérés, qui se ruaient à une mort certaine, n'en mérite pas moins un respectueux hommage.

Au moment où ces Poméraniens, venus du fond de la Prusse approchaient de notre frontière leur historien écrit :

« Chacun semblait attendre d'eux quelque chose d'excep-
« tionnel... Partout ils étaient reçus, hébergés en amis.
« Toutes les villes le long de la voie rivalisaient d'hospi-
« talité... Rudes gaillards que ces Poméraniens! Comme
« ils l'ont fait en 1813 ils brûlent de casser des têtes
« françaises à coups de crosse... » (1) Eh bien ce lundi
23 Janvier à trois heures de l'après-midi leur souhait est
exaucé. Le drapeau n'est pas à plus de vingt mètres,
comme l'indique encore leur monument funéraire. Nous
n'étions pas plus terribles que les zouaves de Bazaine ou
que les marins des forts de Paris. Pourtant des cinq sorties
qu'ils ont tentées successivement aucune n'a réussi. Pas un
de ces rudes gaillards n'a franchi la courte distance.

Dès ce moment la bataille se rétrécit. Le drapeau en
devint le centre et l'enjeu. De toutes les ouvertures de
l'usine on le couva de l'œil. On savait la valeur d'un pareil
trophée. C'était le premier. Ça été le seul. (2)

La fumée des salves, montant vers le ciel en nappes
parallèles, voilà à demi la silhouette des combattants. Les
uns sortant de la carrière, les autres de l'usine, il y eut
bientôt un enchevêtrement inextricable. Recevoir ou donner quartier devint impossible. Tirés presque à bout portant
les coups de feu se croisèrent dans tous les sens. L'artillerie,
ne sachant qui viser, se tut des deux côtés. Pendant que du
haut des collines les deux armées attendaient avec anxiété
la fin de ce duel à mort, pendant que les deux avant-
gardes incapables de se lâcher se saignaient à blanc, un
exprès courut dire à Garibaldi que son fils était cerné
dans l'usine Bargy. Cette nouvelle assombrit les traits du

---

(1) QUADE. II, 8.
(2) Voyez la note 10 à la fin du volume.

général. Ricciotti était son Benjamin. Il le crut perdu et voulut au moins le revoir avant de mourir.

Par son ordre Canzio, qui était la dernière réserve, rejoignit immédiatement Ricciotti avec ses winchesters à dix-huit coups. Puis sans mot dire Garibaldi vint aussi en voiture se ranger derrière l'usine au cœur même de la bataille.

Détail curieux! Kettler à cheval se trouvait sur la même route, à environ mille mètres de distance, derrière l'auberge du Rendez-vous des Chasseurs. Il avait pris la même précaution que la veille et l'avant-veille à la ferme de Changey : il avait arboré sur le toit un drapeau d'ambulance. De sombre qu'elle était au départ, la figure de Garibaldi redevint calme, souriante, moqueuse même, aussitôt qu'il eut vu les hommes et les choses. Eh bien quoi ! semblait-il dire, l'élan des Prussiens est brisé. Il ne reste plus qu'à changer leur halte en déroute. Fanatique de l'arme blanche, croyant à la furie française, il prit hardiment l'offensive. Au sabre, à la baïonnette, il ordonna charge sur charge.

Jamais ils ne comprendront le redoutable prestige de cet homme ceux qui ne virent pas ce jour-là comment sous la poussée de sa main notre mobilité française brisa la pesanteur prussienne, comment la poussière fendit le rocher.

Comme à Prenois ce fut la cavalerie qui donna l'exemple. Comme à Prenois la cavalerie prit pour objectif les canons allemands. Quinze de ces cavaliers à toque rouge qu'on appelait les Guides, soixante hussards fraîchement arrivés sous les ordres du capitaine Roland, soixante-quinze sabres en tout, c'était alors toute la cavalerie disponible. Sabre haut, dans un bel élan, Roland les entraîna dans la tuerie.

Pas plus que nos 47 chasseurs n'avaient sabré la batterie de Prenois, nos 60 hussards ne sabrèrent la batterie de Pouilly. Mais à Pouilly comme à Prenois les canonniers allemands se dérobèrent et derrière l'allée d'arbres on distingua un commencement de débandade.

Entre trois et quatre heures un jeune Savoyard qui sera nommé plus loin, sortit de l'usine par la petite porte de derrière, s'élança sur le drapeau, l'enleva sous la fusillade et le rapporta à l'usine. On devine la jubilation des francs-tireurs.

Garibaldi profita de leur enthousiasme pour les pousser en avant. Ce fut d'abord le tour des franc-tireurs retranchés dans l'usine. Vers quatre heures ils mirent baïonnette au canon et sortirent de l'usine. Le commandant Michard avec les volontaires savoisiens, le capitaine Welker avec les francs-tireurs vosgiens, se jetèrent sur le côté oriental du talus du chemin de fer de Langres. Quand ils atteignirent le remblai ils n'y trouvèrent que des morts et des blessés. Evitant le contact du fer les Poméraniens se réfugiaient dans l'enclos de Pouilly comme dans une place d'armes. Garibaldi n'attendit pas que les Prussiens eussent ouvert des meurtrières. Lui non plus ne laissa pas à son ennemi le temps de respirer.

Les canons de Saint-Apollinaire, servis par les mobilisés de Maine-et-Loire, (1) venaient d'éventrer le mur méridional de Pouilly. Montrant à Canzio la brèche béante il lui cria en italien : « *Avanti.* »

Depuis plus d'une heure la brigade embryonnaire de Canzio tiraillait de l'usine contre Pouilly. Les décharges

---

(1) N. MORIN. Page 6.

de ses fusils à dix-huit coups crépitaient avec un bruit de mitrailleuses. Des hommes de toutes armes, des guides et des hussards démontés, des canonniers sans canons, des mobilisés revenus au feu, des Dijonnais, se joignirent à la petite colonne. Alors, les excitant de la voix et marchant à leur tête à travers champs, Canzio, en vrai héros, les engouffra dans la brèche. Là non plus ces Poméraniens, si friands de nous casser la tête, n'attendirent le contact des lames. Deux ou trois attardés seulement furent cloués aux murailles. Le château lui-même fut évacué sans résistance et en entrant nous retrouvâmes notre blessé, brûlé vif par ces sauvages, sur un lit de braises encore chaudes.

Quand nous aperçûmes ce cadavre à demi carbonisé, cette joue tuméfiée par le coup de crosse, ces bras douloureusement tordus, notre colère devint féroce. Tout ce qui nous tomba de Prussiens sous la main, prisonniers ou blessés, fut immédiatement exterminé.

Par un grand bonheur, pendant que le colonel Canzio se jetait sur le flanc gauche des Prussiens, le bataillon des *Francs-tireurs réunis*, de réserve à Mont-Chapet, les attaqua par le flanc droit.

Ce jour-là les *Francs-tireurs réunis*, fatigués par deux jours de bataille, n'étaient guère que six cents. Mais ils avaient à venger l'incendie odieux de Champagny et la blessure de leur colonel. Enlevés par le fougueux Baghino, successeur de Loste, ils marchèrent comme de vieux grenadiers. (1) Sautant du chemin d'Ahuy dans le Suzon ils se butèrent sur les Prussiens qui en descendaient le lit vide et le noir torrent d'hommes reflua vers sa source. Du Suzon

---

(1) GARIBALDI. Mémorie. V, 478. — ETAT-MAJOR ALLEMAND. V, 1210.

même les francs-tireurs fusillèrent les Prussiens alignés à l'ouest du remblais qui se refugièrent à Pouilly en laissant sur place une énorme quantité de cartouches. Puis, débordant du lit du Suzon sur la plaine, nous courûmes sur l'auberge du Rendez-vous. A peine Kettler, qui était à cheval derrière l'auberge, nous eut-il aperçus, qu'il disparut au galop dans la direction du clos de Pouilly.

Du même coup nous coupions toute retraite au bataillon réfugié dans la carrière. De refuge qu'elle était la carrière devint son tombeau. Un petit nombre seulement s'échappa à la tombée de la nuit. Son officier le plus haut gradé était alors un lieutenant.

Un peu avant cinq heures la nuit tomba sur nous en quelques minutes. Le jour avait été sombre. Le crépuscule, mieux que la fumée, voila la silhouette des combattants : mais, comme à Autun, la situation était complètement retournée.

Comme la surprise du clos de Saint-Martin, la surprise du clos de Pouilly avait échoué. Kettler, après avoir enveloppé Ricciotti, était lui-même pris dans un cercle plus grand. Mais tandis que l'avant-garde badoise s'était sauvée en sautant dans une rivière, l'avant-garde prussienne périssait sous nos coups, abandonnée par son général. De 5 heures à 7 heures le gros de la brigade, il remonta vers le nord jusqu'à Messigny. La tête seule de la colonne marchait en ordre sur la grande route. A l'arrière une cohue d'hommes sans fusils, de dragons sans chevaux et d'artilleurs sans attelages, débordait des deux côtés dans les champs, pendant qu'un demi-cercle de francs-tireurs tâchait de les cerner, pareil à une bande de loups qui court après un traîneau.

Vers six heures la fusillade s'éteignit.

Ah ! si nous avions eu les escadrons que Bourbaki utilisait si peu ! Ce n'est pas un bataillon seulement, c'est la brigade elle-même que nous aurions enterrée. Faute de cavalerie nous ne suivîmes les Prussiens que pendant deux ou trois kilomètres. Les nuages longtemps accumulés au-dessus de nos têtes, se fondirent brusquement en une pluie tiède.

Pendant que les Prussiens, réfugiés vers sept heures à Messigny et à Asnières, s'y crénelaient pour la nuit, nous revînmes sur Dijon par la nuit noire. Nous traversâmes presque à tâtons le champ du massacre. Bien des chaussures restèrent engluées dans la glaise. Plus d'un tronçon d'échalas nous entra dans les chevilles. Râles allemands, râles français, râles italiens, quel concert de douleurs montait alors de cette boue sanglante ! Çà et là passaient déjà dans le brouillard des lanternes d'ambulanciers. Nous vîmes aussi à notre approche fuir plus d'une figure suspecte, hyènes immondes qu'avait attirées l'odeur du butin. Ces détrousseurs de cadavres déchaussaient les bottes et retournaient impartialement toutes les poches. Au besoin ils coupaient la gorge aux mourants. Sur plusieurs cadavres j'ai reconnu la trace ignoble du couteau. Deux ou trois de ces pirates, qu'on surprit les poches pleines, furent hachés sur place comme des chiens enragés.

Le 24 Janvier, nous ne sortîmes pas de Dijon. Le 25 Janvier, pas davantage, et cela nous surprit extrêmement. Pourquoi, après le succès de Dijon comme après le succès d'Autun, Garibaldi ne poursuivait-il pas sa victoire ? Comme un peu de curiosité chez ses hommes d'avant-garde ne déplaisait pas au général, nous l'accostâmes au passage sur la place Saint-Nicolas. Étant là quelques officiers de francs-tireurs, nous lui posâmes carrément la question.

« A quoi bon, répliqua-t-il brusquement. Vous seriez seuls devant Manteuffel comme vous avez été seuls devant Werder. Vers la fin de Novembre 1870 ni Bourras ni Cremer n'ont daigné brûler leur poudre avec nous. Mais au moins daignaient-ils me parler ou m'écrire. Aujourd'hui, paraît-il, je ne mérite même plus qu'on me parle, qu'on m'écrive ou qu'on me télégraphie. Pendant cette bataille de trois jours que vous venez de gagner votre Gambetta lui-même a essayé de réunir Besançon et Dijon dans une action commune. Cette tentative a échoué. L'homme de Besançon hausse les épaules quand mon nom est prononcé devant lui. Alors, pendant que le Français Bourbaki, avec tous ses canons, avec tous ses escadrons et avec la faveur de Gambetta, regarde les Prussiens tourner autour de lui, vous voulez que moi Italien j'égorge mes fils et ce qui me reste d'amis dans une bataille inutile et horriblement disproportionnée ?... »

Il y eut un silence. Nous étions interdits.

Et la voiture du général disparut au galop dans la direction de la préfecture.

CHAPITRE XXXVII

L'ENVERS DE LA GLOIRE

Nous savons déjà qu'entre trois et quatre heures un franc-tireur savoyard réussit à sortir de l'usine, malgré la défense de Michard. Il s'appelait Victor Curtat. Il était âgé de dix-sept ans.

Lui aussi guettait le drapeau depuis une heure. Les cent mètres à franchir sous la fusillade ne l'inquiétaient pas. Ouvrant brusquement la petite porte de derrière, où s'arc-boutait le Poméranien mort, il courut sur le trophée. Comme l'officier mourant se couchait sur l'étoffe, Curtat du pied retourna l'homme et lui arracha le drapeau. Quand les quelques Prussiens qui étaient à portée virent le drapeau s'en aller à travers la fumée, leur tir qui était bien ralenti, redoubla d'intensité. Une de leurs balles brisa sur l'épaule de Curtat la hampe dont le fragment inférieur resta en route et n'a jamais été retrouvé. Curtat rentra à l'usine intact et tout fier de sa prise. Car cette double course de cent mètres sous la fusillade, ce n'était pas « *ramasser* » un drapeau, c'était bien le « *prendre*. »

J'ai le regret de démentir ici quelques détails romanesques dont on a habillé la vérité sous prétexte de l'embellir. Toute nue la vérité me paraît décidément plus belle.

Ainsi je ne crois pas, et aucun de ceux qui ont vu comme moi la bataille, ne croit que le drapeau ait été pris et repris plusieurs fois de suite. Tel il est tombé, tel il est resté, tel il a été pris sous le corps de son premier porteur,

A l'unanimité les témoins oculaires nient que Curtat l'ait trouvé, comme le veut la version allemande, « *sous un tas de cadavres.* » Un tas de cadavres ? Que signifie encore cette déclamation ? Où a-t-on vu que les cadavres s'entassent ainsi en monceaux ? Assurément les morts étaient nombreux sur ce terrain (1) et Garibaldi a pu dire que dans aucune de ses batailles il n'en avait compté autant sur un espace aussi restreint. (2) Mais ils étaient dispersés, non entassés. L'unique Prussien qui, ne pouvant plus se battre, essayait encore de couvrir le drapeau de son corps, portait, pardon de ce petit détail, des bottes à tiges rouges. Trois jours de suite nous sommes allés le voir, et nous l'avons retrouvé toujours isolé, toujours à la même place.

Le fait que Curtat, sorti à la dérobée, eût pris le drapeau avant tous les autres, déplut aux francs-tireurs des compagnies dauphinoises.

Cela, c'est le petit côté de la gloire ; c'est l'ombre après la lumière.

Les francs-tireurs dauphinois tiraient des étages supérieurs. Ils affirmaient avoir tué le Prussien. Donc ce drapeau était à eux. Une douzaine d'entre eux se jetèrent sur le petit Savoyard comme il rentrait à l'usine. Curtat fut traité en gamin, saisi, rossé, dépouillé. Ce n'est pas lui qui a remis le drapeau à Ricciotti, chef de la brigade. Ricciotti le porta aussitôt à son père et lui dit en français : « *Mon père, la quatrième brigade vous offre un drapeau pris à l'ennemi.* » Le vieux paralytique répondit en français : « *Merci. La quatrième brigade a bien mérité de la patrie.* » Et Garibaldi arbora le drapeau à l'arrière de sa voiture.

---

(1) PARIS. 15 Décembre 1889.
(2) BAUDACH. Page 70.

Il n'était pas tout à fait quatre heures. Il faisait encore plein jour. Longtemps encore la fusillade continua de crépiter et des centaines de témoins purent au passage palper l'étoffe soyeuse, les cravates, les médailles, les franges d'or.

Beaucoup plus que la France l'Allemagne s'est intéressée à l'histoire de ce drapeau. Elle en a pleuré la perte bien plus que nous n'en avons apprécié la conquête.

Le drapeau était presque neuf. Il avait été donné au 2ᵉ bataillon du 61ᵉ allemand le 22 Janvier 1861, juste dix ans avant la bataille de Dijon. La cérémonie avait été célébrée dans ce vieux Schlosz de Berlin qui est comme le Louvre de la famille des Hohenzollern. Le roi Guillaume, celui-là même qui a été proclamé empereur à Versailles, l'avait fixé à la hampe d'un premier clou. Le prince héritier, celui qui est mort d'un cancer à la gorge après 99 jours de règne, avait planté le second clou. Ainsi avaient fait toutes les princesses et tous les princes de la famille royale. A la bataille de Dijon combattaient plusieurs des officiers présents à la cérémonie où ils avaient juré suivant la vieille formule prussienne « *de le porter haut et immaculé.* »

Le drapeau n'avait flotté qu'à Sadowa, à Gravelotte et à Champigny, avant de tomber sous les balles des francs-tireurs.

Toutes les cloches de Stettin sonnèrent le glas à la nouvelle du désastre. L'Allemagne entière loua les Poméraniens en prose et en vers. Les officiers survivants achetèrent le terrain où le drapeau était tombé et ils y élevèrent entre quatre cyprès le mausolée que chacun peut y voir encore aujourd'hui. A plusieurs reprises l'empereur complimenta le bataillon de sa bravoure. Avant même sa sortie de

France il lui envoya un drapeau neuf et il voulut que la cérémonie fût célébrée à Belfort en présence des ruines de notre citadelle aussi solennellement que possible. (1) Fort bien. Mais si ces Prussiens ont mérité de pareils honneurs, que ne méritent pas les francs-tireurs qui les ont vaincus et tués ?

Lorsque l'armistice eut ouvert à Kettler l'entrée de Dijon, le général allemand fit faire sur place l'enquête la plus minutieuse. Les rares Prussiens qui auraient pu parler du drapeau étaient sous terre. Les témoins français étaient partis.

C'est dire que l'enquête ne pouvait aboutir. Voici pourtant ce que l'officier chargé de cette enquête donne « comme des faits absolument authentiques. » « Un officier garibaldien aurait acheté le drapeau à un franc-tireur pour la modique somme de deux cents francs. N'ayant pas réussi à le revendre avec bénéfice à un brocanteur de Dijon il l'envoya chez des parents à Carcassonne et de là chez son père à Oran. » Quelle race déchue que ces Français ! Quelles canailles que ces francs-tireurs ! Seize cents de leurs soldats tombent pour prendre un drapeau et ils n'ont pas honte de le vendre pour quelques litres de vin. Telle était bien évidemment dans l'esprit de l'auteur la conclusion de cette étonnante enquête. Je la dis étonnante et je me demande encore, vingt-trois ans après la bataille, comment plusieurs officiers allemands, travaillant à élucider un point d'histoire militaire, ont manqué à ce point de sens critique !

Cependant, fort intrigué par leur récit, j'ai pu, en com-

---

(1) DORMOY. Vol. V, 276 à 278. Je donne à cette place la traduction exacte du rescrit impérial.

plétant mon enquête, constater une fois de plus qu'il n'y a pas de fumée sans feu.

A chacune des deux extrémités de la cravate pendait une médaille d'or. Le drapeau lui-même était encadré d'une frange d'or. Or une simple visite, faite à la chapelle des Invalides, prouve que si l'étoffe et la pointe de cuivre ajouré sont intactes, les médailles manquent à la cravate, comme la frange au drapeau, et qu'il y a dans l'histoire de ce trophée un ignoble personnage, dont ce peu d'or a tenté la main. Ni Garibaldi, ni Bordone, ni les différents officiers responsables, ne surveillèrent suffisamment le précieux débris. Trop de gens eurent la liberté de le palper. C'est ainsi qu'à Dijon les Prussiens purent retrouver des fragments authentiques de la cravate et de la frange. Mais, du vol d'un débris au vol du drapeau lui-même, il y a loin. Comment le drapeau lui-même, convoité pendant une heure par des centaines de combattants, puis arboré dans la voiture du général, puis promené plusieurs jours de suite dans une ville de quarante-six mille âmes, aurait-il pu être mis en vente ?

Comment le capitaine Baudach, écrivant à tête reposée, six ans après la bataille, n'a-t-il pas vu l'extravagance d'un pareil conte et le repète-t-il si niaisement dans son livre, lui, un blessé de la bataille de Dijon ?

Il est certain qu'en 1878, quand le capitaine allemand publia son livre, presque aucun Français n'aurait pu lui dire où était le drapeau ? Mais le sous-lieutenant Dormoy, après des années de recherches, rapporte lui aussi des renseignements absolument authentiques.

Que le lecteur choisisse entre nous deux.

Par ordre de l'état-major français, le capitaine Verdez,

attaché au service télégraphique, avait emballé le drapeau dans une caisse d'armes. Par précaution deux employés accompagnèrent le colis à Bordeaux chez Steenackers, alors directeur des postes et des télégraphes. (1) Il va sans dire qu'en sortant de charge Steenackers ne remit le drapeau à Le Flô, ministre de la guerre, que contre un reçu. (2) Puis, plus rien. En vain j'allai aux renseignements à la chapelle des Invalides : notre drapeau n'y était pas. En vain j'allai aux archives du ministère de la guerre : je n'y fus même pas reçu malgré d'instantes démarches. Piqué au jeu j'en appelai à la presse. (3) Alors, et alors seulement, la vérité sortit de son puits, seize ans après la bataille.

Une lettre du maréchal Mac-Mahon nous donnait enfin l'explication du mystère. Avec sa droiture de soldat le maréchal disait tout, simplement, honnêtement, exactement.

Revenu de Bordeaux à Paris le drapeau, au lieu d'être remis au ministère de la guerre, avait été déposé dans une sorte de débarras au ministère de l'intérieur où il est resté de 1871 à 1877. Par ordre du maréchal, alors président de la république, le drapeau fut enlevé de cette cachette et remis pour la deuxième fois à un ministre de la guerre, comme le veut la loi. Mais, par une erreur voulue, le drapeau, fourvoyé une première fois dans un grenier, s'égara cette fois dans une salle du musée d'artillerie, qui loge lui aussi à l'hôtel des Invalides. Par une autre erreur, tout aussi voulue que la précédente, le drapeau pris à Dijon devant six mille témoins, fut inscrit au catalogue « *comme*

---

(1) BORDONE. XXV, 283.
(2) STEENACKERS. XVII, 588 à 592.
(3) PARIS. 9 Novembre à 21 Décembre 1887. LYON RÉPUBLICAIN. 7 Novembre à 20 Décembre 1887.

provenant des campagnes du premier empire. (1) Il y a ainsi des gens de par le monde qui, en manipulant l'histoire, croient ne jouer qu'une bonne farce à leurs adversaires politiques. Le drapeau a dormi onze ans dans sa nouvelle cachette sous cet état-civil de fantaisie.

Enfin, en 1888, sur les pressantes démarches du sous-lieutenant Dormoy, l'ordre honnêtement donné par le maréchal, fut honnêtement exécuté, non seulement dans sa lettre, mais dans son esprit. (2) Croirait-on qu'après avoir vu le drapeau enfin suspendu à la voûte de la chapelle des Invalides le sous-lieutenant Dormoy n'est pas encore content.

Pour qu'un petit monument de pierre se dresse au pied de Talant à la mémoire de ses camarades, en même temps qu'un de ses compagnons d'armes lui imprime ce livre, il a arraché 5,400 francs à la générosité de ses contemporains. Mais pour le jour de l'inauguration il demande encore que Curtat ait la croix.

Faire donner une croix, c'est son rêve. Depuis des années on lui objecte le mot allemand : Curtat n'a pas « *pris* » le drapeau. Curtat l'a seulement « *ramassé* » ou « *relevé.* » Vraiment la nuance est exquise. Dans l'après-midi du 16 Août 1870, à la bataille de Gravelotte, qui a été l'une des plus sanglantes du siècle, un éclat d'obus français emporta le fer de lance d'un drapeau allemand dont l'étoffe était restée à Berlin (3) et dont le manche fut sauvé par les Prussiens. (4) Le Français quel qu'il soit, simple

---

(1) CATALOGUE. N° 4595. 6 Octobre 1885.
(2) REGISTRE DES TROPHÉES. N° 358. Avril 1888.
(3) REGISTRE DES TROPHÉES. N° 343. 2 Mai 1872.— DE CAPRIVI. Lettre du 13 Octobre 1891.— Voyez la note 11 à la fin de ce volume.
(4) ETAT-MAJOR ALLEMAND. Vol. I. Page 626.— Voyez la note 12 à la fin de ce volume.

soldat ou officier, qui a rapporté ce trophée au péril de sa vie, ne l'a certainement pas attrapé au vol. Il l'a sûrement « *ramassé* » ou « *relevé*. » Pourtant deux croix ont été données, l'une au soldat, l'autre à son régiment. Nous, pour un drapeau auquel ne manque ni l'étoffe ni la hampe, nous demandons une seule croix. Et si vous ne trouvez pas la poitrine de Curtat assez large pour porter cette unique décoration, au moins accrochez-la donc à l'écu de la ville de Dijon.

Aux premiers beaux jours de 1894, vingt-trois ans après la bataille, nous inaugurerons notre pierre de souvenir au pied de Talant au centre de nos deux champs de bataille. Dijon, aujourd'hui ville de 60,000 âmes, et garnison importante, assistera à la cérémonie avec les survivants de la bataille. Comment leur expliquerons-nous que sous un gouvernement républicain l'humble héros de la bataille de Dijon n'a encore reçu ni la croix ni la médaille militaire.

CHAPITRE XXXVIII

LA RETRAITE EN SUISSE

Quoique le drapeau du 61me allemand eût été déjà vu la veille par des centaines de témoins, Garibaldi, avant de le photographier et de l'expédier à Bordeaux, le fit promener avec une escorte de Guides, à travers tous les groupes armés, soit à Dijon, soit aux alentours.

Pendant cette promenade du drapeau nous pûmes pleurer les amis morts pour le prendre. Que de de vides dans nos rangs! Kettler, battu sur la route de Langres comme sur celle de Darois, reculait définitivement à onze kilomètres du champ de bataille en laissant par terre 39 de ses officiers et 1,100 de ses soldats. Au total cela faisait environ le quart de ses officiers et le cinquième de l'effectif engagé. Relativement les Allemands avaient perdu moins de monde à l'énorme bataille de Gravelotte. Mais de notre côté aussi l'élite des braves était fauchée. Nous avions hors de combat 1,600 hommes et 79 officiers. Les compagnies franches, si souvent décapitées pendant la campagne d'hiver, laissaient sur le carreau encore la moitié de leurs capitaines ou des lieutenants qui en faisaient fonction. Le bataillon Ciotti, de la légion Tanara, avait perdu les deux cinquièmes de ses hommes et neuf de ses quatorze officiers.

Pendant la promenade du drapeau les nouvelles des autres armées nous arrivèrent aussi de Besançon, d'Amiens, du Mans et de Paris. Quelle sinistre fin de règne! Du 9 au 12 Janvier Chanzy avait perdu dans l'ouest la bataille du Mans et s'était replié sur Laval. Du 15 au 17 Janvier

Bourbaki avait perdu dans l'est la bataille d'Héricourt. Le 19 Janvier Faidherbe avait perdu dans le nord la bataille de Saint-Quentin pendant que le même jour et presque à la même heure Trochu perdait sous Paris la bataille de Buzenval. Paris lui-même allait capituler. La campagne d'hiver se terminait comme les autres par un effondrement universel. Jamais notre pays n'avait encore vécu une semaine aussi triste.

Pourquoi notre succès à Dijon du 21 au 23 Janvier s'est-il perdu dans l'immense désastre de la patrie? Pourquoi ce coup porté à l'ennemi dans la dernière des cinq batailles rangées l'a-t-il si peu ébranlé? Pourquoi Bourbaki, saisissant son épée d'Inkerman, n'a-t-il pas élargi cette blessure?

Le 23 Janvier, jour de la prise du drapeau, la situation de Bourbaki n'était nullement désespérée. Jusque-là Werder l'avait suivi et non poursuivi. (1) Manteuffel, engagé entre trois rivières et trois forteresses, n'avait ni train, ni pontons. (2) De Pesmes il écoutait avec anxiété le grondement de la bataille de Dijon et son anxiété augmenta encore quand il apprit la reculade de Kettler. Si à cette heure angoissante Bourbaki avait jeté sur lui ne fût-ce que trente mille hommes le cercle enveloppant était crevé sans remède. Mais Bourbaki, esprit étroit et peu cultivé, roublard plutôt qu'habile, ne saisissait pas la tragique urgence des choses. Cette myopie intellectuelle était aggravée chez lui de myopie morale. Conscience blasée par les intrigues de cour, Bourbaki n'avait pas appris la délicatesse morale en compagnie de Bazaine. (3) Bourbaki avait un plan sur la valeur et sur l'honnêteté duquel il s'aveugla volontairement.

---

(1) WARTENSLEBEN. IV, 34.
(2) WARTENSLEBEN. I, 9.— III, 22.— IV, 29.
(3) Voir la note VI à la fin du volume.

Bourbaki voulait aller en Suisse : voilà certainement la triste vérité. Et il attendait à Besançon que la marche enveloppante de Manteuffel eût démontré la nécessité de cette retraite.

A une semaine où les jours valaient des siècles, la Franche-Comté, terre aux instincts généreux, s'indigna tout entière comme nous nous indignons encore de l'immobilité persistante de Bourbaki. Gambetta le harcela de dépêches pressantes. Un de ses généraux en conseil de guerre le qualifia d'incapable. Ses soldats, consignés hors de Besançon, ne lui jetèrent pas « *des trognons de choux* » (1) comme avaient fait les gens de Lille ; mais plus d'une fois ils lui lancèrent au passage l'épithète de traître. Le conseil municipal lui-même le relança jusque dans son cabinet. « *Voulait-il donc faire de Besançon un nouveau* « *Metz* » Vains efforts. Bourbaki se dépensa en besognes stériles, en dépêches, non en actes. Seul contre tous il tint bon.

Le 23 Janvier, jour de la prise du drapeau, il avait piétiné dans les mêmes lignes.

Le 24, il y piétina encore.

Le 25, il continua d'y piétiner.

Le 26 Janvier au matin, neuf jours après la bataille d'Héricourt, cinq jours après sa retraite sur Besançon, trois jours après la bataille de Dijon, il jugea l'heure venue. Il donna à ses troupes l'ordre de tourner le dos à Manteuffel et de marcher sur la Suisse.

Seulement il faillit bien manquer sa retraite sur Pontarlier comme Napoléon avait manqué sa retraite sur Sedan.

---

(1) MONITEUR UNIVERSEL. 9 Novembre 1870.

Le 26 Janvier au matin lorsque Bourbaki commença cette retraite, un désordre inextricable l'arrêta aux portes mêmes de Besançon. Il fit d'abord pour y remédier les efforts les plus énergiques. Tout à coup de mauvaises nouvelles lui arrivent de différents avant-postes. Des colonnes chargées de masquer sa retraite étaient en pleine débandade ! Il ne pourra donc pas plus fuir qu'il n'a pu combattre. Alors, accablé du sentiment de sa responsabilité, il rentre à Besançon, et, pendant que Gambetta lui signifiait sa révocation, mais avant de l'avoir reçue, il se tire sur la tempe cette balle qui s'aplatit « *exactement comme sur une plaque de fonte.* » (1)

Bourbaki s'est parfaitement guéri de ce coup manqué. Mais la blessure faite à la France, quand sera-t-elle cicatrisée ?

Ce coup de pistolet, qui le délivrait de sa tâche, non de sa responsabilité, empira gravement la situation de son armée. Le gâchis de la retraite était déjà grand. Dès ce jour commencèrent ces désertions qui réduisirent les effectifs presque de moitié. La maraude prit des proportions inconnues dans les autres armées. Puis l'armistice changea la retraite en déroute. Deux jours durant cette armée crut la guerre suspendue et les Prussiens l'encouragèrent dans cette illusion alors qu'eux-mêmes achevaient leur mouvement tournant. Seuls quelques officiers énergiques comme Pallu et Cremer, éventèrent le piège et s'échappèrent par des chemins de montagne. Pendant qu'une poignée de braves gens (il y en eut dans cette armée jusqu'à la dernière heure) mourait à la Cluse, la Suisse reçut, soit par les Veyrières, soit par Valorbe, cette cohue d'hommes

---

(1) D'Eichthal. III, 353.

sordides, affamés et malades qui avaient été la grande armée de l'est.

C'est ainsi que les 1,700 victimes de la troisième bataille de Dijon ont versé leur sang pour l'honneur et que la prise du drapeau est restée une victoire stérile au moins en résultats immédiats.

Que devenait pendant ce temps l'armée des Vosges ? Quoique Gambetta n'eût pas formellement attaché notre destinée à celle de l'armée de l'Est, les évènements plus forts que les hommes faillirent bien nous envelopper dans le même naufrage.

C'est tout juste si notre petite barque eut le temps de couper le lien qui l'amarrait à cette grosse épave et réussit à n'être pas noyée dans le cyclône qui passait. Comme les derniers débris de l'armée de l'est étaient sur le point de disparaître sous le dernier remous, un retour de faveur nous valut soudain en quelques jours les canons et les escadrons inutilement sollicités pendant quatre mois. Notre artillerie réellement disponible atteignit 90 pièces. Notre cavalerie fut renforcée jusqu'à huit escadrons. Les brigades de Ricciotti et de Canzio furent portées à l'effectif réglementaire. Les rapports entre Garibaldi et Gambetta prirent un tour affectueux et Freycinet ne craignit pas d'écrire à son ami : « ... « *Garibaldi est décidément notre meil-* « *leur général.* »

Nommé seul chef à Dijon, Garibaldi vit du même coup son rôle grandir avec l'effectif de ses neuf brigades, de ses quinze batteries et de ses huit escadrons.

Le 27 Janvier au soir, comme l'armée de l'est, acculée sur Pontarlier, et réduite à 90,000 hommes, négociait déjà son admission sur le territoire suisse, le gouvernement de la Défense Nationale pria Garibaldi de la dégager par une marche rapide. Ayant des canons et des escadrons, Garibaldi n'hésita pas à couper son armée en deux. A Dijon sous les ordres de Bordone il laissa la part la plus nombreuse et la moins aguerrie. Avec ses troupes d'élite il partit dans la direction de Bourg en Bresse. Malheureusement de Dijon à Pontarlier il y a un peu plus loin que de Dijon à Nuits. Après avoir sauvé Cremer nous fûmes trop heureux de ne pas nous perdre en essayant de sauver nos voisins. Nous arrivâmes trop tard au pied du Jura. De ses sapins blancs de neige nous ne vîmes descendre que des groupes peu nombreux ou quelques marcheurs solitaires dont la fièvre avait cerclé les yeux, qui crachaient le sang, et traînaient misérablement dans la neige leurs pieds enveloppés de guenilles.

Nous aussi nous étions exclus de l'armistice du 29 Janvier quoique Gambetta, trompé lui-même par la dépêche de Jules Favre, nous l'eût annoncé comme valable. Du même épervier qui venait de manquer Bourbaki, Manteuffel rêva d'enlever par ruse les troupes restées à Dijon.

Sur l'ordre du gouvernement nous observions scrupuleusement l'armistice et les Prussiens, pourvus de tout, nous offraient gracieusement des cigares pour nous entretenir dans cette erreur. Pendant ce temps trois brigades destinées à une quatrième bataille de Dijon (1) nous cernaient en silence. Les mouvements de leur cavalerie, leurs interminables convois, des espions pris sur le fait, une brigade de télégraphistes qui tomba dans nos lignes, tout nous cria de nous méfier. Bordone était en effet sur ses gardes. Pendant que Garibaldi ramenait ses hommes d'avant-garde sur Châ-

---

(1) ÉTAT-MAJOR ALLEMAND. V, 1246.

lons, Bordone, couvert par son artillerie, évacua Dijon dans la soirée du 31 Janvier et rallia son chef dans la zône neutre.

Le 1er Février quand il entra à Dijon, en vertu de l'armistice, le général Weyhern, chef des trois brigades prussiennes, ne trouva en ville qu'un butin insignifiant, des éclopés, des ivrognes mal réveillés qu'il fusilla avec barbarie. Mais aucune de nos colonnes ne fut entamée ni ce jour là ni le lendemain. Même notre bataillon des *Francstireurs réunis* qui était en flèche près du Mont-Roland, et cerné de trois côtés, réussit à se dégager par une marche forcée qui dura toute la nuit : il atteignit intact Seurre-sur-Saône en ramenant des prisonniers. Tandis que Manteuffel enlevait à la grande armée de l'est des milliers de prisonniers et plusieurs batteries, la petite armée républicaine des Vosges sauvait tous ses bataillons et toutes ses batteries. Des cinq armées de la République elle est la seule qui n'ait pas laissé une seule pièce aux mains de l'ennemi, comme elle est la seule qui lui ait arraché un drapeau.

Aussi bien nous ne terminerons pas l'histoire de ces trois batailles de Dijon par un lâche gémissement. L'impression que nous a laissée cette guerre n'a jamais été celle du découragement. Nous étions prêts à recommencer la lutte.

Nous laissions aux amis de Bazaine et aux soldats de Guillaume la théorie de la décadence des races latines. Ayant fait notre devoir, nous espérions.

Dès cette époque les fautes commises étaient si lourdes, nous en comprenions si bien l'énormité, nous en apercecevions si clairement le remède, et notre ombre d'armée remportait de si palpables succès que vraiment, en posant ma plume aujourd'hui comme alors en posant mon épée, je persiste à croire avec Gambetta, Chanzy et Faidherbe à la possibilité d'un succès. Cela ne vous frappe-t-il pas ? Si des soldats improvisés, médiocrement armés, à peine organisés et mal soutenus, écrasaient déjà en 1871 à **nombre égal** les vainqueurs de Gravelotte et de Champigny, que ne fera pas notre nouvelle armée si sérieusement refondue ? Cette fois là notre armée active et notre réserve ne tomberont pas l'une après l'autre sous les forces réunies de l'ennemi. Elles donneront en même temps d'une seule masse sur le même point et l'unique trophée de 1871 **aura les compagnons qu'il attend.**

FIN

NOTES

ET

DOCUMENTS

NOTE I

Les documents imprimés n'ont été ni ma seule ni ma principale source d'informations. Les relations inédites que mes camarades m'ont confiées, le témoignage des habitants que j'ai recueilli sur place et la vue des lieux où se sont déroulées nos batailles m'ont beaucoup plus appris que les livres les mieux faits. Néanmoins j'ai réuni sur la guerre à Dijon la collection d'imprimés la plus complète qui existe. Plusieurs de ces ouvrages ne sont mentionnés ni sur le catalogue de la bibliothèque nationale ni sur celui de Schulze ni dans la bibliographie bourguignonne de Milsand. On trouvera la bibliographie de ces volumes, plaquettes ou journaux à la fin de mes volumes de Souvenirs d'Avant-Garde.

NOTE II

Que notre malheur ait inspiré de pareils dévouements à des étrangers, cela est certes flatteur pour notre pays. Pourtant presque tous les historiens français du parti conservateur essayent de transformer en peine afflictive et infamante cette condamnation si honorable pour les républicains d'Italie qui en furent victimes. Si l'on veut prendre sur le fait un de ces falsificateurs on pourra lire De la Rive (III, 84). De la Rive ne considérait certainement pas cette condamnation comme infamante. Mais le ton de son anecdote et la place qu'il lui donne sont calculés de façon à énoncer le fait vrai tout en logeant un mensonge dans l'esprit du lecteur. Cet art de mentir en disant vrai, que la morale appelle le jésuitisme, a été beaucoup pratiqué par nos adversaires politiques.

NOTE III

Voici en quels termes le commissaire de police d'Autun, qui désirait se concilier de hautes protections, a travesti l'attaque allemande. Il parlait alors devant la Commission d'enquête parlementaire :

« M. LE PRÉSIDENT. — Les Prussiens avaient-ils des « canons à Autun ?

« M. DEBUSCHÈRE. — Je ne sais. Ils sont arrivés dans la « ville, l'arme sur l'épaule gauche. »

La Commission d'enquête enregistre gravement cette déclaration avec beaucoup d'autres témoignages tout aussi véridiques. Et il y a, dans un certain monde, quantité de gens qui prennent cela pour des documents d'histoire.

NOTE IV

Voici ce que cette scène, l'une des plus belles de la vie de Garibaldi, devient sous la plume de A. d'Aunay, historien conservateur :

« Les Prussiens avaient dit : « Nous allons prendre l'oiseau rouge dans son nid. » Se voyant abandonné des siens, l'oiseau rouge comprit que l'heure de la retraite avait sonné.

« Il commanda sa chaise...

« Impotent, il se faisait porter à bras, dans une sorte de boîte, dont les brancards consolidaient la fermeture. Deux fidèles se mirent aux brancards et l'emportèrent sur la route du Creuzot. La canonnade continuait avec violence. Quelques obus, dépassant la ville, arrivèrent dans la montagne. Les porteurs effrayés abandonnèrent Garibaldi dans sa boîte, sur la route, et prirent leur course. Le héros légendaire poussa des cris de colère et de détresse qui attirèrent des convoyeurs compatissants qui hissèrent sur un chariot le glorieux colis. »

L'abbé Maillard dans son pamphlet reproduit religieusement cette caricature comme étant le récit d'un témoin oculaire et plus d'une âme pieuse a sans doute pris cela pour de l'histoire.

NOTE V

Cour d'assises de la Seine. Affaire Bordone. Page 73 :
« ..... il y a à Versailles un colonel de gendarmerie qui
« n'a de commun que le nom avec M. Chenet, et qui a
« trouvé que c'était encore trop ; il a pris des renseigne-
« ments afin de se mettre à l'abri de la réputation un peu
« par trop douteuse de M. Chenet. On pourra le consulter
« au besoin. M. Chenet a quitté l'armée française, non
« comme lieutenant, mais comme sous-lieutenant. Il était
« le premier ou le second à passer lieutenant, lorsqu'il a
« été obligé de donner sa démission, et s'il faut dire pour-
« quoi il a quitté son corps, nous le dirons. M. le Président,
« MM. les Jurés, ou M. Chenet lui-même n'ont qu'à
« parler, je suis prêt ; mais je ne veux pas m'exposer à
« parler sans qu'on me le demande. M. Chenet se tait.
« Sensation. »

Ces mots furent dits à haute voix par Bordone devant le tribunal. Ils n'ont jamais été ni rectifiés, ni démentis. Pour les bien comprendre il faut lire le court mais très instructif commentaire que Bordone en a donné à la dernière page du même volume.

NOTE VI

Voici par exemple le témoignage d'un soldat qui était bien placé pour voir Bourbaki à l'œuvre :

« Le procès Bazaine a donné la mesure exacte de la valeur de Bourbaki.

« On s'en fera une idée par l'extrait suivant de la déposition de M. Tachard, ministre de France à Bruxelles pendant la dernière guerre.

« Bourbaki avait la tête perdue. A chaque instant il portait la main sur son front, en disant : « Mais pourquoi a-t-il voulu me déshonorer, cet homme ? Je ne lui ai rien fait. » Je lui disais : « Général, on n'a pas voulu vous déshonorer ; c'est une manœuvre ; j'ignore de qui et pour quoi ; mais enfin, déshonoré ou non, il n'y a qu'un seul moyen de reconquérir l'honneur. Allez vous battre ; rendez-moi l'Alsace. » Je ne réussissais guère.

« Avec un accent que je croyais italien, il disait : « Vous voulez donc que j'aille servir Gambetta ? »

Colonel Poullet. *Préface*. Page VII. Le colonel Poullet remplissait auprès de Cremer les fonctions de chef d'état-major.

NOTE VII

Freycinet. Dépêche 513, adressée à Gambetta. 23 Décembre 1870. Midi quinze minutes du matin. « ... Ne vous laissez pas influencer par les lamentations de Bourbaki qui exagère toutes les difficultés. » On remarquera que cette dépêche n'était pas destinée à la publicité et qu'elle a été envoyée avant la campagne de l'est.

NOTE VIII

C'est là une accusations les plus graves. Gambetta n'a pu s'empêcher de la porter contre Bourbaki tout en l'enveloppant de compliments énormes :

« J'ai en lui, et en sa loyauté, une confiance absolue,
« disait Gambetta dans sa langue hyperbolique. Mais il
« faut que je vous dise qu'il était très ébranlé, malheureu-
« sement, dans sa confiance de soldat. Il avait vu fondre,
« en quelque sorte ce qu'il appelait la plus belle armée de
« l'Europe et il avait une sorte de désespoir noir dans
« l'âme, une inquiétude, et puis la peur que, à la pre-
« mière défaite, on ne fit porter tout le tort sur lui.
« Ce n'est pas sa bravoure que j'attaque, c'est certainement
« le plus brave soldat qui soit au monde, c'est son moral.
« En sorte que toutes les fois qu'il pouvait refuser la
« bataille, il ne résistait pas à son découragement... »

Mais que faut-il penser de l'homme dont le métier est de livrer des batailles, dont le devoir est de les gagner, qui a promis de les chercher et qui pourtant les évite ? Quel est le mot qui, pour juger une pareille conduite, vient irrésistiblement aux lèvres ? N'est-ce pas celui que prononçaient alors tous les Francs-Comtois ?

NOTE IX

Après la campagne de 1870-1871 les protecteurs qui avaient fait de Franzini un chef de brigade le sauvèrent du conseil de guerre. D'autres protecteurs appartenant au même parti politique avaient déjà sauvé Chenet d'un danger analogue. Pas plus pour Franzini que pour Chenet, et malgré les articles du Code militaire, ces protecteurs ne considérèrent comme un crime le fait d'avoir fui devant l'ennemi, parce que le républicain Garibaldi était alors à la tête de nos troupes. Franzini comme Chenet se posa en victime de notre haine. Mais pendant qu'il était percepteur ce drôle avait pris de telles libertés avec les finances publiques que la cour d'assises de l'Yonne, après un mûr examen de la comptabilité, l'envoya au bagne rejoindre le capitaine-trésorier du colonel Chenet.

NOTE X

Sur ce point les deux plus hautes autorités ne se servent pas du même mot :

DE FREYCINET. IX, 257 : « La brigade Ricciotti se « signala par sa valeur ; elle s'empara d'un drapeau, le pre- « mier, le seul hélas ! qui ait été *conquis* sur l'ennemi « dans cette guerre. »

ÉTAT MAJOR ALLEMAND : Vol. V. Page 1212 : « C'est un « fait que le seul drapeau, perdu dans cette guerre par « l'armée allemande, a été *ramassé*, rouge de sang et déchiré « de balles, sous un tas de cadavres, non loin de la « fabrique, par des hommes de la brigade Ricciotti « Garibaldi. »

Entre le mot *conquis*, employé par l'historien français, et le mot *ramassé*, employé par l'historien allemand, chacun peut choisir selon son goût. Le récit que je donne de cette prise dit assez de quel côté je penche après avoir fait parmi les témoins oculaires l'enquête la plus minutieuse.

NOTE XI

Profitant d'anciennes relations avec le chancelier de Caprivi je lui ai demandé pourquoi l'état-major allemand, qui avoue avoir perdu un drapeau à Dijon, n'avoue pas en avoir perdu un à Metz? Le chancelier ordonna de consulter les archives de l'état-major et quelques jours après je recevais la lettre suivante :

BUREAU SPÉCIAL DU CHANCELIER DE L'EMPIRE.

Berlin, le 13 Octobre 1891.

« En réponse à la question que vous avez posée au
« général de Caprivi le 28 Septembre dernier sur la dispa-
« rition de l'étoffe du drapeau du 2e bataillon du 16e d'in-
« fanterie j'ai l'honneur de vous faire savoir, en m'appuyant
« sur les documents conservés aux archives du grand état-
« major général, que l'étoffe de ce drapeau, comme c'est
« le cas pour la plupart des vieux drapeaux prussiens, était
« déjà détruite avant le début de la campagne de 1870-71
« et que la décoration du sommet de hampe tombé le 16
« Août 1870 entre les mains de l'ennemi se composait
« uniquement des cravates des médailles commémoratives
« des campagnes de 1813-14 et de 1866. »

Signature du capitaine aide-de-camp :

EBMEYER.

NOTE XII

ETAT-MAJOR ALLEMAND. Vol. I. Page 626 :

« Du drapeau du 2me bataillon du 16me d'infanterie le
« manche seul, brisé par des coups de feu, fut sauvé; le
« fer de lance avec ses cravates paraissait avoir été emporté
« par un éclat d'obus; les Français l'emportèrent à Metz. »

NOTE XIII

Voici en quels termes l'état-major allemand télégraphia de Versailles à Berlin la nouvelle de cette défaite :

POLIZEI-PRAESIDIUM. DÉPÊCHE 171

Versailles, le 27 Janvier.

« Le général Kettler mande qu'il s'est avancé dans la di-
« rection de Dijon et qu'il a pris 5 officiers et 150 hommes.
« Le porte-drapeau du 2e bataillon du 61e d'infanterie a
« péri là dans un combat sous bois pendant la nuit. Le
« drapeau a disparu. »

RÉCITS
ALLEMANDS

BATAILLE

D'OCTOBRE

MAJOR VON TRAPP

Le premier régiment grand-ducal badois de grenadiers du corps, maintenant Royal-Prussien n° 109, pendant la campagne 1870-1871. Pages 68 à 79.

LE COMBAT DE DIJON.

« D'après les nouvelles jusqu'alors recueillies on croyait Dijon fortifié et entre les mains d'un ennemi assez fort.

« Quant à se laisser aller à de grosses pertes d'hommes pour prendre Dijon, alors que d'autre part le quatorzième corps avait à remplir une tâche si compliquée, en aucun cas il n'y fallait songer. Plus tard peut-être on y penserait quand les renforts fournis par nos divisions de réserves deviendraient disponibles et seraient appelés.

« Comme le général en chef, fort de ces considérations, avait déjà pris son parti, voilà que l'officier commandant les dragons en reconnaissance, le chef d'escadron Stehberger, annonce « que les forces ennemies restées à Dijon ne sauraient être que de faibles détachements, qu'il n'y existerait pas de travaux importants de fortification, et que les rares ouvrages existants seraient évacués. »

« Ces faits modifiaient la situation du tout au tout.

« Sa grande importance rendait extrêmement désirable l'occupation de Dijon.

« Avec Dijon entre nos mains, nos troupes restaient une menace permanente pour le sud de la France ; elles lui enlevaient un de ses nœuds de voies ferrées les plus importants et elles prenaient très désagréablement en flanc les armées françaises de la Loire.

« Le général en chef ordonna donc « que le lendemain matin les brigades du prince Guillaume et celle de Keller se porteraient sur Dijon sous le commandement du général de Beyer et qu'elles s'empareraient de la ville dans le cas où la nouvelle du capitaine Stehberger se confirmerait. Au cas contraire le général de Beyer devrait éviter toute affaire sérieuse et s'arrêter avec une avant-garde à Arc sur Tille, avec le gros de ses forces à Mirebeau. »

« La brigade badoise de Degenfeld et la brigade prussienne de Krug avaient au contraire pour instructions, tout en conservant Gray, de rétrograder sur Vesoul.

« C'est ainsi que le 30 Octobre se partageait le 14e corps et que ses deux moitiés se portaient dans des directions opposées.

« En tête sur la route de Dijon, s'avançait la brigade du prince Guillaume. A son avant-garde, sous les ordres du colonel de Wechmar, notre premier bataillon, ainsi que la 11e compagnie du régiment, un escadron et une batterie.

« Les six autres compagnies du régiment se tenaient en tête du gros de la brigade.

« Le temps s'était enfin remis au beau.

« Par ci par là, après une longue éclipse, on revoyait un pan de ciel bleu et du lourd nuage entrouvert jaillissait du même coup un rayon de soleil. Involontairement cela ranimait notre bonne humeur.

« Pareillement le jour de repos dont nous avions joui, et aussi l'agréable espoir qu'après de vigoureux efforts et d'incessantes privations nous pourrions enfin nous abandonner aux douceurs d'un voluptueux comfort dans une grande ville, contribuaient à nous égayer le tempérament.

« Nous allions ainsi de l'avant, sans inquiétude, plaisantant gaiment.

« Personne ne soupçonnait l'imminence de la lutte. Mais à la guerre, fréquentes sont les déceptions.

« Un soulèvement de la populace avait, du jour au lendemain, contraint les autorités à organiser la défense de Dijon.

« Sur l'ordre du télégraphe les chemins de fer y traînaient de tous les points de l'horizon, d'Auxonne, de Nuits, de Langres, toutes les troupes dont on pouvait se passer.

« Dans l'espace de vingt-quatre heures on avait réussi à concentrer ainsi pour la défense de la ville 3 bataillons de ligne, de 5 à 8 bataillons de mobiles, une compagnie de chasseurs, en tout de 8 à 10,000 hommes sous les ordres du colonel Fauconnet. Ces troupes étaient soutenues par les gardes nationaux de Dijon, comme aussi par une population qui était au plus haut degré bouillante et surexcitée. C'est donc une force tout à fait respectable qui se dressait devant nous.

« Il va sans dire que de ce radical bouleversement des choses nous n'avions pas le moindre soupçon.

« Pour notre part nous fûmes tant soit peu étonnés lorsque, quelques instants après nous être séparés du grand rendez-vous habituel, notre escadron d'avant-garde nous apprit « qu'il y avait des avant-postes ennemis derrière la Norges. »

« Comme pour nous confirmer cette nouvelle, juste à ce moment, sur notre droite, un assez fort détachement d'ennemis devient visible à tous les yeux dans le voisinage d'Orgeux ; de Couternon sur la gauche nos dragons de tête essuient des coups de feu, tandis que devant nous, sur le pont de la grande route qui franchit la Norges, se dresse une forte et menaçante barricade.

« Fort de ces remarques le colonel de Wechmar porta aussitôt la 11ᵉ compagnie contre Orgeux, une section de la 4ᵉ compagnie contre Couternon, et contre la barricade la 1ʳᵉ compagnie qui se trouvait à l'avant-garde.

« La onzième compagnie (capitaine Flachsland) trouva Orgeux et ses environs déjà évacués et chercha à rallier par Varois l'avant-garde qui avait pris de l'avance.

« La section de la 4ᵉ compagnie purgea Couternon de petites patrouilles ennemies, les poursuivit dans la direction de Quétigny, fut employée à cet endroit pour couvrir l'artillerie, et de tout le reste de la journée ne rejoignit pas sa compagnie.

« La première compagnie non plus ne rencontra pas de résistance digne de ce nom. De temps à autre on vit bien poindre des figures humaines derrière la barricade ; il en partit même quelques coups de feu ; mais, à notre approche, tout détalait au pas accéléré.

« Sitôt que le passage fut suffisamment déblayé, l'avant-garde franchit la Norges.

« Mais à ce moment on voit de nouveau à droite de la

route une colonne de 500 à 600 hommes qui se dirige d'Orgeux sur Varois au pas accéléré.

« D'autre part, en avant de ce dernier village, sur un pli de terrain surgissaient 15 à 20 cavaliers : évidemment un état-major ennemi en reconnaissance.

« Notre batterie d'avant-garde (Comte Leiningen) lança quelques obus contre ces points de mire. Quelques coups seulement, et colonne et cavaliers disparurent de notre horizon.

« Varois non plus ne fut pas défendu par l'ennemi. C'est au-delà de ce village que nos avant-gardes essuyèrent un vif feu de mousqueterie partant de la Ferme-Sully.

« A quelques centaines de pas en-deçà de cette ferme la grande route commence à monter doucement, mais monte toujours.

« Dijon lui-même n'est pas visible et se trouve au-delà dans le fond. Du côté oriental de la ville, celui dont nous nous approchions, le pays tout entier est en effet occupé par deux ondulations de terrain, épaisses et très longues, qu'une légère croupe relie entre elles. L'ondulation du nord domine celle du sud. La grande route escalade la pente méridionale de la première. Droit au pied se trouvent la Ferme-Sully et Saint-Apollinaire.

« Les constructions du village de Saint-Apollinaire s'étagent en amphithéâtre sur la pente de la montagne. Le point culminant ne se trouve toutefois qu'à 500 pas plus loin vers le nord-ouest.

« Ferme et village sont à peine à 400 pas l'un de l'autre; ils présentent une enceinte continue et solide de constructions de pierre et sont éminemment propres à la défense.

« A ce moment la force de la position était encore accrue sensiblement par des meules de paille et de céréales entassées très haut et qui la précédaient immédiatement.

« De son côté la grande route qui ne cesse de monter n'atteint le point culminant de l'escarpement qu'à environ huit cents pas au-delà de Saint-Apollinaire.

« Une solide barricade désignait ce point de fort loin.

« Au même niveau et immédiatement adossée à la gauche de la barricade, la crête de la muraille du Parc de Montmusard fuit encore au loin par dessus la hauteur.

« Le Parc de Montmusard est un vaste domaine agricole ; à l'est, des champs de culture, à l'ouest un parc et des bâtiments d'exploitation, sont entourés d'une très haute et très vieille muraille que l'installation de banquettes et de meurtrières avait rendue de tous côtés propre à la défense la plus opiniâtre.

« La partie de la muraille qui se trouve à l'est et tombe à pic (1) sur la grande route formait ainsi avec la barricade un front de défense compact et solide.

« De larges brèches pratiquées de tous côtés dans la muraille facilitaient les communications avec le dehors.

« Voici du reste la configuration du terrain : au nord de la grande route, des champs nus, n'offrant d'abri nulle part ; au sud, de nombreux vignobles gênaient la vue et les mouvements de troupes.

« La ville elle-même de Dijon, comme nous venons de

---

(1) Le mur est long, assurément, comme celui de beaucoup de nos parcs autour de beaucoup de nos villes ; mais il n'a ni l'âge, ni l'épaisseur, ni l'escarpement du donjon féodal dont rêve évidemment l'auteur.

le dire, s'étend de l'autre côté, profondément enfouie. (1) Sa lisière orientale se compose presque exclusivement de murs de jardins. Pourtant juste au devant de la ville se dressent en grand nombre des fermes et des maisons de campagne qui de tous côtés offrent à la défense d'excellents points d'appui.

« Les passages de quelque importance qui mènent en ville étaient tous solidement fermés et barricadés.

« Enfin, comme dernier obstacle, au moins par places, il reste à mentionner le Suzon. D'abord il longe de près la lisière orientale; plus loin il sépare la vieille ville des faubourgs.

« Tel était à peu près l'aspect du terrain où le régiment marchait au-devant d'une lutte imprévue et acharnée.

« Nous avons laissé l'avant-garde au moment où ses avant-postes essuyaient le feu de la Ferme-Sully vers dix heures du matin.

« La 1re compagnie qui se trouvait en tête déploya aussitôt une section contre le front de la métairie; puis, de concert avec une deuxième section, elle gagna le terrain qui domine la métairie et s'efforça d'envelopper l'ennemi par la droite.

« C'est surtout au lieutenant de Schönau, chef de cette dernière section, c'est à son habile intervention, à la sûreté de son tir, que nous devons d'avoir très vite atteint le but et délogé l'ennemi après une courte fusillade.

« Au pas accéléré et juste à temps l'ennemi se déroba au mouvement tournant qui le menaçait.

---

(1) Du pavé des rues de Dijon au point culminant de la hauteur, il y a environ 40 mètres. De la tour des ducs on voit par dessus la hauteur.

« Six à huit gaillards à l'aspect martial, tout de noir habillés, la tête ombragée de chapeaux à larges bords, et maniant d'excellents fusils à répétition, couvraient la retraite ; mais, heureusement pour nous, ils montrèrent plus de courage que d'adresse au tir.

« Le sergent Streckfuss de Laudenbach, canton de Weinheim, abattit le dernier de ces malencontreux personnages à la distance d'à peine 50 pas.

« En dépit des courtes distances qui finalement séparaient les belligérants, la 1re compagnie n'avait fait que des pertes insignifiantes.

« C'était toujours le même phénomène qui se répétait.

« Sitôt qu'on est entré dans la sphère d'action utile du fusil à aiguille, c'en est fait du calme de l'adversaire. Sauf de rares exceptions les balles ennemies passent toutes trop haut. Il est vrai qu'en s'égarant dans l'inconnu elles occasionnent encore des pertes de divers genres dans les réserves qui se tiennent loin en arrière : ce fut aussi le cas en ce jour.

« Plus difficile à remplir cependant que la prise de la métairie nous apparut alors la tâche suivante, l'attaque de Saint-Apollinaire. La batterie d'avant-garde fournit le prélude.

« Mais peu à peu tout le premier bataillon s'engagea en face de la position ennemie en un violent combat de mousqueterie.

« A l'aile droite dans la direction du point culminant de la hauteur nous trouvons les deux sections encore disponibles de la 4me compagnie (capitaine Wentz) ; contre la lisière orientale du village se tourne la 1re compagnie (capitaine Löhlein), qui, sortie de la Ferme-Sully, se déploya sur la droite ; à l'aile gauche, au sud de la grande route, se tient la 2me compagnie (capitaine Jägerschmidt ; enfin, tout près de là, en deuxième ligne de bataille, mais très vite engagée et doublant à droite la première ligne, la 3me compagnie (capitaine Rheinau).

« La 11me compagnie (capitaine Flachsland), revenue d'Orgeux, accourt à ce moment, accélère sa marche par la route de Varois, et cherche à reprendre au plus vite sa place derrière le premier bataillon.

« Du gros de la colonne, qui se tient plus loin en arrière, le prince Guillaume fait marcher les six autres compagniss du régiment pour soutenir l'avant-garde.

« Cependant avant que leur action se fasse sentir au premier rang, le sort de Saint-Apollinaire se décide.

« Sur un signe de leur chevaleresque commandant, le major de Gemmingen, les compagnies du premier bataillon se ruent en avant en un élan décisif.

« Tambour battant, en un vigoureux hurrah, on enlève le village et au nord-ouest le point culminant de la hauteur.

« Quarante prisonniers du 71e de ligne et du 6e chasseurs tombent entre nos mains.

« L'ennemi, fort de 5 à 600 hommes et de 30 chevaux, fuit en désordre à la barricade de la grande route, derrière laquelle il disparaît, ainsi que derrière la muraille du parc de Montmusard.

Mais à quelques centaines de pas en avant de cette nouvelle et forte position de l'ennemi, le bataillon fait halte, tout en dessinant de son aile droite un circuit offensif sur le point culminant de la hauteur.

« A ce moment la 11ᵉ compagnie a repris contact et, à cheval sur la grande route, double la première ligne de combattants.

Onze heures et demie.

« Il est 11 heures et demie du matin.

« Il fallait bien laisser à nos gens le temps de souffler.

« Sur ce sol détrempé par la pluie il était difficile et très fatigant de toujours avancer, de toujours courir à travers champs.

« Mais là haut, à l'aile droite du bataillon, s'offrit un coup d'œil d'une inoubliable beauté.

« A ses pieds dans la vallée gisait la fière et populeuse capitale de la Bourgogne.

« D'antiques tours pointues, de hautes toitures aux formes étranges lui donnaient un aspect d'une rare originalité.

« Immédiatement après, sur une pyramide aux flancs escarpés, brillaient, pareilles à une menaçante citadelle, les blanches murailles de Talant. (1)

« De formes variées, coupées de sauvages déchirures, les pentes riches en vignobles de la Côte-d'Or s'étendaient vers l'ouest et de ce côté limitaient l'horizon. De tous côtés des villages nombreux, crépis en blanc, se détachaient brusquement des vallées et des gorges ; avec les toits plats (2) de leurs maisons et les images étrangères dont il frappaient nos

---

(1). Le paysage est des plus beaux ; mais les murs en pierre sèche des vergers de Talant ne dépassent guère en général un mètre de hauteur.
(2). Y a-t-il un seul toit plat en Bourgogne ?

yeux, ils nous avertissaient que nous étions entrés chez un peuple dont les coutumes diffèrent des nôtres. Juste à ce moment, un train accourait du sud vers la ville. Les villas et les fermes autour de la ville, comme son enceinte d'ailleurs, présentaient le spectacle d'une grande animation.

Des hommes se tenaient en groupes nombreux ; des figures affairées s'empressaient à droite et à gauche.

« Alors, au tout premier plan, la scène se ranime.

« A la muraille du parc surgissent des cavaliers ; immédiatement après, deux colonnes assez faibles d'infanterie.

« Contre ces cibles la 1re et la 11e compagnie, la première d'abord, à genoux, par sections, font des feux de salves, avec un plein succès.

« Mais on ne reste pas longtemps en place, on reprend l'offensive ; la barricade de la grande route semble abandonnée.

« Avec une section de la onzième compagnie le lieutenant de Kageneck s'y précipite.

« Il en est déjà proche lorsque 40 ou 50 lignards sortent des meurtrières de la muraille du parc, visant le même but. D'autres s'escriment, semble-t-il, à grimper sur les banquettes derrière la muraille.

« Toutefois devant le feu rapide et bien dirigé des fusiliers l'ennemi tourbillonne et recule encore. Ses morts et ses blessés couvrent le sol. Muraille et barricade cessent d'être défendues.

« C'est à cette place que le sergent Stulz de la onzième compagnie s'entend nommément appeler à haute voix par un des blessés étendus autour de lui.

« C'est une bonne vieille connaissance, un Alsacien de naissance, qu'il n'a pas vu depuis des années. Blessé à mort il lui demande d'un ton touchant de faire parvenir à ses parents de l'argent, une montre, et une lettre qu'il a sur soi.

« Stulz s'acquitta volontiers de la dernière commission d'un ennemi mourant.

« Souvent Stulz et l'Alsacien avaient joué dans leur enfance ; camarades ils s'étaient assis sur le même banc d'école ; aujourd'hui c'est peut-être la balle de l'un qui a mis l'autre par terre et l'a blessé à mort.

Midi et demi.

« Mais à ce moment (il est midi et demi) l'entrée en scène d'une partie au moins des six autres compagnies du régiment se fait sentir sur la première ligne de bataille.

« Au nord de la grande route, c'est la 1re et la 6e compagnie qui arrivent ; au sud la 7e et la 8e sont retenues encore quelque temps pour couvrir la marche en avant, des batteries du gros de la brigade. La 9e et la 12e, pour protéger notre flanc gauche prennent par Quétigny et Mirande.

« A peu près à l'heure susdite le colonel, qui de la grande route conduisait le combat du régiment, ordonna de poursuivre énergiquement l'offensive.

« Dans ce but se tenaient tout d'abord six compagnies à sa disposition immédiate ; car, comme nous l'avons raconté, jusqu'à ce moment la 5e et la 6e seulement se sont ajoutées aux cinq compagnies d'avant-garde.

« Aussitôt, et avec la plus grande bravoure, on reprend l'offensive sur toute la ligne.

« Mais des maisons et des cours opposées grandit aussi à chaque pas en avant l'intensité de la fusillade ennemie.

« Devant les difficultés d'un terrain complètement nu, devant la grande étendue du champ de bataille, devant les facilités si grandes qu'il offre à la défense, c'est à peine si, au bout d'un certain temps, on peut encore reconnaître à vol d'oiseau un ordre de bataille quelconque. Tout se dissout sur place en petits combats acharnés, en sièges d'emplacements nombreux et disposés pour une défense énergique.

« L'arme blanche, le cœur plus brave de l'Allemand, la supériorité de la discipline et des capacités stratégiques, décident du succès sur nombre de points.

« Aussi, vouloir pour chaque heure de la lutte donner une idée claire de ce spectacle si mouvant et si riche en hasards, est une tâche à peu près inexécutable ; devant ces corps à corps nombreux, acharnés, qui s'engagent pour chaque maison, pour chaque mur, pour chaque fossé, il est particulièrement impossible de rendre à chacun l'honneur qui lui est dû.

« Au fond cela est d'ailleurs parfaitement indifférent. N'est-il pas vrai que, au moins jusqu'à cette heure, nous ne partageons avec personne les lauriers recueillis ? Ne sont-ils pas la propriété unique et exclusive de la grande famille du régiment ?

Deux heures et demie.

« C'est seulement vers 2 heures et demie de l'après-midi qu'on peut essayer de débrouiller ce chaos.

« A notre extrême droite une demie-section de la 3ᵉ compagnie, commandée par le sergent-major Frédéric Reubelt d'Oos, canton de Bade, soutenait une lutte ininterrompue, violente, et distincte des autres, contre un détachement ennemi assez fort qui, décrivant une vaste courbe, cherchait à prendre pied sur notre flanc.

« Plus tard une section de la 1re compagnie se précipite à la rescousse et intervient vigoureusement dans cette lutte.

« Rivalisant de bravoure, le lieutenant Merz, adjudant de bataillon, qui s'était joint à eux, se mit à la tête de ces trois demi-sections détachées de leurs compagnies et enlève l'une après l'autre avec la plus grande bravoure plusieurs clos sur la lisière du faubourg St-Nicolas.

« De là il repousse avec succès nombre de retours offensifs de l'ennemi très supérieur en nombre.

« A cent pas à peine derrière lui à gauche Merz a les deux sections de la 4me compagnie sous les ordres du capitaine Wentz.

« Par une charge hardie à la baïonnette celui-ci réussit à prendre la ferme de la Maladière et à s'y maintenir.

« Une de ses patrouilles d'éclaireurs, forte de 3 hommes et commandée par le volontaire Théodore Senser de Carlsruhe, part même de la Maladière, se glisse inaperçue à travers les jardins, murs et haies du voisinage et pénètre dans l'intérieur de la ville. Là, dans une rue latérale à la place Saint-Nicolas, elle a l'insolente audace de sauter sur deux soldats du 71e français, et finalement, à la faveur de la nuit qui tombe, elle les ramène prisonniers à sa compagnie.

« Plus loin sur la gauche, après des efforts tout aussi grands et tout aussi honorables, deux sections et demie de la 3e compagnie, sous les ordres du capitaine Rheinau, s'emparent de la Boudrenée.

« Tout près en arrière de ce clos se tiennent en réserve deux sections de la 1e compagnie sous le capitaine Löhlein et la 5e compagnie sous le capitaine Von Pfeil.

« Sur la grande route, vis-à-vis de la barrière de Gray, la 6e et la 11e compagnie, l'une sous le lieutenant Ris, l'autre sous le capitaine Flachsland, livrent un combat violent et meurtrier.

« A l'angle nord-ouest du parc de Montmusard le capitaine Flachsland a pris de haute lutte les bâtiments d'habitation et d'exploitation ; il y a fait nombre de prisonniers et s'y est organisé pour la défense.

« La marche très précipitée que la 11e compagnie exécutait depuis Orgeux (devant elle elle voyait l'avant-garde constamment en lutte avec l'ennemi et son vaillant officier, le capitaine Flachsland, ne voulait pas y manquer) avait singulièrement abattu la vigueur des hommes.

« Il en résulta que, dans la boue gluante et profonde du parc de Montmusard, la charge contre le bâtiment de devant qui était fortement occupé, devenait de plus en plus lente.

« Alors les fusiliers Gustave Bock de Mosbach et Antoine Roop de Hamberg sautent en avant des lignes et s'empoignent par les épaules ; malgré les balles qui pleuvent, malgré la profondeur de la boue, ils se livrent à de joyeuses danses et raillent ainsi la fatigue des autres.

« La compagnie se met à rire — et reprend plus légère sa marche en avant.

« Telle était à 2 heures et demie de l'après-midi sur la grande route et au nord la situation des six compagnies (1e, 2e, 3e, 4e, 5e, 6e et 11e).

« Telle elle reste en gros jusqu'à la tombée de la nuit, jusqu'à la fin du combat.

« Le seul changement c'est que peu à peu tous les bâtiments, jardins, murs isolés, qui sont encore en dehors de l'enceinte de la ville, tombent successivement entre nos mains et que vers quatre heures la 11e compagnie se rapproche de la grande route sur l'ordre du colonel.

« Il est d'ailleurs impossible à ces six compagnirs de gagner encore du terrain.

« Déployées sur une ligne, sans lien entre elles et sans réserves, elles se maintiennent héroïquement sous le feu roulant et ininterrompu de la lisière de Dijon et aussi contre les offensives répétées de l'ennemi.

« Pénétrer plus avant à ce moment-là dans une ville fortement occupée, n'était pas non plus faisable, à moins que l'artillerie ne commençât à ouvrir les barricades et les murailles qui partout ici se prêtent à un assaut.

« Tout autre cependant se préssntaient les évènements au sud de la grande route.

« Après la prise de la barricade, la 2e compagnie (capitaine Jägerschmid), poussant plus avant sa marche autour de l'enceinte de Montmusard, s'efforça de se déployer vers la gauche et de se frayer toute seule un chemin.

« Mais bientôt la compagnie se mit dans une situation très difficile.

« En peu de temps le capitaine Jägerschmid se vit en

face d'un ennemi très supérieur en nombre. Réduit à la défensive, il lui fallut la plus tenace persévérance pour ne pas reculer des positions conquises.

« Commander la bataille dans les vignobles devint toujours plus difficile ; 2 officiers de la compagnie étaient déjà blessés.

2 heures.

« Cependant vers deux heures de l'après-midi le prince Guillaume avait fait déployer le 2ᵉ régiment en deuxième ligne.

« Cela rendit disponibles notre 7ᵉ et 8ᵉ compagnies qui jusqu'alors avaient servi de soutiens à l'artillerie.

« En tous cas, s'en aller chercher des instructions auprès du colonel, dont on ne savait même pas les intentions précises, c'était gaspiller sans raison un temps précieux.

« Le lieutenant Gemehl et le capitaine Von Böcklin résolurent donc de chercher le contact avec leur régiment au sud de la grande route dans la direction originairement indiquée et d'intervenir selon les circonstances.

« Seulement c'était plutôt dit que fait.

« Ces vignobles à n'en plus finir limitaient le rayon visuel et excluaient toute vue d'ensemble sur la marche de la bataille.

« Aussi bien n'ont-ils pas le temps de la réflexion. A peine ont-ils fait quelques centaines de pas qu'ils sont entrés dans le rayon du tir ennemi et que, sans s'en douter, ils sont engagés contre les mêmes détachements qui pressent si lourdement et si vivement la 2ᵉ compagnie.

« Rapide et violente éclate de chacune des deux troupes la fusillade des tirailleurs; puis, vivement décidées, les deux compagnies passent à l'offensive, pressent l'ennemi devant elles, dégagent ainsi la 2e compagnie et, de concert avec elle, gagnent l'éminence du côté occidental du parc de Montmusard.

« Mais là, sur l'ordre exprès du colonel, deux sections de la 7e compagnie, commandées par le lieutenant Gemehl, sont appelées autour du coin du parc plutôt sur la droite vers la grande route.

« Là, tout près de la barrière de Gray, en compagnie de la 6e et de la 11e, et aussi de la 1re qui y a été rappelée plus tard de la droite, elles forment pour le reste du jour dans la main du colonel un corps compact, capable de résister à telle sortie que l'ennemi pourrait entreprendre sur une plus grande échelle.

« C'est là, tout près de son chef de compagnie, que le sergent-major Becker de la 7e compagnie natif de Spielberg, canton de Durlach, admiré de tous pour sa magnifique prestance et pour sa folle audace, trouve un trépas glorieux. Une balle, perçant son brave cœur de soldat, lui a donné la mort rapide et sans souffrance.

« Lorsque les deux sections susdites se sont éloignées sous les ordres du lieutenant Gemehl l'aile gauche du côté allemand ne se compose plus que de la 2e, de la 8e, et d'une section de la 7e compagnie.

« Mais de son côté l'ennemi a reçu des secours importants et, sérieusement renforcé, tente de nouveau un mouvement offensif hors de la ville.

« C'est surtout à l'extrême-gauche que la 8e compagnie tombe peu à peu dans une situation des plus pénibles.

« Assailli de front et sur sa gauche par trois compagnies ennemies, autant qu'on en peut juger, le capitaine Von Böcklin ne réussit qu'avec les plus énergiques et les plus vaillants efforts à se maintenir sur sa position aussi menacée qu'honorable.

« Comme la situation allait devenir critique, un secours inespéré lui arrive de la gauche.

« Ce sont la 9e et la 12e compagnies (capitaines Seldner et Gockel) qui le lui apportent sous la conduite du major Betz.

« Elles avaient passé par Quétigny et Mirande. A peine débouchent-elles de ce dernier village qu'elles sont accablées par la fusillade intense de patrouilles ennemies assez fortes.

« Leur ligne de marche, située en contre-bas, exclut toute orientation sur l'état de la lutte; aussitôt qu'elles ont pris leur ordre de bataille, et sans tant calculer, elles ne s'en jettent pas moins sur l'ennemi avec une rage décisive.

« Presque aussitôt celui-ci lâche la 8e compagnie qui a été si durement pressée.

« La 8e compagnie, ainsi que la 2e, et la section de la 7e, lorsqu'elles se sont donné de l'air, passent à l'offensive avec une énergie nouvelle et pressent l'ennemi qui recule.

« Seulement de chaque mur, de chaque maison, de chaque fossé, de chaque toit pleut sur elles un déluge de balles.

4 heures et demie.

« En peu de temps l'élan est brisé.

« Mais de toutes parts la fusillade recommence à faire

rage. Alors (il est 4 heures et demie de l'après-midi) à l'appel de leurs chefs ces quatre compagnies réunies se redressent pour un suprême et cette fois victorieux effort. D'abord dans les vergers, puis de barricade en barircade, puis de maison en maison, la bataille roule vers l'intérieur de la ville.

« Au fracas des feux en masse, à la musique et au sifflement des balles qui se croisent et qui éclatent de toutes parts, au tocsin des cloches, se mêle le hurlement de la populace fanatisée qui prend part à la défense. (1)

« Après un rude combat la section de la 7e compagnie, luttant à part, prend pied dans plusieurs grandes maisons et s'y maintient malgré tout. Deux fois elle a changé de chef. Restant jusqu'au bout un bel exemple de bravoure à la tête des siens, le lieutenant Bissinger tombe grièvement blessé après la prise de la première maison.

« Le sergent Lauer d'Altheim, canton de Walldurn, qui lui succède dans le commandement, ne jouit pas longtemps de cet honneur; un projectile ennemi le met lui aussi par terre quelques instants après.

« De la 8e compagnie une section sous les ordres du lieutenant Stoll force l'entrée du faubourg Saint-Michel et avec la plus grande bravoure s'avance en combattant jusqu'au pont près de l'ancien bastion.

« De leur côté les deux autres sections sous le capitaine de Böcklin se fraient un passage par le chemin de Mirande

---

(1) On remarquera combien du début à la fin de son récit l'auteur change de note. Pendant que commandait le colonel Faucounet, son style était méprisant. Le style devient épique depuis que nos patriotes combattent seuls sans direction, et malgré leurs chefs naturels. Que serait-ce s'ils avaient eu un chef!

et poussent leur élan le long de la rue Saint-Lazare jusqu'à la place Saint-Pierre.

« Par d'assez fortes patrouilles le capitaine de Böcklin cherche et maintient le contact sur sa droite avec les fusiliers ; d'autres patrouilles sont constamment en route pour tenir libres en tout cas les derrières de la colonne.

« De leur côté la 9e et la 12e compagnie, qui sont restées étroitement unies, tombent dans un fouillis de rues et de ruelles étranglées ; elles y prennent successivement trois barricades à la baïonnette ; puis, pour tourner la grande et forte barricade de la Porte-Neuve et la prendre à dos, ces compagnies, partant du toit des maisons voisines, escaladent avec une partie de leur effectif, la partie adjacente du bastion de la vieille enceinte.

« Devant cet héroïsme de tous il est presque impossible de relater les exploits saillants de chacun.

« Aussi bien le caractère des enfants de notre pays ne se prête pas aux grandes phrases. (1)

« Son caractère vigoureusement décidé et pourtant silencieusement modeste, aime l'action joyeuse, intrépide et virile, mais dédaigne la vantardise.

« L'acte que l'œil du supérieur n'a pas vu, il est rare que l'acteur le mette en lumière par son propre éloge.

« Qu'un homme au moins de chacune de ces compagnies soit nommé ici comme représentant fidèlement la masse.

---

(1) N'en déplaise au major ; mais qu'est-ce donc que la très vieille et très haute muraille de Montmusard, la rage décisive des grenadiers, le déluge de balles, le tocsin des cloches et le hurlement de la populace fanatisée, sinon de grandes phrases ?

« Comme la 8ᵉ compagnie se frayait péniblement sa route elle reçoit un feu violent au carrefour de deux rues sans avoir aucune prise sur l'ennemi bien couvert et bien caché ; comme la maison la plus proche n'a de ce côté ni portes ni fenêtres, le grenadier Kiechle d'Opfingen, canton de Fribourg, y traîne une échelle et escalade ainsi la crête du toit.

« Aux fenêtres de la maison qui lui fait face, les tirailleurs ennemis sont aux aguets, prêts à tirer, mais les yeux tournés d'un autre côté. Visant en silence Kiechle en abat un. Le hurrah qu'il pousse annonce à ceux qui sont en bas que le coup a porté.

« Surpris et troublés par cet ennemi invisible les Français gagnent le large au plus vite ; mais, en sortant dans la rue ils sont fortement maltraités par les décharges rapides non seulement de notre brave tireur haut perché, mais aussi des autres grenadiers qui s'avancent alors avec rapidité.

« Comme on approchait du Suzon le sous-sergent-major Zimmermann de Carlsruhe de la 9ᵉ compagnie remarqua sous l'arche d'un pont un tireur ennemi qui avait déjà infligé plus d'une perte à la compagnie.

« Zimmermann se précipite seul sur le Français, et comme celui-ci disparait dans une maison, il l'y suit. Mais là il voit tout à coup devant lui sept mobiles dont l'un le charge aussitôt à la baïonnette. Zimmermann pare heureusement le coup. Mais à ce moment on entend les voix de plusieurs fusiliers qui viennent à la rescousse. Le courage manque aux Français et ils se rendent prisonniers.

« A la prise d'une barricade la 12ᵉ compagnie avait fait des pertes sensibles. Même après l'assaut, un emplacement où étaient restés plusieurs blessés, restait tout particulièrement exposé aux balles ennemies.

« Le fusilier Richard Elpen de Gumbinnen, Prusse Occidentale, offrit malgré tout de porter de l'eau aux blessés.

« La permission lui fut accordée de grand cœur.

« Cinq fois, sous la grêle de plomb la plus intense, Elpen fait le dangereux trajet; cinq fois il porte secours et soulagement à ses malheureux camarades souffrants, et par une faveur exceptionnelle du destin, il revient intact de chaque voyage.

« Mais revenons à la bataille dont il nous reste à raconter la fin.

« Nous avons déjà signalé assez exactement les points de l'intérieur de la ville jusqu'où, à la tombée de la nuit, s'étaient avancés la 8e, la 9e, la 12e et la section de la 7e.

« De derrière aucun renfort, aucun appui ne pouvait arriver à ces compagnies.

« Jusqu'alors la brigade du Prince Guillaume avait seule soutenu la lutte. Le deuxième régiment fut d'abord utilisé en deuxième ligne. Mais ensuite sa mission spéciale fut de soutenir et d'assurer les deux ailes.

« A l'extrême droite une partie de ce régiment soutint un court mais brillant combat contre des renforts qui accouraient de Langres et qu'il repoussa avec pertes.

5 heures de l'après-midi.

« C'est seulement vers cinq heures de l'après-midi que les avant-gardes de la brigade Keller arrivèrent sur le champ de bataille.

« Pour s'être croisée avec la brigade de Krug sa marche avait été sensiblement retardée.

« Jeter dans une guerre de rues à la tombée de la nuit des troupes qui étaient complètement désorientées et qui arrivaient seulement après une longue et fatigante marche, soulevait de graves objections.

« Aussi, pour employer ses propres paroles qui répondent bien à la situation, le général de Beyer se vit amené « à interdire toute offensive nouvelle à ses braves grenadiers. »

« Au préalable on demanda au colonel s'il était possible, sans de trop gros sacrifices, d'arracher le régiment à ce violent combat de rues et de maisons où il s'était jeté tête baissée.

« A cette question le colonel, sûr de la discipline au feu dont le régiment venait de fournir des preuves si brillantes, se trouvait en état de répondre fièrement par l'affirmative.

5 heures un quart du soir.

« Vers 5 heures un quart du soir, on donna les ordres et signaux nécessaires.

« Le mouvement de retour s'exécuta avec un calme et une précision magistrales.

« Devant l'éparpillement de cette lutte où ils recevaient des balles de tous les côtés et où de plus ils avaient à assurer leurs derrières, les chefs des 3 compagnies qui avaient pénétré en ville, avaient dépensé toute leur énergie à empêcher la dispersion de leurs détachements et à les retenir toujours sous leur main.

Ils récoltèrent alors la noble récompense que méritait leur sage économie. Pas un homme ne resta entre les mains de l'ennemi. Des blessés on laissa seulement ceux que la gravité de leurs blessures rendait intransportables.

A 5 heures trois quarts du soir le régiment se trouvait concentré entre la Boudronnée et la route de Gray.

Quant à nous poursuivre ou simplement à nous suivre et à conserver le contact l'ennemi ne l'osa même pas.

Les trois batteries de notre brigade restèrent un certain temps en position et entretinrent contre la ville une lente canonnade. Sur plusieurs points la ville brûlait. (1)

La lutte avait exigé de durs sacrifices.

Au total les pertes se chiffrèrent par 10 officiers et 247 hommes, dont 9 officiers et 172 hommes pour la part du régiment.

« Parmi les officiers blessés le capitaine de Gockel, le lieutenant Sommer et le sous-lieutenant Roppe restèrent avec leurs hommes.

Furent par contre tous blessés grièvement : du 1er bataillon les lieutenants Hofheinz et de Stengel; du 2e bataillon : les lieutenants Bissinger et de Waenker; des trois compagnies de fusiliers les lieutenants Hoffmann et Neff, ainsi que le sergent-major Martini.

En énumérant ici les grièvement blessés le devoir nous oblige à faire ici une nouvelle et des plus honorables mentions du brave sergent-major Valentin Widmann de la 8e compagnie, natif de Gutmadingen, canton de Donaueschingen.

Déjà le combat de Jancigny nous avait fourni les preuves de son héroïsme.

Pendant les combats de cette journée près de la lisière de

---

(1) L'auteur se garde bien de dire comment elle avait été allumée.

Dijon il avait été atteint au bas-ventre d'une blessure mortelle et au plus haut point douloureuse. Son esprit ne cessait pourtant pas de s'occuper de mettre ordre à ses affaires de service. En dépit des plus affreuses tortures corporelles, qu'il supportait en homme, il comptait le montant de sa caisse, qu'il portait sur sa poitrine à l'un des infirmiers qui le rapportaient, et, après remise de l'argent, il lui indiquait exactement dans quel recoin du fourgon de la compagnie il trouverait les pièces et quittances.

Lorsque le lendemain matin son chef de compagnie l'alla voir à Saint-Apollinaire, la mort imminente répandait déjà sa sombre nuit sur les traits contractés de Widmann. Son regard commençait à s'éteindre, son intelligence à se voiler.

Aussitôt que le capitaine De Böcklin s'approcha du lit du mourant, on vit une dernière fois Widmann rassembler énergiquement ses forces.

Encore une fois la conscience de la vie éclaira cette face douloureuse. D'une voix éteinte ses lèvres pâles ne se répandirent pas en plaintes sur l'amer et triste destin ; il indiqua à qui il avait remis la caisse de la compagnie et où l'on trouverait le reste des quittances.

Ainsi mourut le sergent-major Widmann, type vraiment enlevant de force de caractère et de fidélité au devoir.

Le chiffre exact des pertes des Français pendant le combat de Dijon n'est pas connu exactement.

Nous avons constaté la mort de plus de cent soldats. Les civils enterrèrent 45 des leurs.

En prisonniers non blessés nous ramenions un officier et 102 hommes.

De la Boudronnée le régiment fut ramené à Varois et y reçut ses quartiers pour la nuit.

A chaque compagnie échurent 3 à 4 maisons. D'une installation commode pour le repos il ne pouvait naturellement pas être question. La subsistance aussi fut des plus mesquine. Mais par contre chacun portait en soi la fortifiante assurance qu'il avait fidèlement rempli son devoir envers le prince et la patrie et cela fit oublier tout désagrément.

Pour en finir avec les citations à l'ordre de ce jour nous ne saurions mieux conclure que par les derniers mots du rapport de service que notre colonel envoya en haut lieu.

Ils sont ainsi conçus :

« Dans la chaleur du combat tous les officiers et tous les hommes, le chef du régiment croit pouvoir l'affirmer sans vantardise, ont fait plus que leur devoir. Ils ont montré un élan et une tenacité qui méritent les plus grands éloges. »

Le lendemain de bonne heure on quitta le cantonnement.

« Vers 7 heures et demie la 1re brigade se tenait prête à combattre à Saint-Apollinaire, la 3e, à Quétigny.

« A leurs pieds, au-delà de la montagne, la ville de Dijon gisait inerte et livrée à la merci de nos canons.

« Le général de Beyer n'en vint pourtant pas au bombardement qui était résolu.

« Les bataillons français avaient évacué Dijon pendant la nuit.

« Les horreurs de la veille avaient provoqué un découragement immédiat. Pareilles à une douche glacée elles avaient rafraîchi le sang fiévreux et l'imagination excitable (1) de la population.

« Ces troupes qui, à peine vingt-quatre heures auparavant, avaient été appelées uniquement par elle et par un coup de force, c'est elle-même qui les décida à la retraite.

« Il n'était pas encore jour qu'une députation de la municipalité parut à nos avant-postes, annonça ces faits et demanda une capitulation.

« Le général de Beyer l'accorda volontiers. Toutefois les débats nécessaires réclamèrent plusieurs heures.

« Pendant ce temps nous attendions impatients sur le terrain détrempé et fangeux de nos postes de rendez-vous l'ordre d'entrer en ville.

« Enfin vers 1 heure de l'après-midi l'ordre est donné.

« Alors en tête de la division, conduite par le général De Beyer en personne, notre régiment fut la première troupe allemande qui pénétra dans la vieille et vénérable cité. Il pleuvait à verse et l'air était vif.

« Notre chemin nous conduisit par le faubourg, par la place Saint-Nicolas et par la rue de la Préfecture.

« C'est devant ce magnifique monument que son Excellence le Commandant en chef de la division assista à notre défilé.

« Aussitôt on prit des quartiers d'alarme et on plaça des avant-postes.

---

(1) L'auteur revient plusieurs fois sur cette idée ; c'est une erreur de géographie. Le Dijonnais, comme l'Allemand d'ailleurs, est très capable d'enthousiasme et cela l'honore ; mais, par son tempérament ordinaire comme par son patois, il est bien plus homme du nord qu'homme du midi.

BATAILLE

DE NOVEMBRE

FEILL.

Le troisième régiment badois d'infanterie n° 111 pendant la campagne 1870-71, par Feill, lieutenant au 3ᵉ badois n° 111.

LA RECONNAISSANCE DE PRENOIS ET LE COMBAT NOCTURNE DE DAIX.

Aucune des reconaissances exécutées jusqu'au soir du 24 Novembre dans la direction de l'ouest et du nord-ouest n'avait conduit à un résultat précis. La journée du 25, où les patrouilles du 4ᵉ en reconnaissance dans la vallée d'Ouche se heurtèrent à une résistance sérieuse à l'ouest de Plombières, fut la première qui nous confirma l'arrivée d'un nouvel ennemi venant de l'ouest. C'était Garibaldi le vieux chef de bandes qui disposait de plus de quatre brigades récemment formées et dont il avait réuni à Autun la plus grande partie. Le 9 Novembre la surprise de Châtillon, mentionnée dans la section précédente avait réussi à sa quatrième brigade et il se mit en tête de prendre Dijon. Dans ce but il avait fait avancer ses troupes le 21 par Arnay-le Duc. Le 24 ce corps comptant 12,000 hommes et 12 canons atteignit la route de Sombernon à Dijon. A ce corps se joignit aussi la 4ᵉ brigade (1) pendant que sur le flanc droit des bandes rassemblées dans la vallée de la Saône, la division du général Cremer était portée jusqu'à Gevrey

---

(1) Forte alors de 630 hommes.

mais s'y bornait à observer les détachements allemands qui lui faisaient face.

Si difficile qu'il fût pour le général en chef de pénétrer la véritable signification des mouvements ennemis, cependant des éclaircissements fournis sur ce sujet par de plus forts détachements devaient paraître d'autant plus nécessaires qu'avec l'exécution d'une pareille mesure on pouvait mettre aussi à exécution le projet caressé depuis assez longtemps d'enlever à des distances plus grandes les vivres et surtout les fourrages dont le corps d'armée souffrait grande disette par suite du mauvais état de ses communications en arrière.

Au jour susdit et en exécution de ces vues, le général de Werder donna au corps les instructions suivantes :

« Du côté nord de la Côte-d'Or (nord-ouest de Dijon) il est nécessaire de s'éclairer et de recueillir des renseignements sur l'ennemi, comme aussi de faire des réquisitions. Dans ce but un régiment de la 2e brigade, une batterie et deux escadrons marcheront demain matin 26 sur Saint-Seine et Saint-Martin ; le 27, contre Baigneux et la Villeneuve ; il fourragera cette contrée complètement, surtout en avoine. Le chef de la brigade se tiendra avec le détachement, ainsi qu'un officier d'état-major, le capitaine Oberhoffer. De plus amples détails seront donnés de vive voix. »

Tel était l'ordre en ce qui concernait la 2e brigade. En même temps la 3e brigade devait réquisitionner au nord de Dijon. Quant aux troupes hors de Dijon elles ne devaient recevoir des magasins de Dijon en fait de vivres et autres fournitures que ce qu'elles ne pourraient absolument pas arracher à leurs cantonnements dans la contrée environnante.

LE 26 NOVEMBRE.

Tandis que le 25 Novembre était un jour clair, un peu froid, le 26 prit une mine lugubre. A 4 heures et demie du matin les fractions de troupes destinées à l'expédition se rassemblèrent sur la place d'Arcy ; c'étaient le 2e bataillon et le bataillon de fusiliers du 3e, le 1er bataillon du 4e, deux escadrons des dragons de la garde ducale, la batterie lourde du capitaine De Porbeck et un petit détachement du service sanitaire.

Dans la nuit à minuit, le lieutenant Feill, chargé d'escorter la poste jusqu'à Gray, avait rallié le bataillon. Les hommes emportaient trois jours de vivres et leurs batteries de cuisine.

A 5 heures et demie la colonne se mettait en marche, ayant en tête la 5e compagnie (capitaine Maas). A 8 heures trois quarts la colonne entrait à Darois, s'y rendait au rendez-vous indiqué et envoyait la 9e compagnie (capitaine Kœnige) et la 10e (lieutenant Williard) avec une section de dragons du côté gauche contre Prenois pour enlever des vivres et en même temps reconnaître du côté de Lantenay, Velars et Pasques.

Prenois est à peu près à l'ouest de Dijon à une demi-heure de Darois. De légères hauteurs hauteurs bornent le village de trois côtés. Vers le sud seulement elles s'affaissent et, avec un escarpement qui tombe du village, elles forment une gorge profondément encaissée dont l'issue occidentale se perd dans le bois des Sablées. Prenois ne se prête pas à la défense. Les bois sont tout près. On le voit de tous côtés. Cela assure à l'assaillant un avantage capital.

On trouva la position non occupée et aussitôt une section de la 9e compagnie (lieutenant Dengler) commença à lever des vivres pendant que des patrouilles assez fortes, soit de cavalerie, soit d'infanterie, s'apprêtaient à partir dans les directions indiquées : le sergent Zink contre Lantenay, le sergent Bozzo contre Velars, le lieutenant Bauer avec toute sa section contre Pasques où il devait pareillement faire des réquisitions.

A peine le lieutenant Bauer eut-il franchi le pré voisin qu'il aperçut l'infanterie ennemie remontant de Lantenay, et il se replia en conséquence sur Prenois. Le sergent Zink et le sergent Bozzo continuèrent leur marche contre le bois de Pouas ; mais, assaillis tout à coup par une vive fusillade, ils durent pareillement faire demi-tour. Le sergent Zink nous signala de forts détachements d'infanterie ennemie qui se tenaient sur les hauteurs au nord-est de Lantenay.

Onze heures du matin.

Aussitôt qu'il eut reçu cette nouvelle à Darois, le général Von Degenfeld envoya comme renforts les deux dernières compagnies du bataillon des fusiliers, le 2ᵉ bataillon, un escadron et la batterie Von Porbeck avec ordre d'occuper Prenois, mais d'ailleurs de continuer les réquisitions et les reconnaissances. On commença par occuper la ceinture sud-ouest de Prenois avec deux sections de la 9ᵉ compagnie. Des murs bas et grossièrement façonnés nous offraient quelque abri. Avec la 11ᵉ et la 12ᵉ compagnie, le major Widmann devait se porter en avant pour compléter les renseignements, couvrir les réquisitions, et du même coup observer les bois qui, au sud de Prenois, s'étendent jusqu'à la route de Plombières à Pasques. Déployée en tirailleurs, suivie de ses soutiens, flanquée à gauche par la section du lieutenant Heermann, la 11ᵉ compagnie atteint d'abord sans être inquiétée une petite hauteur située au sud-ouest de Prenois. La 12ᵉ suivait et prit position en arrière. Le lieutenant Heermann prit dans le bois un homme costumé de la façon la plus fantaisiste. Il se donnait comme aumônier garibaldien. Pourtant, faute de papiers, on ne lui rendit pas sa liberté. Mais l'infanterie ennemie, en nombre supérieur, commence à s'avancer et à occuper fortement le bois. Le demi-bataillon, et particulièrement la section de la 11ᵉ envoyée contre le bois des Sablées, peuvent être compromis. En conséquence, les deux compagnies reçoivent l'ordre de se replier sur Prenois. La 11ᵉ exécuta ce mouvement sous le feu d'une troupe de cavaliers qui la poursuivit et ne lui fit pas de mal. La 11ᵉ occupa ensuite la section sud-est du village. La 12ᵉ fut placée en arrière comme réserve.

Peu à peu des tirailleurs ennemis paraissent sur la hauteur en avant de Pasques. En même temps des Bois-Royaux situés au sud une forte colonne semble prononcer son attaque. L'artillerie ennemie canonne le village de Prenois d'une colline au nord-est de Pasques, sur laquelle peu auparavant s'étaient montrés des éclaireurs ennemis à cheval. Elle tire aussi d'une autre position sur la route de Pasques à Plombières. Quoique son tir fût visiblement efficace, la batterie de Porbeck ne pouvait riposter à ce feu que du fond d'une position en contre-bas sur le plateau en arrière de Prenois.

On avait suspendu les réquisitions. Les habitants paraissaient agités et revêches. A plusieurs reprises le garde-champêtre avait répété les ordres de réquisitions au son du tambour : mais personne n'obéissait. Deux voitures chargées de vivres furent mises en sûreté et le lieutenant Dengler rappelé à la compagnie avec sa section.

A midi.

Vers midi Garibaldi, qui avait rassemblé à Pasques la plus grande partie de ses forces, était en pleine offensive contre la position du général de Degenfeld. Le flanc droit de ce dernier était couvert par des détachements du 4e régiment avec lesquels la 5e et la 6e compagnie sous les ordres du capitaine Maas se reliaient par la position qu'elles avaient prise au nord de Prenois. Sur la hauteur à l'est du bois des Sablées notre cavalerie se tenait en observation.

En première ligne la force de l'ennemi paraissait être de six bataillons; devant leur ligne très étendue, Menotti, fils de Garibaldi, allait et venait monté sur un cheval blanc.

En présence d'une pareille supériorité numérique, (1) le général Von Degenfeld résolut de ne pas attendre l'attaque, mais de commencer sa retraite sur Dijon. Le bataillon des fusiliers reçut l'ordre de couvrir le départ de la colonne et le lieutenant-colonel Kraus fut chargé des détails ultérieurs de l'exécution de cet ordre. Le gros de la colonne, vers lequel avaient été rappelés le demi-bataillon Maas et le bataillon du 4e régiment, atteignit sans pertes la route du Val-Suzon à Dijon. Avec la 7e et la 8e compagnie le capitaine Schreiber reçut la mission de se poster sur les hauteurs en arrière de Prenois et de soutenir au besoin les fusiliers dans leur retraite.

Le départ de ces derniers commença par la 10e compagnie; ensuite, la 12e. La 9e et la 11e se tinrent prêtes à recevoir l'attaque de l'infanterie ennemie qu'on attendait de minute en minute. Un rayon de tir, libre devant elles jusqu'à environ 300 pas, devait favoriser le feu bien préparé

---

(1) En tout nous étions 1600. L'organisation des francs-tireurs en bataillons était à peine ébauchée.

des nôtres aussitôt que l'ennemi apparaîtrait au rebord du plateau. Chacune des dépressions très profondes du terrain nous dérobait les mouvements de l'assaillant. Tout à coup une cinquantaine de cavaliers lancés au triple galop escaladèrent cet escarpement et essayèrent de charger sur le faubourg du village qui fait saillie au sud-est. Il paraît que leur objectif précis était la batterie Porbeck. Ils s'engagèrent ainsi sous le feu croisé des sections des lieutenants Altfelix, Feill, Heermann, Hofmeister et Holzmann, dont quelques pelotons étaient déployés en tirailleurs. Ils furent presque anéantis. (1) Le reste disparut derrière l'escarpement gravi.

A peine cette courte attaque préliminaire était-elle repoussée que l'infanterie ennemie formant une ligne épaisse de tirailleurs se rua sur le même point et ouvrit le feu contre la position des fusiliers pendant que leurs canons le couvraient d'obus.

Alors, la 9e compagnie commença aussi à évacuer sa position. Le fusilier Schopf de Sinsheim reçoit un coup de feu à la hanche et on est obligé de l'abandonner. Après la paix, il est revenu de captivité. De même, le fusilier Wagner de Grœtzingen qui, le jour suivant, mourait de sa blessure à Darois ; le fusilier Knittel est blessé à la main, mais, après son pansement, il reste à la compagnie, où il devait être tué l'un des premiers quelques heures plus tard ; le fusilier Linder de Teutschneureuth reçoit une balle au mollet ; le fusilier Mohr, grièvement blessé dans la soirée, s'en tire le matin avec une égratignure à la jambe droite.

Après un court engagement qui suspend une fois de plus les progrès de l'ennemi, s'ébranle la dernière de toutes,

---

(1) Onze seulement sur 47, furent touchés. Le commandant Canzio et le capitaine Bordone, qui s'étaient joints au capitaine Boudet pour cette charge, n'avaient pas une égratignure.

notre 11ᵉ compagnie, sur laquelle l'ennemi concentre toute la violence de son feu sans lui occasionner de pertes sensibles. Elle perd le premier soldat Gündele d'Ersingen qui tombe mortellement blessé entre les mains de l'ennemi. D'après un avis paru dans la *Gazette badoise* le 14 février 1871 ce soldat étant à l'agonie remit au volontaire Garibaldien Crace sa marque de reconnaissance portant le numéro 159. Nous perdons aussi le fusilier Schätzle d'Oberwinden qui reçoit un coup de feu au bras.

Une heure et demie.

L'ennemi occupe Prenois.

Notre 11ᵉ compagnie suivant à l'arrière-garde couvre la retraite qui est protégée aussi par notre batterie qui avait galopé à Darois. Quittant leurs positions de soutien après quelques décharges, la 7ᵉ et la 8ᵉ compagnies se retirent à leur tour dans l'ordre le plus parfait malgré les efforts de l'ennemi pour le troubler avec ses obus et ses balles.

Arrivé sur la hauteur du bois des Pisseux le détachement est attaqué de nouveau par un bataillon ennemi qui, sorti du bois, le prend en flanc. Heureusement notre batterie qui avait roulé dans une position nouvelle canonne l'ennemi avec tant de succès qu'après quelques décharges il se réfugie sous bois dans une débandade complète. D'aucun côté l'ennemi n'osa plus troubler notre retraite. Il sembla au contraire se contenter pour ce jour-là de l'occupation du village de Darois.

Quatre heures et demie.

Après quatre heures, la colonne atteignit la croisée du chemin de Plombières à Hauteville. C'est là que le bataillon de fusiliers reçoit l'ordre d'occuper la hauteur qui domine ce chemin et de s'y tenir sous les armes. Pendant ce temps, le reste des troupes prenait des positions d'alerte ; le 2ᵉ bataillon allait à Fontaine.

Dès midi, le général de Degenfeld avait communiqué le résultat de sa reconnaissance au général en chef à Dijon. Pour rétablir les communications, le général de Werder donne au bataillon resté disponible à Dijon, au 1ᵉʳ du 3ᵉ, et à la batterie attelée, l'ordre de marcher sur Hauteville. Néanmoins, le général de Degenfeld, arrivé à Talant vers 4 heures et demie, recommande au capitaine Unger, chef de ce bataillon, de prendre à Daix des quartiers d'alerte. Hauteville devait être occupé par deux compagnies de fusiliers. Pendant ce temps, les deux autres compagnies de fusiliers devaient occuper une gorge qui tire sur Plombières, et lancer des grand'gardes sur les hauteurs déjà occupées.

Jusqu'alors voici dans quelles positions le major Widmann avait disposé ses compagnies pour la lutte. La 10ᵉ et la 12ᵉ étaient en première ligne au sud de la grande route. La 10ᵉ s'y appuyait, couverte par un poste de sous-officier en avant, par un second sur la grande route, et par une demi section détachée contre Hauteville, sous les ordres du sergent Bozzo. La 12ᵉ se tenait à gauche près de la 10ᵉ ; elle appuyait sa gauche à une éclaircie de bois ; elle avait lancé en avant la section du lieutenant Rücker pour observer le terrain. La 9ᵉ compagnie et la 11ᵉ se tenaient en réserve, à 250 pas environ en arrière du même côté de la grande route sur le chemin de Plombières à Hauteville.

Les détachements avaient formé les faisceaux. Ils campaient tout autour, fatigués par les efforts continus de cette journée. Il faisait noir comme dans un four et une pluie froide aggravait encore les désagréments de la situation.

Six heures et demie du soir.

Il était déjà 6 heures et demie lorsque le lieutenant Herbst, des dragons de la garde ducale, apporta au bataillon des fusiliers, comme nous le disions plus haut, l'ordre d'occuper les avant-postes. A la faible clarté d'une allumette-bougie, le major Widmann ouvrait justement l'ordre à ses officiers réunis en cercle, lorsqu'une balle leur siffle par dessus la tête, préface d'une fusillade qui allait rapidement prendre de l'intensité.

Peu auparavant, des patrouilles, soit d'infanterie, soit de cavalerie étaient revenues avec la mention : « De l'ennemi rien de neuf. » Citons notamment la patrouille de la 10e compagnie, envoyée en avant dans la direction de Prenois, sous les ordres du sous-officier Boeller. Tout à coup la grand'garde de la même compagnie, qui était postée sur la route, sous les ordres du sergent Breunig, donne l'alarme. Presque en même temps, plusieurs coups de feu éclatent dans la 12e compagnie. De toutes parts les postes exposés reculent sur leurs compagnies, devant d'épaisses colonnes qui avancent. Ne pouvant plus rejoindre sa compagnie le fusilier Bischoff de la 10e, natif de Dietlingen, se replia latéralement sur la hauteur. Il y trouva abri dans une hutte et de là il brûla une bonne partie de ses cartouches contre les détachements garibaldiens qui passaient. Le lendemain matin il rejoignit en parfait état sa compagnie à Saint-Apollinaire. Les chefs de compagnies retournent rapidement à leur poste, où les hommes étaient déjà sous les armes. Vite le premier lieutenant Williard fait obliquer à droite deux sections qui se trouvaient sous sa main, avec ordre d'arrêter par des feux de salves les détachements ennemis qui s'avancent sur la route. Pareillement la 12e compagnie se tient prête à tirer.

Pour le cas où l'ennemi se serait proposé d'attaquer, le major Widmann avait pris aussi ses dispositions. Les compagnies destinées à Hauteville, la 9e et la 11e, il les pousse sur la grande route; à droite de la route, la 9e à gauche la 11e doivent se tenir prêtes à combattre toutes les deux. Mais comme le feu ennemi se rapproche de plus en plus, le chef du bataillon donne à la 9e compagnie l'ordre d'attaquer « tambour battant. » Le capitaine Kœnige reste avec les sections des lieutenants Altfelix et Feill sur la grande route pendant que la section du lieutenant Dengler à droite de la route accompagne le mouvement.

Au roulement des tambours, les deux sections de la 9e compagnie marchent résolument, les uns coude à coude, les autres en rangs, autant que le permet la largeur de la route qui conduit à travers une tranchée profonde de plusieurs mètres. Sur la route pas un bruit. On dirait qu'il n'y a pas trace d'ennemis; seuls quelques coups de feu partent là-bas sur la gauche. Tout à coup l'horizon semble resplendir et la 9e compagnie reçoit une salve de trois côtés à la fois (1) Poussant un hurrah, nos gens chargent. Cependant au bout de quelques pas l'élan commence à se ralentir et la 9e compagnie est obligée de se retirer avec des pertes sérieuses. Le porte-drapeau Simmler et le sergent-major Maier sont grièvement blessés à la cuisse. Le premier tomba entre les mains des Garibaldiens.

Les blessures des autres hommes aussi se trouvaient presque toutes aux extrémités inférieures, preuve du sang-froid avec lequel les Garibaldiens avaient attendu l'assaillant.

A l'appel des officiers on renouvelle l'attaque : elle a le même sort. Il fut malheureusement impossible d'empêcher

---

(1) C'étaient certainement des décharges allemandes.

beaucoup de nos hommes qui reculaient non seulement de tirer en avant sur les Garibaldiens, mais encore sur leur gauche, d'où les nôtres croyant que c'était l'ennemi, tirèrent sur eux. La 10e compagnie sous le lieutenant Bauer, se déploya pour tirer, mais pour elle la même mauvaise fortune aboutit au même désordre. Après quelques coups de feu tirés à la débandade, elle se retira jusqu'à un pli de terrain favorable où les officiers purent en rallier la plus grande partie et reformer les rangs.

Tout d'abord la 12e compagnie tint bon à son poste. C'est seulement après avoir échangé par erreur des coups de feu avec la section du sergent-major Link, de la 10e compagnie, qu'elle suivit le mouvement de retraite par la grande route de Darois à Dijon.

Cependant sur la route on avait renouvelé l'attaque avec l'aide de la 11e compagnie que le chef du bataillon conduisait en personne. De nouveau les tambours sonnèrent la charge et les deux compagnies chargèrent, entremêlées comme les hommes se trouvaient. Mais, cette fois encore, avant que notre colonne d'attaque réussît à atteindre l'invisible ennemi, elle s'arrêta sous la fusillade qui partait de tous côtés. Le sergent Hatz, de la 11e compagnie, natif de Bischweier conduisait à cette attaque un peloton avec lequel il s'engagea si avant dans les rangs ennemis qu'il se vit complètement coupé ; il ne dut son salut qu'à sa présence d'esprit. Il déclara prisonniers les chemises rouges qui l'entouraient et les fit ainsi reculer. A l'attaque suivante, Hatz reçut un coup de feu à la jambe. (1)

Après une courte retraite on tente une nouvelle attaque que les mêmes difficultés font échouer.

---

(1) Toutes ces charges et toutes ces attaques sont de pure fantaisie.

Le major Widmann et le lieutenant Hofmeister étaient blessés. Le premier, grièvement au bas de la cuisse, le second légèrement en haut de la cuisse. Appelant à son aide le sergent Simon de la 9ᵉ compagnie et quelques fusiliers le lieutenant Heermann essaya d'emporter hors de la ligne de bataille le commandant grièvement blessé. Le lieutenant Feil s'est aussi blessé le pied en tombant.

La fusillade est alors générale. Ce n'est plus seulement en avant et à gauche, mais encore à droite, où le lieutenant Dengler tiraillait avec les Garibaldiens, que retentit un effroyable fracas. On ne reconnait plus l'ami de l'ennemi. On tente sur la grande route une dernière attaque à laquelle se joint la section du lieutenant Stauch. Mais il paraît bien impossible d'arrêter l'élan de l'ennemi. Dans ces conditions l'officier le plus ancien le capitaine de Villiez, donne, après la blessure du major Widmann, l'ordre de se replier lentement jusqu'aux détachements intacts les plus proches, c'est-à-dire jusqu'au demi-bataillon du 4ᵉ régiment qui se tenait en avant de Talant.

Cet ordre ne fut pourtant exécuté qu'en partie. De petites fractions de la 9ᵉ et de la 11ᵉ compagnie sous les lieutenants Heermann et Holtzmann restèrent aux prises avec les Garibaldiens et par des attaques répétées, même homme contre homme, (1) s'opposèrent au progrès de leur marche. Ces sections ne reculèrent qu'au moment où la situation générale de la bataille rendit impossible un séjour plus long dans cette situation dangereuse. A droite de l'autre côté le lieutenant Dengler avec des hommes de la

---

(1) Homme contre homme, quelle vantardise !
(2) Que de peine Feill se donne pour ne pas avouer la déroute brusque et très rapide de ses fusiliers !

9ᵉ compagnie tint plus longtemps encore contre la supériorité numérique de l'ennemi.

Au retour, le lieutenant Dengler tomba sur une troupe nombreuse de Garibaldiens. Comme il était en danger d'être pris, trois de ses hommes accoururent et, tant de la crosse que de la baïonnette, se frayèrent une route jusqu'à leur officier. C'étaient le sous-officier Steinbrenner, de Brötzingen, le fusilier Stern de Leopoldhafen et le fusilier Ruck Deux de Niefern, qui était le brosseur de l'officier. Deux de ces trois hommes furent blessés : le caporal Steinbrenner et le fusilier Stern.

Malgré de grandes difficultés topographiques, le lieutenant Lutz, le lieutenant Ruker, la minorité de la 12ᵉ compagnie, puis bientôt après les lieutenants Williard et Bauer, avec leurs hommes, atteignent la grande route. Pendant ce temps, la majorité de la douzième compagnie, sous le lieutenant Villinger, atteint cette même route plus en arrière et s'y heurte sur des fractions de la 9ᵉ et de la 11ᵉ compagnie, qui battaient en retraite. Elle se joignit à leur retraite, mais à une certaine distance. Au chemin qui descend de Daix, ce mouvement de recul s'arrêta parce qu'à ce moment la batterie à cheval et un demi escadron se retiraient au triple galop.

Mais en même temps nos fusiliers, si durement pressés, reçoivent un secours inattendu : c'est le 1ᵉʳ bataillon du 3ᵉ régiment, commandé par le capitaine Unger.

Ce bataillon venait d'arriver à Daix lorsque, dans la direction d'Hauteville, éclatent les premiers coups de feu. Les rapides péripéties de ce combat décident le chef du bataillon à conduire ses compagnies hors de ce pénible défilé de village et à les faire passer sur la grande route.

Dans l'obscurité profonde de cette nuit, et sur un terrain inconnu, l'artillerie et la cavalerie durent utiliser le même chemin, qui, encaissé à droite et à gauche par des murs de de vignes, rendit le mouvement extrêmement difficile. Arrivé à la grande route de Paris, le bataillon avança encore d'environ deux cents pas et se forma aussitôt en colonnes de sections sur le côté droit de la route. La 3e compagnie, sous le capitaine Hoffmann, et la 4e, sous le capitaine Schrickel, se tenaient prêtes au premier choc; la 2e, sous le lieutenant Holtz, et la 1re, sous le lieutenant Meszmer, se tenaient de réserve en arrière des précédentes.

Une partie des fusiliers en déroute (1) s'arrêta alors (2) et se rallia à côté et en arrière du 1er bataillon. Les capitaines Unger, Schrickel et Hoffmann les remirent vigoureusement en ordre. Le premier prit la direction du combat.

Sur son ordre et avec la coopération du capitaine Hoffmann, d'autres fractions du bataillon de fusiliers qui étaient restées en avant et qui se retiraient à leur tour, se postent en tête du 1er bataillon. Parmi ces fusiliers en retraite, se trouvait le sergent Bartholomae de la 9e compagnie natif de Weiber. Il avait repris la lutte avec deux Garibaldiens. Bondissant tout à coup du fossé de la route il les arrêta d'un vigoureux : halte ! Il assomma le premier de la crosse et perça l'autre de sa baïonnette. Une partie de la 12e compagnie, sous les lieutenants Lutz et Rücker, se mit à droite de la route. Sur la route même se postèrent les sections des lieutenants Villinger, Heermann, Holtzmann et Dengler, pendant que les lieutenants Williard, Bauer et

---

(1) La déroute, voilà le vrai mot, enfin lâché.
(2) Beaucoup avaient déjà passé.

Stauch se déployaient à gauche de la route avec la plus grande partie de la 10ᵉ compagnie. (1)

Le lieutenant Lutz avait au cou une égratignure de balle. Le lieutenant Bauer était légèrement blessé à la main. Le lieutenant Holtzmann avait eu le genou frôlé. Ils n'en restèrent pas moins avec leurs sections.

Le capitaine Unger transmit au capitaine Schrickel le commandement de la ligne ainsi constituée.

C'est dans cet ordre, faisant une légère saillie en avant, qu'on attendit l'attaque de l'ennemi. Les fusiliers formés sur quatre rangs, en demi-sections, le doigt sur la détente, étaient résolus à regagner par leur tir et à la baïonnette ce que l'ennemi par sa supériorité numérique (2) et par son tir écrasant avait su leur rendre inexécutable au premier moment. Les rôles étaient renversés. Une lueur d'espoir brillait à l'horizon. Derrière les fusiliers prêts à tirer se tenaient prêts à les appuyer les mousquetaires du 1ᵉʳ bataillon.

Bientôt on entendit les Garibaldiens s'approcher. Allant du même pas, au bruit des tam-tams, des cloches et des hurlements, au son de divers instruments, au chant de l'hymne garibaldien, succéda un assaut désordonné. Déjà l'on entendait distinctement l'appel de quelques individus qui accouraient hardiment. De la hauteur, ils poussèrent en vain dans la nuit leur : « Qui vive là-bas ? » Sitôt que leurs sections pressées furent à environ 30 pas, le capitaine Schrickel fit tirer la première salve ; elle fut suivie d'un feu roulant qui repoussa l'ennemi dans le plus grand désordre.

---

(1) Ces positions prises, ces compagnies déployées, cette retraite lente en défendant le terrain pied à pied, tout cela exécuté dans l'espace de quelques minutes, c'est du roman tout pur.
(2) Notre colonne d'assaut, la seule qui ait combattu, comptait environ 1,600 hommes. C'était à peu près la force des deux bataillons allemands.

Sept heures et demie du soir.

On atteignit ainsi sept heures et demie.

C'est vers ce moment que le sergent Bozzo descendant d'Hauteville rejoignit la compagnie avec ses hommes. De sa vaillante attitude nous savons le trait suivant. Le sergent Bozzo, de Kronau, peu de temps avant l'attaque des Garibaldiens, s'occupait des mesures nécessaires pour loger ses hommes dans une maison, lorsque huit paysans apparurent et firent mine de le saisir. Mais lorsqu'il en eut abattu deux à la baïonnette les autres s'enfuirent. Aussitôt après les Garibaldiens attaquèrent. Afin de se soustraire là aussi à la captivité, Bozzo, dont les hommes s'étaient rassemblés, leur fit ôter le casque; il trompa les assaillants en criant comme eux en avant; il accompagna ainsi tout à fait à l'extrémité de la ligne l'attaque contre le bataillon de fusiliers; arrivé à la grande route en dessous il put enfin sans risques abandonner le rôle qu'il jouait involontairement.

Dans un silence profond, qu'interrompait seul le gémissement des Garibaldiens tombés devant notre ligne, les troupes badoises s'attendaient à une répétition de l'attaque.

L'intermède ne dura pas longtemps; au bout de quelques minutes se produit une deuxième attaque, puis bientôt après une troisième. Mais toutes deux échouèrent devant le feu tranquille et raisonné des fusiliers. (1)

Après la troisième attaque il y eut une pose assez longue. On ne pouvait pas deviner ce que l'ennemi machinait en-

---

(1) Feill dramatise l'attitude de ses fusiliers. Notre unique charge, conduite par Michard d'abord, par Razetto ensuite, ne fut pas interrompue un seul instant et balaya la route jusqu'à cette vieille croix de fer que remplace aujourd'hui au pied de Talant la pyramide des francs-tireurs.

core. Assurément l'ennemi paraissait avoir acquis la conviction qu'une rupture de la ligne de bataille allemande en plein front n'était pas exécutable. (1) Comme toutefois, au bout d'un certain temps, il sembla que les Garibaldiens voulaient tenter une attaque contre notre flanc droit, et par Daix encore, dans la direction d'Hauteville, le capitaine Unger renforça l'aile droite avec la 4ᵉ compagnie et deux sections de la 2ᵉ; quant aux deux autres compagnies (1ʳᵉ et 3ᵉ), le capitaine Unger les garda à sa disposition sur la grande route. Déjà depuis un moment une section de la 2ᵉ compagnie sous le lieutenant Gmelin avait été détachée sur le flanc gauche de la position.

Contre la position ainsi préparée l'ennemi essaya de charger encore une fois; mais il s'abstint de toute attaque sérieuse et se replia rapidement sur Hauteville. (2)

Avec cette dernière tentative la bataille était terminée, l'ennemi battu, et annulé aussi le projet que nourrissait Garibaldi de prendre Dijon. C'est un fait que pour le 27 Novembre dans une maison en face de l'hôtel de la Cloche, pied à terre du général de Werder, un déjeuner avait été commandé pour Garibaldi. Des patrouilles subséquentes nous confirmèrent la retraite en débandade des Garibaldiens sur Darois qui pendant la nuit resta en leur possession. Seuls de faibles détachements ennemis vinrent encore plus tard (3) se heurter sur la position que pendant ce temps

---

(1) C'était d'autant plus exécutable qu'après avoir balayé la route devant elle notre avant-garde s'était arrêtée à deux ou trois cents mètres en arrière du bataillon Unger dont les communications avec Dijon étaient coupées.
(2) Imagination pure.
(3) Tels les francs-tireurs étaient entrés à Changey vers six heures du soir, tels ils en sortirent en très bon ordre le lendemain matin vers 4 heures sous les ordres de Ricciotti après avoir couché sur le champ de bataille.

nous avions évacuée et occupèrent aussi la ferme de Changey qui était remplie de blessés. (1)

Seulement alors on constata que le major Widmann manquait à l'appel. Conformément aux ordres du lieutenant Heermann on avait essayé de l'emporter. Mais comme il était grièvement blessé, et que ses forces l'abandonnaient, il demanda à être posé par terre. Plus tard le sergent Link de la 11e, le sergent Bartholomae de la 9e, le soldat libéré Rau de la 11e, firent pour aller chercher le chef du bataillon une tentative nouvelle qui n'eut aucun succès. C'est ainsi qu'il tomba entre les mains des Garibaldiens qui le firent porter par le personnel de leur ambulance à la ferme de Changey ainsi que le porte drapeau Simmler et d'autres blessés. Là on prit aux deux officiers jusqu'à leurs chemises (2) mais le lendemain matin des reconnaissances de hussards de la réserve prussienne les délivrèrent des mains des Garibaldiens. (3)

9 heures et demie du soir.

Le capitaine Unger avait annoncé l'heureuse issue de la lutte. Se fondant sur son rapport le général de Degenfeld avait envoyé vers 9 heures et demie l'ordre d'évacuer la position. Les deux bataillons devaient se retirer entre Talant et Fontaine-les-Dijon derrière le 2e bataillon qui se tenait prêt à les recevoir. Par échelons, et en commençant par les deux ailes, la retraite s'exécuta dans le plus grand

---

(1) La plupart de ces blessés, relevés par nous, et non pas massacrés, étaient des Badois et, par parenthèse, neuf de ces blessés sur dix avaient été atteints par des balles amies.
(2) Nous avions trouvé dans les effets de ces blessés nombre d'objets volés le matin même dans les villages environnants. Le major Widmann n'était pas le moins bien servi.
(3) Ricciotti évacua la ferme deux heures au moins avant l'arrivée des patrouilles de hussards.

calme sans être le moins du monde troublée par l'ennemi.

Toute la nuit le major Steinwachs resta sur la position en avant de Talant. (1) Il avait posté en avant de fortes grand'gardes tirées de la 7ᵉ et de la 8ᵉ compagnies, et pour les soutenir il avait installé dans des quartiers d'alarme les deux autres compagnies. Le 1ᵉʳ bataillon bivouaqua sur la route en arrière de Talant pour servir de réserve en cas de de nouvelle attaque. Le bataillon de fusiliers se rassembla entre Talant et Dijon et vers minuit marcha vers Saint-Apollinaire. Le lendemain matin il était désigné pour escorter les bagages du corps d'armée qui avaient été transportés à Saint-Apollinaire.

Les pertes que fit notre régiment pendant la nuit du combat tombent toutes à la charge du bataillon des fusiliers. Morts : 1 officier et 10 hommes. Blessés : 4 officiers et 30 hommes. Total : 11 morts et 34 blessés. A ajouter les pertes faites à Prenois : 2 morts et 5 blessés. Total pour le 26 Novembre : 13 morts et 39 blessés, soit 52 têtes. (2)

Les pertes de l'ennemi furent considérables. Le sous-officier Ullrich de la 12ᵉ compagnie, conducteur de la première patrouille de poursuite, compta environ cinquante morts étendus rien que sur la grande route. Toute la nuit les médecins de l'ennemi s'occupèrent de charger les morts (3) sur des voitures et d'emporter les blessés. Et cependant le lendemain matin un grand nombre de morts gisait encore sur le champ de bataille. Leur façon horrible de se tuer témoignait de la façon la plus irrécusable de

---

(1) C'est l'une de ses sentinelles, très probablement, qui a tué à bout portant notre clairon italien.
(2) Il y a ici une forte exagération *en moins*.
(3) Emporter ainsi les morts à la dérobée est un usage allemand que nous n'avons jamais pratiqué, ni là, ni ailleurs.

l'acharnement des combattants. La crosse et la baïonnette avait fait dans la mêlée un riche travail de mort. Mais la fusillade aussi avait fourni son apport; jusqu'à huit pas en avant de la ligne de bataille on trouvait des ennemis percés de balles. Un grand nombre d'armes et d'objets d'équipement jetés de côté marquaient à la trace la rapide retraite des Garibaldiens. On fit en outre quelques douzaines de prisonniers qui s'étaient cachés sous les ponts et dans les maisons.

Une victoire nouvelle, quoique péniblement gagnée et payée de sacrifices douloureux, décore donc en ce jour du 26 Novembre l'histoire de notre régiment. A ce propos il n'est pas permis d'oublier qu'au début du combat de nuit les fusiliers étaient depuis plus de douze heures sur pied. Pendant la nuit quelques détachements revenaient seulement de patrouilles ou autres services commandés; ajoutez à cela les marches du jour, le combat de Prenois, le manque de vivres, un temps froid et pluvieux, et l'attente sous la pluie sur une position inconnue par une nuit sombre quand se produisit l'attaque des Garibaldiens. (1)

---

(1) A l'endurance des soldats badois je compare sans hésiter celle de mes camarades qui, levés le 25 à deux heures du matin, dégageaient Velars vers midi, touchaient presque Corcelles vers trois heures, dormaient à peine à Lantenay, enlevaient Prenois le lendemain 26, chargeaient à Changey, touchaient le pied de Talant, et ce soir même, sans avoir mangé, ni pris une heure de repos, retournaient à Lantenay bivouaquer sous la pluie.

BATAILLE

DE JANVIER

BAUDACH.

Le 8⁰ régiment d'infanterie poméranienne n⁰ 61 depuis sa fondation jusqu'à la fin de 1873, par Baudach, capitaine chef de compagnie. Pages 53 à 74.

19 Janvier

. . . .

Ce jour-là, le jour précédent et le jour suivant, tous les corps en marche eurent à lutter contre de grandes difficultés au passage des chemins. Pendant de longues marches il fallut traverser un terrain montagneux, et aussi des routes que par moments recouvrait un miroir de verglas. C'est surtout à la colonne de Conta, pendant la marche des longues colonnes de voitures, que ces difficultés furent sensibles; à plusieurs reprises sa compagnie d'arrière-garde avait dû former les faisceaux et mettre la main à la roue soit pour escalader soit pour redescendre les raidillons de la route.

20 Janvier

A 7 heures et demie du matin la marche continue et l'on arrive aux cantonnements entre 5 et 7 heures dans la ligne Saint-Seine-Sombernon. A Saint-Seine : l'état-major; à Turcey et aux environs : le 1ᵉʳ bataillon du 21ᵉ; à Bligny-le-Sec le bataillon de fusiliers; à Saint-Seine le 1ᵉʳ bataillon du 61e ; à Gissey sous Flavigny le 2e bataillon ; la cavalerie, l'artillerie et les ambulances sont réparties entre les différents cantonnements. A l'apparition de notre avant-garde environ 60 francs-tireurs se sauvèrent de Saint-Seine ; l'un d'entre eux, saisi le fusil dans la main, fut fusillé ; une maison d'où étaient partis plusieurs coups de feu fut brûlée. Dans l'après-midi de ce jour, une patrouille apporta au chef de la colonne l'ordre du général en chef, daté de Fontaine-Française 19 janvier 1871 neuf heures du soir, « *de quitter la ligne Saint-Seine-Sombernon, de marcher sur Dijon et de l'occuper.* »

Ici, pour ne pas sortir du cadre de cet écrit qui n'a affaire qu'avec l'histoire du 61e, faisons la remarque expresse que même pour les trois jours de combats devant Dijon nous interviendrons dans l'activité des autres corps attribués à la colonne Kettler seulement jusqu'au point où cela sera nécessaire pour comprendre la marche des combats susdits.

Par suite de l'ordre mentionné ci-dessus on prend les dispositions suivantes :

La colonne marchera demain matin contre Dijon. Le lieutenant-colonel de Weyrach part le matin à 7 heures avec le 1er bataillon du 61e (major Priebsch) ; 2 compagnies du 2e bataillon du 21e (major de Kornatzky), une section de dragons, la 6e batterie lourde, l'ambulance n° 2 marcheront de Saint-Seine par Val-Suzon et Darois. Le lieutenant-colonel de Lobenthal, avec le bataillon de fusiliers du 21e (capitaine Rasch) et la 5e batterie légère, marchera à 7 heures et demie de Bligny par Saint-Seine et suivra la colonne Weyrach. Le major de Krosegk du 21e avec le premier bataillon du 21e (major d'Erckert) 2 sections du 11e dragons et l'ambulance n° 5, marchera à 7 heures et demie de Turcey par Blaisy-Bas, Panges, Pasques, Plombières. Les colonnes doivent s'arranger de façon que leurs avant-gardes touchent la hauteur de Talant vers 1 heure de l'après-midi. Des patrouilles de cavalerie couvrent les flancs. Avec le 2ᵉ bataillon du 61ᵉ le capitaine Kumme reçoit l'ordre de quitter son cantonnement de Gissey sous Flavigny assez tôt le lendemain matin pour que par cette avance sur le major Krosegk il puisse le rallier et il se mettra sous ses ordres. On tâchera d'entrer en communication les uns avec les autres. Les bagages, que l'on couvrira de petites escortes, suivront la queue de la colonne.

21 Janvier

Partis conformément aux dispositions prises la colonne Weyrach a pendant toute sa marche à se garer contre différentes troupes de Garibaldiens et de francs-tireurs ; (1) mais généralement ceux-ci se sauvent après quelques coups de feu.

C'est du poste avancé de la Casquette au sud-est de Saint-Seine que l'avant-garde (1ʳᵉ compagnie du 61ᵉ, capitaine Böhmer) rencontra la première résistance de cette sorte : (2) deux de nos canons prennent position et quelques obus suffisent pour obliger l'ennemi à une rapide retraite. La marche en avant continue. Pendant que la compagnie d'avant-garde reste sur la route, la 4ᵉ compagnie (lieutenant Jancke) oblique dans la gorge au sud-est de la route, pour visiter les bois de la région ; la 3ᵉ compagnie éclaire les taillis à l'est de Val-Suzon. Au-delà du passage du Val-Suzon, la 4ᵉ compagnie ramenant environ 15 prisonniers, rallie la colonne sur la route.

---

(1) Ni chemises rouges ni francs-tireurs ne voyageaient sur cette route le matin du 21.
(2) C'était une grand'garde de mobiles de l'Aveyron.

Vers dix heures l'avant-garde trouva le village de Darois occupé par des canons et par des détachements compacts d'ennemis. (1) Pendant que la 1re compagnie marche contre eux par la grande route, la 2e compagnie (lieutenant Wenzel) s'avance derrière une hauteur dans la direction de Prenois, ce qui menace le flanc gauche de l'ennemi. Après un court combat de mousquetterie, dont il souffrit beaucoup, l'ennemi évacue aussi cette position à la débandade en jetant ses sacs. C'est à ce combat que tomba entr'autres le comte Borsak-Honke, général et chef de brigade au corps de Garibaldi. (2) A l'extrême droite un détachement ennemi de trois à quatre compagnies avait tenu tête à la 2e compagnie ; en se retirant sur Prenois, ils perdirent, outre un grand nombre de morts et de blessés, trente prisonniers. Le gros de l'adversaire se retira sur Hauteville et Daix, une autre partie dans les gorges à l'ouest de la route. La 3e compagnie reçut alors l'ordre de poursuivre l'ennemi sur Daix pendant que les autres détachements de la colonne continuaient leur marche sur la route.

Vers une heure et demie de l'après-midi, sur la hauteur de Daix, la colonne Weyrach se heurte sur d'assez fortes masses ennemies. En même temps se fait sentir l'action des batteries ennemies postées sur Talant et Fontaine. Ces deux derniers villages, situés sur des pyramides montagneuses, forment en tant que forts naturels de solides points d'appui pour l'ennemi. La canonnade qui en part bientôt avec une croissante intensité et à laquelle répond immédiatement la batterie lourde attachée à notre détache-

---

(1) Le gros du régiment des mobiles de l'Aveyron.
(2) Le général Bosak-Hauke n'assistait pas à l'affaire. Accouru de Fontaine avec une poignée de cavaliers à travers la déroute de ses mobiles, il fut tué sur la grande route à près de 3 kilomètres au sud-est de Darois. Baudach se garde de dire avec quelle sordide avidité ses compatriotes pillèrent le cadavre.

ment, se prolonge ainsi en un combat d'artillerie qui dure jusqu'à 5 heures de l'après-midi.

Contre la position de Daix la 1re compagnie se déploie en tirailleurs à droite et à gauche de la route ; la 2me compagnie occupe le plateau à l'ouest de la route ; la 4e se tient en arrière avec des tirailleurs sur une hauteur à l'est de la route ; les deux compagnies du 21e restent provisoirement en réserve.

Comme le cimetière au nord de Daix avait été purgé d'ennemis par la 3e compagnie, comme Daix lui-même avait été occupé peu après, comme l'ennemi s'était retiré sur la Fillotte et Talant, on remarqua vers 2 heures et demie que de forts essaims de tirailleurs s'avançaient de Fontaine contre Daix. (1) Les deux compagnies du 21e sous le major Kornatzky furent envoyées contre eux et aussitôt s'engagea un feu violent de mousqueterie.

Cependant vers 2 heures la batterie de la colonne Lobenthal était arrivée et de la hauteur qui est à l'est de Plombières (2) elle avait ouvert le feu contre Talant ; la batterie lourde de la colonne Weyrach s'était alors rapprochée de la route et cherchait surtout à agir contre Fontaine. (3)

Le 2e bataillon du 61e sous le capitaine Kumme qui a déjà opéré à 8 heures du matin la jonction ordonnée avec le major Krosegk, a également pendant sa marche en avant à soutenir plusieurs petits combats contre des bandes de

---

(1) L'attaque, conduite par Canzio, était exécutée par la légion Ravelli, forte de 800 hommes environ, qui tâchaient de combler le vide laissé par l'Aveyron.
(2) Plateau de Chaumont.
(3) Baudach oublie de nous dire pourquoi cette batterie lourde se dérobait contre Talant derrière un pli de terrain : notre batterie de l'église lui avait démonté *trois* de ses six pièces.

francs-tireurs. (1) Arrivé à la hauteur de Plombières il remarque de l'autre côté du canal de Bourgogne des colonnes ennemies (2) marchant, ô surprise! dans une direction parallèle à la nôtre ; il ouvre aussitôt contre elles un feu violent et en même temps il envoie à leur rencontre la 8e compagnie (lieutenant Zitzewitz) en canot au-delà du petit fleuve l'Ouche, au cours très rapide, puis au-delà du canal. De concert avec la section du génie du bataillon qui intervient alors très activement sous les ordres du sous-lieutenant Straube, la 8e compagnie ramène prisonniers environ 200 hommes (3) et 5 officiers ; puis plus tard Plombières est occupé, pendant que la 6e compagnie (capitaine de Ferentheil) et la 7e (lieutenant Luchs) continuent leur marche contre Dijon.

La 5e compagnie (lieutenant Weise) fut laissée avec les bagages. Sur la hauteur de Plombières ces deux compagnies (6e et 7e) reçurent de Talant et de Fontaine un feu violent d'obus et de schrapnels. La 6e compagnie s'emploie alors à occuper un clos situé à côté de la grande route, pendant que la 7e compagnie s'avance tambour battant contre les positions de l'ennemi au-dessus de Talant. A travers les murs et les vignobles elle réussit à chasser l'ennemi de différentes positions jusqu'en arrière de Talant et à occuper plus tard les groupes de maisons au pied de Talant. (4) Vers neuf heures du soir le lieutenant Luchs, chef de la 7e compagnie, eut à cet endroit le bonheur de prendre à l'ennemi un charriot de munitions à quatre chevaux qui de

---

(1) Une seule bande, comprenant les 230 francs-tireurs alsaciens, et une compagnie de mobilisés, le harcela de Turcey jusqu'à Pasques.
(2) Ces colonnes ennemies étaient *une* compagnie de 187 mobilisés.
(3) 50 au moins de ces 187 mobilisés s'échappèrent par le bois de la Combe-aux-Diables avant l'arrivée du lieutenant de Zitzewitz.
(4) Arrêtée pendant le jour elle avait tout simplement profité de la nuit pour décrire un demi-cercle autour de Talant et se nicher dans le premier des deux pâtés de maisons du hameau de la Fillotte.

Dijon voulait monter au fort de Talant. Le général Kettler attribua les chevaux à l'artillerie pour compenser ses pertes. (1)

Pendant les évènements qui viennent d'être racontés la 2ᵉ compagnie fut envoyée par la colonne Weyrach pour couvrir la batterie légère. La 9ᵉ compagnie du 21ᵉ, appartenant à la colonne Krosegk qui était arrivée à ce moment avec le bataillon Kumme, avait pris position entre notre 1ʳᵉ et notre 2ᵉ compagnie. A l'aile gauche aussi, placée sous les ordres de Kornatzky, on avait réussi à s'emparer de Fontaine. (2) Les retours violents et répétés de l'ennemi furent constamment repoussés sur toute notre ligne.

Vers 7 heures et demie l'ennemi tenta une attaque contre La Fillotte mais fut repoussé par la fusillade qui partit de ce hameau et des clos voisins. Vers 8 heures et demie du soir on plaça des avant-postes sur la ligne ainsi occupée, pendant que le major de Kornatzky se maintenait à Daix, et que le 1ᵉʳ bataillon du 21ᵉ occupait Hauteville vers dix heures du soir après en avoir chassé deux bataillons de mobiles. Comme on l'apprit plus tard, ces bataillons s'étaient repliés là du combat de Messigny. (3) Par ordre supérieur les avant-postes furent un peu ramenés en arrière vers 11 heures et demie et placés sur la ligne Plombières-Daix. Après la fin de la lutte les batteries furent réunies à Changey et parquées sous la protection d'un bataillon du 21ᵉ.

Les combats de cette journée avaient coûté à la colonne Kettler des pertes très sensibles ; celles de la colonne de

---

(1) Il lui attribua aussi les chevaux de plusieurs voitures d'ambulance.
(2) Luchs tout à l'heure ne nous avait pas chassés *derrière* Talant. Kornatzky n'*occupa* pas davantage Fontaine. Il tourna simplement autour. Autrement, avec l'occupation de Talant et de Fontaine, la bataille était bien finie.
(3) Erreur. Ces mobilisés étaient sortis de Dijon à la tombée de la nuit sur l'ordre de Pellissier et à l'insu de Garibaldi.

Conta seront expliquées plus loin et à part. Pertes du 61me : le docteur Born, médecin principal, mort ; le major Priebsch, grièvement blessé à la jambe, est amputé et meurt le jour suivant ; le capitaine de Pirch, le lieutenant Bœhmer, le sous-lieutenant Riedel, les lieutenants de réserve Engler et Aschmann, tous grièvement blessés ; le capitaine Pirch n'est mort de sa blessure qu'en automne 1873 après deux années et demie de lit. Soldats morts : 17. Blessés : 93. Disparus : 9, dont 8 sont revenus plus tard. En outre : 3 chevaux tués. En comptant les autres corps de troupes (à l'exclusion du détachement Conta) le total des pertes de la colonne Kettler était donc le suivant : 1 officier et 30 sous-officiers et soldats morts ; 10 officiers et 154 hommes blessés ; 13 disparus.

Les pertes de l'adversaire doivent avoir été sérieuses. Comme prisonniers on ramenait 7 officiers et 431 hommes. D'après les renseignements recueillis les forces de l'adversaire se montaient à 20,000 hommes et à 22 canons. Général en chef : Garibaldi, père. Sous lui : Ricciotti Garibaldi. Chef de l'état-major : général Bordone. Le général Pellissier, appartenant à l'armée française, avait aussi un commandement dans le corps de Garibaldi, (1) celui des mobiles de Dijon et d'un régiment de ligne ou de marche. Le général Pellissier n'aurait pas été subordonné à Garibaldi, mais bien plutôt coordonné.

Le 20, comme nous l'avons exposé plus haut, la colonne de Conta avait reçu l'ordre de rallier la brigade pour la journée du 21. Voici cet ordre littéralement transcrit : « La

---

(1) Ces renseignements sont jetés là avec une légèreté étrange. L'auteur est d'autant moins excusable qu'en 1878, date de la publication de son livre, il avait déjà paru en français, en italien, en anglais et même en allemand, des renseignements aussi nombreux que faciles à trouver.

« brigade occupe Dijon demain matin ; le bataillon de
« fusiliers et l'escadron auront à s'y rendre au plus vite et
« en attendant chercheront le contact avec la colonne au
« moyen de patrouilles. » Signé : De Kettler.

A 8 heures trois quarts, conformément à cet ordre, on marche d'Is-sur-Tille sur Dijon. Loin en avant l'escadron éclaire le terrain. La 11ᵉ compagnie (lieutenant comte Schwérin) forme l'avant-garde ; le gros de la troupe comprend la 9ᵉ (capitaine Baudach) et la 12ᵉ compagnie (lieutenant Stolte) ; la 10ᵉ compagnie (capitaine Kriesz) est de réserve. Les gros bagages restent jusqu'à nouvel ordre sous escorte à Is-sur-Tille.

En avant de Savigny, à 10 heures trois quarts les patrouilles de cavalerie annoncent que Norges, Brétigny et le petit bois qui est derrière sont fortement occupés par des mobiles (1) et des francs-tireurs ; de même les petits murs de vignes de Messigny et le village lui-même sont occupés par de fortes et épaisses colonnes ; en outre deux bataillons de Garibaldiens marchent au pas accéléré du bois de Norges sur Messigny. (2) Comme on entendait distinctement la canonnade du côté de l'ouest, et qu'on supposait engagé le reste de la colonne Kettler, le major de Conta, malgré la supériorité manifeste et écrasante de l'ennemi, résolut de l'attaquer immédiatement. Il porta donc en avant la compagnie d'avant-garde contre la lisière orientale de Messigny, et la 9ᵉ à droite contre le nord du village ; à la 12ᵉ, il désigna comme objectif le bois de Norges à l'est de la grande route.

---

(1) Une compagnie de mobilisés du Jura.
(2) Ces colonnes épaisses et fortes, ces bataillons entiers de Garibaldiens étaient tout simplement les postes avancés de l'unique bataillon de francs-tireurs dauphinois qui s'intitulait *Enfants perdus de la Montagne*. Il était fort d'environ 330 hommes, que son chef le commandant Durieux se hâtait de concentrer à Messigny. Il n'avait pas de cavalerie.

En attendant la 10e compagnie reste en réserve au sud de de Savigny, dans une dépression de terrain, tout à fait au bord de la grande route.

Pendant leur marche, la 9e et la 11e compagnie, précédées par des essaims de tirailleurs, reçurent un feu très vif d'infanterie dès la distance de 1,500 pas. (1) Comme le terrain n'offrait aucun abri, comme la glaise détrempée ralentissait la marche, les compagnies firent dès ce moment des pertes nombreuses. La position de l'adversaire, dont les tireurs étaient complètement couverts par des murs de vignes, ne pouvait être devinée tout d'abord qu'à la fumée de la poudre. Aussi pendant toute la traversée de ce terrain large de 12 à 1,500 pas on ne tira pas un coup de feu ; c'est seulement à 250 pas environ que sur l'ordre des chefs de compagnies, on ouvrit le feu. Les tirailleurs de la 9e arrivèrent derrière un léger pli de terrain ; leur troupe de soutiens arriva derrière un assez gros entassement de pierres à environ 120 pas de la première position occupée par l'ennemi ; sur ces deux points on fit une courte halte pour laisser respirer les hommes ; puis au cri de marche, marche, hurrah, on enleva le premier verger sans que l'ennemi eût attendu le combat corps à corps.

A cette première charge, pendant toute la durée de laquelle les chefs de compagnies étaient restés à cheval, et que les deux compagnies achevèrent presque en même temps, laissant entre elles un intervalle de 300 pas que l'étendue de la lisière du village nous empêche d'éviter, le lieutenant comte Schwérin, chef de la 11e compagnie avait été mortellement atteint par une balle. De mur en mur l'attaque se continua avec succès, mais avec des pertes

---

(1) Parmi ces francs-tireurs il y avait beaucoup d'adolescents qui voyaient le feu pour la première fois.

croissantes ; lorsque la compagnie formant aile droite eut enfin pris les premiers clos, et atteint la grande rue du village qui court à peu près du nord au sud, les pertes avaient atteint un chiffre très respectable ; le sous-lieutenant Lange, qui conduisait la troupe de soutiens, était par terre, blessé de deux coups de feu..(1) Munk, le sergent-major de la compagnie, était grièvement blessé au bras droit ; plusieurs des sous-officiers et les hommes les plus braves tombèrent au moment où le chef de la compagnie et Neitzke, sous-lieutenant de landwehr, celui-ci toujours un des premiers, sautaient avec le reste de la compagnie dans la grande rue du village du haut d'un grand mur de vignes.

Arrivé au milieu du village le lieutenant Neitzke remarque de la lucarne du toit d'une maison que deux compagnies de Garibaldiens (2) environ cherchaient à nous prendre par le flanc droit et qu'ils étaient déjà arrivés à la hauteur de l'aile droite. Il fallut donner l'ordre de chercher le contact avec la 11e compagnie et avec la 2e section de la 9e qui formée en demi-sections sous les lieutenants Schulz et Freyer s'était déployée précédemment dans le but de rallier la 11e compagnie ; à ce moment la ligne des tirailleurs de cette compagnie touchait de près le sud et le sud-est de la lisière du village ; après la chute du chef de la compagnie elle avait été poussée jusque là par le sous-lieutenant Raschke II de concert avec le porte-drapeau Lisak. Le lieutenant Raschke tomba percé de cinq balles au moment où il voulait crier quelque chose au chef de la 9e compagnie et dans ce but se soulevait un peu de derrière son abri. Le lieutenant Hesse, adjudant de bataillon, qui

---

(1) Mensonge. Il n'était pas blessé. Il se cachait.
(2) Ce n'était pas des Garibaldiens, mais les francs-tireurs bien français de Ricciotti qui arrivaient à travers la fumée au secours des Enfants perdus.

pendant ce trajet avait eu un cheval tué sous lui, lui apportait justement un ordre du chef de la colonne. Immédiatement et jusqu'à nouvel ordre le lieutenant Hesse prenait le commandement de la compagnie. L'ordre qu'on vient de mentionner aurait dû être originellement apporté par des patrouilles de cavalerie ; mais ces cavaliers, en partie blessés, en partie démontés par le feu violent de l'ennemi, n'avaient pu remplir leur mission. (1) Cet ordre prescrivait une suspension de la lutte pour le cas où cela pourrait se faire sans nuire à la marche présente de l'affaire. On annonce alors que l'ennemi se renforce à Norges considérablement (2) et fait mine de marcher sur Savigny. Comme les deux officiers délibéraient encore sur l'exécution éventuelle de l'ordre donné, on vit l'ennemi s'en aller par compagnies de Messigny sur Dijon. (3)

A l'est de la grande route, contre le bois de Norges, la 12ᵉ compagnie eut à soutenir un très vif engagement contre un ennemi également nombreux. Une attaque qu'il tenta échoua devant le calme de nos tireurs, soutenus par un mouvement de flanc qu'exécuta le lieutenant Pippart avec sa section ; c'est là que tomba le vice-sergent-major Räsfeldt qui faisait fonctions d'officier. Là aussi on remarqua du côté ennemi un mouvement de départ.

Peu de temps après (4) le bataillon recevait le signal du rassemblement et était conduit à Savigny, pour y occuper des postes d'alerte, pendant que la 10ᵉ compagnie, restée

---

(1) Chaque fois que nous avons regardé bien en face ces gens du nord, ç'a été la même histoire. Démontés, décimés, démoralisés. Et nous tirions mal.
(2) C'est l'aile droite de Ricciotti, comprenant 3 compagnies ou environ 206 hommes, qui ralliait la compagnie de mobilisés.
(3) Depuis un bon moment la fusillade avait cessé et les Prussiens avaient disparu, lorsqu'un ordre de Garibaldi rappela en effet les francs-tireurs victorieux sur le flanc droit de la brigade Kettler.
(4) Au moins une heure avant le départ de Ricciotti.

jusque-là en réserve, prenait le service des avant-postes. A cause de sa position dominante vers le sud ce village se prêtait à une occupation mieux que Messigny. De l'escadron plusieurs patrouilles furent envoyées pour rétablir les communications avec le reste de la brigade. (1)

Le combat de Messigny, qui avait commencé vers 11 heures et demie se termina vers 4 heures et demie. (2) Au total les pertes du bataillon de fusiliers se décomposent ainsi :

Tués : 3 officiers, 23 sous-officiers et soldats.

Blessés : 3 officiers, 78 sous-officiers et soldats.

Disparus : 12 sous-officiers et soldats qui revinrent plus tard au bataillon.

Officiers blessés : Lange, lieutenant ; Jancke, lieutenant; Baudach, capitaine, qui resta avec ses hommes.

En outre : un cheval tué.

Le sous lieutenant Lange, renversé par deux blessures graves, fut d'abord bien reçu et soigné dans une maison de Messigny. Pendant la nuit du 21 au 22 des Garibaldiens revinrent de Dijon exprès pour le prendre, l'arrachèrent du lit et le mirent à cheval malgré la gravité de sa blessure. La blessure reçue au fondement lui causa pendant le galop des souffrances telles qu'il ne put se maintenir à cheval et

---

(1) Aucune de ces patrouilles ne se risqua à Messigny.
(2) Est-il possible de mentir à ce point! Après la retraite des Prussiens, les francs-tireurs eurent presque une heure de repos et il était encore grand jour lorsque, après avoir franchi 10 kilomètres au moins, ils revinrent prendre à dos les Prussiens qui essayaient d'envelopper Fontaine. Mais le major Conta voulait se justifier de n'avoir pas rallié sa brigade ce soir-là.

vida les étriers; (1) il fut en conséquence attaché sur son cheval et emmené prisonnier à Dijon. Six semaines durant on promena l'officier à travers la moitié de la France jusqu'à Toulon. Il eut à subir plus d'un traitement humiliant ainsi que plusieurs compagnons de misère appartenant à d'autres régiments. C'est seulement après l'armistice qu'il fut échangé. Il revint au régiment le 11 mars.

22 Janvier.

Pendant toute la nuit l'ennemi se tint tranquille. Au point du jour, le 2e bataillon du 21me (2 compagnies) releva les troupes engagées et prit le service des avant-postes sur la ligne Plombières-Daix. La 8e compagnie de notre régiment tint Plombières occupé. Lorsqu'il fit clair, et lorsque le brouillard, épais ce matin-là, se fut dissipé, il s'engagea un court combat contre ces avant-postes. Une attaque exécutée par des forces supérieures (2) contre Plombières fut repoussée avec de fortes pertes pour l'ennemi par le lieutenant de Zitzewitz (8e compagnie du 61e) qui commandait ce poste.

Comme les marches faites et les combats du jour précédent et aussi le bivouac sans bois ni paille sur la glaise humide avait extrêmement fatigué les troupes, comme elles n'avaient pu cuire à cause du manque total d'eau, on résolut de cantonner ce jour-là à Etaules, Darois, Prenois, Val-Suzon et dans ce but la colonne fut rassemblée à environ mille pas au nord-ouest de la Ferme de Changey des deux côtés de la grande route. L'ennemi s'était aperçu probable-

---

(1) Il n'avait pas une égratignure. Il était ivre et il se serait certainement fait les blessures dont il a parlé si le brigadier Arribaud, son unique conducteur, n'avait eu soin de lui.

(2) Une demi-compagnie seulement du bataillon des francs-tireurs alsaciens entra dans Plombières où elle reprit aux Prussiens des voitures de butin.

ment du départ de nos troupes; car, au rappel des avant-postes, surtout à l'évacuation de Daix et de Plombières, des colonnes ennemies essayèrent de nous assaillir par derrière; mais elles furent énergiquement repoussées par le major de Kornatzky (21e) et par le lieutenant de Zitzewitz (61e). Après quoi les nouveaux cantonnements furent occupés sans encombre. L'état-major du général de Kettler : à Etaules. Le 21me : à Darois, Val-Suzon, Etaules. Le 61me : 1er bataillon à Prenois, 2e, à Val-Suzon; le 2e escadron à Etaules. Les deux batteries et l'ambulance n° 5 : à Etaules et Prenois.

Total de nos pertes (21e et 61e) : 1 officier du 61e légèrement blessé, le lieutenant Luchs, qui resta avec ses hommes. Sous-officiers et soldats : 4 tués, 29 blessés, 16 disparus.

Un aide-major du 21e, resté à Daix pour le traitement des blessés, fut fait prisonnier. Ce fut aussi le sort de l'ambulance n° 2 tout entière qui, le jour précédent, à cause du grand nombre des blessés s'était établie à la ferme de Changey.

Le petit bagage fut emporté avec la troupe; le gros bagage, dirigé sur Val-Suzon. On s'aperçut que les nouveaux cantonnements étaient très pauvres, si pauvres qu'il nous fut difficile d'y trouver notre subsistance même pour un seul jour. (1).

Dans l'après-midi de ce jour le capitaine Schelcher du 49e, qui allait de Montbard au corps d'armée, arriva à Darois avec environ un bataillon de réservistes et des convois de munitions. Lorsque grâce à ces convois nous

---

(1) Depuis longtemps les Badois de Werder avaient tout dévoré et le peu que nos paysans possédaient encore était dissimulé au fond des bois.

eûmes complété les munitions de la colonne, l'officier susnommé fut dirigé sur son corps par Is-sur-Tille et Mirebeau. Les prisonniers faits la veille furent conduits sous escorte à Châtillon.

Comme pour la journée la colonne ne pouvait plus arracher aucune subsistance à ses cantonnements totalement épuisés, comme l'approvisionnement était très difficile par la gorge de Val-Suzon, comme le fait de n'avoir à notre disposition que la seule et unique route de Saint-Seine à Dijon gênait beaucoup la liberté de nos mouvements, comme enfin nous recevions du major de Conta la nouvelle que l'ennemi était chassé de Messigny, (1) fort de toutes ces raisons, le général de Kettler prit pour le jour suivant les résolutions suivantes.

23 Janvier.

On atteindra les routes d'Is-sur-Tille et de Til-Châtel à Dijon ainsi que les localités aisées qui sont aux environs. Pour cette marche de flanc on pouvait choisir sans scrupules la route d'Hauteville à Ahuy puisque l'ennemi en a été repoussé le 21 et que le 22 il n'a risqué avec ses forces principales aucun mouvement offensif malgré sa supériorité numérique. Dès le soir du 21 deux bataillons de mobiles avaient été chassés de Hauteville par le 1er bataillon du 21me; aujourd'hui 23 Ahuy n'était pas occupé par l'ennemi. En débouchant dans la vallée la colonne reçut encore des batteries de Fontaine quelques décharges sans résultat et sans autre encombre elle atteignit vers 1 heure de l'après-midi le rendez-vous indiqué au nord de la ferme de Valmy à l'est de la grande route de Dijon à Thil-Châtel.

---

(1) Messigny était évacué depuis la veille. Conta n'eut donc pas à nous en « chasser. »

Par ordre supérieur le major de Conta s'était rendu aussi au même moment avec le bataillon des fusiliers du 61me et l'escadron qui y était attaché.

Pendant la journée du 22 cette colonne du major de Conta était restée à Savigny; dans l'après-midi elle avait enterré ses morts dans le cimetière du village; les blessés avaient été évacués dans des ambulances installées plus loin en arrière et le 23, sans rencontrer de résistance, elle avait continué sa marche sur Dijon jusqu'au rendez-vous désigné.

Au dire des campagnards et des prisonniers faits à Hauteville une grande partie de la garnison de Dijon devait avoir évacué la ville et s'être retirée sur Auxonne ou être en train de le faire. Cette nouvelle acquérait d'autant plus de vraisemblance que les villages traversés, après avoir été fortement occupés le jour précédent, ne l'étaient plus que faiblement. Bellefond et Ruffey ne l'étaient même pas du tout comme des reconnaissances le constatèrent. Le général de Kettler résolut donc de pousser des reconnaissances contre Dijon, d'y retenir l'ennemi, et, si possible, de prendre Dijon. La résistance que l'ennemi nous opposa d'abord jusqu'à la ligne Pouilly-Epirey, ligne qui se trouvait en notre possession vers 4 heures de l'après-midi, fut médiocre et ne faisait guère supposer une défense sérieuse de Dijon. La reconnaissance fut donc poussée plus avant. Peu de temps après la résistance de l'ennemi prit un caractère plus sérieux : plusieurs de ses batteries déployèrent une grande activité; les attaques répétées et très énergiques du 2ᵉ bataillon du 61ᵉ contre la très forte position de Saint-Martin furent repoussées avec de grosses pertes de notre côté. (1)

---

(1) Chaque fois que nous avons regardé bien en face ces hommes du nord, ç'a été la même histoire : décimés, démontés, démoralisés. Et nous tirions mal !

Comme des masses d'infanterie de plus en plus considérables (1) se déployaient en avant de Dijon et que d'ailleurs il faisait déjà nuit, le général de Kettler interrompit le combat vers 7 heures (2) et rassembla la colonne à Pouilly.

Il faut pourtant que ci-après nous revenions plus en détail sur le récit de ce combat parce que c'est le 2ᵉ bataillon (déjà cité) de notre régiment qui en supporta l'effort principal et aussi parce que ses pertes cruelles en officiers et en soldats ainsi que la capture de son drapeau l'éprouvèrent avec une rigueur exceptionnelle. Pour la description de cet évènement nous suivrons exactement le rapport qui fut présenté aux autorités supérieures de l'époque sur la perte du drapeau.

Lorsque, comme nous l'avons dit, le clos de Pouilly et un autre clos situé au nord-ouest sur la grande route (3) eurent été pris vers quatre heures de l'après-midi, (4) le bataillon de fusiliers du 21ᵉ, déployé des deux côtés de la grande route, marcha contre une fabrique qui est située à l'ouest de la route à environ 1,200 pas du faubourg septentrional de Dijon (5) et qui était fortement occupée par l'ennemi. Ce clos comprend un bâtiment massif à trois étages (6) long d'environ 50 pas avec de nombreuses fenêtres et une cour intérieure formant à peu près le carré à l'est du bâtiment ; la cour est bornée d'un côté par le bâti-

---

(1) Ces masses de plus en plus considérables étaient la brigade embryonnaire de Canzio, forte alors de 500 hommes.
(2) J'affirme en témoin oculaire que la retraite de Kettler commença, non à 7, mais à 5 heures, et qu'à 7 heures les Prussiens étaient déjà à Messigny dont ils crénelaient les murs.
(3) L'auberge du Rendez-vous des Chasseurs.
(4) L'auberge du Rendez-vous des Chasseurs était déjà prise vers une heure et le clos de Pouilly vers deux heures. C'est à cause du drapeau que l'auteur vieillit ainsi de 2 heures la date de tous les évènements.
(5) Faubourg Saint-Nicolas.
(6) Deux étages seulement.

ment lui-même, et sur les trois autres côtés par un mur haut de dix pieds environ, qui était percé de meurtrières. L'unique entrée de ce clos se trouve du côté sud au coin du mur qui se rapproche le plus de la grande route.

Pendant ce temps la réserve tirée du 61e et d'abord laissée à la ferme de Valmy avait été portée jusqu'au point de jonction de la grande route d'Is-sur-Tille avec celle de Thil-Châtel ; alors le 1er bataillon du 61e et 3 compagnies (5e, 6e et 7e) du 2e bataillon (capitaine Kumme) furent appelés de cette position à l'ouest de la grande route pour soutenir les fusiliers du 21e ; la 8e compagnie avait été détachée pour couvrir le flanc gauche de la brigade ; ces trois compagnies avaient pour mission spéciale de soutenir l'attaque de la fabrique en question par une attaque simultanée partant de l'ouest. Quoique la surface du sol fut dégelée et que la boue s'attachât aux chaussures en lourdes masses, les trois compagnies mentionnées, formées en colonnes de compagnies, s'avancèrent dans l'ordre le plus parfait et d'un pas joyeux dans la direction prescrite. En même temps les deux batteries de la colonne s'étaient avancées entre Pouilly et la grande route ; deux des pièces de la 6e batterie lourde se postèrent tout près de la grande route du côté ouest, au nord du chemin de Fontaine à Pouilly ; ces deux pièces étaient uniquement chargées de battre la fabrique et de préparer ainsi l'attaque de l'infanterie. Cependant, à cause de l'épaisse fumée de poudre qui enveloppait la fabrique, les pièces ne purent vérifier le résultat de leur tir et bientôt après elles furent paralysées par nos tirailleurs qui étaient déjà trop près de la fabrique.

Par des progrès incessants et rapides à l'ouest du talus du chemin de fer récemment construit le capitaine Kumme avec ses 3 compagnies avait déjà refoulé l'ennemi qui se trouvait en pleins champs (1) jusque dans le faubourg de Dijon ; les trois compagnies essuyèrent en flanc et à dos un feu si violent qu'elles se virent contraintes de chercher un abri dans une carrière de graviers qu'elles venaient de dépasser ; seule une section de la 6ᵉ compagnie sous le lieutenant Schau resta postée au sud de cette carrière pour fusiller l'ennemi qui reprenait pied dans les vignes de la rive droite du Suzon. La 7ᵉ compagnie aussi fut obligée de se réfugier derrière le même accident de terrain quoique sous le commandement de son chef, le lieutenant Luchs elle eût essayé préalablement de prendre la fabrique d'assaut. Comme on l'apprit plus tard le bâtiment à lui seul était occupé par 600 Garibaldiens armés de fusils à répétition ; (2) le feu qui en partait nous infligea tant de pertes que cette tentative dut être abandonnée d'autant plus que la compagnie, après avoir perdu environ 60 hommes et fourni aux bagages une section d'escorte, n'avait plus guère qu'un effectif de 70 hommes. (3)

Vu cette faiblesse d'effectif la 7ᵉ compagnie remit aussi le drapeau du bataillon, qu'elle avait porté jusque-là, à la 5ᵉ compagnie qui était encore presque intacte.

Peu de temps après que les 3 compagnies se furent réfugiées dans l'abri susdit, l'adjudant de bataillon, le lieutenant de Puttkamer I annonça au lieutenant Luchs que le capitaine Kumme, chef du bataillon, était blessé d'une balle au genou et hors de combat ; c'est donc au lieutenant Luchs, comme à l'officier le plus ancien, qu'échut le commandement du bataillon. Quelques minutes plus tard (il faisait

---

(1) Un bataillon de mobilisés.
(2) Canzio et ses winchesters à dix-huit coups ne sont arrivés que beaucoup plus tard.
(3) 70 hommes : c'était à peine l'effectif moyen de nos compagnies franches.

déjà nuit) (1) le lieutenant Luchs donna au lieutenant Weise l'ordre de tenter une nouvelle attaque contre la fabrique. Ceci doit s'être passé entre 5 et 6 heures. (2)

Le lieutenant Weise communiqua brièvement l'ordre à la 5e compagnie ; puis au cri de 5e, marche, marche, hurrah, il s'élança à la tête de sa troupe hors de la carrière ; immédiatement après lui venait le sous-lieutenant Schulze. Cependant la carrière avait une paroi presque à pic haute de cinq pieds et elle ne rejoignait le niveau du terrain que par la sortie du nord ; sur l'ordre donné un petit nombre d'hommes seulement purent se servir de cette issue commode ; le reste dut escalader la paroi ; c'est ainsi que la compagnie ne sortit pas toute entière en même temps de la carrière et que quarante hommes seulement suivirent de près les deux officiers susdits ; une queue compacte suivit sous les ordres du sergent-major Hochleitner. Le sergent Pionke, porte-drapeau, était parti avec le drapeau en même temps que le premier groupe compact si bien que le lieutenant Weise a encore vu le drapeau non loin de lui.

Il a encore été constaté par des témoins oculaires que au moment de la sortie le sergent Pionke a crié les paroles suivantes ; « Si la compagnie va de l'avant, le drapeau doit « la suivre. » Trente pas environ après être sorti de la carrière le sergent Pionke, porteur du drapeau, tomba mortellement atteint. Peu après plusieurs soldats ont vu le drapeau dans la main du sous-lieutenant Schulze, comme ils en ont témoigné devant le conseil de guerre. Toutefois le drapeau a-t-il passé directement de la main du sergent

---

(1) L'auteur laisse percer ici le bout de l'oreille. Tout ce roman si lourd, si compliqué, et si peu clair, a pour but de prouver que la nuit seule fut coupable de la perte du drapeau.
(2) Il faisait nuit à 4 heures et demie. Or à la nuit la brigade Kettler était déjà en pleine retraite.

Pionke dans celle du lieutenant Schulze, c'est un point qui n'a pu être éclairci ; de la lecture des différentes dépositions on peut déduire comme un fait probable qu'après la mort de Pionke, le drapeau fut porté quelques instants par un autre, que cet autre tomba aussi, et que seulement alors le drapeau fut saisi par le lieutenant Schulze. Quelques instants après ce dernier officier recevait un coup de feu à l'épaule et tombait à genoux ; à peine un homme lui eut-il pris le drapeau des mains qu'il recevait un deuxième coup de feu à la tête et tomba mort. L'adjudant du bataillon, le lieutenant de Puttkamer I aurait aussi peu après saisi le drapeau ; il a été établi que cet officier avait trouvé la mort tout à côté du drapeau à peu de distance de la fabrique. Sur ces entrefaites, le lieutenant Weise était tombé aussi blessé au bras d'une balle. A partir de ce moment personne ne peut plus douner de renseignements exacts sur la perte du drapeau. Le dernier porteur et les hommes qui étaient à côté du drapeau doivent avoir tous été percés de balles. L'obscurité complète et le nuage épais de fumée qui se traînait sur le sol, empêchèrent les rares survivants de reconnaître ce qui se passait à côté d'eux et c'est ainsi que le reste de la compagnie retourna à la carrière sans avoir eu connaissance de la chûte du drapeau. Pendant les courts instants qui viennent d'être racontés, la 5e compagnie, ceci a été établi plus tard, avait eu 54 hommes tués ou blessés, outre les lieutenants de Puttkamer I et Schulze tués, et le lieutenant Weise blessé. (1)

Rentrés dans la carrière, on remarque l'absence du drapeau. Malgré les dires de quelques hommes, affirmant que le

---

(1) Vraiment devant la minutie de ces détails nous serions nous-mêmes pris de doute si nos yeux n'avaient vu, longtemps vu, distinctement vu, la scène infiniment plus simple qui s'est déroulée à quelques pas de nous. Du premier au dernier mot ce récit est un roman, en ce qui concerne le drapeau.

drapeau avait été porté à gauche au 21e, le lieutenant de Schulenbourg et plus tard le sergent-major Hochleitner envoyèrent patrouilles sur patrouilles à la recherche du drapeau. Mais de ces patrouilles le fusilier Schumacher revint seul, bredouille et blessé. Remarquons ici en passant que pendant l'attaque précédemment racontée de la 5e compagnie contre la fabrique l'attention de la 6e et de la 7e compagnie fut tellement absorbée par une très violente fusillade venant du sud et de l'ouest qu'aucun homme ne peut donner de renseignements sur l'histoire de la 5e compagnie. C'est d'autant moins étonnant que pour les raisons susdites le rayon visuel était d'autant plus limité même pour les acteurs immédiats de la lutte.

Vers sept heures, alors qu'il faisait déjà tout à fait nuit depuis quelque temps et que la canonnade avait complètement cessé, le général de Kettler fit arrêter le combat et en même temps il fit donner le signal du rassemblement général à cause des détachements qui s'étaient avancés fort loin sur les flancs.

La 8e compagnie qui, pendant le combat des trois autres compagnies du bataillon devant la fabrique, avait été, comme on l'a remarqué ci-dessus, détachée pour couvrir le flanc gauche de la colonne, se buta à Ruffey, lors du rassemblement de la colonne, contre deux compagnies ennemies, les refoula, prit pied dans le village même et ne revint au bataillon que le lendemain 24 Janvier. Après avoir encore essuyé un feu croisé très violent, les 3 compagnies du 61e, n'arrivèrent que vers 8 heures au rendez-vous indiqué sur la grande route, entre Saint-Martin et Pouilly. Là seulement on sut que le drapeau manquait. Aussitôt on fit une enquête minutieuse parmi les officiers et soldats du 2e bataillon du 61e, et le bataillon de fusiliers du

21e. Toutefois par qui et à quelle place le drapeau avait été vu en dernier, ne put être fixé assez clairement pour qu'on fît de nouvelles démarches afin de retrouver le drapeau. De toutes les recherches il résulta que tous les soldats qui s'étaient trouvés dans le voisinage du drapeau, étaient ou morts ou blessés. Aller encore de l'avant pour reprendre le drapeau n'aurait pu se faire qu'avec des forces considérables et ne parut point faisable au chef de la colonne. Il faisait tout à fait nuit. (1) On ne savait pas exactement l'endroit où pouvait se trouver le drapeau et on considérait aussi les pertes trop grandes auxquelles il fallait s'attendre et qui auraient été la conséquence inévitable d'une pareille tentative.

Qu'au moment d'attaquer la fabrique le drapeau n'ait pas été confié à une compagnie de réserve, cela s'explique par la violence de la fusillade contre laquelle le bataillon dut faire front de trois côtés et par la chaleur d'un combat où personne ne pensa à la remise du drapeau. (2)

A l'époque de ces batailles le colonel de Wedell, chef du régiment, avait été, par ordre de Sa Majesté, chargé du commandement de la 6e brigade d'infanterie. Après la bataille, grâce à ses efforts et à des renseignements spéciaux, il réussit à Dijon même, à faire les constatations suivantes sur la disparition supposée du drapeau. Un ouvrier français qui le soir du 23 avait collaboré à la défense de la fabrique de noir animal, prétendait avoir aussi vu comment

---

(1) Oui, la nuit seule coupable, voilà bien le cauchemar douloureux qui pèse sur tout ce récit et en fausse les plus nobles détails. La vérité pourtant était encore si belle dans sa simplicité.

(2) Après avoir arrangé le début, il faut arranger aussi la fin. Une altération s'engrène à une autre altération. Si le bataillon allemand eut l'imprudence de déployer son drapeau, c'est qu'il se crut trop tôt vainqueur ; il ne savait pas les francs-tireurs si près de lui et ne s'attendait pas au coup de tonnerre qui l'a écrasé.

un détachement, sorti de la carrière voisine, avait marché drapeau déployé contre la fabrique, comment le drapeau tombé plusieurs fois avait été toujours relevé. Il prétendait même avoir nettement distingué un officier et l'avoir reconnu à son écharpe. Interrogé comment, il indiqua que l'officier portait l'écharpe de l'épaule droite au côté gauche. Cela ne pourrait donc avoir été que le lieutenant de Puttkamer I, adjudant du bataillon ; car il est prouvé que le lieutenant Schulze était tombé avant lui. L'ouvrier ajoute que le jour suivant le drapeau fut retrouvé sous des cadavres et ensuite emporté. Quant au drapeau lui-même voici ce que des Dijonnais ont appris au colonel et ce que le colonel a transmis en haut lieu. La moitié de la cravate du drapeau (1) et plusieurs fragments de soie troués de brûlures furent reconnus, après l'enquête la plus minutieuse, comme appartenant à l'étoffe du drapeau. D'après de nouvelles recherches un officier du corps franc de Garibaldi aurait, dans le faubourg Saint-Nicolas, acheté le drapeau pour 200 francs à un franc-tireur ; n'ayant pas réussi à le revendre pour 5 ou 600 francs à un brocanteur de Dijon il l'aurait envoyé à des parents à Carcassonne dans le département de l'Aude et de là chez son père à Oran, en Algérie. Le lieutenant de Witzleben qui était alors premier adjudant à l'inspection des étapes du 2ᵉ corps, et que Monsieur le colonel de Wedell avait chargé de continuer l'enquête, donne ces détails comme des faits dûment constatés.

A la suite de cette perte, dont les péripéties quoique glorieuses pour le 2ᵉ bataillon lui-même, n'en sont pas moins douloureuses pour tous les membres du régiment,

---

(1) Le voleur aurait donc dénoué la cravate pour en détacher les médailles, et aurait renoué autour du fer de lance le fragment évidemment incomplet qui y pend aujourd'hui.

les combats du 2ᵉ bataillon dans la soirée du 23 Janvier ont été célébrés de tous côtés, même en Angleterre, en prose, en vers, ou par la sculpture. Qu'on nous permette de reproduire ici deux des nombreuses poésies qui furent envoyées au régiment. (1)

. . . .

Un groupe en bronze, fait par le sculpteur Löher de Munich et figurant la perte du drapeau, a été acheté par le corps des officiers du régiment. Avec notre approbation le groupe a été envoyé à l'exposition universelle de Vienne. Il orne aujourd'hui le casino des officiers de la garnison de Thorn.

Qu'il soit permis de citer ici une notice de la *Nouvelle Presse Libre* qui paraît à Vienne. Son côté intéressant c'est qu'elle nous fait connaître l'opinion de notre adversaire sur le combat livré devant Dijon. Dans une certaine mesure elle éclaire et accrédite le contenu des poésies communiquées ci-dessus. Le journal viennois reproduit un entretien que le rédacteur du *Courrier de Sardaigne* paraissant à Florence a eu avec Garibaldi à Caprera après la guerre. Garibaldi me raconta aussi en détail les péripéties du 23 Janvier devant Dijon et la part que les Italiens y avaient prise. « Nous avions 36 canons, dit le général, et pourtant, malgré l'effroyable canonnade, les Prussiens s'avançaient *a passo di scuola*. (2) Les Prussiens sont les premiers soldats du monde. Je n'ai jamais vu autant de cadavres rassemblés sur un espace aussi petit qu'à Dijon. Figurez-vous que dans un espace comme la chambre où nous nous trouvons j'ai compté 53 cadavres. »

---

(1) Qu'il nous soit permis de ne pas entreprendre ce travail intéressant, mais plus littéraire qu'historique.
(2 Nos obus s'éteignaient dans la boue.

Le combat était interrompu. On entendait distinctement de tous les côtés le cri en avant, en avant. Mais personne n'obéissait. Il nous le sembla du moins. En tous cas aucun détachement ennemi n'osa poursuivre. Le bataillon de fusiliers du 61e prit le service d'arrière-garde. On occupa ensuite les cantonnements suivants : à Messigny, l'état-major de la brigade avec le 1er et le 2e bataillon du 21me ; à Savigny, le bataillon de fusiliers du 21me ; à Vantoux, le 1er et le 2e bataillon du 61me ; à Asnières, le bataillon de fusiliers du 61me. Ces deux dernières localités furent couvertes au loin par des avant-postes. A Messigny ou à Savigny, les escadrons, les batteries et les ambulances. A Asnières, une section du 1er escadrons. Localités aisées. Nourriture bonne.

Pertes du régiment le 23 Janvier. Officiers morts : le sous-lieutenant et adjudant de bataillon de Puttkamer I, le sous-lieutenant Schulze. Officiers blessés : le capitaine Kumme, le lieutenant Weise, les sous-lieutenant Straube, de Falkenhayn, Wenzel, les porte-drapeaux Bornstedt et Meersmann. En outre : 35 hommes tués, 140 blessés, 9 disparus. Total des pertes de la brigade : 2 officiers et 40 soldats morts, 14 officiers (y compris les 2 porte-drapeaux) et 303 soldats blessés, 12 disparus. En outre : 14 chevaux tués et 10 blessés. Commandant en chef des troupes ennemies : Garibaldi père, comme les jours précédents, et le général Pellissier. Effectif de l'ennemi d'après les informations recueillies plus tard : 25,000 hommes avec 24 pièces lourdes et 6 pièces légères. (1)

24 Janvier.

La colonne resta dans ses cantonnements. Pour allonger sa ligne vers l'est un bataillon du 21me, parti de Messigny,

---

(1) Nous avions en ligne 18 pièces de montagne et 16 pièces de 12.

fut réparti entre Norges-la-Ville, Norges-le-Bas et Brétigny, avec des postes avancés qui le rattachaient à la ligne Vantoux-Asnières. L'ennemi resta complètement inactif. De petites patrouilles en reconnaissance se retiraient toujours avec précipitation à l'apparition des nôtres.

Pendant la nuit nos blessés furent recueillis et pansés sous la protection de 2 compagnies du 21me sans que l'ennemi s'y opposât. Jusqu'au lever du jour on les porta à Messigny et de là à Is-sur-Tille, où l'ambulance n° 5 s'installa pour les soigner. Comme escorte on lui donna une compagnie du 21me. Les gros bagages furent amenés de Val-Suzon dans les cantonnements. Vers le soir il y eut alerte dans quelques cantonnements parce que Ruffey avait été occupé par deux compagnies de mobiles.

Bellefond et Ahuy ne furent pas défendus contre nos patrouilles.

A quatre heures de l'après-midi un sous-officier de hussards apporta de Prauthoy la nouvelle que le relai postal établi dans cette localité avait été surpris et enlevé par des francs-tireurs. Comme il fallait attribuer à ce relais une importance toute spéciale pour l'armée du sud, le le capitaine Kriesz, qui avait pris à la place du capitaine Kumme blessé le commandement du 2me bataillon du 61me, fut envoyé le 25 Janvier à Prauthoy avec 3 compagnies de ce bataillon pour rétablir le relais postal. Une compagnie du bataillon vint à Is-sur-Tille pour la garde de l'ambulance. En même temps le chef-lieu d'étapes de Châtillon fut invité à remplacer ce détachement à Prauthoy le plus vite possible. Ce jour-là encore on changea de cantonnements, autant pour améliorer l'approvisionnement que pour tromper l'ennemi. Flacey, Epagny, Chaignay, Marsonnay, furent occupés; ces trois derniers villages reçurent le 61me; l'état-major vint à Is-sur-Tille. Un train de munitions envoyé par le corps d'armée compléta l'armement de l'infanterie et de l'artillerie.

26 Janvier.

Dans la matinée les avant-postes envoyés de Brétigny furent attaqués par une assez forte reconnaissance composée d'une compagnie de mobiles et rejetés sur leur troupe de soutien. Notre détachement eut un homme blessé. D'ailleurs l'ennemi se tint tranquille. A midi l'état-major fut transféré à Marsonnay.

27 Janvier.

Nous restons dans nos cantonnements. Nos patrouilles de cavalerie nous annoncent que l'ennemi occupe Asnières, mais n'occupe ni Messigny ni Vantoux.

De Prauthoy le capitaine Kriesz avait annoncé qu'il était arrivé la veille à midi dans cette localité, qu'il avait trouvé la place libre d'ennemis. Il annonça plus tard que la surprise n'avait pas été exécutée par des francs-tireurs, mais par des troupes de ligne venues de Langres, que le maintien d'un relais postal à Prauthoy lui paraissait difficilement exécutable, que les habitants avaient déclaré « n'être pas en état de protéger le relais contre une nouvelle attaque. » Ordre fut donné au capitaine de revenir sur ses pas le lendemain matin à 7 heures. A des avis répétés le chef-lieu d'étapes de Châtillon n'avait fait aucune réponse.

Pour nous rapprocher des points menacés, nous quittâmes le 28 Janvier nos cantonnements et nous occupâmes la ligne Is-sur-Tille à Thil-Châtel. Vers midi on atteignit les nouveaux cantonnements. A peu près à la même heure un officier de dragons appartenant à la colonne du capitaine Kriesz vint annoncer que, un peu avant 7 heures, moment fixé pour le départ de Prauthoy, cette colonne avait été attaquée de plusieurs côtés à la fois par des troupes de ligne (1) sensiblement supérieures en nombre qui venaient de Langres, et qu'après s'être frayé un passage la colonne était en marche pour Is-sur-Tille. En conséquence le premier bataillon du 21ᵉ reçut l'ordre de quitter Thil-Châtel, d'aller au-devant de la colonne Kriesz et de la soutenir. Le rapport du capitaine Kriesz fournit les renseignements suivants sur ce combat de Prauthoy.

A 6 heures trois quarts du matin, à l'issue méridionale de Prauthoy, la 7ᵉ compagnie formant l'avant-garde était en train de se mettre en marche pour Thil-Châtel lorsque la rue du village qui conduit à cette issue fut subitement balayée par la fusillade ennemie. Sur sa ligne de marche l'ennemi, qui était très supérieur en nombre, avait dans un rapide élan rejeté la chaîne des postes sur la troupe de garde. L'ennemi avait très bien dissimulé sa marche et d'ailleurs l'avait exécutée depuis Langres par un détour de 2 milles, comme on se l'expliqua plus tard ; nos patrouilles n'avaient pas réussi à apercevoir cette marche avant que l'ennemi fût déjà trop près de notre ligne d'avant-postes.

Les voitures du bataillon qui par la faute des conducteurs n'avaient été prêtes qu'après l'heure fixée et qu'on était encore en train d'atteler en partie, se tenaient sur la grande rue du village. Ayant rapidement abattu les attelages, tué une partie des conducteurs, et blessé les autres, les premiers tireurs ennemis purent utiliser ces voitures comme abris pour pénétrer plus avant dans la grande rue

---

(1) Composée en majorité de francs-tireurs marseillais, avec un léger appoint de mobilisés, cette colonne, placée sous les ordres de Lobbia, appartenait à l'armée des Vosges et comptait de 1,100 à 1,200 hommes.

du village, s'établir solidement dans les premières maisons et fusiller nos détachements de flanc et de dos.

Pendant que les tirailleurs de la 7me compagnie s'opposaient à ce premier choc, la 5me section, commandée par le lieutenant Luchs, chef de compagnie, et par le lieutenant de la Schulembourg, marcha au-devant des colonnes ennemies qui s'avançaient aussi, refoula l'ennemi quelques pas par un combat à la baïonnette et s'établit au-delà de l'église ; se réunissant à eux la 6e section, ou section des tirailleurs prit pareillement position à cet endroit. Dans le flanc droit une section de la 5e compagnie se déploya en tirailleurs, sous le commandement du sous-lieutenant Gladisch pendant que les deux autres sections restaient en réserve le long de la rue latérale dans la direction d'une hauteur voisine. Cependant la 7e compagnie, se frayant un passage en partie à l'intérieur de la rangée des maisons, gagnait un peu de terrain. Elle était soutenue par une section de la 8e compagnie ; pendant ce temps, le reste de cette compagnie, pour couvrir nos derrières, s'était solidement établi à l'issue septentrionale du village qui le jour précédent avait été organisée pour la défense. C'est là que le lieutenant de Zitzewitz, chef de la 8e compagnie, tomba grièvement blessé à côté du capitaine Kriesz qui fut lui-même contusionné par un coup de feu, mais resta avec la troupe. Le lieutenant Freyer, adjudant de bataillon, atteint d'une forte contusion, était déjà hors de combat. Cependant, en occupant le presbytère et un mur qui s'y rattache, une section de la 7e compagnie réussissait à atteindre à très courte distance (10 à 15 pas) d'un feu très efficace le détachement ennemi si bien que celui-ci commença à plier ; mais à ce moment de nouveaux détachements ennemis apparaissent et nous assaillent de front ; en même temps des colonnes ennemies précédées par de forts essaims de tirailleurs, et descendant d'une ligne de hauteurs situées au nord-est du village, menacent dangereusement la ligne de retraite que le capitaine Kriesz avait désignée et qui passait par Clusey, Sarquenay, Chazeuil, Véronne, pour aboutir à Thil-Châtel. En conséquence le capitaine Kriesz fit donner le signal du rassemblement. Couvert par la 7ᵉ compagnie qui était préposée à l'avant-garde, et malgré un violent feu croisé, il se mit en retraite dans un ordre parfait. (1)

Le gros bagage du bataillon dut être laissé en plan. Les 3 compagnies qui étaient allées à Prauthoy avaient un effectif de 9 officiers et de 511 sous-officiers et soldats. La 6ᵉ compagnie était restée à Is-sur-Tille à la garde de l'ambulance. Nous avions fait les pertes suivantes. Morts : 17 hommes. Blessés : 60 hommes et 5 officiers (le capitaine Kriesz, les lieutenants de Zitzewitz et Luchs, les sous-lieutenants de la Schulembourg et Freyer). Disparus : 32 hommes et un médecin-major, le docteur Senftleben, qui était resté pour soigner les blessés et fut emmené prisonnier à Langres. En outre : 9 chevaux tués. Le combat avait duré 2 heures.

---

(1) L'abbé R. GARRAUD. Mémoires. Page 79 : « Le bataillon passe en silence ; les hommes ont la tête basse, l'air inquiet ; ils paraissent harassés de fatigue..... Après eux, viennent pendant deux heures une grande quantité de traînards, chose que nous n'avons jamais vue dans les troupes prussiennes depuis le commencement des hostilités. Ils se succèdent à court intervalle par petits pelotons de quatre à cinq. »

RÉCITS
ITALIENS

BATAILLE
DE NOVEMBRE

ACHILLE BIZZONI.

Impressioni di un volontario all'esercito dei Vosgi. 106 à 129.

Malain. (1)

Ma stavolta la colonna s'era fermata per davvero. I più stanchi si coricano sugli orli della strada et s'addormentano; gli ufficiali fanno formare i fasci d'arme; tutti si siedono.

Alcuni frugano nel tascapane per levarne un tozzo di pane che rosicchiano più o meno melanconicamente; altri, punti dalla curiosità o dalla speranza di trovar di meglio a masticare, corrono al villaggio, ove ingombrano le case dei contadini, l'unico caffè e la miserabile osteriuccia.

Ma il freddo della notte è pungente; gli addormentati si svegliano intirizziti, e sotto la tortura della intollerabile sofferenza si alzano, battono delle braccia a mo' di chi voglia abbracciare il vento, e si percuotono le spalle a tergo per mettere il sangue in circolazione; altri pestano dei pedi; altri corrono; altri lottano fra loro. Fortunato colui che in

---

(1) Ordinairement bienveillant et toujours spirituel Bizzoni ne s'attache guère à l'exactitude des faits, des dates et des chiffres. Mais aucun de nos chroniqueurs n'a peint avec plus de vérité les petites misères et les grosses émotions de notre campagne. Or, cela aussi c'est de l'histoire.

quei momenti ha ancora una goccia di acquavite nella boraccia. Ma *multi sunt vocati, pauci vero electi !* (1)

L'acquavite costa caro ed il soldato è povero ; e poi raramente il soldato pensa a mettere in serbo la *poire pour la soif*, la provvigione è stata consumata in momenti meno critici.

Cosa fanno ? Levano le daghe, si spargono pei campi, e il contadino quando si sveglierà al mattino troverà i suoi alberi, con tanto amore e tante cure allevati, cangiati in cenere od in semispenti carboni. (2)

Come per incanto cento fuochi s'accesero, che inviavano al cielo buio le loro colonne di fumo grigiastro e di lucicanti faville.

E proibito d'accendere i fuochi ; ma volete lasciar morire di freddo tutto l'esercito ? (3)

Eravamo al 24 di novembre, ed il novembre, inclemente da noi, è rigido come inverno nella Costa d'Oro.

Fortuna che in quella notte non pioveva (4) nè nevicava ; gelava soltanto. Se no, aggiungendo alle altre delizie anche la pioggia o la neve, essa sarebbe stata degna di essere segnata a matita rossa nelle *memoranda* di coloro che hanno la buona abitudine di scrivere giorno per giorno ciò che loro accade ; vero sistema di scrittura doppia applicato alle *entrate* ed *uscite* della vita.

---

(1) Après la lourde prose de nos Teutons, quel charme c'est de suivre ces vives et pittoresques descriptions!
(2) On brûla beaucoup d'échalas, c'est vrai ; mais peu d'arbres.
(3) Rien de plus humain. Et, si étrange que cela paraisse, les centaines de feux allumés ce soir-là ne furent même pas aperçus par l'ennemi.
(4) C'est vrai, Bizzoni. Mais la nuit suivante, dites, vous rappelez-vous les belles ondées que nous reçumes au bivac de Lantenay ?

Io ebbi sempre la buona abitudine di non segnar mai nulla, la cifra del passivo mi spaventerebbe troppo. Tratto la vita come un viaggio in ferrovia, mangio al primo *buffet* venuto, se ho una bella vicina mi compiaccio, se ho un compagno antipatico gli volto le spalle, e se il treno si rovescia, o si sfracella, od esce dalle rotaie, non credo che ci guadagnerei, nè le ossa rotte guarirebbero più presto per avere segnata la catastrofe sul taccuino. Arrivato all'albergo, spazzolo gli abiti e mi lavo il volto per sbarazzarlo del polverio della strada; lascio insomma che l'acqua corra al mulino, e al mio angelo custode la briga di annotare i miei peccati ed i meriti miei sugli *stati di condotta* del Padre Eterno.

La breve parentesi la dedico a coloro che credessero di rinvenire qualche leggiera inesattezza nelle mie *Impressioni*, o qualche obblio..... Ciò che scrivo lo scrivo a memoria, senza neppure un foglietto di date per aiutare la successione delle idee.

Torno a bomba.

Eravamo giunti a Malain.

— *C'est pas malin de passer une nuit comme ça !* intesi dire da un franco tiratore, feroce *calamburista*, intanto che legavo il cavallo, vicino a quello del generale e degli amici, alla bassa cancellata in legno che circonda ogni stazione di ferrovia in Francia come in Italia. Sorrisi al giucco di parole, e mi corricai come gli altri sulla nuda terra, imbacuccandomi nel mio mantello, e facendo guanciale d'un mucchio di pezzi di rotaia, accatastati di fianco alla casina del cantoniere.

M'addormentai; *chè, più del digiun poteva il sonno.*

Mi svegliai di soprassalto. Quale non fu la mia sorpresa,

direi quasi, lo spavento, vedendo una forma gigantesca frapporsi fra me ed il cielo. Fra il sonno e la veglia non sapeva ben distinguere cosa fosse, ma certamente era qualche cosa di vivente, perchè si moveva e rumorosamente respirava.

Era il mio cavallo, che, scioltosi dalla cancellata, vagava in cerca di erba e di abusti per sedare la fame, e con una mancanza di rispetto inaudita, passegiava intorno a me ed al disopra di me a rischio di schaicciarmi.

Mi trascinai carponi da disotto del di lui ventre, lo afferrai per la briglia, onde, se mai l'avesse pigliato il capriccio, non si mettesse a scorrazzare alla ventura sulla strada ferrata o nei paraggi della stazione, letteralmente coperti da fardelli umani, che, accatatasti gli uni sugli altri avvolti nelle coperte, dormivano alla rinfusa.

Tutt'intorno brillavano fuochi, illuminanti d'una luce rossastra i pallidi volti dei soldati, che in circolo si riscaldavano o facevano cuocere nelle ceneri roventi dei pezzi di carne d'agnello, frutto di qualche scorreria nelle stalle dei contadini.

Avevo le membra irrigidite dal freddo, ed indolenzite per la stanchezza prodotta dal lungo cavalcare; il vuoto ventre protestava brontolando contro il prolungato digiuno. I miei compagni russavano rannicchiati gli uni su gli altri, come nidiata di uccellini; cercai invano il generale che con si era coricato sulla nuda terra.

Un lume brillava attraverso le imposte delle sale d'aspetto della stazione. Là farà meno freddo di qui, pensai, e assicurato di nuovo, un po' meglio stavolta, il povero *Leviathan* alla cancellata, mi disposi a spingere una ricognizione fin dentro alla stazione, nella speranza di trovare un posticino ove coricarmi, meglio riparato che non sotto l'ampia ed inclemente tettoia del cielo. Cosa più facile a progettarsi dell' eseguirsi, imperocchè era d'uopo camminare sui corpi dei dormienti. Per quanto delicatamente sporgessi i piedi, e per quanto grande la precauzione nel poggiarli, ad ogni piè sospinto era una bestemmia scoccata dal disgraziato a cui avevo camminato sul volto, o pestata una mano, o soltanto sfiorato il naso cogli speroni. Colla paglia e col tempo maturano le nespole, ed a forza di costanza mi riuscì giungere sino alla porta vetrata da cui usciva la luce. Entrai nella sala senza che la sentinella mi movesse obbiezioni.

Oh! le mie povere speranze, come furono deluse!

Le panche, i tavoli, l'intavolato del suolo, i sedili tutti, e perfino lo spazio disotto ai tavoli e disotto alle panche era occupato dai dormienti. In fondo alla sala stavano seduti ad un tavolino davanti ad una lampada a petrolio il generale Garibaldi con suo figlio Menotti, il colonnello Canzio, il capo di stato maggiore, ed altri ufficiali.

Dalle notizie che attinsi pareva che il generale avesse desistito dal proposito d'attaccare in quella notte il nemico, avuto riguardo alla distanza che ci separava da' suoi avamposti, ed alla stanchezza, al denudamento dei nostri soldati.

— Tanto meglio! mormorai fra me, e m'accingevo ad uscire, certo stavolta di non aver nulla a fare per il servizio, onde andare in cerca nel villaggio di miglior fortuna; quando entrò un aiutante del quartier generale annunciando a Garibaldi che si era trovato un alloggio per lui e per i suoi ufficiali.

Il generale, appoggiato al suo bastone, uscì seguito dal Canzio, dormienti s'alzarono per fargli posto salutandolo, ed egli a tutti rispose dalla mano e col suo buon sorriso. Stanco come doveva essere necessariamente, il povero vecchio non lasciava intravvedere traccia della fatica, nè del cattivo umore, nè del dispetto d'aver dovuto rinunciare alla sua idea : d'attaccare all' alba.

Menotti, appena uscito il generale, fece come gli altri, si coricò a terra servendosi per guanciale d' una coperta da cavallo.

Lo ammirai più che non avessi voglia d'imitarlo, egli poteva seguire suo padre nel villaggio, ed invece preferiva digiunare e dormire al suolo in mezzo a' suoi soldati.

Gli chiesi se avesse d'uopo di me.

— Non allontanatevi tanto mi disse.

— Non c'è pericolo, generale, vado soltanto nel villaggio a cercare un pugno di fieno pel mio cavallo e poi sarò di ritorno.

E sgattabuiai per la porta, allegro stavolta e certo di trovare un buon fuoco al quartier generale, un pezzo di pane, un bicchier di vino..., e forse, forse, chissà ? Anche un materasso. Erano meco sempre così gentili gli ufficiali del quartier generale !

Leggiero, leggiero m'incamminai verso il villaggio ; ma non aveva ancor fatto duecento passi che un rimorso mi intorbidò l'allegria. Pensai al mio bucefalo, il quale doveva essere più di me stanco, chè in tutto il giorno non aveva assaggiato un grano d'avena, nè un filo di foraggio... Ingrato! ed io lo dimenticavo !

Tornai addietro, lo presi per la briglia, ed a rischio di calpestare i dormienti, i quali stavolta non osavano protestare svegliandosi, credendo che fossi di servizio, attraversai la ferrovia, scesi sulla strada di Malain, e dopo un quarto d'ora ero alla cancellata in ferro del giardino della villa ove alloggiava il generale.

— *Qui vive!* urlò la sentinella.

— *France!*

— *Avancez à l'ordre.*

— *Robespierre!*

— *Rome!*

Era la sentinella della compagnia genovese, che faceva il suo *speech* di francese.

Entrai; mia prima cura fu di cercare il tenente Scotti delle guide, perché per quella notte acconsentisse di mettere il mio cavallo in forza con quelli del suo pelottone.

Egli assentì senza farsi pregare...., assicuratomi che nulla gli sarebbe mancato, non mi occupai più che della mia povera persona.

Non m'ero ingannato sperando nell'ospitalità dei miei amici, i quali divisero meco il loro pane e cacio, m'offrirono a bere nel loro bicchiere, mi permisero di coricarmi al loro fianco sui materassi distesi in terra a canto del caminetto.

Fontana, Gattorno, Tironi, Galeazzi! Questi miei pubblici rendimenti di grazie vi provino ch'io non sono un ingrato.

È bensì vero che il capitano Gattorno tratto tratto mi svegliava lagnandosi perché io, secondo lui, russavo come un mantice; ma dopo tutto se russavo non è una prova che dormivo? e se dormivo non lo doveva a lui, che mi aveva ceduto metà della sua cuccia?

Gattorno ebbe anche a sostenere ch'io sono un incomodissimo vicino, perchè, ogni tanto turbato da chissà quali sogni, gli assestavo un pugno od un calcio... Ma ciò non prova ancora in suo favore? L'offrire ospitalità ad un ospite incomodo, non è le cento volte più meritevole dell' ospitalità accordata a chi non vi molesta in nessun modo?

Ancey.

Di buon mattino il mio generale era già a cavallo con tutti i suoi ufficiali; per la prima volta forse da che eravamo partiti da Autun ci trovavamo tutti riuniti. Il maggior Sant'Ambrogio, il capitano Baghino, il capitano Druon, io, i sottotenenti Canessa, Bonomi e Donadei; l'amico Seguin ci seguiva colla colonna.

Avevamo tutti una faccia color pergamena, il solo che avesse passata la notte meno male ero io... Non vi parlo dei soldati; le marcie ed il freddo li avevano ridotti giallognoli come malati d'itterizia; i loro stracciati indumenti, infangati e cosparsi di fuscelli di paglia, li rendevano forse maggiormente pittoreschi allo sguardo dell' artista; ma poco rassicuranti all' occhio d'un generale.

Le legioni italiane ci seguirono ad Ancey a tre o quattro chilometri da Malain.

Ancey domina la vallata dell' Ouche, ed a sua volta è dominato dalle scoscese colline alle cui falde è fabbricato.

Gran parte della giornata fu impiegata in ricognizoni; il generale Garibaldi ci raggiunse et con noi si spinse in avanti per istudiare il terreno, e per tentare discoprire quanto più potevasi l'orizzonte.

Qualche rapido cavaliere prussiano tratto tratto appariva e spariva in sulla cresta dei colli, e null' altro.

In un certo momento ci parve di scorgere una riga nera seguir le curve della strada; tosto ordine fu dato ai nostri di occupar le alture per fulminarla dall' alto; ma anch' essa retrocedette, e noi ebbimo libero il cammino fino a Lantenay, a sette od otto chilometri da Malain.

Fu in quel giorno che per la prima volta vidi la nostra unica batteria da campagna.

Povera artiglieria francese, quanto eri mutata!

Tu, che vincitrice avevi percorsa l'intiera Europa! tu, che terribile avevi fulminati i forti di Sebastopli e mietute a migliaie le vittime umane sui campi di Magenta e Solferino! tu, che tuonavi superba il 15 agosto, et l'eco delle tue salve ripercoteva il mondo intiero! cenciosa e male in arnese stringevi il cuore per il ricordo del passato.

Scontavi la maledizione d'un popolo, su cui avevi vigliaccamente tirato il due dicembre, scontavi le ingiuste guerre di China et del Messico, i massacri d'Africa e di Cocincina!

Per parvi una precisa idea di quell' unica batteria, ricorro alle parole che dal campo scrivego agli amici del *Gazzettino* in una lettera datata da Lantenay :

« A proposito, abbiamo dei cannoni!

« Povera artiglieria!

« Non un conducente colla sella, a cui si sostituirono dei sacchi di crusca, non un artigliere che abbia un' uniforme *uniforme* a quella dell' altro; i poveri cavalli, magri com quelli del carro della Fame, sono attaccati con dei pezzi di corda ; qui lo spago è proprio la *ficelle* del dramma. »

Comprenderete se non c'era da demoralizzarsi in ammirare quella disgraziata batteria.

Invece i soldati ridevano a quel bizzarro spettacolo ; gli artiglieri non erano forse in armonia con tutto il resto dell' esercito ?

Lantenay.

Giungendo a Lantenay, la legione Ravelli era stata spinta alla nostra destra fino alla *ferme* de la Brosse, fra Velars e Lantenay sull' orlo della selva, che si stende non interrotta, descrivendo mille curve bizzarre al nord della Costa d'Oro.

L'avamposto prussiano ingaggiò una vivissima fucilata, e i nostri a rispondere con egual frequenza ; dal castello di Lantenay noi seguivamo le fasi di quella scaramuccia, che prometteva un serio combattimento per la domane ; finchè al tramonto, i prussiani, fideli al loro sistema di guerreggiare, ritirarono gli avamposti nella foresta ; imperocchè essi hanno l'abitudine di restringerne la cerchia all' annottare, rinforzandoli con grosse gran guardie, e raddoppiando la forza dei piccoli posti.

Sistema il quale ha certamente i suoi vantaggi, ma che nel tempo stesso non è scevro d'inconvenienti, tanto più di fronte ad un generale come Garibaldi, che tanto profitto sa trarre dalle tenebre della notte.

Quanto più ristretta è la cerchia dell' avamposto nemico, maggiore è la libertà d'azione che avete di fronte a lui ; e se Riciotti potè attraversare le linee prussiane più volte, fu sempre insinuandosi fra lo spazio lasciato libero all' annottare dagli scorridori e dagli avamposti nemici, i quali infallentemente si ripiegavano sui loro corpi, appena tramontato il sole.

Ma non è mio assunto parlare di ciò, lascio ai Lamarmora, ai Riccotti, ai Bertolè il decidere fra il sì ed il no, certo che fra le loro opinioni sarò sempre del parer contrario.

Alla nostra destra estrema avevamo la brigata Bossak, il centro era tenuto dalla brigata Menotti, la estrema sinistra dal migliaio di franchi tiratori della brigata Delpêche.

Lantenay alla nostra sinistra è dominato da un esteso altipiano che va gradatamente declinando fino a Paques; e l'altipiano era guardato dagli *éclaireurs du Rhône* comandati dal maggiore Losthe, che occupava la *ferme* di Puits du Mont.

La notte passò tranquilla sotto ad una fina pioggia, la quale senza averne l'aria vi inzuppava meglio d'un acquazzone, il che fe' esclamare ad un soldato veneto di sentinella alla cancellata del superbo castello di Lantenay:

— *Ostia! la ze aqua umida!*

Ed era umida invero, e lo sapevano i poveri soldati campati e d'avamposti.

La battaglia di Prenois.

Il di seguente il generale Garibaldi di buon mattino era in sella.

Fu la prima volta che lasciò la vettura per montare a cavallo.

Era più che mai di buon umore, ché egli colla sua esperienza militare sentiva dover essere di di battaglia.

Gli ufficiali del quartier generale, Menotti ed i suoi ufficiali, lo seguivano per uno scosceso sentiero che s'arrampicava sulla collina quasi a picco, ai cui piedi è Lantenay.

Cosi erto era il cammino da noi praticato, che i cavalli inciampavano ad ogni momento, mandando scintille colle unghie ferrate percosse sui grossi ciottolii.

Più d'una volta, tanto era difficile la strada, si dovette condur per mano il cavallo del generale, che non preceduto da altri si rifiutava d'arrampicarsi sui macigni costeggianti un vero precipizio, da cui si dominava la via sottoposta, che conduce con mille curve, per addolcirne la salita, a Paques.

Di poco avevamo lasciato addietro il villaggio, quando dietro di noi s'intese l'accelerato galoppo d'un cavallo; credemmo dapprima fosse qualcuno dei colleghi attardato, il quale spronasse per raggiungerci.

Era Ricciotti; partito il 19 mattina da Chatillon sur Seine, e spediti ad Autun i prigionieri, giungeva il 26 a Lantenay pochi minuti dopo che eravamo usciti dal villaggio, e ci correva dietro per annunciare al padre il suo arrivo.

Montava una superba giumenta inglese, la quale ci fece arrossire ancora più delle nostre rozze attrappite; era un cavallo preso al nemico; bel trofeo invero!

Il padre, sempre freddo coi suoi figli in publicco, stavolta abbracciò con effusione Ricciotti e lo complimentò, orgoglioso di lui, pel brillante colpo di mano così felicemente riuscito; poi lo congedò perché prendesse coi suoi uomini un po' di riposo, di cui dopo tanti chilometri percorsi dovevano avere bisogno.

Giunti sulla vetta della collina coronata da una selva lussureggiante per la vegetazione esuberante di vita, si percorsero pochi metri ancora attraverso gli alberi, e poi al nostro sguardo si aprì l'altipiano di Lantenay, (1) calvo complamente e leggermente ondulato per lungo tratto di terreno, avvallandosi poi per un lento declivio fino ai villaggi di Paques sulla sinistra e di Prenois sulla destra della nostra fronte; tutt' intorno alla vasta e scoperta distesa le fanno corona i boschi, a guisa delle sponde d'un lago.

Si sarebbe detto che la natura avesse creata quell'isola in mezzo alle foreste, vastissimo circo, espressamente pel sanguinoso spettacolo d'una battaglia.

Mi pare d'aver già detto altrove, che su quel altipiano sta la *ferme* du Puits du Mont, ove avevano pernottato i franchi tiratori del Rodano. A pochi passi dalla masseria verdeggia solitario un albero. Fu ai piedi di quell'albero che il generale scese da cavallo, e assiso su d'una seggiola in paglia apportatagli da un contadino, intrattenendosi famigliarmente con noi, cercava indovinare col cannocchiale le intenzioni del nemico, e lungo l'aperta pianura e attraverso gli alberi opachi.

Pattuglie di franchi tiratori erano state mandate lungo i lembi dei boschi onde ci prevenissero delle mosse del nemico; (2) i cacciatori a cavallo avevano inutilmente percorsi i dintorni non scoprendone traccia.

Intendevamo bensì sulla nostra destra estrema ad intervalli qualche colpo di cannone; ma i tedeschi ci avevano abituati al loro lusso di cannonate, tirate ad ogni proposito

---

(1) Le plateau de Pasques de son vrai nom; mais la description est admirable de vérité.
(2) Celà nous est arrivé plus d'une fois de remplir ainsi le rôle de la cavalerie.

contro i villaggi che supponevano occupati, o contro le selve in cui temevano che i franchi tiratori tendessero agguati; quindi il generale supponeva potessero essere gli avamposti nemici che ci facevano l'onore di salutare le mobili del generale Bossak con delle salve di gioia.

Cominciavamo ad annoiarci; quando a qualcuno parve di scoprire nel lontano, sui culmini di terreno dell' altipiano, delle ombre appena percettibili ad occhio nudo, che andavano e venivano, e che a volta a volta sparivano per ricomparire.

Il colonnello Canzio montò a cavallo, e dato di sprone si indirizzò solo verso quel punto.

Tanto si spinse in avanti da distinguere le uniformi di quelle vedette, le quali vistolo avvicinare, stettero immobili come statue ad osservarlo; forse stupite della temerità di quell' ufficiale, che senza scorta veruna di tanto si era a loro approssimato.

Nel frattempo giunse ansante un contadino a prevenire il generale che Prenois era occupato e che una forte colonna moveva su Paques.

— Ci siamo! ci dicemmo fra noi. Ed alla spensierata gaiezza subentrò la malinconica serietà, che domina anche i cuori più coraggiosi nell'ora solenne che precede la battaglia.

A Cavallo!

Il generale in quell'istante ringiovanì di vent'anni. Impartì gli ordini ad ognuno con quella calma serena, che in lui non si smentisce mai, e nel mentre a sua volta si spingeva in avanti, troppo avanti, per iscoprir meglio il terreno, a Menotti ordinava di far salire sull' altipiano le truppe, tenendole nascoste nella foresta, pronte ad attaccare od a respingere l'attacco.

E gli ajutanti di campo, apportatori di ordini, a sparpagliarsi al galoppo in tutte le direzioni, come stormo di passeri in mezzo a cui si sia lanciata una pietra, disgraziatamente meno veloci di quegli uccelli, imperocché i nostri stanchi cavalli a disagio camminavano pel seminato, in cui affondavano fino al ginocchio, inzuppato com' era.

In breve ora le truppe erano disposte in battaglia nella foresta, e da questa mascherate, intanto che sul fianco destro i franchi tiratori marciavano in avanti, costeggiando le curve tracciate dagli alberi lungo l'altipiano.

La legione Tanara — la legione Ravelli era davanti a Velars, alla nostra estrema destra, colla brigata Bossak — ed i franchi tiratori in prima linea ; venivano dietro le mobili.

L'artiglieria, composta dalla sconquassata batteria di campagna e da una batteria di montagna abbastanza bene in arnese, si fece lungamente attendere per l'insufficienza di cavalli ; ma arrivò anch'essa, quando Dio volle.

Il generale Garibaldi percorreva disponendo ogni cosa, la fronte delle truppe ; attendendo che il nemico ci attaccasse nelle nostre forti posizioni, vantaggiosissime per noi.

Frattanto le alture di fronte si popolavano di nemici ; dal ponto in cui si trovava il generale si scorgeva benissimo l'andirivieni dei cavalieri prussiani e i pelottoni in marcia di tanto in tanto scomparenti, nascosti dalle ondulazioni delle terreno, per riapparire di nuovo allorché giungevano sui punti culminanti dell'altipiano. Quando il nemico ebbe prese le posizioni che ei credette convenienti, s'arrestò.

L'attesa impazientava il generale, il quale per decidere i nemici all' attacco, li salutò con qualche granata; non ottenne che di far ritirare i pelottoni più esposti.

Non c'era da titubare, imperocchè la giornata sarebbe passata nell' attesa senza risultato alcuno; l'intenzione dei prussiani era evidente : aspettarci, cioè, all' attacco dei villaggi da loro occupati.

L'ordine di marciare in avanti fu dato, ed in un batter d'occhi, il tempo a noi di transmetterlo ai battaglioni, il piccolo esercito si mise in marcia in ordine di battaglia. Fu allora soltanto che il nemico uscì dalla sua apparente inazione; l'artiglieria posta nel villaggio di Prenois cominciò a vomitarci sopra un nutritissimo fuoco di granate, che venivano a scoppiare in mezzo a noi, senza arrecarci grave danno però, sparsi in linee di cacciatori come eravamo, e perchè i proiettili affondando nel molle terreno al loro scoppio ci coprivano d'una pioggia di zacchere che cadeva sul capo dei nostri, piuttosto che di scheggie : e però attraversando lo scoperto terreno minime furono le nostre perdite.

Al principio della giornata, era accaduto un fatto che aveva impressionato stranamente i più superstiziosi fra noi.

E qui apro una parentesi per dire alle mie leggitrici (1) che, in certi momenti solenni, dal più al meno, tutti gli uomini sono superstiziosi, al tappeto verde come al terribile giuoco della guerra. L'uomo assetato di conoscere l'avvenire, cerca di trovare un segnale di esso in ogni avvenimento. È un resto di superstizione, prodotto forse dall' educazione cattolica ricevuta da bimbi, o fors' anche ereditata cogli

---

(1) Bizzoni écrivait pour la *Gazette rose*.

instinti dai nostri padri. Vi confesserò che ancor io per un istante fui dolorosamente impressionnato; chi di voi non ebbe nelle vita uno di quei momenti di debolezza scagli la prima pietra!

Eravamo al principio affatto del combattimento; i nostri pezzi da dodici avevano appena aperto il fuoco; come dissi, il generale Garibaldi percorreva la fronte delle truppe, ed i cavalli affondavano nel seminato fino al ginocchio…. Il cavallo del generale non era migliore dei nostri, ed abbandonato a sè stesso — perché non di lui s'occupava il cavaliere, ma degli ordini da impartire. — in un momento di sosta cominciò a lavorare il terreno di zampa, si che quanto più si dibatteva tanto piu affondava; tutto ad un tratto il cavallo s'inginocchiò, il generale non portava speroni e non poté rialzarlo, e gli sforzi del povero animale non valevano che ad imbarazzarlo maggiormente nel pantano, finchè in uno sforzo estremo cadde sul fianco rovesciando a terra il generale.

I piu vicini di noi balzarono di sella, e fu ventura che giungessero in tempo ad afferrare il cavallo per la briglia, altrimenti sarebbe forse, nei conati successivi per rialzarsi, caduto sulla gamba ferita del generale.

Fu l'affare di pochi secondi; il generale fortunatamente era illeso; gli si offerse un altero cavallo, quello del signor Visitelli che seguiva il quartier generale come corrispondente di un giornale inglese, (1) ed ogni cosa riprese la calma di poc' anzi; Garibaldi ridento pel primo dell' accaduto.

Le nostre linee si avanzavano con ordine meraviglioso, quale si sarebbe appena potuto pretendere da vecchie truppe

---

(1) Ce signor Visitelli était la signora Mario.

regolari disciplinate da ferrei regolamenti ed agguerrite per lunga esperienza di battaglie; l'avreste detta una fazione negli incruenti campi di Somma.

Bisognava investire il villaggio; i franchi tiratori ch' erano sulla nostra destra coperti dagli alberi, la compagnia genovese, la legione Tanara furono spinti sul fianco sinistro del nemico, intanto che i franchi tiratori di Colmar, guadagnando le alture della nostra destra, si disponevano a fulminarlo se avesse tentata la ritirata.

Gli italiani partono alla corsa; nasce un equivoco tanto facile in guerra e tanto frequente, che per fortuna non ebbe tristi conseguenze; dal bosco parte una scarica su di essi, che ripostano a loro volta.

Non fate fuoco! Non fate fuoco! urlano gli ufficiali dei genovesi ed urliamo noi mandati dal generale, accortosi come la fucilata fosse ingaggiata fra i nostri, che occupavano il bosco, ed i genovesi stessi; il fuoco è sospeso, e i nostri s'avanzano sempre alla corsa. Giunti alla portata del villaggio si distendono in catena, ed un vivo fuoco di moschetteria comincia a crepitare violento, frattanto le mobili avanzano sempre ordinatissime; ma la nostra artiglieria di spago e di cartone non può sbrogliarsi dal pantano se non a forza di braccia, le apocalitiche rozze che la trascinano non valgono sole, e noi non possiamo ripostare al nutrito fuoco delle batterie nemiche.

Il generale Garibaldi è sempre fra i più esposti, tanto più che gli artiglieri del villaggio, oramai vicinissimo, sono precisamente i cavalieri che pigliano di mira.

Uno di noi, il sottotenente Donadei, ha il cavallo sventrato da una granata e va a dieci metri dislocandosi una spalla contro un albero.

— Generale, non si esponga troppo ! — osai osservargli dopo lo scoppio di una granata che, caduta a pochi passi da lui, l'aveva inzaccherato dal capo ai piedi.

— Fate il vostro dovere e non occupatevi di ciò che non vi riguarda! mi rispose impazientito.

Mi morsi le labbra, e giurai in cuor mio di non far più osservazioni di quel genere.

Intanto il conbattimento continuava obstinato, non senza che il fuoco del nemico cominciasse a rallentare; era evidente ch'esso tentava ritirarsi in buon ordine. Una grossa colonna di cavalleria, posta a riparo dietro il villaggio, aveva già guadagnata l'altura, fuori del nostro tiro.

I nostri serravano sempre più da vicino il villaggio; ci balenò la speranza di poterlo forzare con un' ardita carica e di impossessarci di qualcuno dei pezzi che continuavano incessante il fuoco; ma ahimè! non avevamo cavalleria per forzare la strada che mena al villaggio, intanto che i fantaccini scavalcano con fatica i muricciuoli, limiti ai poderi e alle vigne ai piedi di esso; i cavalli delle scarse guide non si reggevano più, ed anzichè caricare, appena appena potevano trotticchiare, come stanche rozze da nolo reduci da lunga corsa.

Commandava il pelottone dei *chasseurs à cheval* il capitano Bondet del settimo *chasseurs*; il colonnello Canzio scambia qualche parola con lui, i pochi cacciatori, una quarantina circa, distesi in foraggieri, si raggruppano, e al commando del capitano partono alla carica, colle carabine alzate, lanciandosi curvi sul collo dei loro cavalli fino all' entrata del villaggio, col colonnello Canzio ed il loro capitano alla testa.

Noi restammo muti ed ansiosi a contemplare lo spettacolo pôrto da quel manipolo di cavalieri, che a guisa d'eroi da romanzo galoppavano veloci incontro ad una morte che pareva dovesse esser certa.

Appena all' intrata del villaggio sono accolti da una terribile scarica; parecchi cavalli stramazzano al suolo, alcuni cavalieri non si rialzano, perchè feriti; il cavallo del colonnello Canzio ha il capo trapassato da una palla, si che egli è costretto di rifare la strada a piedi sotto una pioggia di palle di cui non se ne aveva idea prima della terribile invenzione delle armi a retrocarica.

L' esempio di quei bravi conforta il coraggio dei nostri tiragliatori; il fuoco d'artiglieria nemica è per un momento sospeso, chè i prussiani, in completa ritirata, mettono i pezzi in salvo per riprendere il fuoco dalle alture.

Giunge finalmente la nostra batteria, ma appena in tempo per salutare i battaglioni nemici, i quali, evacuato il villaggio, si ritirano in buon ordine molestati dal fuoco dei franchi tiratori.

Hurrà! Siamo vincitori! Entriamo in Prenois salutati dalle acclamazioni dei contadini, mezzo impazziti dal terrore e per la gioia di vedersi liberati.

Ma Garibaldi non vuol lasciare il tempo al nemico di riaversi, e nel villaggio non si arresta se non pochi minuti per riorganizzarre la colonna, e per accertarsi dell' esecuzione degli ordini dati, affinchè le mobili seguano la nostra marcia.

Avanti! avanti! Giulivi, superbi, i nostri giovani soldati rimettono in ispalla le armi, e senza neppure accorgersi della fatica che li spossa, anelano d'incontrare di nuovo il nemico, certi stavolta di sbaragliarlo.

Il cannone prussiano tuona sempre, ma per proteggere la ritirata soltanto.

Avanti! Avanti!

Ebbi a leggere una relazione di quel giorno di battaglia in cui lo scrittore narra d'aver visto — non so come! — all' entrata del villaggio il generale Garibaldi in vettura conversare famigliarmente col colonnello Canzio, alla vettura appogiato; lo scrittore aggiunge altri particolari che certamente gli furono mal riportati — ammeno non li abbia sognati; imperocché la vettura del generale in quel giorno non si mosse da Lantenay ed egli fino a notte restò come noi a cavallo.

Sous Dijon.

Del nemico non trovammo più traccia; indubliamente si ripiegava su Dijon.

Al generale restavano due partiti da scegliere.

O ritirarsi nelle posizioni del mattino mantenendo occupati Prenois e Pasques, od incalzare il nemico, attaccato di notte tempo e tentare di forzare Dijon stesso col favore delle tenebre, approfittando del vantaggio ottenuto nella giornata, che doveva aver alquanto demoralizzati i prussiani, mentre aveva invece rialzato il morale dei nostri.

Il primo, in apparenza più prudente e più saggio, non lo era in realtà. Il nemico sarebbe ritornato il di susseguente quadruplicato in numero, e le nostre poche migliaia di uomini, sforniti d'ogni cosa, sarebbero stati schiacciati, fulminati dalle poderose artiglierie, contro cui non potevamo opporre se non due miserabili batterie; una ritirata in quelle condizioni non avrebbe potuto essere che una rotta irreparabile, tanto più se si considera come noi non avessimo neppure un po' di cavalleria per proteggerci; anche il povero pelottone di cacciatori a cavallo era decimato, e di nessun vantaggio avrebbe potuto esserci.

Attaccando noi stessi, correvamo la sorte di riuscire vittoriosi; e, battuti, potevamo, protetti dalle tenebre, eseguir meglio la ritirata.

Soltanto chi sa cosa sia la guerra, e chi di quella abbia esperienza, può dire qual indicibile panico apporti sempre nel nemico un ardito attacco notturno.

Forse le bibliche trombe di Gerico non vogliono significare che una bella e buona scalata al buio.

D'altronde noi, nelle nostre miserabili condizioni, non potevamo sperare nel successo se non tentando l'impossibile, colla eroica audacia che spiega sempre il generale Garibaldi nelle circostanze disperate.

Un generale dell' impero, contento del primo insperato successo, si sarebbe ritirato su Autun telegrafando all' universo perchè gli si preparassero corone d'alloro, gli si innalzassero monumenti ed archi di trionfo..... Garibaldi invece non telegrafò nulla, ma decise d'attaccare Dijon nella notte stessa; tanto più il generale Cremer aveva promesso d'assecondarlo marciando su Dijon da Nuits, ove questi teneva quartiere a capo di un bel corpo d'esercito, forte di circa tredicimila uomini, composto di reggimenti di marcia, e sufficientemente munito d'artiglierie.

Le nostre perdite nella giornata erano minime; ragione di più per non lasciar raffreddare l'entusiasmo ispirato da quel primo successo.

Già che parlai di feriti; una parola pel bravo Dell' Isola di Torino; noi passando sulla strada a circa un chilometro in avanti da Prenois lo abbiamo veduto steso al suolo, senza che potessimo arrecargli soccorso.

Una scheggia di granata, delle ultime lanciate dal nemico, gli fratturò una coscia. Povero giovine! egli tornò in patria bensì agli amplessi de' suoi cari, che lo piansero morto per lungo tempo, nel mentre egli gemeva nel suo letto di dolore; ma miseramente mutilato, martire vivente della grande idea !

Moderati, inchinatevi riverenti davanti a lui. Calunniateci pure, noi non vi risponderemo che enumerando l'infinita schiera di nomi di coloro, i quali nel mentre voi avvilivate con ogni sorta di sozzurre il nostro povero paese, ne tenevano alto l'onore nei lontani campi di Borgogna, spargendo il loro sangue, sacrificando eroicamente le loro vite per quella repubblica, la quale, checché facciate, o tosto o tardi trionferà della forza brutale e delle vostre arti, codardi cortigiani !

Avanti ! Avanti !

La notte era scesa, piovigginava, la colonna marciava silenziosa; colla fatica che cominciava a farsi risentire influivano le tenebre e la vicinanza del nemico a rendere muti i soldati; c'era da pigliarci per un convoglio funebre.

La colonna si arrettò dopo qualche ora di marcia lenta lenta e circospetta.

Ordine è dato dal generale di scaricare le armi; noi fummo comandati di percorrere i ranghi per avvertire i soldati e gli ufficiali essere proibito far fuoco in qualunque circostanza, e che soltanto si dovesse far uso dell' arma bianca; il grido di riconoscimento e d'attacco doveva essere quello a noi tanto caro, e che in Italia, nella libera Italia, è delitto : « *Vive la République !* »

Il generale rianivama ognuno colla confortante parola, o conversando cogli ufficiali ad alto voce, la sua voce vibrata e sonora più che mai neimomenti solenni, o indirizzandosi ai soldati :

— Siete stanchi, piove, avete fame, se volete mangiare, se volete riposarvi, se volete mettervi al coperto, sapete cosa dovete fare.... entrare in Dijon !

— Viva Garibaldi ! viva il generale ! rispondevano sommesso i soldati.

— Ah ! capitano Fortunio siete qui ? mi disse. Da bravo! affilate la penna, domani stamperemo il primo numero del *Gazzettino Rosa* à Dijon.

— Non *rosa*, generale, rosso !

— Rosso ! sia.

Fer tutti avera una parola gentile, per tutti un incoraggiamento, per tutti un *bon mot*.

Noi giovani risentivamo la fatica ; le difficoltà che inceppavano l'arditissima impresa e il buio della notte affievolivano il nostro coraggio ; ma desso in presenza del per icolo non è suscettibile nè di sconforto, nè di paura, nè di stanchezza ; si direbbe che in quel debole corpo, domato dagli anni, martoriato dalle ferite, piegato dai disagi d'una vita tempestosa, passata sui campi di battaglia, o sul cassero d'un naviglio, s'annidò col coraggio la forza del leone. Da undici ore stava a cavallo, ed era meno affaticato di noi, tanto è indomita la forza di volontà in quel grande cuore ; un limpido bicchier d'acqua gli aveva servito di pranzo, e lo aveva trovato succulento quanto un banchetto alla *Maison d'Or* o da *Chévet*.

Lo ripeto : è impossibile anche agli avversarii il non

ammirare Garibaldi vedendolo all' opera : è impossibile non amarlo come un padre, conoscendolo nell'intimità.

Garibaldi e tutta la gloriosa epopea della sua vita, non sono spiegabili se non per coloro, i quali lo conobbero davvicino, e davvicino lo videro operare.

Il mondo, che non deifica se non il successo, ammira Garibaldi per i suoi trionfi ; i suoi compagni d'arme, i suoi congiunti è nei momenti in cui la fortuna lo avversa, in cui tutto cospira contro di lui, che maggiormente l'apprezzano, imperocché è allora soltanto che completamente rivela la grande anima ed il ferreo carattere.

La colonna si rimise in marcia più che mai silenziosa.

Era d'avanguardia la compagnia genovese, poi veniva Ricciotti coi suoi franchi tiratori, poi la legione Tanara e i franchi tiratori della nostra brigata ; venivano dietro i battaglioni delle mobili dei Bassi Pirenei, delle Basse Alpi, delle Alpi marittime. (1)

Incontriamo una piccola vettura tirata da un cavallo. Un ufficiale l'arresta e la requisisce per metterla a disposizione del generale, il quale, dopo qualche difficoltà, acconsente di approfittarne.... Come dissi, egli era a cavallo da undici ore, e un po' di riposo non doveva essergli di troppo.

Ma la rozza attaccata a quel veicolo provvidenziale, presentendo forse non essere troppo sano il rifare la strada di Dijon, s'impenna a rifiuta di camminare più oltre. È necessario staccarla e trascinare la vettura a mano ; qualche guida di buone volontà, Orense e Galeazzi si prestano.

— *Caracol* deve essere un cavallo bonapartista quell' animale, susurra Orense accingendosi a sostituirlo.

---

(1) Ces derniers ne faisaient point partie de l'expédition.

— Sarà un evaso di Metz.

— O di Sedan.

— Avanti i cavalli! ordona sorridendo il generale. La conversazione cessa, ed i cavalli a due gambe, senza bisogno di frusta nè di altro eccitamento, partono al passo pieni di ardore.

Cosi fosse stato della mia Maria! — in quella notte montavo Maria — dessa non poteva proprio più trascinarsi per via.

Lo dissi, la colonna marciava taciturna, ed attraverso il silenzio della piovosa e monotona notte non si intendeva che il rumorio cadenzato de' passi ed il percotere dei foderi in metallo delle daghe-baionnette contro le coscie dei soldati; attraverso il buio non si intravedeva che la massa oscura muoversi lentamente, ed a guisa di immane serpente seguire le curve della via tortuosa, mentre i densi ed umidi vapori tracciavano nel cielo senza stelle forme fantastiche.

Era la plumbea tranquillità che precede l'uragano; pochi minuti ancora ed il grido della battaglia risuonerà sotto l'opaca vòlta del cielo, e il sibilar delle palle seguirà il tuonar dei moschetti; e le grida dei feriti, il gemito dei morenti si perderanno nel frastuano prodotto dai vivi, che correranno alla morte, brancolando nell'oscurità per averla scambiata colla gloria. Oh, la guerra è pure l'orribile cosa! Ciò che la riabilita è lo scopo.

Se Napoleone I è un assassino, se infami massacri sono le battaglie *gloriose* cantate dal Caino francese, « monumenti di salute pei popoli, una terra santa » sono i campi nei quali si combatte per la libertà.... se macellai sono i conquistatori; i Garibaldi, i Washington, i Leonida sono eroi.

Ho riletta l'ultima cartella di scritto, si direbbe ch'io voglio far concorrenza a Byron colle mie filosofiche considerazioni, anzi di più, le reminicenze *baironesche* trapelano attraverso le mie sgrammaticature — di grammatica non mi occupo nella foga dell'improvvisazione. Ma dopo tutto, non scrivo io le mie impressioni? ed è mia colpa se in quella notte mi sovvenni di non so qual canto del *Don Giovanni*, in cui il poeta inglese narra della presa di Ismail?

Cambiate Ismail in Dijon, e la terribile descrizione varrà anche al caso nostro. Un proverbio francese dice che tutti i gatti sono grigi nell'oscurità, io parafrasandolo dirò che tutte le battaglie notturne si assomigliano fra di loro come mele spaccate.

Chiudetevi nella sala d'un teatro, spegnetene i lumi, dite a tutti i professori d'orchestra, dalla gran cassa, dai timpani, dai tamburi, ai violini di spalla, di stonare a volontà; al pubblico d'urlare, ai cantanti di miagolare a piacimento, e da quell'orribile sconcerto ne uscirà un frastuono, assomigliante forse un po' all'intermozzo sinfonico del *Mefistofele* che vi darà idea dell'attacco di Dijon.

Trombe, tamburi oboè, corni, viole, violoni, violini, urli, grida, gemiti con accompagnamento d'oscurità e di pioggia.... e la bataglia è descritta.

I genovesi giungono in presenza al primo posto prussiano, una terribile scarica li accoglie, non ripostano, si lanciano alla baïonnetta massacrando tutti i nemici che non si danno alla fuga.

Vive la République! La carica è suonata dalle trombe e dai tamburi delle mobili; la colonna si mette alla corsa; dalla masseria di Changey, ove stava la gran guardia prussiana, partono altre scariche, ma è quasi subito evacuata dall'avamposto che si ripiega su Daix.

Era una scena terribile; ad ogni scarica nemica, qualcuno dei più paurosi e dei più inesperti dei mobili, ad onta del devieto, faceva fuoco; ma su chi? O per aria, ed era meno male, o sui nostri, che li precedevano; ad ogni colpo che partiva isolato, altri cento venivano dietro; ne nasceva una confusione indicibile.

Gli ufficiali si sbracciavano, urlavano a squarciagola per impedire che il fuoco continuasse; ma la paura non accetta consigli, non obbedisce agli ordini, e non appena il fuoco era cessato in un punto, altre scariche partivano da un altro.

I più paurosi intanto trovandosi fra due fuochi, fra quello dei compagni e quello dei nemici, si gettavano nei fossati o si mettevano al riparo fuori della strada.

Mille perdoni, vezzosissima leggitrice, se sono costretto ricorrere alla vostra memoria per sapere in qual punto della narrazione feci alto ieri.

Mi pare, se non erro, che la battaglia notturna fosse già ingaggiata, che la compania genovese commandata dal capitano Razzeto dei Mille, si fosse già lanciata sull'avamposto prussiano, sgozzandolo senza rispondere al di lui fuoco. Ma la masseria di Changey ov'era la gran guardia fosse già evacuata del nemico, e intanto che la nostra testa di colonna — i franchi tiratori, cioè, di Ricciotti e la legione Tanara — si spingeva alla corsa al grido di viva la Repubblica, che il panico cominciasse fra le mobili, e ne nascesse una orribile confusionne.

Ad onta di ciò, il grosso dei battaglioni avanzava sempre,

nel lontano orizzonte si intravvedeva la massa nereggiante della città, da cui si innalzavano dense nuvole di vapore rossiccio; erano i lumi delle vie della vetusta capitale di Borgogna, che davano quella tinta alla nebbiosa atmosfera tutt'intorno intorno alla sua periferia.

Avanti! Avanti! *Vive la République!* e fra il frastuono delle armi vomitanti piombo e fuoco, fra l'indicibile urlio degli ufficiali e dei soldati si intendevano distintamente le note delle trombe ed il monotono rullar dei tamburi che procedevano sempre.

Tratto tratto il panico riprendeva più forte, e vedevate intiere compagnie di mobili a sostare, od anche retrocedere, che potevano ancora essere arrestate dai loro ufficiali o dagli ufficiali di stato maggiore, i quali riuscivano a farle marciare di nuovo a forza di bestemmie e qualche volta anche a suon di piattonate in sulle spalle ai più restii.

Il generale Garibaldi dalla sua vettura faceva ogni possa per incoraggiare i soldati, e fin da lungi si intendeva tuonar la sua voce, terribile nei momenti di battaglia.

Le scariche del nemico divenivano ognora più frequenti e più micidiali; ad onta di ciò, o bene o male si guadagnava terreno.

Il generale mi ordinò di portarmi alla testa della colonna par rapportargli fin dove fosse giunta; partii trottichiando alla meglio, ma la mia marcia era rallentata da alcuni fuggiaschi, e da intiere compagnie di *moblots*, che s'erano gettate a terra carponi per mettersi al riparo dalle palle nemiche; la mia Maria era costretta di calpestare i sani, i feriti ed i morti che coprivano il terreno.

L'avanguardia spinta da Ricciotti era giunta fin sotto a

Talant, e precisamente fino alle case poste al piede della collina; là la fucilata era più viva, ma meno micidiale, perchè le palle passavano sul nostro capo per andare a colpire la retroguardia.

Non conoscendo le località, credetti che quelle case fossero un subborgo di Dijon, e nel ritorno anche per rianimare i soldati, gridavo loro che i nostri erano già entrati in città; metà abbaglio, metà stratagemma, esso riescì tuttavia e valse a far avanzare di poco i più renitenti, che uscivano dai fossati, e si alzavano da terra per camminare curvi e circospetti in avanti, non senza che tratto tratto lasciassero scappare qualche colpo di fucile, i cui proiettili venivano a passare sul nostro capo niente affatto rassicuranti. Morire d'una palla prussiana meno male! Si sa, non si va in guerra credendo d'andare a nozze, ma l'idea di morire per mano dei nostri, non era proprio niente confortante.

Vidi un cavallo sciolto, senza cavaliere, pigliare il galoppo in ritirata; credetti riconoscerlo, era il cavallo del capitano Baghino; temendo che l'amico fosse ferito, mi misi a chiamarlo con quanto fiato avevo in gola; Baghino mi rispose rialzandosi difficilmente da terra.

— Sei ferito?

— Leggermente; non è nulla, ma non posso camminare; una palla morta mi colpì al ginocchio, intanto che un'altra mi feriva il cavallo.

— Vuoi la mia Maria? E scesi, rimisi in sella l'amico, scambiai con lui una stretta di mano, e un « *bonne chance!* » e poi affrettai il passo per raggiungere il generale, urlando sempre ai soldati che i nostri erano in Dijon.

Il generale, che aveva sempre proceduto in avanti, mi

senti, e credendo forse realmente che la nostra avanguardia fosse in città, per rianimare i soldati si rizzò in piedi sulla vettura, in mezzo ad una pioggia di palle, ed intuonò il solenne canto « *Mourir pour la patrie !* » a cui più vicini fecero eco. Costretto di camminare a piedi, il mantello inzuppato d'acqua e tutto coperto di fango mi pesava come se fosse stato un' armatura in ferro; domandai il permesso di posarlo sulla serpe della carrozza e mi accingevo ad imitare Menotti, che per decidere i più paurosi a riprendere l'attacco, agli eccitamenti della voce, aggiungeva tratto tratto qualche argomento più convincente a mano chiusa. Ma in quel momento, cosi rabbiosa, cosi terribile, cosi nutrita riprese la fucilata nemica, che tutti i soldati, i quali stavano intorno a noi si gettarono alla rinfusa per terra o nei fossati fiancheggianti la strada, non restarono ritti che il generale, suo figlio e gli ufficiali che gli facevano scorta.

Un' onda di fuggiaschi si rovesciò su di noi, di cui alcuni stramazzarono al suolo e furono calpestati dai sopravegnenti.

En avant ! En avant canaille ! Lâches ! Tas de moutons ! E giù pugni e piattonate; ma ci voleva ben altro ! Ad ogni scarica li vedevate piombare come fulminati in terra; e appena essa era meno viva si rialzavano — non tutti, chè molti erano caduti per sempre — onde riprendere la corsa e per gettarsi di nuovo nel fango alla scarica successiva.

Quanto umanamente è possibile fu fatto per contrastare la fuga alle mobili, ma tutto era inutile; tanto più che anche la nostra valorosa avanguardia, non essendo appoggiata, fu costretta ripiegarsi in disordine sotto ad una inaudita fucilata.

Il colonnello Canzio, il generale Menotti, tutti pregarono il generale di ritirarsi; ma egli nol voleva; se era destino che dovessimo rifare la strada di Lantenay, egli voleva essere l'ultimo a partire dal campo di battaglia ; fu giocoforza usargli violenza e far retrocedere la vettura contro la sua decisa volontà.

— Volete dunque farmi ferire alle spalle ? Ci gridò irritato, ma in quel momento ognuno di noi, tanto ligi ai di lui ordini, tanto rispettosi, commise senza rimorsi la prima insubordinazione; se la giornata era perduta, era anzittutto necessario che il generale si mettesse in salvo; lui ferito, la ritirata si sarebbe mutata in rotta, l'insuccesso in irreparabile disastro.

BATAILLE

DE JANVIER

J. W. MARIO.

I Gartbaldini in Francia. (1)

La nuit sous Talant.

Dopo una tale giornata sembrava naturale la raccolta in città o quanto meno intorno alle barricata circonvallanti, e noi non si dubitava che i prussiani fossero iti a dormire anche essi.

— Accendete i fanali, feci a Canessa.

— Signora, esclamò colle mani nei capelli, dimenticai di mettervi le candele.

— Proprio questa notte!

Ma riconoscente delle sue premure non aggiunsi altro rimprovero.

— Procurerò di avere un lume in coteste case, dissi a Ferrero Gola accennando due casette a destra.

Scesi con Gola, e a Musini rimasto in cassetta soggiunsi:

— Ci troveremo ov' è Gnecco.

---

(1) Aussi hardie que dévouée Jessie Mario fut la providence de nos blessés ; malheureusement, à chaque page de ce livre poignant, on sent percer la haineuse antipathie qui plus tard rendit possible la Triple-Alliance.

Penosamente persuasi una povera donna di darci un lume ad olio e uscendo dalla porta, a dieici passi di distanza scoppiò un cosi terribile fuoco di fila ch' io non vidi mai l'eguale; le cartuccie irraggiavano la strada.

— Saranno i mobili, pronunciai ad alta voce e gridai :

— Aspettate un momento amici; qui non si sono nemici, e ho i feriti in là.

Un subito fastuono, e la voce *teufel* che mi venne udita ripetutamente provavano che eravamo in mezzo ai prussiani. Notai in quell' istante il passaggio d'una carrozza con velocità fulminea e reputandola la mia dissi forte in italiano :

— Bravo! salva la carrozza.

E indovinai pur trappo!

Era la mia e il prode Canessa mortalmente ferito la girò e proseguiva a guidare il cavallo, nè Musini che sedevagli a lato sepe della sventura se non quando Canessa lasciate le redini cadde ; nè io la conobbi che il giorno appresso.

Un' altra scarica : e poi un' altra e mi parvero fuochi incrociati.

— Che si fa ora ? mi susurrò Ferrero Gola.

— Si ista dove siamo.

Impossibile la scelta perchè in un batter d'occhio soldati che portavano feriti invasero la casa, ai quali prestammo i primi soccorsi.

Altri soldati con baïonetta guardavano la porta.

Fatto silenzio quando a Dio piacque, sembravami di scorgere nei prussiani qualche turbamento : notai ch' eglino distesero un cordone a traverso la strada, e che non oltrepassarono quella linea e dicevo in cuor mio : — se sapeste che a cinquanta passi c' è Garibaldi e che l'artiglieria ingombra la strada ! (1)

Soppraggiunto un uffiziale lo richiesi di poter passare di là per scendere al piede della collina ove giacevano i nostri feriti. E me ne diede licenza, infiltrando insidiosamente nella riposta affermativa e con aria di non darvi ombra d'importanza la seguente domanda : (2)

— Dove sono i vostri ?

Ed io :

— Non so. Noi siamo l'ambulanza rimasta sul campo.

— Vada pure, replicò egli.

E mi mossi ; ma a breve distanza di là i soldati colle baionette spianate e coll' usato *nix* mi respinsero.

Quando di repente si apersero i ranghi e passarono avanti carri e carrette e infermieri spediti dal solerte sindaco di Dijon.

Pigliaronsi i prussiani carri e lanterne e cacciarono gli uomini entro la casa.

— Ma permettete almeno, proruppi, che andiamo a raccogliere i feriti !

Et l' uffiziale rispose :

— Prima pensiamo ai nostri e poscia ella sarà servita.

E informatosi chi fosse medico mandò Ferrero Gola e

---

(1) Deux petites pièces de montagne seulement.
(2) C'est en effet aux femmes que les officiers prussiens arrachaient le plus de renseignements.

altri che appartenevano, se non erro, al corpo dell' ambulanza di Lyon. I prussiani raccolsero e dei loro e dei nostri e ben presto la casa ne fu zeppa. Perquisito diligentemente il granaio et la cantina si appropriarono le materasse et le coperte nascoste ; e a noi accordarono una cassa d' ambulanza depositata ivi da un polacco studente in medicina che apparteneva alla brigata Canzio.

Potetti varcare la strada e brancolando nell' oscurità rinvennire altri feriti. Quinci arrivava una carrozza dalla quale si udivano grita strazianti. Erano tre garibaldini raccolti da un dottore di Dijon che alla sua volta mostrò di pensare prima ai proprii.

Li feci trasportare in una casa più in là, letteralmente crivellata dalle palle.

Il padrone, la padrona e il figliuolo avevano sembianti stravolti dal terrore ; ai quali fu portata via grossa preda appiattata in cantina. Laonde per adagiare i miei non avanzava che scarsa paglia e un letto senza pagliariccio.

Leonardi avea toccata gravissima ferita al ventre, Rastelli in una coscia e un terzo nelle due coscie; soffrivano arrendamente, tacendo. Leonardi benchè siciliano apparteneva ai carabinieri genovesi. Rimasti parecchie ore sulla neve erano intirizziti dal freddo e arsi dalla sete. Il Leonardi implorava ghiaccio in modo da destare pietà. Non c' era un panno nè camino nella camera per accendervi fuoco. Li copersi con tutto quanto mi fu dato togliermi di dosso e secondo che i prussiani traevano in casa qualche prigioniero, rimasto addietro o pigliato durante la lotta, io lo spogliavo del panno o della tunica. Ma sempre più straziante facevasi il grido di Leonardi pel ghiaccio. Supplicai il figlio di casa di cercarne nel vicinato. Costui, con occhi dilatati bocca aperta e braccia desolate, accennavami ai prussiani seduti intorno al fuoco nel altra camera che mangiavano e beveano allegramente. A uno dei quali ho spiegato ciò che si voleva, e il quale ordinò a due soldati di accompagnare il ragazzo in cerca del bisognevole.

Questi ritornò con un pezzo di ghiaccio, e Leonardi sorrise come colui che vede compiersi l'ultimo suo voto. L'uffiziale prussiano offersemi per esso un posto al fuoco, ma oramai era diventato impossibile il muoverlo ed egli abborriva l'idea di trovarsi vicino a chi lo condusse a morte. Discorse della sua povera madre, di Mazzini e della repubblica.

— Muoio per questa, dicea, e sono tante giovine ! però altri più vecchi di me la vedranno in casa nostra.

E dopo alcuna pausa ripigliò :

— Abbiamo fatto buona figura ; eravamo al tu per tu col nemico ; esso ci tirava per ogni verso ma nessuno di noi indietreggiò.

Vistololo alquanto ristorato e profittando del sonno de' due compagni, visitai i feriti nella casa vicina anche per avvisare un certo Maffei di cui Leonardi chiedeva con insistenza, e mi venne veduto che i prussiani stavano vestendo i proprii feriti ai quali propinavano in copia vino por rafforzarli ; e rimarcai il medesimo cordone nel medesimo luogo della strada ; era evidente che non azzardavano una pattuglia (1) o una vedetta verso Dijon, o Fontaine, o Talant. Stimo che quella schiera non sorpassasse i trecento uomini, (2) e opinavo che o avesse smarrito il cammino, o proteggesse

---

(1) Ils en ont risqué plus d'une du côté de Dijon.
(2) C'était la compagnie venue de Plombières.

la retirata, o eseguisse l'abituale manovra per raccogliere i feriti, forse la più verisimile delle ipotesi.

Parlato a Maffei e verificato che pei nostri nulla c'era a desiderare perchè i prussiani li consolarono di vino, di pane e di salame rinvenni sui miei passi; Leonardi di già dibattevasi nell' agonia e un prete esortavalo a confessarsi; ed egli con voce che si spegnea rispondeva non aver niente a dirgli. Non poteva starsi corcato e gli mancavano le forze di reggersi seduto, ed ogni seggiola era scomparsa dalla camera. M'assisi per terra e adagiando la testa del moribondo sul ginocchio parevami ch'egli si calmasse un poco. (1) Intanto entravano due uffiziali non so di che grado e, ordinato che si trasportasse une dei loro lussato all' articolazione del piede, posero in riga i nostri non feriti, il padrone di casa e il figlio. E le donne disperate gridando e piangendo si avviticchiavano alle ginocchia di questi. E avvegnacchè anco nelle più lugubri tragedie della vita evvi sempre una venatura di comico, uno dei nostri mostrava sul braccio, sulle spalle, sul berretto e credo anco sui calzoni le croci rosse che vi aveva cucite durante tutta la notte tagliando in pezzi una manica della camicia rossa. Io avevalo spogliato del cappotto e abbastanza crudamente ridotto al silenzio dopo la ventesima volta che mi domandò che cosa dovess' ei fare dei brevetti che teneva in dosso tremando si svelasse che fu soldato prima d'infirmiere. Ed egli imitava i gesti dei prussiani nel balbettare alla sua volta il loro *nix coupet.* (2)

Anche il povero Leonardi sorrise facendomi segno di

---

(1) Il doit être pardonné beaucoup à la femme qui faisait cela au service de nos btessés.
(2) On faisait le geste de se couper la gorge à soi-même.

restituirgli il cappotto. E sorrideva l'ufficiale e rispondevagli :

— *Nein, nein. Nix coupet. Forwarts !* (1)

Vuotato la camera i due uffiziali mi guardavano e favellando sottovoce sembrava si consigliassero se dovevano o no trarmi prigioniera.

— Trasportiamo i nostri feriti in luogo più comodo, mi fece quegli dei due che sembrava il superiore.

— Ed io rimango co' miei, risposi, e spero che terminati i fatti vostri ci restituirete gli infermieri nostri e i materiali di ambulanza.

Visibilmente l'uffiziale inferiore insisteva sul condurmi via ma l'altro riflettutoci sopra proruppe in queste parole nell' atto di allontanarsi.

— *Nein, nein, ich kann nicht* (non posso) e fattomi di berretto soggiunse : *gutennacht*. (2)

Les Blessés de Daix.

Il 23 accompagnai Musini alla visita mattinale degli ospitali. La salute di Gnecco precipitava ; aveva già egli consegnata a Razeto la sua medaglia dei Mille per la famiglia e appariva rassegnato alla sua sorte crudele. Egli giaceva nelle stanze appartate per gli uffiziali e veruna cosa gli mancava, ma stavano agglomerati i soldati così che ci spaventò il funesto odore della cancrena. E in vero De Nobile, prode calabrese, amico intimo di Menotti era già in cancrena e parimenti un altro accanto ad esso. In tutta fretta rimo-

---

(1) Il y a dans cette phrase allemande et dans les suivantes des fautes que je m'abstiens de corriger.
(2) Même rèmarque que précédemment.

vemmo il capitano Aiuti e altri due dalla stanza letale e nessuno dopo fu percosso dal flagello orrendo.

Andai al municipio per assicurarmi che il sindaco di Daix aveaci spediti i *buoni* e i medici tedeschi sedevano a colezione, pronti alla partenza pel loro campo traversando la Svizzera. (1)

— Ma, io feci con qualche segno di stupore, vi pare che un solo chirurgo compaesano basti a tanto numero di feriti? Certamente il capo di stato maggiore accorderà il permesso ad alcuno di voi di restare.

— No, no, proruppero ad una voce; ci sono qui i badesi; noi l'abbiamo passata troppo brutta ieri e ancora ci si minaccia di farci pagar caro ciò che qui si chiama la strage di Hauteville. Protestiamo la nostra riconoscenza al generale cortese e al capo di stato maggiore, ma non vogliamo prolungare questa penosa situazione.

— Avete perduto nulla? demandai.

— Piccole cose; però tutti i cavalli. (2)

— So che alcuni furono gia denunziati allo stato maggiore; assicuratevi che Garibaldi farà tutto restituire.

Il capo fra essi mi consegnò le chiavi dell' ambulanza che io senza indugio diedi in mano del colonnello Bordone, il quale fece verificare il contenuto dall' intendente.

Nel partirmi di là vidi il dott. Ferraris che veniva a pregarmi di accompagnarlo alla ricerca del generale Bossak.

---

(1) Ainsi, pendant que leurs blessés manquent de tout, ces médecins allemands déjeunent bien et les laissent à la charge de nos ambulances dont l'une vient d'être massacrée.
(2) Plusieurs de ces chevaux avaient été volés la veille à nos propres ambulances.

— Non si hanno notizie di lui, dicea, dalla prima giornata.

— Sarà prigioniero; se no l'avremmo trovato fra i caduti.

Mi rincresce di non accontentarvi perchè debbo ire a Daix.

— Ah! esclamò, dai suoi prussiani!

— Sicuro; non sapete il proverbio favorito del generale: Chi vuole va e chi non vuole manda?

— È giusto!

Non volendo distrarre Davis dalla cura dei nostri, partii sola, ma alle case di Talant da basso mi comparve lo studente polacco il quale aveva lasciato ivi la sua cassa d'ambulanza, e, non so come, aveva in compagnia il mio cocchiere, l'amico sviscerato del povero Canessa.

— Verrò anch'io a vedere codesti prussiani famosi, disse il polacco — e venne meco a Daix.

Quale spettacolo ci colpì all'arrivo! Un silenzio di morte ingombrava il cortile; le porte della stalla e della rimessa erano aperte; non cavalli, non carri d'ambulanza; feriti e cadaveri per ogni verso sulla paglia quasi vi fossero stati sbalestrati; le porte della casa aperte, i feriti deserti col terrore dipinto sul viso. Li compulsai uno ad uno e intesi che essi erano digiuni e senza aiuto.

Il polacco si accinse alla medicazione; il cocchiere che, come l'oste del Tassoni, era guercio e bolognese, pigliò possesso della cucina e io montai al piano superiore alla ricerca del sindaco ma non vi rinvenni che uffiziali feriti e moribondi, uno dei quali mi narrò che una compagnia di soldati francesi capitata all'alba trasse seco l'unico chirurgo rimasto, che il sindaco li informò com'essa avesse saccheggiata la casa, e che questi esterrefatto fuggì colla moglie e colla serva.

È verità che ha faccia di menzogna il fatto che il sindaco abbandonò quegl'infelici al gelo, alla sete e alla fame, senza che un solo fosse in grado di muoversi e di assistere sè od altrui. In una sala grande al piano di sopra un francese ferito confermava le parole dei prussiani e aggiungeva : — Un'orda di *guerillas* invase la casa, rovesciò ogni cosa e nemmeno per lui vi fu un pietoso che acconsentisse di versargli un bicchier d'acqua.

Per buona sorte io tenevo in carrozza i soliti polli e un vaso del brodo di Liebig, e in cinque minuti tutti vennero alimentati.

— Ma, disse il polacco, qui ci vuole ben altra scienza della mia; che si fa?

— Fasciateli alla meglio e mandiamo a Dijon per mezzi di trasporto.

Frattanto scesi in villaggio a chiedere notizie del sindaco.

Scopersi al castello e in una bella casa all'altro capo del villaggio nuovi feriti prussiani e nostri, custoditi con affettuose cure dal fratello del sindaco e dalla cognata di costui, i quali dal 26 novembre avevano pietosamente assistiti i feriti nostri ivi capitati.

Scusarono il sindaco alla meglio riassumendo tutte le ragioni nella paura; e quando un francese pronuncia il vocabolo paura non dubita d'aver tutto detto. (1)

---

(1) Et pourtant, digne Anglaise, si nous avons écrasé vos chers Prussiens, c'est apparemment parce que nous n'en avions pas peur.

Egli mi muni di pane e di carne, ma nel paese non trovai un chirurgo.

Ritornata vidi che la sicurezza, la calma e la gratitudine pigliarono il posto dello spavento, e degli affetti affini, nell' amino dei feriti.

Il maggiore Priebs nominato colonnello sul campo evidentemente si avvicinava alla morte per l'amputazione d'una coscia.

Teneva in mano il ritratto della moglie e di due bellissimi bimbi. Un capitano m'informò che la moglie era imminente al parto e non sarebbesi egli mai sentito la forza di annunziarle l'infinita sventura.

Sul letto successivo giaceva un bel giovine volontario pure amputato, e in altra camera altro maggiore colpito nella testa e morente, e un terzo amputato del braccio destro: parlavano francese quasi tutti e tutti pregavano d'essere trasportati a Dijon, e uno fra essi supplicavami di non abbandonarli. In su quel punto mi venne udita la marcia dei soldati e scesa incontrai nel cortile una compagnia del battaglione Ain.

Narrai al comandante l'accaduto, facendogli istanza di cedermi il suo chirurgo almeno per quel giorno.

— E' proprio qui, diss' egli presentandomi un signore d'una quarantina d'anni la cui fisonomia mi rassicurò subito. E soggiunse : Sono di stazione a Daix ed alla può vivere sicura che le scene di questa mane non si ripeteranno.

Visibilmente rabbrividivano i feriti all' affacciarsi di soldati francesi nelle stanze; però rassicurolli il benevolente contegno del chirurgo. (1)

— Io posso andarmene, disse il polacco.

— Ed io rimango, risposigli. Il silenzio intorno indica che oggi non si menano le mani. — Ma il mio detto fu smentito da un improvviso fragore d'artiglierie dalla banda del nord e poi da altra banda; e poi s'intese il crepitare delle schioppettate. In sul primo pensiero titubai, se non che il sentimento dei feriti della mia parte vinse ogni altra preoccupazione e decisi di rinvenire sui miei passi.

Pur non me ne bastò l'animo senza dapprima visitare camera per camera ognuno di quei soffrenti affidandoli ch'erano in buone mani e senza assicurarmi della sufficienza delle provvigioni per la sera.

Suonavano quattr'ore quando rientravo a Dijon per la porta Guillaume. La città era sossopra pel bombardamento incominciato e per le voci correnti di Garibaldi e di Ricciotti feriti.

— Dove si combatte? dimandai.

— Alla porta di Langres.

Mi ci avviai e lì appresso stava agglomerato un banco di *mobilisés*.

Si tirava ma di rado. Scesi di carrozza e non tardò guari adarrivare Garibaldi reduce in città con una bandiera prussiana che ondeggiava dalla sua carrozza.

---

(1) La conduite de ces mobilisés était d'autant plus noble que l'ambulance massacrée à Hauteville appartenait justement à leur corps d'armée. Notre chère Anglaise ne souffle mot de tout cela.

Les Atrocités prussiennes.

Per la grande quantità e gravità dei feriti non si rifiniva mai nel trasporto, epperò l'indomani oltre i carri dell'ambulanza si requisirono i rotabili del vicinato e capitatomi sott'occhi nel cortile una carrozza superba e un calesse appartenente al sindaco di Daix vi posi la mano sopra con autorità del capo di stato maggiore il quale m'ha espressamente munita di cavalli del treno. Il contadino e la serva che, allontanato il pericolo, saltarono fuori e ridiventati custodi gelosi della roba del padrone mostraronsi risentiti per la presa delle carrozze : prima ci spogliarono i prussiani, proruppero, ora ci spogliate voi.

— Se il sindaco fosse stato al suo posto, risposi, nulla di tutto ciò sarebbe accaduto. Ponete che i prussiani fossero arrivati qui in vece nostra : trovando i loro feriti così barbaramente abbandonati vi avrebbero bruciato il villagio. (1) Baciatevi i gomiti ! E la buona fortuna di Daix volle che taluno siasi dedicato virtuosamente alla cura di tutti i feriti, poichè altrimenti il villaggio avrebbe dovuto venir a conti anche con Garibaldi.

E per verità così attente e così amorose sollecitudini ebbero i nostri nella casa della sorella del sindaco, la quale aveva date tutte le sue materasse e le signorili coperte di damasco e i pumacci e in persona servivali di brodi ristretti e di frutta, che li consigliai a rimanersene ivi un giorno di più per essere trasportati più ad agio.

Mentre che nel cortile della massaria me ne stavo intenta alla spedizione sopraggiunse un contadino di Fontaine il

---

(1) Mario oublie ici, ce qu'elle a raconté plus haut, que les médecins prussiens eux-mêmes avaient donné l'exemple de ce lâche abandon.

quale per una scorciatoia avviavasi a Hauteville e dissemi che andava a vedere una nipote assassinata dai prussiani.

Bisogna accertarsi, io dissi a Davis, di coteste istorie: anche la banderia là su, quella stessa che spiegai il 26 novembre, è bucherata dalle palle: fosse mai vero che i prussiani tirano sulle ambulanze?

E via sull'istante. Sormontata in dieci minuti la ripida china interrogai il sindaco di Hauteville. Egli ci condusse alla casa indicata quale teatro del delitto, e ivi una vecchia narrò l'atroce fatto. Alla prima luce dee 21 un'ambulanza, altri dice della prima brigata, altri dei *mobilisés* di Saône e Loir e, vi si stabilì; durante il combattimento chirurghi e infermieri non si occuparono che di feriti; non si trasse un solo colpo, affermava la vecchia; e verso sera sul declinare del conflitto s'intese intorno la casa il grido: franco-tiratori, franco-tiratori! (1) e una scarica di fucili dal di fuori. Caddero due individui dell'ambulanza ed una fanciulla ivi rifugiatasi sperando trovarvi maggior sicurezza che in casa sua.

Nè basta. Indifferenti alle deprecazioni dei padroni costernati, posto in non cale il fatto evidente dell'ambulanza, quelle briache (2) soldatesche invasero la casa, finorono i già feriti chirurghi, poi ne ferirono due altri, spogliarono mi orti, portarono via cavalli e carri.

Visitai la fanciulla morente. Compulsai più tardi infermieri dell'ambulanza, e il racconto di ciascuno confermava le asserzioni della padrona di casa, e in me cessò lo stupore per la irritazione e la brama di rappresaglie che occuparono l'animo dei francesi dopo quell'avvenimento.

---

(1) C'est en effet de ce prétexte qu'ils aimaient à couvrir leurs atrocités. Ici Mario cache sciemment une partie la vérité.
(2) Ils n'étaient pas ivres, ni l'officier non plus, qui éclairait de sa lanterne leur sinistre besogne.

E non pertanto tuttavia ignorasi chi fossero i rei : certamente il fatto era oscuro ai capi, se no non avrebberci affidato dugento feriti e le rispettive ambulanze.

Un altro di ne discorsi col generale Kettler che non volle credervi e quasi se ne offendeva; ma un uffiziale presente confermò l'atroce caso attribuendolo alla convinzione nei soldati che stessero nascosti nella casa franco-tiratori, e soggiunse essere stata ordinata un'inchiesta severa.

— Affrettiamo la partenza di quegl' infelici di laggiù, io dissi a Davis.

E prima della sera del secondo giorno tutti furono depositati al Liceo e nell' ospedale principale.

Il badese opinava di trasportare ogni cosa a Dijon ed ebbe a disposizione tutti i carri possibili, ma la bisogna durò due giorni.

Uno soltanto sembrava intrasportabile ed era il capitano nella camera accanto al maggiore estinto; e avutone notizia il giovine amputato insistette di rimanere anch'esso. Il capitano inutilmente ingegnavasi dimostrargli che il suo migliore era di farsi condurre a Dijon e per la cura e pel nutrimento.

— Ich vill dich nicht gelassen (1) (non ti vogliono lasciare).

Nondimeno e l'uno e l'altro vennero trasportati mercè dei mezzi semplici e perfetti delle ambulanze tedesche. Davis o un uffiziale dell'ambulanza generale acccompagnava ciascun convoglio.

---

(1) Je ne me porte pas garant de cet allemand-là.

Adandomene a Dijon con una di codeste spedizioni incontrai la processione funebre di Ferraris. Nè croce la precedeva, nè prete la seguiva. Il corteggio componevasi dei carabinieri genovesi, degli uffiziali delle legioni italiane e del quartiere generale. Collocata la salma colle formalità d'uso in doppia cassa, riserbavasi all' esumazione dietro richiesta della famiglia. Canzio pronunziò sulla fossa affettuose parole intorno alle virtù repubblicane del perduto amico e al nuovo dono fatto alla Francia di così preziosa esistenza. Gli amici gettarono una zolla nella fossa ove caddero non poche lacrime da uomini prodi come lui.

Al ritorno al quartiere generale ci aspettava dolore non meno crudele, imperocchè nella camera di Ferraris giaceva colla serena calma, a lui così fedele in vita, il cadavere di Bossak, rinvenuto allora solamente nel sito della strada di Darois agli estremi avamposti. Magnanima Polonia, i figli tuoi sogliono rispondere *presente* ovunque la libertà appelli; e quest'uno abbandonava la corte dello tsar (il quale avevalo raccolto fanciullo e orfano, e avevalo allevato e carezzato e protetto), e alla testa de'suoi fino all'ultima ora lottava per la libertà tua e nel fior degli anni perì in terra estranea per la libertà degli altri! (1)

Garibaldi provvide che il cadavere fosse imbalsamato e il municipio di Dijon fece costrurre una stupenda cassa di acajou foderata di zinco. L'imbalsamatura riusci tanto mirabile che 15 giorni appresso, mentre gli operai applicavano alla cassa la lastra di vetro per mantenere visibile la faccia, parevami che quella faccia potesse ancora svegliarsi e favellarmi di nuove speranze, e infondermi nuova fede che tutto non fu sofferto e patito indarno.

---

(1) Comment les Prussiens avaient pillé ce noble cadavre, voilà encore une part de la vérité que Mario oublie sciemment.

Ma non erano ancora consumate le nostre esperienze; e in vero la sera, preceduti allo ospedale in quattro feriti italiani di Daix per collocare letti scelti in sala ariosa : — *Venez ici, venez ici,* dissemi una suora di carità incaponita nel creder me prussiana, *venez voir l'ouvrage de ces monstres!*

E mi condusse in un cortile ingombro di cadaveri trasportativi dal castello di Pouilly; uno fra i quali di un franco-tiratore non però nella posa fantastica onde piacque al fotografista di riprodurlo colle braccia legate sul davanti; (1) ma evidentemente arso. Non aveva ferita, ma i piedi e le gambe apparivano combusti da fuoco lento; bruciato era il ventre e la parte inferiore della camicia a quadrelli; la schiena rimase intatta e da alcuna marca sulle spalle poteva congetturarsi ch' ei fosse stato legato ad un albero. Forse non fu che semplicemente legato mentre il castello ardeva; è probabile che qualche scellerato abbialo dapprima legato, indi gli abbia acceso il fuoco disotto, che lo condusse con lungo e atroce supplizio a morte.

Volemmo constatato il fatto dal chirurgico badese e da un infermiere, e benchè durante l'occupazione di Dijon i prussiani abbiano obbligato il gazzettiere che lo pubblicò a smentirlo, il fatto esiste tal quale io lo narrai.

Ne ragguagliai immediatamente Garibaldi che rabbrividi e ripugnavagli di credere e comandò che subito fosse sviscerato l'evento. (2)

E un minuto appresso quando gli mostrai le decorazioni

---

(1) Le photographe n'a fait que le reproduire dans l'état où nous l'avons vu de nos yeux.
(2) Ecrivant ceci en Italie un an après les évènements, Mario s'en tient à cette sèche constatation ; mais alors, à la vue du cadavre carbonisé, elle a laissé échapper en sa langue maternelle le cri d'horreur que chacun peut lire sur la couverture de ce volume.

del maggiore Priebs soggiunse : — Informatevi della sua famiglia e fate pervenire ai figli lo preziose reliquie.

Però tutti non si penetrarono della moderazione del generale. Non compresero che s' ei scendeva alle vendette d'uso non era quel Garibaldi che gli uomini ammirano, quel desso che non iscompagna mai la magagnamità dalla vittoria. A Monterotondo rifiutò di far fucilare un prete che tirò accatinamente sui nostri dal monastero di Santa Maria, e durante la campagna di Francia ogni suo atto fu generoso e ogni detto chiarì l'avversione sua profonda alla guerre per la guerra.

E i digionesi lo compresero meno d'altrui. Bramavano le rappresaglie nella vittoria ma non avevano l'animo altrettanto pronto di porre in giuoco la città per vincere. (1) Tant' è vero che a l'indomani della presa della bandiera le autorità e i dignitarii andarono a ringraziare Garibaldi delle sue gesta, ma colla preghiera in proscritto di non avventurarsi da capo all' offensiva perchè Dijon città aperta sarebbe alla fine certamente destinata a soccombere.

Visite à Kettler.

Ivi trovai spirante l'atletico Rastelli ferito nelle due cosce la notte del 21. I chirurgi badesi l'avevano assistito bene, Musini lo consolò di visite quotidiane, ma la ferita ad una delle coscie era troppo in su per rendere eseguibile l'amputazione; laonde otto giorni di spasimi infernali cambiarono l'alcide in uno scheletro : giammai mi venne veduta così miseranda trasformazione in tanto tempo corto. Un infirmiere prussiano, gigante come lui, gli prodigava cure tene-

---

(2) Mario lance là bien à la légère contre les Dijonnais une imbécile et abominable calomnie.

rissime di sposa e stava allora per fargli inghiottire qualche pezzetto di ghiaccio, e mi raccontò che notte e dì ei altro non dicea se non : mamma mia ! — Non mi riconobbe e l'indomani lo rividi morto.

I prussiani mostravansi allegrissimi dell' armistizio : appartenevano nella maggior parte alla *landwer*, (1) mariti e padri per sette mesi divisi dalle loro famiglie.

Il capitano amico del defunto Priebs e il giovinetto, amico del capitano, i quali giacevano in camera separata, mi consegnarono le lettere con effusione. E uscendo dalla porta di Langres mi fu chiaro che la notizia dell' armistizio era oramai divulgata.

Sartorio che sopraintendeva alla costruzione delle barricate non prestava fede alla fama. Un mobile mi fece :
— ora avremo tempo di riposarci. — Un franco-tiratore :
— ora si potrà organizzarsi.

Due differenti e caratteristici modi di considerare lo stesso fatto.

Io aveva lettera e salvocondotto del capo di stato maggiore, ma non tolsi meco nè bandiera bianca, nè bandiera d'ambulanza, certissima che le notizie giunte al nostro quartiere generale sarebbero state trasmesse anche prima al comandante dei nemici. Però posta in non cale, con prudenza proseguii il cammino con cavalli velocissimi e a gli avamposti tedeschi fui trattenuta e circondata. Spiegato di che si trattava, un uffiziale e tre soldati saliti nella mia carrozza mi condussero al villaggio di Messigny. Ivi presentatosi un capitano gli communicai la nuova dell' armistizio.

---

(1) Décidément la sympathie de Mario pour les Prussiens ne s'étendait pas à leur langue.

— No, questi disse in buon inglese, è guerra e non pace, ed ella e i suoi sono prigionieri.

Se non che appena gli mostrai le lettere dei feriti e gli conseignai la lettera cortese scritta in tedesco dall' aiutante di campo del generale Bordone si rabbonì, diventò ospitale e mi diede un solo uffiziale di scorta fino al quartiere generale di Kettler. Gli uffiziali mantenevano che armistizio per essi non esisteva fino all' annunzio formale del medesimo, ma i soldati deliravano di gioia e insistevano che i garibaldini trincassero seco loro.

Travammo il generale Kettler a tavola cogli uffiziali di quattro reggimenti. Lette le lettere dei suoi egli mi si mostrò compitissimo, ci volle partecipi del modesto pranzo di polli arrostiti, di mele e di birra, e ciò innanzi di toccare qualsiasi argomento. Ignorava il fatto dell' armistizio; (1) nè dobbiamo meravigliarcene essendo egli chiuso fra noi a Dijon e Lobbia a Langres, il quale venne alle mani vittoriosamente il 28 col 61º reggimento.

— Se è vero, così favellò, Parigi si arrese.

Ed io : — Non conosco i particolari dell'evento, però non sono convinta che un armistizio implichi una dedizione.

Il variar dei casi non rallentava la vigilanza dei prussiani.

Arrestarono eglino alcuni paesani venuti a ristorare di avena i miei cavalli nel timore che costoro potessero fornire al cocchiere qualche indicazione sui luoghi occupati, e

---

(1) Kettler savait parfaitement la vérité. Si ses officiers et lui feignaient de l'ignorer, c'est qu'ils espéraient par là duper nos paysans et endormir la vigilance de nos propres soldats.

sopraggiunsero le mogli lacrimose a protestare contro la dura punizione.

Consegnai al generale le decorazioni del maggiore Priebs, il quale e gli uffiziali presenti manifestarono alto cordoglio per la perdita d'un uomo ch' eglino appellavano insuperabile nel valore. Dalla lettura delle corrispondenze dei feriti e dai commenti facevasi aperto che ghi uffiziali conoscevano ed apprezzavano ciascun soldato.

Quando palesai il desiderio di Garibaldi che le decorazioni fossero restituite alla famiglia, Kettler che parlava poco il francese ma speditamente l'inglese mi fece : — È un gran cuore e un eroe il vostro Garibaldi; ma mi spieghi come mai egli si risolse di tirare la spada contro di noi che siamo gli alleati veri degli italiani.

— Combatte chi combatte i popoli, risposi, e per sostenere la repubblica.

— Sogni! utopie! La repubblica in Europa non può durare. Comunque, Garibaldi, che mette la vita come sanzione delle sue idee, è grande et generoso.

Poscia con modo simplice e con aria di deduzione naturale dimandò a me che venivo dal campo a quanti uomini Garibaldi comandasse. Io lo guardai e sorrisi e sorrise ncahe lui.

Seguendo il metodo dei quaccheri risposi alla sua interrogazione con altra interrogazione dicendo : In quanti avete attaccato Dijon il giorno 21 ? (1)

— Se non isbaglio, interruppe un uffiziale, ella è la signora rimasta coi feriti in quella notte.

---

(1) La scène est vraiment exquise et digne de la plume d'un Lesage,

— Sì.

— Mi direbbe adesso ov'erano i suoi allorquando ci siamo avanzati?

— Sulle loro posizioni. Coll'aggiunta di venti passi vi sareste trovato al tu per tu con Garibaldi.

— Ah! — l'esclamazione gli sgorgò dal cuore facendo egli mezza piroetta, alzando il viso ela mano come chi imprecá al destino. Ma certo in quel punto scambiava il fare coll'esser fatto prigioniero.

Io, proseguendo, gl'informai del franco-tirore bruciato e della scellerata strage di Hauteville. Kettler indignato e incredulo negò ambidue i fatti, e tutti in coro dichiararono l'affare del franco-tiratore una menzogna.

— L'ho veduto io, ripigliai, il cadavere bruciato.

— Non si dubita. Ma chi le guarentisce che codesti francesi bugiardi e amanti di notizie sorprendenti non abbiamo arso il cadavere eglino medesimi?

Ed io: — Non si può ammettere l'uccisione d'un camerata per ottenere un effetto teatrale. Il franco-tiratore morì senza ferita. In quanto concerne l'ambulanza so che uno dei chirurghi vostri constatò il fatto l'indomani, deplorandolo.

— E vero purtroppo, sorse a dire altro uffiziale. I nostri verso sera tirarono contro una casa addetta all' ambulanza, donde i franco-tiratori ci fulminarono tutto il giorno.

— Ma insomma, interruppe vivacemente il generale, dichiari, signora, se ci crede capaci di tanta enormità. Guardi le nostre faccie!

E guardai e ben di rado mi vennero vedute insieme tante oneste e franche e benevole fisonomie. (1)

E risposi : — Singolarmente uno per uno non vi credo capaci, nè la massa educata dell' esercito, ma a me oggimai è provato eccessivamente che l'odore del sangue tramuta gli uomini in belve. Anche la mia nazione è cavalleresca e umana, eppure nelle Indie sorpassò la crudeltà di Nerone.

— Procederò ad una inchiesta rigorosissima, ripigliò il generale non ancora guadagnato alla fede, e continuò : — Ma dica una altra cosa : la bandiera del 61º reggimento la rinvennero abbandonata in una casa, non è vero ?

— No generale, fu trovata in un modo assai più onorevole per voi : sotto un cumulo di cadaveri. (2)

— *C'est l'avoir perdue tout de même*, disse con molto pensiero rivelando nella frase e nell' accento la mortale angoscia dell' animo di antivedere registrato nella storia il nome suo come quello dell' unico generale tedesco che abbia perduta una bandiera coi francesi.

La mort de Perla.

Alle sette ci avviavamo all' ospedale grande e per la porta Guglielmo entravano le truppe prussiane. Una bandiera d'ambulanza sventolava sulla carrozza ; Davis aveva la fascia di Ginevra : — Provate il vostro diritto a quella fascia, disse un uffiziale.

Davis mostrò l'ordine di Bordone.

— Non vale, rispose ; ma il mio certificato dei feriti

---

(1) Parmi ces figures honnêtes, franches et bienveillantes, qui jouaient à Mario la comédie de l'innocence, il y avait celles des deux officiers assassins de Hauteville.
(2) Pure déclamation.

prussiani lo rassicurò, e ci acconsentì libero passo. Or come proseguire ?

Da tutte le porte entrava un mare d'infanteria, di cavalleria, di artiglieria. Cavalcava il famoso Manteuffel e Kettler e il suo stato maggiore che mi salutarono e arrestaronsi a parlar meco con grande scandalo dei francesi i quali del resto si riversavano sulle vie e s'accalcavano alle finestre e alle loggie come in di d'allegrezze pubbliche; e mi rinfrescavano la memoria di quei versi di Berchet, spesso sul labbro di Garibaldi.

— Che vuol questa gente ecc. ?

All' ospedale maggiore rinvenni i feriti sbigottiti, e gli assistanti ancora più, al romoreggiare delle soldatesche prussiane nel cortile. Al nostro ingresso nelle sale ci accolse una salva di benvenuti. Il bravo capitano Aiuti gravemente colpito in un braccio andava di sala in sala incoraggiando e consolando i compagni. Vi erano i quattro portati da Daix e un capo ameno ferito alla testa e in bocca che si arrampicò alle inferrate a far le fiche, e occhiacci e sberleffi e gesti di minaccia ai prussiani del cortile. Lo chiamai giù e, impotente di favellare, ei mi scrisse una lunga istoria de' suoi guai.

Egli aveva fame e il chirurgo ordinogli un litro di cioccolatte, ma il cuoco non obbedì ; io gli assicurai il cioccolatte a condizione che cessasse da quella ginnastica compromettente.

Nel convento dei capuccini trovai « la città dolente » « e l'eterno dolore. » In isquallide sale gemevano agglomerati più di cento dei nostri : affidati alla cura dell' ambulanza generale rimasero deserti ; solamente un generoso polacco stette al suo posto. Molti erano fuggiti alla notizia della partenza, e, cercate indarno vetture, errarono miseramente la notte nelle vie.

Vincontrai l'*ordinanza* di Ricciotti, gravemente ferito; moltissimi italiani, ond era piena una sala, e fra essi un sergente, promosso sul campo, *in extremis*; se non che rebelle alla morte reclamava brevetto e soldo : Pasquale livornese, che ei accompagnò a Dijon con Gnecco, colpito al piede; e con loro sette prussiani trasferiti da Daix.

Occorreva tutta la giornata per dare forma a quel caos, e le donne che reggevano l'ospedale, appartenenti a non so qual ordine religioso, non si segnalavano per quello zelo onde gli altri opedali di Dijon andavano veramente preclari.

Soltanto il timore dei prussiani produsse nel loro animo qualche effetto salutare, et io non ommisi di toccare la corda sensibile; e poi accorse ausiliario il sindaco Dubois e l'impareggiabile ispettore degli ospedali di Dijon. Col sopraggiunto rinforzo dell' ambulanza internazionale tutti sull' imbrunire ebbero medicatura e cibo.

Proseguii di là al cimitero per assicurarmi che la cassa contenente la salma di Gnecco fosse collocata nel luogo assegnato; che fosse deposta sul tumulo una cospicua corona di fiori lasciata da Razeto e dai commilitoni del morto, inconsolabili di non aver potuto assistere in persona all' estremo addio. Trovai il becchino in atto di riempire la fossa; laonde non mi avanzava che di constatare la registrazione del numero 930 nel libro del portiere, di vedere segnato il nome di Gnecco sovra una croce di legno, di deporre un' altra corona e di scrivere il 932 per De Nobile.

Regalai di denaro il becchino raccomandandogli di mantenere inviolate quelle sacre zolle, e passando accanto al luogo dove riposavano Ferraris e Bossak, mi avviai alla casa ove Perla agonizzante pugnava tuttavia col vigore della giovinezza colla morte. Mi parlò con angoscia straziante della madre ottuagenaria, della moglie, di sei figli, il maggiore dei quali non superava i nove anni; e il misero non s'illudeva punto colla speranza di rivederli.

Alloggiava nel palazzo d'una dama ricca, aristocratica e bigotta, la quale per non guastare la propria lingeria ne richiedeva dal municipio. Il Perla, nemico dei preti, durante una malattia cui soggiacque a Lyon ingiunse al suo amico Rossi, moribondo ora anch'esso, di non permettere che prete al mondo avvicinasse il suo letto. Lo interrogai se gli bisognasse denaro e mi rispose che l'uffiziale pagatore la vigilia gli diede duecento lire, e mi separai da lui quella notte nella quale persona di servizio attenta e premurosa lo vegliava, e mi rifeci all' albergo. Ivi languiva il maggiore Zauli, trafitto al pomone e gelato un piede per essere rimasto ventiquattr' ore nella neve. Nessun medico avevalo veduto dopo la partenza dei nostri; io lo fasciai alla meglio per quella notte e impegnai il medico dei prussiani di visitarlo. Il quale di buon grado accondiscese e se lo assunse in cura. Consumai tutto quel giorno tra i feriti ricoverati ai *frères*, a Sant' Anna, alle *petites sœurs*.

Ai *frères* Rossi peggiorava, e Moro, bel giovane che addetto all' ambulanza se ne distaccò il 21 per prendere un fucile. Compromesso nel processo Barsanti viveva proscritto; non pensava che alla sua patria, alla propaganda repubblicana e avidamente informavasi di Mazzini idoleggiato da lui. Ferito al petto sognava come i tisici di non morire, e solo desiderava d'essere tradotto in casa privata imperocchè il fumo dei sigari lo infastidiva.

Volle notizie dei suoi amici, i fratelli Bettini, e mi guardai bene dall'annunciargli che uno morì e l'altro fu ferito ed era irreperibile. I feriti sollecitavano al solito per sigari e foglia trinciata ed io ne avevo pescato una ragguardevole quantità, che solleticò l'appetito di un picchetto prussiano il quale tentò di pigliarseli dalla mia carrozza mentre io m'occupavo intarno a un ferito in una casa privata.

Il mio cocchiere Emanuele contrastò strenuamente la preda a quei signori finchè capitò un uffiziale dei loro che rimandolli berconciati.

Presso le famiglie i nostri ebbero trattamento di figliuoli.

Rammento con ispeciale tributo d'onore la signora *Saint-Seine*. Tutte quelle persone egregie e sopra tutte un avvocato sentivano e manifestavano ogni loro officio esser poco in ricambio della virtù degli stranieri andati a difendere la Francia.

Nella mesta e assorbente occupazione i giorni passavano rapidissimi ed era quotidiana l'angoscia mia di chiudere gli occhi a più di uno che la morte ci rapiva. La mattina del 6 visitai Perla, siccome costumavo, e lo trovai morto. Commisi una doppia cassa di quercia e di zinco; ma riseppi poi che il municipio aveva fatto altrettranto. La padrona di casa andava, veniva, si affaccendava e stillavami all'orecchio averle il maggiore Perla espressa la volontà d'essere accompagnato dai preti; se non che Rossi, tuttora presente a se stesso dichiarò che ciò facendo violerebbersi le più profonde e notorie canvinzioni del defunto.

Consultati tutti gli amici suoi ebbi riconferma di questo detto e in pari tempo domandai ed ottenni gli onori militari all'eroico nemico dal comando prussiano il quale promise di mandare anche la banda.

Radunati alcuni membri delle ambulanze lionesi, il dottore polacco, Davis ed io si assistette alla deposizione nella cassa del cadavere del colonnello. La signora di casa insisteva perchè fosse aspettato il prete che ella aveva chiamato a proprie spese, ma stavano schierati abbasso più di duecento prussiani e fatta scendere la cassa fu collocata sul carro funebre. A dieci passi di là c'imbattemmo nei preti e per evitare uno scandalo in cotanto solenne rito non s'impedì ch'ei seguissero. L'intera popolazione di Dijon affollata sulle vie mostravasi commossa ed era a capo scoperto. I prussiani procedevano per la strada che mena al cimitero e la loro banda suonava la marcia funebre di Rossini, quando ad una svolta i preti avvertirono il capo del corteo di sostare, e quattordici altri pretri davanti la chiesa parrocchiale attendevano di ricevere la salma, di deporla sul catafalco e cantarle intorno le esequie. I prussiani stettero alquanto incerti ma Davis e il polacco balzarono presso l'uffiziale prussiano facendogli premura di proseguire, e afferrate le briglie dei cavalli del carro funebre si lasciarono dietro i preti.

Calata la cassa nella fossa il polacco parlò con effusione di affetti; poi si affacciò un francese il quale pronunziò una *discorsa* ridondante di sterili minaccie e di vanti per l'avvenire contro gli invasori sacrileghi. Credo che la vana ciancia riuscisse inintelligibile ai nemici cortesi i quali si arrestarono a venti passi di distanza a testa ignuda per lasciarci soli nel compiere l'estremo atto pietoso. Poi quando tutto fu finito e le prime zolle gettate nella fossa, accennarono di appartarci e spararono tre volte — le tre scariche d'onore — e riprincipiarono la lenta marcia e la mesta musica.

L'albergatore della *Cloche* avevami allestita una carrozza chiusa perchè io seguissi la processione, e in essa tornai ai *freres* per asservare la promessa data a Rossi e a Moro di rivederli.

— Ci sono alcuni italiani che l'attendono nella sala, dissemi il frate.

Vi andai sopra pensieri. Una vecchia signora accompagnata da due signori mi si appressò. Ella ed uno de' due compagni con accento pieno d'ambascia esclamarono : — mio figlio, mio figlio!

L'altro con sembiante afflitto tacque; fratello di Rossi, da questi morente seppe che il figlio della signora Perla non viveva più : ed era quella la signora Perla che ottagenaria e sola nel cuore dell' inverno si tolse per la prima volta dal suo paese nativo per assistere l'ultimo figlio che le avanzava. Ma il figlio suo e quello dell' altro signore erano morti.

Non ricordo mai d'essere sottostata a più duro compito e ancora non m'è ben chiaro in qual modo l'abbia adempiuto.

Rossi intanto chiamavami al suo letto : ei raggiava di gioia e di speranza : — Ora guarirò, disse; e appena potrò muovermi andrò a casa e l'aria di campagna mi ristabilirà.

Indi soggiunse sottovoce :

— Taccia alla signora Perla che il figliuolo suo morì senza sacramenti : le nostre donne non pensano come noi.

Pregai il fratello di Rossi di comunicare al suo amico la perdita del proprio figlio e tolta sotto braccio la povera madre la condussi alla carrozza e la trassi al mio albergo. Ella aveva tutto indovinato e pianse dirottamente ed io guardai il più riverente silenzio. Ella non solamente aveva perduto il figlio idolatrato ma sapeva che egli era l'unico sostegno di sei picciole creature e della giovine vedova. A poco a poco calmandosi mi chiedeva i particolari e raccontavami che qualche giorno innanzi un amico di lui arrivò a casa con un baule pieno di regali, per la moglie e pei figliuoli, ch' ei comperò pel capo d'anno; che alla notizia della sua ferita ella partì subito, e che vide Canzio a Macon il quale le diede buone speranze. E ad ogni tratto esclamava :

— Non è possibile! non è possibile!

Io le venni narrando la mesta istoria dalla ferita alla morte : la promozione a colonnello sul campo; l'acceso e costante pensiero di lui per la famiglia, le onoranze funebri resegli dal nemico. Questo fatto addolcì alquanto le piaghe della dolorosa che disse :

— Egli che abborriva i preti ne avrà avuto soddisfazione !

A tali parole, io, dubitosa che il fatto quale accadde non le rinacerbisse il dolore, mi sentii rimosso dal petto un grave peso. Anzi ella si mostrò consolata conoscendo che fu obbedito alla volontà del figliuol suo.

— Pregherò io per lui, soggiunse semplicemente.

Santa donna! se mai preghiera dei vivi può cosa alcuna lassù per i nostri, sarà preghiera come la vostra.

Ella non chiuse occhio durante la notte, e la dimane e i giorni appresso volle accompagnarmi agli ospedali, nè ho incontrata mai più intelligente e più infaticabile infermiera.

L'amore per il figlio estinto ella spandeva sui superstiti compagni di lui, e più d'un letto di dolore fu racconsolato e più d'un morente ebbe alleggerita la suprema ambascia dalla soave mano e dalle tenere parole di quella derelitta madre italiana.

Visti finalmente tutti i feriti rassegnati e non più trepidanti della presenza dei prussiani mi risolsi di dimandare la facoltà del ritorno. Li rivisitammo tutti ancora una volta e li rincorai con un deposito di denaro datomi per essi da Garibaldi, stendendo una lista nominale, annotandovi gli arretrati di paga che con insistenza reclamavano. E proprio l'ultimo dì il Bettini, statosene in casa privata, ricomparve all'ospedale maggiore per l'estrazione della palla; scrisse una lettera alla sua famiglia e fu il novissimo vale perchè dopo l'operazione morì. Il *gamin* ferito alla bocca migliorava; lo beatificai con larga provvisione di cioccolatte ma parevami men folle dubitando di non ricuperare la favella perduta.

Al municipio incontrai nell'allegrezza le donne di Talant da basso, che riebbero i loro uomini trattenuti sin allora come ostaggi, e frattanto il popolo nella piazza fischiava sonoramente il sindaco di Daix il quale ravvisata la propria carrozza la richiedeva dalle mani di Davis che per tutta risposta raccontando ai curiosi le gesta del richiedente obbligavalo di sottrarsi frettoloso al popolare risentimento.

Nel medesimo giorno venne sepolto Moro; e in breve Rossi lo raggiunse. Un terza, di cui non rammento il nome, ferito con Leonardo e con Rastelli il 21, delirava e agonizzava.

La Francia vantando i servigi resi all'Italia fara bene di gettare uno sguardo a quei tanti italiani senza nome sotterrati nel cimitero di Dijon.

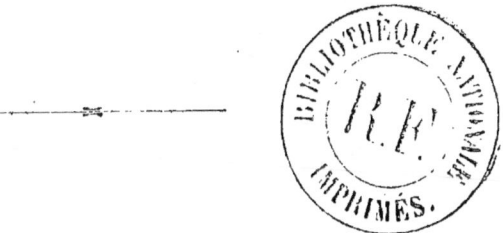

EFFECTIFS

DE NOTRE ARMÉE

I

VERS LA FIN D'OCTOBRE.

Commandant en Chef : Garibaldi Giuseppe, commandant en chef de tous les corps francs de la zône des Vosges depuis Strasbourg jusqu'à Paris et d'une brigade de garde mobile.

Commandant du quartier-général : Canzio Stefano, chef d'escadron.

Chef d'état-major général : Bordone, colonel.

1re *Brigade. Commandant :* Bosak-Hauke, général de brigade. 1er Bataillon des mobiles des Alpes-Maritimes : 750 hommes. 1er et 2e Bataillon des francs-tireurs de l'Egalité de Marseille : 400 hommes. Volontaires du Rhône : 230 hommes. — Eclaireurs du Rhône : 180 hommes.

2e *Brigade.* En formation.

3e *Brigade. Commandant :* Garibaldi Menotti, colonel.

2e Bataillon des mobiles des Alpes-Maritimes, recruté surtout à Nice : 775 hommes. — Bataillon unique des mobiles des Basses-Alpes : 650 hommes. — Francs-tireurs de Colmar, recrutés surtout avec les dépôts et sous l'uniforme de la ligne : 300 hommes.— Corps francs d'Alger et d'Oran : 250 hommes.

Corps non embrigadés.

Carabiniers génois, capitaine Razetto : 100 hommes. — Francs-tireurs de Dôle : 40 hommes.—Chasseurs des Alpes, recrutés surtout en Savoie, capitaine Michard : 100 hommes.

Cavalerie. 43 hommes du 7e chasseurs à cheval.

Effectif total d'environ 3,900 hommes. (1)

II

VERS LE COMMENCEMENT DE DÉCEMBRE.

Commandant en Chef : Garibaldi Giuseppe.

Commandant du quartier-général : Canzio Stefano, chef d'escadron.

Chef d'état-major général : Bordone, colonel.

1re Brigade : Bosak-Hauke, général.

Eclaireurs du Rhône : commandant Loste. — Chasseurs égyptiens, recrutés soit en Egypte, soit dans le midi de la France, commandant Pennazzi. — Légion espagnole, commandant Elola.—Eclaireurs de Gray, capitaine Lambert. Soit environ 1,250 francs-tireurs.— 1er bataillon de mobiles des Alpes-Maritimes, commandant Bruneau : 800 hommes. — 42e régiment de mobiles, colonel Williame : 2,200 hommes.— Total : 4,250 hommes.

2e Brigade : Delpech, lieutenant-colonel.

1er bataillon de l'Egalité de Marseille : commandant

---

(1) BORDONE. IV, 44.

Gauthier. — 2ᵉ bataillon de l'Egalité de Marseille : commandant Raymond. — Guerilla d'Orient : commandant de Saulcy. — Guerilla marseillaise : commandant Bousquet.— Total environ : 1,500 hommes.

3ᵉ *Brigade* : Garibaldi Menotti, colonel.

1ʳᵉ légion italienne : lieutenant-colonel Tanara. — 2ᵉ légion italienne, dite des chasseurs des Alpes : lieutenant-colonel Ravelli. — Francs-tireurs de Colmar : commandant Eudeline. — Francs-tireurs d'Oran : capitaines Cruchy et Limousin. — Francs-tireurs d'Alger : capitaines Boitel et Landsmann. — Francs-tireurs de Vaucluse : capitaines Fabry et Eyraud. — Francs-tireurs du Doubs : commandant Ordinaire. — Carabiniers génois : capitaine Razetto. — Francs-tireurs du Midi : capitaine Pilard. — Garde civique de Marseille : commandant Debray. — 2ᵉ bataillon des mobiles des Alpes-Maritimes : commandant Guide. — Bataillon des mobiles des Basses-Alpes : commandant Barthélemy. — Bataillon des mobiles des Basses-Pyrénées : commandant Borel. — Total : environ 5,680 hommes.

4ᵉ *Brigade* : Garibaldi Ricciotti, commandant.

Chasseurs des Alpes, capitaine Michard : 100 hommes.— Francs-tireurs dauphinois, capitaine Rostaing : 100 hommes. —Francs-tireurs des Vosges, capitaine Welker : 90 hommee. —Francs-tireurs de Dôle, capitaine Habert : 40 hommes.— Eclaireurs du Doubs, lieutenant Begey : 40 hommes. — Chasseurs du Hâvre, capitaine Damone : 100 hommes. — Bataillon Nicolaï, recruté surtout en Corse : 180 hommes. — Croix de Nice, lieutenant Nivon : 60 hommes.— Francs-tireurs toulousains, capitaine Grzbowski : 80 hommes. — Francs-tireurs de l'Aveyron, capitaine Rodat : 90 hommes. — Francs-tireurs du Mont-Blanc, capitaine Tappaz : 90

hommes. — Chasseurs républicains de la Loire, capitaine Laberge : 70 hommes. — Eclaireurs de l'Allier, capitaine Prieur : 52 hommes. — Francs-tireurs du Gers, capitaine Duluc : 70 hommes. — Total : environ 1,160 hommes.

Cavalerie : Un demi-escadron du 7e chasseurs, capitaine Bondet : 36 sabres. — Un demi-escadron de francs-cavaliers de Châtillon, environ 40 sabres. — Un escadron de guides italiens : environ 80 sabres. — Total : environ 150 sabres.

Artillerie : Ollivier, commandant. — Une batterie des mobiles de la Charente-Inférieure, capitaine Senné. — Une batterie des mêmes, capitaine Ranson. — Une batterie de montagne, capitaine Pohin. Total 18 pièces. — Soutiens : les Enfants perdus de Paris, commandant Delorme : 300 hommes. — Total : environ 600 hommes.

Génie : Gauckler, lieutenant-colonel. — Une compagnie de pontonniers du Rhône, capitaine Kauffmann.— Total : environ 75 hommes. — Détachements divers.

Corps non embrigadé : Une légion des mobilisés de Saône-et-Loire, lieutenant-colonel Pelletier : 1,774 hommes.

Effectif total : 16,000 hommes environ.

III

VERS LA FIN DE JANVIER

Commandant en chef : Garibaldi Giuseppe.

Chef d'état-major : Bordone, général.

1re *Brigade* : Commandant en chef : Canzio, colonel. — Chef d'état-major : Bayard, chef d'escadron.

Carabiniers génois : Razetto. — Légion de Marsala :

Orense. — Compagnie espagnole : Garcia. — Compagnie franco-espagnole : Artigala. — Eclaireurs de Gray : Neveu. — Chasseurs égyptiens : Pennazzi. — Francs-tireurs du midi : Gent. — Francs-tireurs de Philippeville : Bablon. — Francs-tireurs du Rhône : Tainturier. — Compagnie algérienne : Dubiès. — 42e régiment de mobiles de l'Aveyron : Williame. — 1re légion des mobilisés de l'Isère : Bleton. — Une batterie de mitrailleuses : Pasanisi.

2e *Brigade* : Commandant en chef : Lobbia, lieutenant-colonel. — Chef d'état-major : Jolivalt, ancien capitaine d'état-major.

1er bataillon de l'Egalité de Marseille : Gauthier. — 2e bataillon de la même : Raymond. — Guérilla marseillaise : Bousquet. — Guérilla d'Orient : De Saulcy. — Tirailleurs garibaldiens du Var : Danilo. — Compagnie de marins : Genet. — Francs-tireurs de l'Atlas : Gallien. — Eclaireurs à cheval : Corso.

3e *brigade* : Commandant en chef : Menotti, général. — Chef d'état-major : Sant' Ambroggio, chef d'escadron.

1er bataillon des mobiles des Alpes-Maritimes : Bruneau. — 2e bataillon des mêmes : Monnic. — Bataillon des mobiles des Basses-Alpes : Barthélemy. — Bataillon de mobiles des Basses-Pyrénées : Hiriart. — 3e légion des mobilisés de l'Isère : De Combarieu. — 1re légion de volontaires italiens : Tanara. — 2e légion de volontaires italiens ou chasseurs des Alpes : Ravelli. — Bataillon des francs-tireurs réunis : Loste. — Bataillon de francs-tireurs algériens : Cruchy. — Bataillon de francs-tireurs comtois : Ordinaire.

4e *brigade* : Commandant en chef : Ricciotti, lieutenant-colonel. — Les mêmes que précédemment. — En outre : Volontaires de Loir-et-Cher : Dambricourt. — Chasseurs de Caprera : Rolland. — Francs-tireurs du Croissant : Barbot. — Enfants perdus de la montagne : Durieux. — Francs-tireurs de la Côte-d'Or : Godillot. — Compagnie de la revanche : Verdan. — 2ᵉ légion de mobilisés de l'Isère.

5ᵉ brigade : En formation vers le milieu de janvier. — Elle s'est fondue dans la 1ʳᵉ brigade après la 3ᵉ bataille de Dijon.

Cavalerie : Un demi-escadron du 7ᵉ régiment de chasseurs à cheval : Marie. — Deux escadrons de guides italiens : Farlatti. — Un escadron de francs-cavaliers de Châtillon : Radovich. — Un escadron du 3ᵉ hussards : Roland. — Un escadron du train des équipages : Cerrato. — Divers autres escadrons. — Total : environ huit escadrons.

Artillerie : Les mêmes que précédemment. — En outre : Deuxième batterie des mobilisés de Maine-et-Loire. — Diverses autres batteries arrivées la veille de la troisième bataille de Dijon, ou pendant, ou après. — Total d'environ quinze batteries.

Génie : Commandant en chef : Gauckler, lieutenant-colonel. — Compagnie de pontonniers du Rhône : commandant Kauffmann. — Corps du génie : capitaine Sartorio. — Volontaires du génie : commandant Garnier, à titre auxiliaire.

Effectif total : de 26,000 hommes le 19 janvier à 50,000 hommes le 31 du même mois. — Du 19 au 31 l'effectif a varié tous les jours.

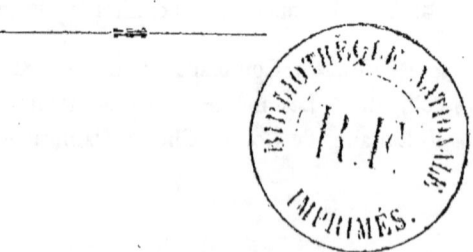

LEXIQUE

DES MATIÈRES ET DES NOMS

A

Adriatique. 81.
Afrique. 287.
Ahuy. 357.
Aignay. 297.
Alacoque. 336.
Alexandre. 325.
Algérie. 287.
Algériens. 91, 99, 101, 166, 300.
Allemands. 16, 35, 73, 75, 83, 125, 128, 129, 130, 135, 267, 287, 289.
Alpes. 81, 150, 209.
Alpes - Maritimes. 197, 228.
Alsace. 65, 137.
Alsaciens. 234, 265, 318, 328, 350.
Alvensleben. 123, 209.
Ambert. 93, 306.
Ambulances allemandes. 103, 185, 352.
Ambulances françaises. 113, 124, 336.
Amérique. 80, 226, 266.
Amiens. 110, 244, 265, 284.
Ampilly. 120.
Ancey. 148, 197, 310.
Anghiar. 81.
Annibal. 152.
Anthully. 218.
Antoinette Lix. Voyez Lix.
Apennins. 151.
Arabes. 152.
Arcey. 289.
Arc-sur-Tille. 42, 49.
Armançon. 260.
Arme blanche. 71, 102, 135, 138, 143, 157, 169, 175, 188, 207, 208, 236, 309, 310, 371.
Armée allemande. 5.
Armée de Frédéric-Charles. 113.
Armée de la Côte-d'Or. 18, 19, 22, 32, 79, 285.
Armée de la Loire. 7, 109, 110.
Armée des Vosges. 7, 13, 84, 85, 109, 136, 137, 147,

149, 190, 201, 221, 225, 234, 244, 251, 258, 259, 275, 285, 289, 292, 295, 345, 393.

Armée de l'Est. 7, 266, 283, 287, 373.

Armée de l'Ouest. 7, 111.

Armée du Nord. 7.

Armée régulière. 86, 89, 112, 287, 309.

Armistice. 306, 392.

Arnay-le-Duc. 207, 215.

Arndt. 131.

Arran. 327.

Arroux. 107, 220, 230, 232.

Arsac. 330.

Artillerie française. 17, 20, 22, 23, 34, 41, 42, 55, 85, 111, 152, 165, 167, 197, 198, 211, 219, 225, 226, 233, 241, 266, 267, 278, 287, 295, 305, 307, 322, 343, 357, 367, 370, 393.

Artillerie allemande. 15, 29, 46, 48, 49, 53, 55, 59, 69, 70, 98, 100, 103, 113, 118, 147, 158, 159, 160, 161, 168, 170, 197, 198, 219, 220, 233, 234, 236, 239, 241, 284, 287, 322, 343, 344, 352, 357, 367, 370.

Asnières. 329, 375.

Atlantique. 53, 80, 81, 152.

Attaques de nuit. 173, 335.

Auberive. 285.

Auerstaedt. 76.

Augsburger allgemeine Zeitung. 360.

Aunay. 400.

Aurelles. 94, 111, 244, 266, 290.

Autriche. 9, 80, 81.

Autun. 107, 108, 110, 112, 118, 128, 143, 186, 206, 207, 209, 211, 234, 239, 250, 260, 295, 317, 359, 400.

Autunois. 217, 228.

Auvergne. 209.

Auvet. 33, 37.

Auxerrois. 215.

Auxon. 143, 186.

Auxonne. 14, 15, 20, 34, 42, 86, 97, 311, 343.

Avallon. 297, 311.

Avant-garde. 153.

Avaux. 297.

Aveyron. 197, 200, 210, 231, 234.

Avocats. 8, 19, 22, 30, 36, 286, 288.

B

Badois. 69, 137, 161, 168, 176, 177, 183, 184, 195, 207, 219, 231, 235, 240, 243, 290, 311.

Baghino. 337, 339, 373.

Bagues. 124, 209.

Baigneux. 297, 298.

Baïonnette. 71, 102, 135, 138, 143, 157, 169, 175,

188, 207, 208, 236, 297, 309, 310, 371.
Ballons. 7, 110.
Bapaume. 283.
Barbançon. 230, 231.
Barbès. 7.
Bargy. 57, 91, 365, 370, 379.
Barricades. 28, 56, 60, 101, 309.
Basse-Bourgogne. 260.
Basses-Alpes. 173, 179, 187, 198.
Basses-Pyrénées. 173, 179, 187, 198, 337.
Basso. 226.
Baudach. 311, 312, 330, 380, 383.
Bavarois. 110.
Bazaine. 5, 9, 86, 119, 217, 219, 249, 266, 286, 290, 291, 311, 390.
Bazeilles. 267, 345.
Beauce. 267.
Beaune. 42, 43, 44, 46, 79, 137, 235, 243, 257, 259, 318, 319.
Becker. 100, 101, 102, 137, 142, 166, 169, 205, 206.
Beghelli. 299, 327.
Bel-Air. 306, 350.
Belfort. 12, 15, 18, 20, 186, 267, 285, 289, 382.
Bellevillois. 288.
Belloc. 218.

Berlin. 306, 381, 385, 406.
Bernard. 90.
Bertillon. 326.
Bertrand. 23, 30, 35, 36.
Besançon. 13, 14, 15, 17, 18, 21, 36, 41, 44, 55, 79, 85, 109, 285, 290, 291, 343, 345, 353, 391.
Betz. 49.
Bèze. 33.
Beyer. 46, 54, 56, 63, 69, 101.
Bien public. 301,
Binas. 94,
Bismarck. 8, 147.
Bivacs. 149.
Bizzoni. 207, 337.
Blairet. 93, 152.
Blaisy-Bas. 147, 312, 318.
Blavier. 62.
Blessés. 90, 161, 340.
Bligny-le-Sec. 299, 301.
Bligni-sur-Ouche. 251.
Blondel. 27.
Blousards. 70, 75, 190, 205.
Blucher. 74.
Bois-Royaux. 201.
Bolivar. 80.
Bombonnel. 23, 36, 46, 91, 210, 344.
Bonapartistes. 4, 19, 296.
Bongrand. 300
Bonne foi allemande. 239.

Bordeaux. 288, 384.
Bordet. 72.
Bordone. 82, 85, 86, 111, 112, 143, 153, 157, 166, 167, 187, 198, 217, 218, 219, 225, 227, 229, 231, 243, 250, 257, 275, 276, 306, 307, 308, 329, 339, 362, 384, 395, 401.

Bosak. 79, 138, 157, 158, 159, 162, 169, 170, 307, 325, 329.

Boudrenée. 54, 55.

Bourbaki. 5, 266, 279, 284, 285, 286, 288, 290, 296, 343, 344, 352, 354, 375, 376, 390, 401, 403.

Bourbons. 4, 81.
Bourcet. 190.
Bourg-en-Bresse. 393.
Bourges. 15.
Bourgogne. 15, 45, 83.
Bourgonce, 7, 13, 21, 27, 285.
Bourras. 138, 177, 210, 241, 259, 280, 329, 376.
Braconnier. 335.
Brandebourg. 309.
Braun. 265.
Brazey. 98, 138, 166.
Brême. 72.
Brésil. 80.
Bretagne. 107.
Bretenières. 101.
Briand. 111, 244.
Brigade Kettler. 311.

Brisac. 13.
Brisquards. 287.
Brulet. 72.
Brûlé vif. 360, 373.
Buchy. 244.
Buffon. 260.
Bussy. 253.
Buzenval. 390.

C

Calamy. 61.
Cambriels. 13, 14, 17, 18, 20, 27, 33, 34, 36, 37, 42, 55, 63, 79, 85, 86, 109, 285.
Campagne d'automne. 7, 244, 265, 266, 309.
Campagne d'été. 5.
Campagne d'hiver. 265, 309, 310.
Canal de Bourgogne. 97, 98, 319.
Canche. 240.
Canzio. 168, 198, 226, 231, 308, 327, 366, 371, 373, 393.
Capitale, 7, 19, 83, 110, 111, 143, 265, 266, 311, 390.
Capitulards. 41.
Capitulations. 32, 226.
Capout. 118.
Capotes. 113, 241.
Caprera. 81, 82, 84, 153.
Caprivi. 386, 405.
Capucins. 55, 59.

Carabines Minié. 91, 200.
Carabiniers génois. 150, 175, 176.
Carcassonne. 382.
Carnot. 17, 89.
Carrière de graviers. 369.
Casques pointus. 50, 176, 240, 369.
Castillon. 219.
Cathelineau. 4.
Causses. 200.
Cavalerie française, 8 23, 41, 56, 69, 85, 114, 166, 168, 228, 241, 266, 278, 289, 290, 295, 305, 310, 343, 352, 371, 375, 393.
Cavalerie allemande. 15, 29, 46, 48, 49, 99, 103, 118, 123, 147, 200, 206, 207, 215, 218, 228, 266, 267, 284, 289, 301, 309, 312, 343, 344.
Cavaniol. 129.
Cave. 62.
Châlons. 230, 394.
Chambéry. 85.
Chambœuf. 138, 140.
Chamousse. 141.
Champagny. 299, 301, 345, 373.
Champ d'oiseau. 298.
Champigny. 381.
Chanceaux. 285, 296, 300.
Changey. 174, 176, 177,
179, 189, 242, 322, 326, 349, 351.
Chanzy. 5, 266, 287, 389, 396.
Chapeau. 198, 200.
Charente-Inférieure. 227, 358.
Charlemagne. 75.
Charmette. 358.
Charette. 4.
Chassepots. 83, 91.
Chasseurs. 61.
Chasseurs à cheval. 113, 152.
Chasseurs des Alpes. 91, 120, 124.
Château - Chinon. 109, 297.
Châteaudun. 267, 345.
Châteauneuf. 243, 257.
Châteauvillain. 113, 128, 129.
Châtillon-le-Duc. 18.
Châtillon-sur-Seine. 113, 114, 118, 136, 168, 205, 206, 230, 236, 268, 284, 285, 298, 302.
Chaumont en Champagne. 113, 136.
Chaumont - lez - Talant. 177, 313, 321, 349, 350, 353.
Chaumottes. 233.
Chaux. 89.
Chemins de fer. 86, 113, 289, 345.
Chemises rouges. 112,

150, 151, 157, 159, 166, 173, 184, 216, 231, 236, 240, 278, 295, 321, 327.

Chenet. 201, 210, 216, 217, 219, 226, 249, 250, 317, 401.

Cinquième brigade. 308.

Ciotti. 389.

Clairon italien. 178.

Clément-Janin. 28, 32, 34, 43, 45, 56, 59, 61, 62, 64, 71, 195, 208, 242, 243, 259, 308, 326, 336.

Cluse. 392.

Colberg. 300.

Colmar. 234.

Combe-au-Diable. 318.

Combe-aux-Echos. 166, 196, 197, 198.

Combe de la Vaux. 139.

Comités de défense. 41, 71, 225.

Communications allemandes. 113, 286.

Conservateurs. 3, 5, 19, 37, 74, 225.

Conta. 312, 328, 330.

Convention. 64, 221.

Corcelles. 158, 160, 161, 170, 191, 318.

Corps franc des Vosges. 138.

Corthier. 227.

Côte-de-Fer. 259.

Côte d'Or. 19, 53, 117, 138, 242, 259, 267, 275,

Couches-les-Mines. 219.

Couhard. 227, 231, 235.

Coulmiers. 110, 136, 244.

Coulmiers-le-Sec. 119.

Coups de main, 113, 120, 137, 153.

Cour d'assises. 218,

Cour martiale. 250.

Coursault. 296.

Couternon. 43, 49, 57.

Coynart. 43.

Cremer. 138, 162, 206, 241, 242, 257, 259, 275, 280, 392.

Crevisier. 243.

Crémieux. 7, 83.

Crépand. 298.

Creusot. 109, 226, 235, 401.

Crevisier. 243.

Crimée. 139.

Croix Leroy. 368.

Crouzat. 21, 109.

Curés. 252.

Curgy. 228, 253.

Curley. 140.

Curtat. 372, 379, 385.

Cussey. 17, 27, 86, 91, 196.

D

Daily-News. 152, 219.

Daix. 177, 178, 326, 327, 337.

Danemark. 9.

Darcey. 297.

Darcy. 71, 74, 157, 308.
Darois. 166, 169, 173, 188, 189, 196, 312, 325, 353.
   D'Arsac. 330.
   D'Aunay. 400.
   D'Aurelles. 94, 111, 244, 266, 290.
   Davoust. 76.
   D'Azincourt. 43, 46.
   D'Assas. 30.
Dauphinois, 125, 328, 366, 380.
Débâcle, 89.
Débandades, 29, 34, 140, 175, 209, 220, 317, 319, 325, 336.
Débandades allemandes. 175, 184, 186.
   Debuschère. 227, 400.
   Décadence latine. 395.
   De Caprivi. 386, 405.
   De Coynart. 43.
   Défense nationale. 6, 244.
   Défensive. 244, 305.
   Deflandre. 22, 32, 36.
Degenfeld. 13, 17, 166, 168, 196.
   Degoix. 123.
   D'Eichthal. 392.
   De la Rive. 151, 399.
   De la Taille. 219.
   Délégation de Tours. 7.
Delpech. 196, 199, 200, 210, 219, 298.

Denfert de Belfort. 19.
Denfert de Dijon. 72.
Denis Valtin. 322.
Départements. 266.
Deplace. 210, 217.
De Saulcy. 250.
Deuxième brigade, 307.
Deuxième bataille de Dijon. 201, 258, 265, 280.
Devoir. 288.
D'Heilli. 102.
Dijon. 18, 22, 23, 35, 41, 42, 45, 53, 63, 65, 85, 86, 89, 136, 137, 157, 161, 173, 177, 190, 195, 208, 211, 236, 259, 265, 266, 275, 277, 279, 284, 285, 291, 295, 301, 305, 306, 311, 317, 331, 343, 345, 395.
Discipline. 47, 92, 195.
Dijonnais. 43, 44, 70, 75, 190, 319, 357, 373.
Division Cremer. 258, 285.
Dôle. 19, 20, 44, 85. 86, 107, 112, 343, 354.
Dôlois. 344.
Domalain. 210, 217.
Donon. 13.
Doubs. 290.
Douix. 117.
Doussaint. 354.
Dracy-Saint-Loup. 240.
Drapeau du 61e. 306, 368, 370, 379, 383, 384, 389, 405, 406.
Drascowitz. 250.

Drée. 240.
Droit divin. 4.
Drôme. 22.
Drouhin. 59.
Drousson. 215, 220, 228, 236, 240.
Dubois. 72, 339.
Dufraisse. 84.
Duguesclin. 152.
Dupré. 7, 13.
Durieux. 328.
Duthu. 62.
Duval. 317.
Dynamite. 261.
Dyon. 359.

E

Echalas. 148.
Echaulée. 220.
Éclaireurs de Lyon. 49, 61, 79, 91, 138, 175.
Éclaireurs grailois. 158, 170.
Égalité de Marseille. 102, 159, 196, 197, 199, 216, 217, 260, 298, 359,
Égyptiens. 158, 170, 308.
Emagny. 17.
Embuscades. 30, 165.
Émigrés. 4.
Empereur. 4, 317.
Empire. 10, 14, 19, 72, 286.
Enfants perdus. 328.
Enquête parlementaire. 219, 288.

Epagny. 296, 328.
Épinac. 209, 215, 220.
Épinal. 14, 15, 16.
Ernouf. 345.
Esplanade. 215, 227.
Espagnols. 152, 158, 170, 308.
Espions. 45, 394.
Essertenne. 24, 27, 29, 37.
Est. 13, 19.
Etat-major allemand. 94, 169, 206, 239, 284, 297, 299, 311, 312, 349, 352.
Étoile. 276.
Europe. 5, 152.
Évêques. 276, 339.
Exagérations. 283, 306.

F

Faidherbe. 5, 266, 283, 287, 390.
Farre. 111, 244.
Fatalité. 3.
Faucilles. 13, 15.
Fauchon. 302.
Fauconnet. 41, 44, 46, 58, 61, 79, 287, 289, 306.
Favre. 394.
Feill. 162, 166, 175, 187, 208.
Ferrière. 218, 219.
Feuillée. 234.
Fixin. 140.
Flavignerot. 241.
Fleurey-sur-Ouche. 318.

Fleury. 336.
Fontaine. 53, 189, 190, 307, 309, 325, 327, 329, 330, 357, 361.
Fontaine des Suisses. 55.
Forbach. 9.
Forêt de chaux. 89.
Fourrichon. 7.
Frahier. 285.
France. 10, 83, 102, 174, 249, 346, 381.
Franche-Comté. 15, 208, 289, 390, 403.
Francs-cavaliers de Châtillon. 298.
Francs-tireurs. 14, 15, 20, 28, 79, 89, 112, 118, 135, 136, 139, 149, 152, 157, 159, 179, 209, 232, 215, 236, 239, 254, 260, 267, 275, 278, 290, 292, 295, 310, 311, 338, 344, 352, 359, 367, 374, 382, 389.
Francs-tireurs algériens. 91, 99, 101, 166, 300.
Francs-tireurs alsaciens. 234, 265, 318, 328, 350.
Francs-tireurs comtois. 143, 300.
Francs-tireurs dauphinois. 125, 328, 366, 380.
Francs-tireurs de Saint-Denis. 94.
Francs-tireurs du Midi. 27.
Francs-tireurs égyptiens. 158, 170, 308.
Francs-tireurs espagnols. 152, 158, 170, 308.

Francs-tireurs grailois. 158, 170.
Francs-tireurs lyonnais. 49, 61, 79, 91, 138, 175.
Francs-tireurs marseillais. 102, 159, 196, 197, 199, 216, 217. 260, 298, 359.
Francs-tireurs réunis. 259, 296, 301, 320, 349, 350, 373, 395.
Francs-tireurs toulousains. 358.
Francs-tireurs vauclusiens. 138, 141.
Franqueville. 33.
Fransecki. 284.
Franzini. 317, 403.
Frapolli. 111, 257, 276, 295.
Frédéric Charles. 15, 86, 110, 124, 215, 266, 291.
Frérot. 301.
Fresnes-Saint-Mammès. 208.
Freycinet. 6, 21, 109, 276, 286, 343, 393, 401.
Friche d'Arran. 327.
Frolois. 297.
Furie française. 157, 371.
Fusiliers badois. 175, 184.
Fusillades. 17, 70, 251.
Fusils français. 113.

G

Gâchis. 21, 392.
Gallas. 98.
Gambetta. 7, 8, 23, 43,

47, 83, 85, 86, 89, 102, 110, 111, 113, 153, 241, 242, 243, 249, 257, 266, 275, 277, 279, 280, 283, 286, 288, 290, 292, 329, 376, 392, 393, 396, 401, 403.

Garde impériale. 287.

Garde nationale. 19, 225, 344.

Garibaldi. 18, 19, 34, 44, 46, 63, 79 80, 109, 111, 113, 118, 135, 137, 138, 148, 151, 153, 162, 166, 167, 173, 184, 186, 187, 189, 196, 197, 198, 199, 209, 211, 216, 225, 231, 235, 240, 241, 243, 249, 251, 253, 257, 260, 275, 277, 280, 283, 288, 290, 291, 292, 295, 297, 301, 310, 312, 320, 322, 335, 337, 339, 343, 350, 353, 367, 371, 372, 376, 380, 389, 393.

Garibaldiens. 184, 208, 215, 253, 306.

Garnier. 226, 260, 280, 329.

Garraud. 299.

Gaudelette. 62, 102.

Gazette de Cologne. 129, 297.

Gazette de Carlsruhe. 184, 185, 228, 239, 302.

Gendarmes. 56, 219, 344.

Genel. 61.

Gênes. 82, 150.

Génie. 92, 114.

Genlis. 102.

Génois. 150, 175, 176.

Gevrey. 139.

Glais-Bizoin. 7.

Goltz. 196, 197, 206, 207, 232, 236, 286.

Goumiers. 287.

Grand-Camp. 251.

Gravelotte. 290, 381, 385, 389.

Grailois. 158, 170.

Gray. 18, 24, 27, 29, 89.

Grecs. 79, 152, 200.

Grenadiers badois. 27, 49, 54, 57, 60, 139, 170, 197, 198.

Grenadiers poméraniens. 299.

Grimolois. 79.

Guerre. 17.

Guerilla d'Orient. 201, 2527, 21.

Guerilla marseillaise. 102, 159, 196, 197, 199, 216, 217, 260, 298, 359.

Guet-apens. 239.

Guide. 228.

Guides. 298, 299, 371.

Guillaume. 9, 15, 283, 285, 381.

Guillaume de Bade. 17, 28, 32, 45, 49, 50, 55, 74, 170, 196, 187.

Guillotine. 19.

H

Hagen. 309.

LEXIQUE DES MATIÈRES ET DES NOMS 587

Hartmann. 176.
Haut-de-Boutières. 141.
Haute-Garonne. 22.
Haute-Savoie. 317.
Haute-Serve. 325.
Hauteville. 335, 339, 352, 357.
Héricourt. 289, 290, 354, 390.
Historiens conservateurs. 280.
Hohenlohe. 74.
Hohenzollern. 381.
Horchler. 198, 239.
Horlogerie. 352.
Hôtel de la Cloche. 173, 350.
Hôtel de la Côte-d'Or. 121.
Huot. 208.
Hurrahs. 361.
Hussards. 118, 119, 122, 126, 371.

I

Iéna. 14.
Ignon. 299.
Impériaux. 344.
Incendies. 139, 283, 300, 302.
Indiscipline. 42, 92.
Inertie. 9, 35.
Intendance. 85, 93, 354.
Invalides. 382, 384.
Isère. 22, 29, 125, 328, 366, 380.

Is-sur-Tille. 285, 297, 312, 358.
Italie. 79, 80, 81, 150, 277.
Italiens. 152, 189.
Ivrognes. 208.

J

Jacotot, 326.
Jacqmin. 345.
Jacpuot. 250.
Jancigny. 30.
Jeannel. 59, 62, 69, 71, 73, 209.
Jessie Mario. 151. 152, 157, 225, 227, 235, 337, 340.
Joinville. 113.
Jolivalt. 199.
Jourdy. 344.
Journal de Mancheim. 184.
Journal de Mâcon. 187, 252.
Jules Favre. 394.
Jura. 308, 309, 394.

K

Kaiserlicks, 344.
Kaps. 33.
Karlsruher Zeitung. 184, 185, 228, 239, 302.
Keller. 17, 46, 54, 57, 166, 196, 197, 206, 207, 218, 220, 234, 235, 236, 240, 244, 257.
Kettler. 311, 312, 318,

325, 327, 331, 343, 349, 351, 354, 357, 362, 371, 374, 382, 389, 390, 406.

Koblinski. 343.

Kölnische Zeitung. 129, 297.

Kraatz. 129.

Krosegk. 312.

L

La Cluse. 392.

Lacreuse. 228.

La Fillotte. 337.

Laguesse. 59.

Lainé. 252.

Lamarche, médecin. 301.

Lamarche, village des Vosges. 93.

Lamotterouge. 7.

Landwher. 15, 118.

Lange. 330.

Langres. 14, 15, 18, 20, 277, 284, 285, 292, 298, 310, 343, 352.

Lansquenets. 98, 139.

Lantenay. 147, 148, 157, 158, 159, 162, 189, 197, 198, 242.

Laurens. 62.

Laval, 389.

Lavalle, 19, 22, 23, 24, 32, 33, 36, 41, 44, 47, 86, 249.

La Varenne. 220.

Le Flo. 384.

Légion espagnole, 158.

Légions italiennes. 157.

Légions lyonnaises. 243.

Légion Ravelli. 327.

Légion Tanara. 321, 327, 350, 389.

Le Hâvre, 53.

Le Mans. 389.

Leroy. 368.

Lettgau. 126, 128, 129.

Lévêque, 72.

Levert. 210, 217, 351.

Ligne, 47.

Lille. 391.

Lionges. 239.

Lisaine. 284.

Lisière de Dijon. 54.

Livourne. 251.

Lix. 93.

Lobbia. 108, 260, 298, 299, 310.

Löhlein. 13, 15, 17, 45, 53, 71, 136, 137, 142, 162, 166, 169, 189, 190, 205, 208, 236, 243.

Loire. 15, 45, 265.

Lombardie. 83.

Lomont. 353.

Lorraine. 113.

Loste. 90, 98, 138, 140, 141, 160, 259, 260, 296, 299, 320, 350, 373.

Loue. 117.

Lozère. 61.

Lunette. 19.

Lure. 17, 285.

Lyon. 13, 15, 42, 210, 235, 251, 267, 276, 353.
Lyonnais. 49, 61, 79, 91, 138, 175.
Lyon républicain. 384.

M

Mac-Mahon. 221, 291, 384.
Mâcon. 235, 318, 319.
Magnien. 220.
Maillard. 227, 401.
Maine-et-Loire. 372.
Maitre. 128, 130.
Malakoff. 37.
Malte. 150.
Mamelon-Vert. 100.
Manheimer Journal. 184.
Manteuffel. 277, 283, 285, 287, 288, 289, 291, 295, 298, 299, 302, 311, 343, 354, 376, 390, 394.
Mantoche. 27, 29, 32, 37.
Marais. 190, 215, 225, 228.
Marchand. 230.
Marchant. 56.
Mario. 151, 152, 157, 225, 235, 337, 340.
Marins. 71, 150, 311, 370.
Marseillais. 102, 159, 197, 99, 216, 217, 260, 298, 159.
Marseillaise. 86.
Marseille. 13, 37, 53, 80, 84, 210.

Massacres. 283, 301, 326, 336, 345.
Mazade. 306.
Maupin. 130.
Médecins. 30, 36, 92.
Médecins allemands. 185.
Méditerranée. 53, 79, 82, 152, 241.
Mélétis. 200.
Melnotte. 251.
Menotti. 112, 157, 159, 169, 188, 198, 229, 307.
Mentana. 83.
Mérandon. 217, 225.
Méraud. 98.
Merzelles. 30.
Messigny. 196, 302, 312, 328, 374.
Metz. 5, 10, 86, 129, 153, 242, 268, 286, 290, 291, 311.
Meurtrières. 158, 240, 309, 366, 367.
Mexique. 217.
Michard. 90, 119, 120, 122, 124, 174, 175, 366, 367, 368, 372.
Michel. 21, 109.
Middleton. 200, 250.
Midi. 27.
Mignard. 45, 64, 136, 250, 345.
Mille. 113.
Milliat. 336.
Milsand. 399.
Minié. 91, 200.

Mirande. 49, 58, 62.
Mitrailleuses. 177.
Mitrailleuses Lavalle. 36.
Mobiles. 8, 20, 22, 23, 30, 33, 42, 112, 149, 158, 229, 231, 266, 295, 325, 335, 337.
Mobiles de l'Aveyron. 197, 198, 200, 210, 231, 234.
Mobiles des Alpes-Maritimes. 197, 198, 228.
Mobiles des Basses-Alpes. 173, 179, 187, 198.
Mobiles des Basses-Pyrénées. 173, 179, 187, 198, 337,
Mobiles charentais. 227, 358.
Mobiles niçois. 198.
Mobilisés. 8, 20, 23, 30, 266, 278, 279, 295, 298, 307, 309, 318, 320, 335, 352, 358, 359, 362, 372.
Mobilisés de la Côte-d'Or. 30.
Mobilisés de la Haute-Savoie. 317.
Mobilisés de l'Isère. 308.
Mobilisés du Jura. 308, 309.
Mobilisés lyonnais. 257.
Mobilisés de Saône-et-Loire. 216, 308.
Moltke. 8, 136, 265, 291.
Monarchistes. 3, 19, 90.
Mondon. 250.

Moniteur. 44, 276, 391.
Mont-Affrique. 160, 161, 241, 306, 329.
Montbard. 128, 232, 285.
Mont-Cenis. 215.
Mont-Chapet. 57, 361.
Montevideo. 80.
Mont-Jeu. 108, 211, 220.
Montmusard. 46, 54, 58.
Montoillot. 337.
Montot. 99.
Mont-Roland. 395.
Monument allemand. 381.
Monument français. 385.
Morin. 336, 372.
Morvan. 15, 107, 109, 117, 118, 211, 235, 245, 275, 298.
Mouchard. 354.
Mouton. 243.
Moutons. 124, 299.
Moyen-Age. 131, 268.

N

Nancy. 45, 136.
Naples. 81.
Napoléons. 4, 6, 8, 9, 75, 90, 138, 221, 288.
Neuf-Brisach. 13, 15, 285.
Neuvon. 158, 159, 318.
Nevers. 289.
Nice. 79, 82, 84, 153, 277.
Niçois. 197, 198, 228.
Norge. 47.

Normandie. 245.
Notaire. 338.
Nuits-sous-Beaune. 97, 242, 258, 280, 285.
Nuits-sous-Ravières. 113, 284.
Numides. 161.

O

Occupation allemande. 69.
Octroi. 185, 338.
Odeurs allemandes. 73.
Offensive. 110, 229, 234, 244, 265, 305.
Officiel. 276.
Officiers allemands. 9, 16, 27, 56, 64, 73, 121, 135, 136, 143, 184, 186, 195, 229, 241, 302, 306, 311, 313, 330, 368.
Officiers français. 23, 143, 309, 313.
Officiers de mobiles, 43, 45.
Ognon. 17, 79, 89, 311.
Oise. 111.
Oiseau rouge. 239, 244, 400.
Ollive. 218.
Ollivier. 226.
Oran. 91, 99, 101, 166, 300, 382.
Orbe. 117.
Ordinaire. 109, 143, 187.
Orense. 327.

Orgeux. 48.
Orléanistes. 4.
Orléans. 7, 94, 110, 113, 244, 245, 265, 266, 290.
Otages. 72, 208.
Othe. 109, 143.
Ouche. 47, 54, 138, 147, 157, 170, 209, 242, 307, 319, 362.
Ours de Nantes. 91, 359.
Oze. 300.

P

Paix. 36.
Palabres. 260.
Paladine. 5.
Palais des Ducs. 310.
Palerme. 113.
Pallu. 392.
Panier de son. 19.
Panique. 186.
Pantaleone. 112.
Pantalons rouges. 101.
Paolo Pilati. 251.
Pape. 253.
Paris. 7, 19, 83, 110, 111, 143, 265, 266, 311, 390.
Paris (journal). 380, 384.
Parole d'honneur. 123.
Partageux. 19.
Pasques. 148, 165. 170, 196, 199, 205. 210, 242, 312, 318.
Patriotisme. 209, 288.

Paulitzky. 205.
Paysans. 75.
Pelletier. 216.
Pellissier. 279, 317, 339.
Penhoat. 5, 289.
Perchet. 336.
Perla. 327.
Perragoux. 252.
Perrières. 320.
Perrin. 90.
Perrot. 306, 329.
Pesmes. 28, 311, 390.
Petite vérole. 260.
Petit séminaire. 216, 226, 231.
Pétrole. 35, 93, 139, 140.
Peute Combe. 320.
Picardie. 245.
Piémontais. 151.
Pigeons. 110.
Pillages 129, 302.
Place Darcy. 71, 74, 157, 308.
Plaine des Roses. 309, 362, 366.
Planoise. 234.
Plateau de Chaumont. 177, 313, 321, 349, 350, 353.
Plateau de Langres. 24, 117, 165. 287, 298.
Plateau de Pasques. 170, 200.
Plombières. 159, 174, 196, 312, 318, 350.

Pluie. 34, 35, 174.
Politique. 37, 291.
Pologne. 93.
Polonais. 308.
Poméraniens. 310, 331, 338, 344, 359, 369.
Pontailler. 28, 29, 32, 89.
Pontarlier. 391, 394.
Plateau de Corcelles. 319.
Plateau de Hauteville. 325, 326, 335, 352.
Pont-de-Pany. 147, 158.
Pont-de-Roide. 290.
Pont-l'Evêque. 228, 229, 230, 232, 234.
Pontons. 291.
Portugais. 152.
Pouilly. 312, 357, 358, 360, 365, 372.
Poullet. 243, 257, 286, 401.
Pozzi. 143.
Prauthoy. 107, 285, 299.
Préfet. 305, 339.
Première bataille. 10, 21, 51, 79, 265, 289.
Prenois. 166, 167, 175, 189, 196, 198, 242.
Prince Guillaume de Bade. 17, 28, 32, 45, 49, 50, 55, 74, 170, 196, 197.
Prisonniers. 245, 331.
Progrès de la Côte-d'Or. 305.
Progrès de Saône-et-Loire. 225.

Provençal. 152.
Province. 7.
Prusse. 5.
Prussiens. 90, 93, 94, 174, 206, 215, 225, 226, 227, 278, 284, 299, 311, 354, 361, 365, 369.
Pyrénées. 209.

Q

Quade. 361, 370.
Quatorze armées. 5.
Quatorzième corps allemand. 15.
Quatre-vingt-dixième. 61.
Quatrième brigade. 118, 260, 297, 308, 380.
Quetigny. 49, 57, 58, 63.
Quilling. 100.
Quingey. 354.
Quirinal. 82.

R

Ragots. 231.
Rantzau, 208.
Ravelli. 150, 159, 197, 198, 199, 209, 216, 327.
Raze. 208.
Razetto. 150, 175, 188.
Recey-sur-Ource. 285.
Regad. 59, 60.
Registre des trophées, 385.
Reischoffen. 5, 9.
Reine de Prusse. 124.
Reitres. 128.

Remblai. 361.
Remiremont. 14.
Rendez-vous des chasseurs. 358, 371.
Républicain de la Savoie. 123.
Républicains. 19, 23, 37, 288, 311, 339.
République. 4, 5, 23, 83, 74, 119, 135, 174, 217, 249, 257, 265, 288.
République universelle. 83, 84.
Rérolles. 228.
Revue des Deux-Mondes. 310.
Rhin. 13, 65, 267.
Rhône. 13, 15, 86.
Ricciotti. 119, 120, 124, 125, 127, 169, 189, 198, 206, 207, 229, 232, 234, 258, 260, 297, 298, 299, 308, 328, 329, 366, 371, 380, 393.
Riu. 113.
Rixes. 295.
Roanne. 250.
Roche-qui-Pleure. 139.
Rochotte. 318.
Roehl. 130.
Roland. 371.
Romains. 151.
Rome. 81, 83, 84, 211, 253.
Rouen. 110, 244, 265.
Route de Beanne. 59, 60.

594   LEXIQUE DES MATIÈRES ET DES NOMS

Route de Châlons. 230.
Route de Darois. 170, 306, 307, 350, 357.
Route de Gray. 308.
Route de Langres. 58, 166, 195, 196, 198, 306, 307, 308, 320, 328, 357, 358, 361, 365, 367, 389.
Route de Lyon. 206, 242, 243.
Route de Paris. 166, 195, 306.
Rouvres-sous-Meilly. 207, 220.
Route de Plombières. 306, 307, 320.

S

Sadowa. 84, 381.
Sageret. 90.
Saint-Ambroise. 337.
Saint-André. 228, 229, 232.
Saint-Apollinaire. 47, 48, 53, 57, 58, 63, 64, 65, 307, 309, 329, 357, 361, 372.
Saint-Blaise. 211.
Saint-Denis. 94.
Saint-Dizier. 113.
Saint-Etienne. 280.
Saint-Forgeot. 233.
Saint-Jean. 126, 215, 228.
Saint-Jean-de-Losne. 97, 142.
Saint-Martin. 215, 219, 220, 227, 228, 229, 236.
Saint-Nicolas. 57, 58.

Saint-Pierre. 57, 215, 220, 228, 230, 232, 235, 239.
Saint-Quentin. 390.
Saint-Seine l'Abbaye. 295, 299, 311, 312.
Saint-Seine l'Eglise. 24, 28, 33, 37.
Saint-Vit. 354.
Saône. 15, 23, 28, 45, 89, 97, 107, 265, 284, 285, 311, 343, 353.
Saône-et-Loire. 216, 308.
Sarrazins. 151.
Sassone. 176.
Saulieu. 109, 297.
Saut-des-Autrichiens. 28.
Savigny. 309, 330.
Savoie. 83, 174.
Savoyards. 176.
Saxe. 118.
Schilling. 229, 234, 236, 239, 240.
Schmeling. 137.
Schmidt. 86, 218, 239.
Schulze. 399.
Sébastopol. 37, 103.
Sedan. 5, 9, 21, 84, 153, 221, 291.
Seine. 45, 111, 117, 121, 123, 284.
Semur. 297.
Sentinelles allemandes. 120, 121, 125.
Servoz. 234.
Seurre. 89, 395.

Siciliens. 151.
Siméon. 61.
Simon. 75.
Situation générale. 3.
Soixante et onzième. 61.
Solferino. 37, 103.
Sombernon. 109, 148, 207, 209, 244, 253, 259, 260, 311.
Somme. 266.
Spectre rouge. 19.
Spencer. 92, 150.
Steenackers. 384.
Stettin. 381.
Strasbourg. 13, 267, 277, 285.
Streckfuss. 49.
Suisse. 124, 391.
Surmoulin. 220.
Surprises. 113, 120, 137, 153, 235, 243.
Susamont. 140.
Suzon. 53, 54, 357, 361, 366, 373.

T

Tachard. 401.
Talant. 53, 177, 188, 190, 307, 312, 320, 337, 349, 353, 357.
Talmay. 24, 29, 30, 32, 35, 37, 86.
Talus. 361.
Tambour-major. 122.
Tanara. 150, 165, 168, 216, 350.

Tarn. 22.
Télégraphes allemands. 113, 394.
Télégraphes français, 231. 307.
Terres-Rouges. 230, 231, 232.
Terreur allemande. 70.
Teulières. 296.
Thiébault. 119, 162, 207, 233, 260, 298.
Thieme. 136.
Tille. 24, 33, 42, 102.
Tonnerre. 113.
Toulon. 251.
Toulousains. 358.
Toulouse. 210.
Tour de Bar. 71.
Tour des Ducs. 60.
Tours. 21, 23, 37, 41, 85, 184, 210, 257, 259, 267, 279. 317.
Trapp. 28, 30, 32, 35, 49, 136, 139, 142, 189, 196.
Triple-Alliance. 84.
Trochu. 5, 20, 111, 311, 390.
Troisième brigade. 307.
Troisième bataille. 3, 91, 280, 301, 305, 313, 317, 319, 393.
Troupes d'étapes 16, 113.
Troupes régulières. 86. 89, 112, 287, 309.
Troye. 109, 143.
Turcs. 79, 152.

Turcey. 312, 318.
Turcos. 267, 287.

U

Uhlans. 16, 118, 119, 208, 260.
Unger. 177, 187.
Uniformes. 91, 150.
Unité. 16, 20, 279, 343, 353.
Usine de noir animal. 57, 91, 365, 370, 379.

V

Valentin. 243.
Vallée d'Ouche. 318, 320.
Vallorbe. 392.
Valmy. 357, 358.
Val-Suzon. 196, 197, 312, 325.
Valtin. 322.
Vantoux. 329.
Vareuses. 113.
Varois. 49, 186.
Vatican. 82.
Vauclusiens. 138, 141.
Vaux. 139.
Velars. 158, 159, 162, 242, 329.
Venise. 84.
Verdez. 231, 383.
Verdun. 130.
Verrey-sous-Salmaise. 254, 295, 300.
Versailles. 206, 284, 285, 401, 406.

Vesoul. 45.
Vesvre. 230.
Veyrières. 392.
Viallanes. 56.
Vic-des-Prés. 251.
Victor-Emmanuel. 81.
Vieux garçons. 266.
Vignobles. 188.
Villers. 244.
Vingeanne. 24, 30, 33, 35, 79, 86.
Villersexel. 289.
Virane. 98, 101.
Volontaires. 21, 23, 89, 103, 152, 209, 310.
Volontaires du génie. 260, 280, 329.
Volontaires de la Côte-d'Or. 28, 29, 46.
Von der Thann. 7, 110.
Voray. 17.
Vosges. 13, 34, 113, 117, 211, 259.
Vuilletet. 226.

W

Waenker. 57, 205, 233.
Wagons. 345.
Wallenstein. 152.
Waltz. 185, 336.
Wartensleben. 302, 311, 390.
Washington. 80.
Waterloo. 221.
Wechmar. 206, 218, 236, 243.

Weinzierl. 219, 220.
Welker. 372.
Wellington. 74.
Werder. 14, 16, 18, 24, 28, 34, 44, 57, 69, 71, 74, 85, 102, 110, 113, 118, 136, 162, 166, 185, 186, 190, 195, 196, 200, 205, 206, 215, 239, 241, 243, 258, 259, 260, 265, 267, 277, 283, 284, 285, 288, 289, 290, 311, 330, 376, 390.
Westfälische Zeitung. 129.
Weyhern. 395.

Widmann. 175.
Winchester. 92, 371.

Y

Yonne. 22, 403.

Z

Zastrow. 215, 260, 284, 285, 296, 297.
Zéphirs. 267, 287.
Zola. 89.
Zouaves. 93, 100, 287, 296, 311, 344, 351, 370.

TABLE

DES CHAPITRES

Chapitre I.— La situation générale.   1
Chapitre II.— La situation dans l'est.   11
Chapitre III.— La défense de Vingeanne   25
Chapitre IV.— L'approche de Werder.   39
Chapitre V.— La première bataille de Dijon. . . .   51
Chapitre VI.— L'occupation allemande.   67
Chapitre VII.— Garibaldi et Gambetta.   77
Chapitre VIII.— Les francs-tireurs.   87
Chapitre IX.— Le combat de Brazey.   95
Chapitre X.— Rayon d'espoir.   105
Chapitre XI.— Francs-tireurs et hussards.   115
Chapitre XII.— Chambœuf   133
Chapitre XIII.— Le bivac d'Ancey.   145
Chapitre XIV.— L'attaque de Velars.   155
Chapitre XV.— La charge de Prenois   163
Chapitre XVI.— L'attaque de nuit.   171
Chapitre XVII.— Double panique   181
Chapitre XVIII.— Le plateau de Pasques.   193
Chapitre XIX.— La retraite sur Autun.   203
Chapitre XX.— Un officier de Bazaine.   213
Chapitre XXI.— La défense d'Autun.   223

Chapitre XXII.— La débandade allemande. 237
Chapitre XXIII.— Feux de pelotons. 247
Chapitre XXIV.— Caresses à Gambetta 255
Chapitre XXV.— La campagne d'hiver 263
Chapitre XXVI.— Garibaldi et Gambetta. 273
Chapitre XXVII.— L'armée de Manteuffel 281
Chapitre XXVIII.— Incendies à l'horizon 293
Chapitre XXIX.— Jours de branle-bas. 303
Chapitre XXX.— En avant de Talant 315
Chapitre XXXI.— En avant de Fontaine. 323
Chapitre XXXII.— Une nuit de bataille 333
Chapitre XXXIII.— La résistance des Dôlois . . . 341
Chapitre XXXIV.— La deuxième journée 347
Chapitre XXXV.— La troisième journée. 355
Chapitre XXXVI.— La prise du drapeau. 363
Chapitre XXXVII.— L'envers de la gloire. 377
Chapitre XXXVIII.— La retraite en Suisse. 387
Notes et documents. 396
Récits allemands. 407
Récits italiens. 497
Effectifs de notre armée. 567
Lexique des matières 575
Table 599

DAILY NEWS

« Of all ghastly sights seen in these days, this was the
« ghastliest.... Hitherto I have stood up for the Prussians and
« disbelieved the stories of their atrocities. Now my whole soul
« revolts against them. »

Tuesday, February 7, 1871.

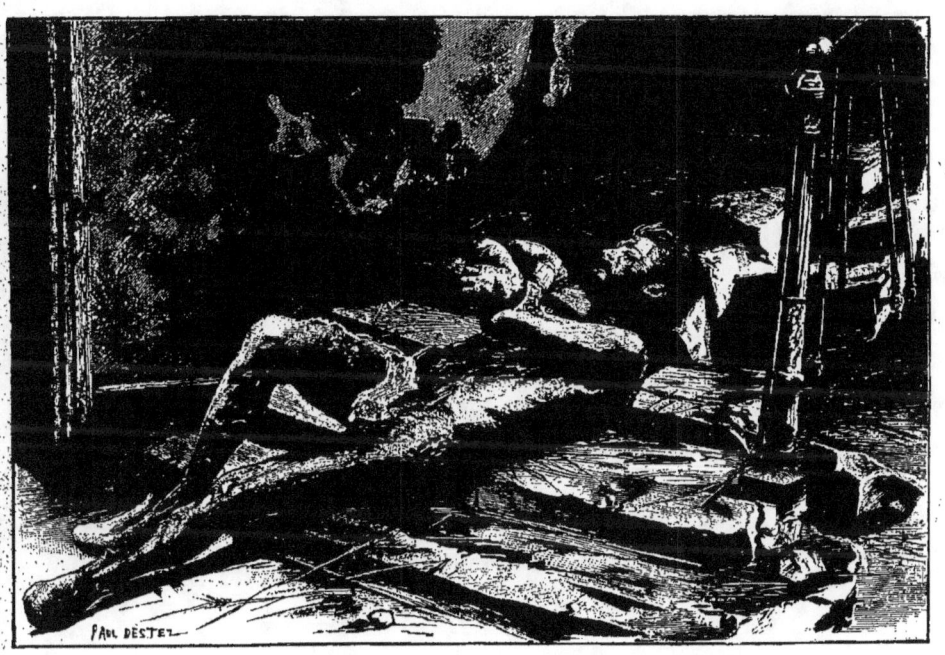

LE DAILY NEWS. — 7 Février 1871.

« De toutes les scènes d'horreur vues en ces jours-là, celle-là
« fut la plus horrible... Jusqu'à présent j'ai tenu pour les Prus-
« siens et refusé de croire les atrocités qu'on leur impute. Mainte-
« nant mon âme entière se révolte contre eux. »

Chap. XXXVI du présent volume.

www.ingramcontent.com/pod-product-compliance
Lightning Source LLC
Chambersburg PA
CBHW060258230426
43663CB00009B/1515